刑事制裁로서

보안처분의 이론과 실제

박 정 일

박영사

머리말

인간은 존엄한 존재인가?

이 질문에 스스로 답한다면 '반드시 그래야 한다'는 것이다.

인간은 천부적으로 타고나는 습성과 성장과정에서 습득하는 경험과 지식에 의해서 사고와 행동이 영향을 받는다. 소질적 요인뿐만 아니라 환경적 요인도 인간의 행위에 중대한 작용을 한다는 의미이다.

이 책은 우리 사회가 그러한 소질적 요인과 환경적 요인을 개선하여 인간을 변화시킬 수 있는 동력을 가지고 있는가에 대한 고민을 담고 있다.

범죄적 위험성을 가진 사람은 어떻게 해서라도 반드시 사회와 단절시키고 가능하면 장기간 동안 국가기관의 감시 내지 감독을 받게 해야 한다는 사고를 가진 사람이라면 인간이 존엄하다는 사실을 전제하고 있지 않다는 비판에 대해서 반박을 준비해야 할 것이다. 사회와 단절된 장기간의 격리 내지 감시의 상황은 인간을 사회적 존재로 보지 않기 때문이다.

이러한 사고방식의 근저에는 사회의 안전 내지 보호라는 일반예방을 우선시하는 사고가 지배하고 있으므로 범죄적 위험성을 가진 사람들은 결국 다른 일반인들의 추상적이고 현실적인 적(敵)으로 전락하게 된다. 개선주체로서의 지위는 고사하고 더 이상 그것을 위한 대상도 되지 않는 것이다.

우리 사회는 2000년대 접어들면서 일련의 흉악범죄로 인해 극도의 몸살을 앓았다. 현실적인 범죄의 발생과 이를 전달하는 언론매체의 보도는 사회적 분노를 결집시키기에 부족함이 없었다. 이에 발맞춘 정책들도 우후죽순으로 도입되어 형사제재의 영역에서는 형사정책이 사회정책에 의해 좌우되는 주객전도 현상이 나타났다. 보다 중하고, 보다 강하며, 보다 자유를 억압하고 제한하는 침익적 처분들이 설득력을 얻고, 인기에 영합할 수 있었다.

이러한 현상은 보안처분에서 재사회화 목적의 가치전도로 나타났다. 현실이 이러하다면 형사제재로서 보안처분은 형벌과 다른 것인가 하는 의문을 제기할 수 있다.

이 책은 형벌과 보안처분이 구분되어져야 함을 전제로 하고 있다. 그러한 구분의 한계가 명확하지 않다하더라도 보안처분의 발전을 위해서는 형벌과 구분되는 핵심적인 요소에 대해서 더욱 심혈을 기울여야 한다.

보안처분은 형벌이 아니기 때문에 책임원칙이 적용되지 않고 재범위험성을 전제로 한다는 점을 인정하면서도 책임원칙에 쏟는 열정만큼 재범위험성에 대해서 심혈을 기울이지 않는다면 보안처분의 이론적 기반은 취약해질 수밖에 없다. 더구나 재범위험성에 대한 구체적이고 규범적인 규명을 게을리 한다면 책임원칙마저 위기를 초래하게 될 것이다.

행위자에게 적합한 처분이 무엇인지 그러한 처분을 통해 어떻게 다시 사회로 통합할 기회를 부여할 것인지에 대한 논의를 최우선 순위에 두고, 보안처분이 행위자를 재사회화 시키겠다는 분명한 목적을 가지고 기획되었다는 점을 고려한다면 처분의 선고에서 집행 그리고 종료에 이르기까지 재범위험성에 기반을 두고 운용되어야 한다.

이 책은 보안처분에 관한 이론적 논의와 현실적인 운용에 관한 입법의 실태를 그 내용으로 하고 있다. 이는 향후에도 여전한 관심과 논의의 주제로 등장할 것이고 그 치열한 과정의 결과는 보안처분의 견고한 이론적 토대를 형성할 것으로 보인다.

부족한 원고임에도 흔쾌히 출판을 허락해 주신 박영사 안종만 회장님 이하 출판사 관계자님께 고마움을 전한다.

어떤 이론적 논거의 근저에 놓여진 생각은 나의 성장과정과 지금까지의 경험이 무시할 수 없을 정도로 큰 비중을 차지하고 있을 것이다. 항상 격려와 지지를 아끼지 않으셨던 부모님과 원가족 구성원 모두에게 감사한 마음을 전한다.

또한 항상 최선을 다하는 우리 딸 지민(智慜)과 아들 성빈(成彬) 그리고 배움의 길로 인도해 준 평생의 동반자인 아내(JY. Lee)에게 감사함을 전하면서 이 책을 바친다.

2023년 1월
한강을 바라보며
박 정 일

일러두기

  본고(本稿)에서는 다수의 특별법을 통해 개별 보안처분이 시행되고 있고, 그러한 법률명 또는 특정 보안처분의 명칭이 길어 가독성이 떨어지는 문제가 발생한다.

  자주 등장하는 법률은 보안처분 관련법의 조문이나 법원 또는 헌법재판소의 판결문 또는 결정문을 인용하거나 단행본, 논문의 제목을 표기하는 등 불가피한 경우가 아니면 다음과 같이 약어를 사용한다. 이는 법제처 국가법령정보센터에서 사용하는 법률의 약칭과 동일하다.

  예컨대, 「보호관찰 등에 관한 법률」은 보호관찰법으로, 「성폭력범죄의 처벌 등에 관한 특례법」은 성폭력처벌법으로, 「성폭력범죄자의 성충동약물치료에 관한 법률」은 성충동약물치료법으로, 「아동학대범죄의 처벌 등에 관한 특례법」은 아동학대처벌법으로, 「아동·청소년의 성보호에 관한 법률」은 청소년성보호법으로, 「치료감호 등에 관한 법률」은 치료감호법으로, 「특정 범죄자에 대한 보호관찰 및 전자장치 부착 등에 관한 법률」 관련 연혁법령 및 현행 「전자장치 부착 등에 관한 법률」은 전자장치부착법으로 표기한다.

  개별 사회 내 보안처분의 용어가 길어서 가독성이 떨어지는 문제를 해결하기 위해서 맥락에 따라 전자장치부착명령을 '부착명령', 성충동약물치료명령을 '약물치료명령'과 병행하여 사용한다.

차 례

제2장 우리나라 시설 내 보안처분의 종류와 실제

제3장　우리나라 사회 내 보안처분의 종류와 실제

제4장 사회 내 보안처분으로서 보호관찰의 위상 정립 방안

제1장

保安處分에 관한 理論

제1장

保安處分에 관한 理論

제1절 보안처분의 의의

Ⅰ. 보안처분 개념의 다양성

보안처분(保安處分, Maßreglen der Besserung und Sicherung, The Measure of Security, mesures de sûreté)이란 용어는 본래 대륙법계에서 정립되었다.[1) 오늘날에는 대륙법계 국가는 물론이고 영미법계 국가에서도 행위자[2)의 교육 및 치료를 통한 개선과 사회방위를 위해서 형벌 외의 처분이 광범위하게 시행되고 있다.

형법의 적극적 법익보호 목적은 책임 상한의 범위 내에서 과거지향적인 형벌만으로는 불충분하고 미래의 범죄행위에 대한 형법의 예방적 필요성 즉, 범죄예방을 위한 보호법익의 보충을 필요로 하게 된다. 왜냐하면 장래의 높은 재범위험성이 곧

---

1) 영미법계 국가의 법체계에서는 보안처분이라고 하는 특별한 개념은 존재하지 않으나, 범죄예방을 목적으로 하는 강제처분을 실시하고 있어 대륙법계의 보안처분과 같은 제도는 존재한다. 예컨대, 독일의 경우에는 형벌과 보안처분이 구분되어 발전해 왔지만, 영미법계는 형벌과 보안처분을 명확하게 구분하고 있지 않다. 결국 명칭의 문제이다.

2) 보안처분 대상자 중 책임조각사유에 해당하는 형사미성년자나 심신상실자의 경우는 범죄가 성립하지 않기 때문에 '범죄자'라는 표현이 적절하지 않은 경우도 있겠으나, 본고에서는 해당 문맥에 따라 '범죄자', '행위자', '대상자'라는 용어를 사용하기로 한다.

바로 과거의 범죄행위에 대해 중대한 책임으로 이어지는 것은 아니기 때문이다. 여기에서 책임과 무관하게 오로지 행위자가 장래에 범할 수 있는 재범위험성을 기준으로 형벌의 법익보호 흠결을 보충하는 제도가 보안처분이라고 할 수 있다.[3]

　　보안처분 개념의 정립과 관련해서는 각 나라의 역사, 제도, 사회·문화, 관습 등이 다르고, 형벌의 개념보다 한층 불명확하고 다의적이기 때문에 공통적으로 적용될 수 있는 개념을 도출하는 것은 쉬운 일이 아니다. 이러한 현상은 우리나라뿐만 아니라 외국에서도 동일하다고 볼 수 있다. 보안처분이라 불리는 것들의 종류와 내용이 다양하고, 새로운 처분들은 여전히 도입되고 있기 때문이다. 그러나 사회방위 내지 사회의 안전이라는 목적보다 개별처우에 입각한 재사회화 목적을 지향한다면 개별 보안처분 그리고 그 처분의 준수사항이 다종다양하게 형성될 수 있으므로 어쩌면 당연한 현상일 수도 있다.

　　논의 방향에 따라서는 보안처분의 개념이 비교적 상이하게 전개된다. 행위자의 장래 재범위험성에 대한 대책의 주목적을 교육 및 개선조치를 통해 행위자의 범죄원인을 제거하는 데 두는지 아니면 범죄예방을 통한 사회의 안전에 두는지 여부, 선행 위법행위를 보안처분의 요건으로 하는지 여부,[4] 범죄 및 범죄자의 특성을 고려하여 보다 특화된 처분을 포함할 것인지 여부,[5] 보안처분을 선고하는 기관에 따라 사법처분뿐만 아니라 행정처분까지 포함할 것인지 여부를 두고 그 개념이 다양하게 전개될 수 있다. 다만, 보안처분의 개념을 넓게 파악할수록 형사정책과 사회정책의 구분이 불명확해진다는 점을 유념할 필요가 있다.

　　다양한 개념의 전개에도 불구하고 보안처분의 공통적 요소를 추출한다면 전통적 형벌로는 심신상실자, 형사미성년자, 상습·누범자 등의 교정에 한계가 있으므로 이를 보충하기 위해서는 보안처분이 필요하다는 점, 행위자의 재사회화를 위해서는 범죄원인을 제거할 수 있는 치료 및 개선 처분이 필요하다는 점, 이를 통해 범죄를 예방하고 사회를 보호해야 한다는 점, 처우의 전 과정을 통하여 사법기관의 통제가 필요하다는 점 등으로 요약할 수 있다.

---

3) 배종대, 형법총론, 홍문사, 2017, 45면.
4) 우리 소년법 제4조 제1항 제3호의 '우범소년' 규정은 위법행위를 전제로 하지 않고 보호처분을 부과할 수 있다.
5) 각종 보호처분이 이에 해당한다. 「소년법」, 「성매매알선 등 행위의 처벌에 관한 법률」, 「가정폭력범죄의 처벌 등에 관한 특례법」 등이 보호처분을 규정하고 있다.

본고에서는 보안처분의 개념을 다음과 같이 정의한다. 보안처분이란 형벌로는 행위자의 건전한 사회복귀와 범죄의 예방이 곤란하고, 행위자에게 잠재된 특수한 범죄적 위험성으로 인하여 형벌의 목적을 달성할 수 없는 경우에 시설내처우 또는 사회내처우의 방법으로 형벌을 대체하거나 보완하기 위한 사법기관의 목적적 조치를 말한다.

Ⅱ. 보안처분의 필요성

1. 형벌 한계론

책임원칙에 근거한 형벌이 책임의 범위를 넘어설 수 없음은 당연한 일이지만, 이에 따라 산정되는 형벌만으로는 형법의 예방적 과제를 수행하기에는 한계가 존재한다. 그러므로 범죄로부터 사회의 안전을 지켜야한다는 목적과 행위자의 재사회화라는 목적을 위해서 형벌을 대체하거나 보완하는 처분이 필요하게 된다. 이러한 필요에 따라서 형법상 불법을 행한 자에게 형벌이 불가능하거나, 행위자의 특별한 위험성 때문에 형벌에 의하여 예방의 목적을 달성하기 어려운 때에는 형벌 외에 특별한 처분이 등장하게 되었다.[6]

우리 형법 제10조 제2항은 책임무능력자에 대해서 형벌을 부과할 수 없다고 규정하고 있다. 형법의 책임조각사유 때문에 형벌을 부과할 수 없다 하더라도 다시 범죄를 저지를 위험성이 있는 경우에 형사미성년자는 보호처분을, 심신상실자는 치료감호처분 등을 집행함으로써 형벌을 보완 내지 대체할 필요가 있다. 행위자가 아무리 사회적으로 범죄행위의 위험성이 높다 하더라도 사회가 요구하는 보안 및 개선을 위한 목적은 책임을 기초로 하는 형벌로는 달성하기 어렵다. 비록 특별예방을 형벌의 목적의 하나로 설정한다 하더라도 책임원칙에 근거하는 형벌로는 한계가 있기 때문이다.

형법이 행위자에게 책임을 물을 수 없는 경우도 있다는 점, 형벌의 효과적 측면에서 상습·누범자 등에 대해서는 전통적인 형벌로는 적절한 대책이 될 수 없다는 점 등을 근거로 하고 있다.

---

6) 이재상, 보안처분의 연구, 법문사, 1978, 18면.

2. 보안처분 폐지론

최근 교정주의, 사회방위론, 형벌의 한계론이라는 보안처분 이데올로기의 중심축을 비판하면서 보안처분의 필요성을 부정하는 견해가 있다. 즉, 책임무능력자 및 한정책임능력자에 대해서는 형벌의 한계를 인정하면서도 상습범과 누범에 대해서는 형벌이 정상적으로 기능하지 못한다기보다는 형벌 및 형사사법의 운용에 본질적인 문제가 있다는 점, 강제적인 방법으로 재사회화 목적을 달성하겠다는 교정주의의 발상은 그 자체가 자기모순이고, 범죄의 원인을 범죄자 개인에게 귀인(歸因, Attribution)함으로써 사회구조적 요인을 배제하는 쪽으로 교정처우의 방향을 설정하고 있는 점, 보안처분이 사회방위를 강조하며 인도주의적 측면을 소홀히 하는 것은 현실적으로 죄형법정주의의 파기를 가져올 수 있다는 점 등을 근거로 하고 있다.[7] 이 견해는 보안처분의 필요성을 부정하면서 이를 전면적으로 폐지하자고 주장한다.

3. 보안처분 개선론

보안처분 폐지론은 현실적으로 한정책임능력자 및 책임무능력자 등에 대해서는 형벌의 한계를 인정한다는 점, 사회내처우 형태의 보안처분은 형벌의 한 종류로 편입시키는 것이 바람직하다고 보는 것으로 보아 사회 내 보안처분을 부정하지 않고 있는 점, 치료감호와 같이 정신이상자에 대해서는 보충성원칙에 따라 의료정책의 관점에서 접근하는 것이 바람직하다고 보는 점 등을 고려할 때 현재 시행되고 있는 보안처분의 종류를 명확히 하고 개별 처분의 운용방법을 법치국가적으로 조화를 이룰 수 있도록 개선하는 것이 바람직하다는 주장으로 보인다.

형벌의 본질과 목적을 두고 현재까지도 논란을 거듭하고 있는 반면, 보안처분은 장래의 재범위험성이 있는 자에 대해서 개선 및 보안조치를 함으로써 범죄를 사전에 예방한다는 확고한 이론적 기초 위에서 도입된 제도이다. 그러므로 보안처분은 행위자를 지향하는 특별예방적 목적처분이라는 점에 대해서는 의문의 여지가 없다.

---

7) 이호중, 보안처분 이데올로기 비판—교정주의, 사회방위론, 형벌한계론에 대한 비판—, 법학연구 제
　　7권 제1호, 충북대학교 법학연구소, 1995, 7－34면.

[제2절] 보안처분의 연혁 및 종류

Ⅰ. 보안처분의 연혁

1. 형벌에서 보안처분의 분리를 위한 시도

보안처분의 역사적 전개과정을 살펴보면, 중세 이전의 사형, 국외추방 등이 형벌의 주된 지위를 차지하고 있었던 시대에는 범죄적 위험성이 있는 자에 대해서 사회를 보호하기 위한 처분은 형벌의 집행에 흡수된 형태였다. 이러한 경향은 중세기에 접어들어 보안처분의 발달현상이 뚜렷하게 나타나면서 변하게 되었다.[8]

범죄자에 대하여 형벌 외에 범죄적 위험성을 원인으로 보안처분을 부과하도록 최초로 입법화된 것은 1532년 카롤리나 형법전(Constitutio Criminalis Carolina)이었다.[9] 동법 제176조는 범죄가 예견되고 어떠한 충분한 보장책도 마련할 수 없는 경우에 부정기의 구금에 처할 수 있는 보안처분을 규정하고 있었다.[10] 보안감호의 적용에 관한 대상, 요건, 실시방법을 명확히 규정해 두었으나, 형벌과 구별되지 않는 부정기의 보안구금(Sicherheitshaft)에 지나지 않았다고 한다.[11]

이처럼 근대 이전에도 상습범이나 정신장애자 등에 의한 특수한 법익침해 행위에 대해서는 형벌을 통해서 사회의 보호라는 효과를 얻는 데 한계가 있음을 깨닫고, 형벌을 대신해서 부과하는 보호 및 의료조치 등의 특수한 처분의 필요성에 대한 이해가 있었다고 볼 수 있다.

2. 형벌과 보안처분의 구별

보안처분을 형벌과 본질에서 구별한 것은 계몽주의에 의한 자유주의 사상이 대두된 이후의 일이다. 보안처분의 독자적 필요성을 강조하면서 형벌은 범죄의 경중에 따라 형량이 결정되지만, 보안처분은 재범위험성에 따라 결정된다는 이론을 전

---

8) 정성근, 보안처분제도의 사적 고찰, 법학논총 제6권, 한양대학교 법학연구소, 1965, 59면.
9) 배종대, 형사정책, 홍문사, 2011, 441−442면.
10) 이형국/김혜경, 형법총론, 법문사, 2019, 630면.
11) 이재상/장영민/강동범, 형법총론, 박영사, 2017, 621면.

개한 사람은 클라인(E. F. Klein)이었다.[12) 그는 형벌을 부과할 범죄자라 하더라도 개선 및 격리를 필요로 하는 한 형벌집행의 내용으로서 자유형과 보안감호를 부과할 수 있다고 함으로써 특별예방을 위한 보안목적을 형법이론에 도입하여 이원론의 기초를 확립하였다. 법관에 의하여 정기형으로 선고되는 자유형과 부정기로 선고되는 보안감호는 클라인이 기초한 프로이센 일반란트법(Allegemeines Landrecht für die preußischen Staaten vom 5.2. 1794) 가운데 형법편에 규정되었다.[13)

3. 보안처분의 발전

19세기 후반에는 누범의 격증 등 범죄문제가 심각한 사회문제를 일으키면서 자연과학의 영향 아래 인간의 생활관계 또는 환경체계를 정확히 진단하고 이에 근거한 특별예방적 처분으로 행위자를 개선하고자 하는 시도가 이루어졌다. 그 대표적인 학자가 리스트(Franz v. Liszt)였다.[14) 그는 1882년 마부르크 대학 프로그램(Marburger Universitäts Programm)인 「형법에 있어서의 목적사상」(Der Zweckgedanke in Strafrecht)이라는 강연에서 신파형법학의 기본사상을 선언했다. 즉, 종래의 응보형을 행위자에 대한 특별예방을 내용으로 하는 목적형으로 전환해야 한다고 주장한 것이다. 따라서 형벌은 순수한 보안형벌일 수 있고, 범죄에 대한 대책으로서 형벌과 보안처분의 이원주의는 독단(獨斷)에 불과하다고 주장하면서 형벌과 보안처분의 일원화를 시도하였다.[15)

이후 보안처분과 관련된 주장은 구파이론의 강력한 반대에도 불구하고 19세기 말에 각국에서 활발한 논의의 대상이 되었다. 이러한 시대적 배경하에 당시 스위스 베른(Bern)대학 교수였던 슈토스(Karl Stooss)는 형벌과 보안처분 이원주의에 다소 수정을 가하여 소위 '대체주의'를 정립하고 스위스 형법 예비초안을 기초했다.[16) 그의 1893년의 예비초안은 형법전 근대화의 지표로 기능했었다고 평가되고 있다.[17)

12) 정성근/박광민, 형법총론, 성균관대출판부, 2020, 582면.
13) 정영석/신양균, 형사정책, 1997, 365면.
14) 이재상/장영민/강동범, 형법총론, 610면
15) 배종대, 형사정책, 442면.
16) 정성근, 보안처분제도의 사적 고찰, 60면.
17) 宮澤浩一, 外國의 保安處分－西歐(同編·刑事政策講座, 제3권, 1972, 所收), 25면. 슈토스 초안에 규정되어 있는 보안처분의 종류는 다음과 같다. ① 위험성 있는 책임무능력자 및 한정책임능력자에 대한 치료감호처분, ② 주벽범죄인에 대한 교정소 수용 및 음식점 출입금지처분, ③ 노동혐오자에

슈토스 초안을 계기로 각국 형법은 보안처분을 규정하게 되었고, 현재는 대부분의 나라가 형법 또는 특별법을 통해서 보안처분을 명문화하고 있다.

4. 우리나라 보안처분의 초기 형태

근대 우리나라에서 보안처분의 성격을 가지고 있다고 볼 수 있는 제도들을 살펴본다.

일제는 조선에서 민족해방 운동을 탄압하기 위해 1925년 5월 「치안유지법」을 시행하였다. 치안유지법을 위반한 자 중 기소유예, 집행유예, 가석방, 형집행이 종료된 자의 사상활동을 감시하기 위해서 1936년 12월 「조선사상범보호관찰령」을 시행하였고, 1941년 2월 비전향 사상범을 사회로부터 격리·수용할 목적으로 「조선사상범예방구금령」을 실시하였다.

일제로부터 해방된 이후에도 이러한 입법경향은 지속되었다. 즉, 1948년 12월 「국가보안법」을 제정하여 정치범을 처벌하였고, 1949년 12월 개정을 통해 보도구금제도를 도입하였다. 이러한 내용은 일제시대에 시행되었던 「치안유지법」과 「조선사상범보호관찰령」을 계승한 것으로 볼 수 있다.

1953년 형법 제정시에 보안처분은 우리나라의 당면한 현실에 비추어 유보되었고, 국가의 제반 여건이 구비된다면 형법총칙에 보안처분을 추가하거나 단행법으로 보안처분에 관한 법률을 제정하면 될 것으로 전망되었다.[18]

1963년 7월 소년법 제1차 개정을 통해 보호처분형 보호관찰이 도입되었다. 하지만, 보호관찰을 실시할 조직 및 절차 등에 관한 제반여건을 갖추지 못한 상황이었다.

보안처분이란 용어가 우리나라 입법에 최초로 반영된 것은 1972년 유신헌법이었다. 즉, 1972년 12. 27. 시행 헌법 제10조 제1항에서 "모든 국민은 신체의 자유를 가진다. 누구든지 법률에 의하지 아니하고는 체포·구금·압수·수색·심문·처벌·강제노역과 보안처분을 받지 아니한다."라고 규정하여 보안처분에 관한 헌법적 근거를 마련하였다.

대한 노역장 수용처분, ④ 누범자에 대한 교정 및 보호감호, ⑤ 직권 및 친권남용자에 대한 권리박탈처분, ⑥ 위험물 소각처분, ⑦ 예고처분(위법행위를 전제하지 않고 과해지는 보안처분)

18) 한국형사정책연구원, 형사법령제정자료집 I, 형법편, 1990, 91면.

1975년 7월 국가의 보안 내지 안보라는 목적성을 띤 「사회안전법」이 제정되었고, 1980년 12월 「사회보호법」이 제정되어 보호감호, 치료감호, 보호관찰 등을 규정하였다. 2005년 7월 사회보호법이 폐지되었으나, 보호감호 외 치료감호와 보호관찰은 2005년 8월 「치료감호법」의 제정으로 부활하였다. 1994년 1월 「성폭력범죄의 처벌 및 피해자보호 등에 관한 법률」의 제정을 기점으로 성범죄자에 대한 보안처분의 사회적 관심을 제고하였고, 이들을 대상으로 한 사회 내 보안처분은 2000년대 들어 각종 특별법의 제정을 통해 극성수기를 맞이하게 되었다.

II. 보안처분의 종류

1. 보안처분 구분의 관점

보안처분은 사람에 대하여 선고되는 대인적 보안처분과 물건에 대한 대물적 보안처분[19]으로 구분할 수 있다. 대인적 보안처분에는 일정한 시설에 수용되는 것을 내용으로 하는 자유박탈적 보안처분과 자유의 박탈이 아닌 제한하는 정도라고 볼 수 있는 자유제한적 보안처분으로 구분하는 것이 일반적이다.

본고에서는 대인적·대물적이라는 개념이 관점에 따라 가변적일 수도 있겠으나, 비교적 그 구분이 명확하다는 점에서 이를 수용한다. 다만, 자유의 박탈 내지 제한이라는 구분은 상대적이고 모호하다는 점, 보안처분은 집행과정에서 대상자의 다양한 범죄원인에 적합한 치료 및 개선을 중점으로 하는 처분이고, 범죄원인에 따른 처우를 위해서는 다양한 준수사항이 필요하므로 어떤 준수사항이 부과되는가에 따라 자유의 박탈까지 가능하다는 점에서 시설 내 보안처분과 사회 내 보안처분으로 구분하기로 한다.

다음은 외국 주요국가에서 실시해 오고 있는 보안처분으로 분류될 수 있는 처분의 종류를 살펴보고자 한다.[20]

---

19) 대물적 보안처분은 범죄 및 그로 인한 법익침해의 위험을 방지하기 위한 물건에 대한 보안처분을 말한다. 외국의 입법례를 살펴보면, 몰수, 영업소 폐쇄, 법인의 해산 등이 논의된다. 프랑스 형사소송법 제706-36조는 영업시설을 폐쇄한다거나 영업권을 박탈하는 처분을 규정하고 있다. 프랑스 형법 제131-39조는 법인에 대하여 선고할 수 있는 중죄 또는 경죄의 특별 형벌로 법인의 해산, 영구적 또는 5년 이하의 직업수행 금지, 5년 이하의 사법감시 등의 형벌을 규정하고 있다. 이들은 형벌로 명칭을 부여하고 있다 하더라도 실질적으로는 보안처분으로서 기능을 하고 있다.

20) 형벌적 성격이 짙은 처분 즉, 신상정보등록·공개·고지, 취업제한명령 등은 제외하였다.

2. 시설 내 보안처분

1) 대륙법계의 시설 내 보안처분

(1) 정신병원(精神病院) 수용 처분

독일 형법 제63조 정신병원수용처분(Unterbringung in einem psychiatrischen Krankenhaus)[21]과 오스트리아 형법 제21조[22]의 정신이상자에 대한 시설수용처분 등이 이에 속한다. 즉, 책임무능력이나 한정책임능력 상태에서 위법행위를 한 경우에 행위자의 그러한 상태 때문에 중대한 위법행위가 예견되고 그로 인하여 일반인에게 위험하다는 점이 행위자 및 행위의 종합평가에서 나타날 때 정신병원에 수용한다. 치료기간에 제한이 없고, 범죄의 원인이 된 정신장애가 치료가 되어 재범위험성이 개선되었다고 판단될 때까지 수용은 계속될 수 있으며, 정신병원 수용 외에 자유형은 따로 부과되지 않는다.

프랑스 형사소송법 제706-135조는 정신병력이 있는 자에 대해서 공중위생법(Code de la Santé publique)에 규정된 정신감정인이 치료의 필요성을 인정하고, 개인의 안전을 침해하거나 또는 공익을 현저하게 침해할 위험성이 있는 경우에 공중위생법 제L. 3222-1조에 규정된 시설에 입원될 수 있음을 규정하고 있다. 개인의 안전에 대한 침해를 인정할 때에는 침해의 '중대성(de facon grave)'의 기준을 요구하지 않고 있으므로 공익보다 개인의 안전보호에 더 치중하는 경향이 있다. 판결전조사 절차나 종국재판에서 정신적 장애를 이유로 면책된 자라 하더라도 해당 범죄에 대한 법정형이 경죄로는 최고 10년 형, 중죄로는 최고 20년 형에 해당하는 범죄인 경우에는 하나 이상의 보안처분을 중복해서 부과할 수 있다.[23] 이러한 보안처분은 피처분자

---

21) 독일 형법 제63조. 책임무능력 또는 한정책임능력 상태에서 위법한 행위를 범한 경우에 행위자의 그러한 상태에 기인하여 상당히 위법한 행위가 예견되고 그로 인하여 일반 시민에게 위험하다는 점이 행위자 및 행위의 종합평가에서 나타나는 경우에 법원은 정신병원 수용을 명한다.

22) 오스트리아 형법 제21조 제1항. 1년 이상의 자유형으로 처벌될 자가 고도의 정신적 또는 심리적인 비정상적인 상태 즉, 책임능력을 배제하는 상황에서 행위했다는 이유만으로 처벌되지 않는다면 행위자가 그 인격, 상황 또는 범행의 종류에 따라 정신적 또는 심리적인 비정상상태의 영향으로 중한 범죄의 재범위험성이 인정된 경우에는 법원이 정신이상자에 대한 시설수용을 명해야 한다.

23) 프랑스 형사소송법 제706-136조에서 규정하는 6가지 보안처분은 다음과 같다. ① 법원이 지정한 자 또는 범죄피해자(특히 미성년자)에 대한 접근금지, ② 특정장소에의 출입금지, ③ 무기의 소지 및 휴대금지, ④ 미성년자와 관련된 직업 또는 자원봉사활동의 금지, ⑤ 운전면허정지, ⑥ 신규 면허 발급 신청 금지를 수반하는 운전면허 취소

가 입원한 경우 또는 입원이 철회된 경우에도 계속된다.

(2) 보안감호(保安監護) 또는 보호감호(保護監護)

보안감호는 의학적 치료효과를 기대할 수 없는 정신병질자의 인격장애를 제거하기 위하여 환경요법, 행동요법, 정신요법 등을 행하는 치료시설에 예방을 목적으로 수용하는 처분을 말한다. 자유형의 집행을 종료하였음에도 재범위험성이 개선되지 않아 이를 방치할 경우에는 다시 범죄를 반복할 개연성이 있는 범죄인 즉, 사상범, 누범, 상습범을 그 대상으로 한다. 심신상태가 책임무능력이나 한정책임능력 상태에 이르지 않는 경우가 많으나 그 사회적 위험성이 크고, 의학적인 치료효과를 기대하기 어렵기 때문에 치료감호가 효과가 없는 경우에 실시하는 처분이다.[24]

독일 형법 제66조의 보안감호(Unterbringung in der Sicherungsverwahrung)와 오스트리아 형법 제23조의 위험한 누범에 대한 시설수용처분[25] 등이 여기에 해당한다. 독일 형법 제66조 제1항[26]을 성범죄자를 예로 하여 적용해 보면, 성범죄자 중 2년 이상의 자유형을 선고받아 다음의 기준에 해당할 때에는 형벌과 함께 보안감호처분을 받게 된다. ⅰ) 성범죄자가 과거 5년 이내에[27] 고의 범죄로 1년 이상의 자유형을 2회 선고받은 경우, ⅱ) 성범죄자가 과거 5년 이내에 한 개 또는 수개의 범죄로 2년 이상의 자유형을 집행 받았거나 시설수용 보안처분의 집행 중에 있는 경우, ⅲ) 성범죄자가 그의 습벽에 기하여 중대한 범죄, 특히 피해자에게 정신적 또는 신체적으로 중한 피해를 발생시키거나 중한 경제적 손해를 야기하는 중대한 범죄행위로 일반시민에게 위험하다고 판단되는 경우이다.

프랑스 형사소송법 제706-53-13조 이하에서 중범죄자에 대한 보안유치(rétention de sûreté)를 규정하고 있다. 미성년자를 대상으로 한 중죄 즉, 중죄 또는 경죄를 범하던 기회에 보통살인, 모살, 가중보통살인(프랑스 형법 제221-2부터 제221-4조),

---

24) 정영석/신양균, 형사정책, 381면.

25) 오스트리아 형법 제23조 제1항. 24세 이상으로 2년 이상의 자유형을 선고 받은 자가 타인의 생명과 신체, 자유, 재산, 성적 완결성과 자기결정권을 침해하거나 마약법 위반으로 1개 또는 수개의 고의범, 고의로 공공위험죄를 저질러 1개 또는 수개의 범죄경력이 있는 경우, 행위자가 상기의 죄로 6월 이상의 자유형을 선고받았고, 그로 인해 19세가 된 이후 18개월 이상 구금시설에 복역하였다는 등의 요건을 충족할 경우에는 위험한 누범으로 시설에 수용된다.

26) 독일형법 제66조 제1항은 필요적 보안감호의 선고에 전과를 요구하고 있으나, 제2항의 임의적 보안감호에는 상습성을 요구하고 있다.

27) 독일 형법 제66조 제4항 참조. 범죄행위 사이의 간격 즉, 전의 범죄행위와 후의 범죄행위 사이에 5년 이상의 기간이 경과된 경우에는 이전의 범죄행위는 고려되지 아니한다.

가중강간, 강간치사, 고문·가혹행위를 수반하는 강간(프랑스 형법 제222-24부터 제222-26조) 등을 범한 경우, 성인을 대상으로 한 가중강간, 강간치사 등이 대상범죄에 포함된다. 중범죄자의 사건을 취급하는 중죄법원(Cour d'assises)은 형의 선고 시 형 집행 후 재범가능성이 특징적으로 나타나는 뚜렷한 위험성을 보이면 형 종료 시에 중범죄자의 제반 상태에 대한 재검사를 실시하고 보안감호를 부과한다.[28]

(3) 중독치료시설(中毒治療施設) 수용

마약, 알코올 또는 기타 각성제를 과도하게 복용하여 중독상태에서 위법행위를 범한 경우, 습벽에 기한 범죄행위로 인하여 형의 선고를 받은 경우, 책임무능력으로 인해 형의 선고를 받지 아니한 경우 등 행위자의 습벽에 기해 현저히 위법한 행위를 하는 것을 방지하기 위하여 부과된다.

독일 형법 제64조의 금단시설수용처분(Unterbringung in einer Entziehungsanstalt)[29]과 오스트리아 형법 제22조 중독자를 위한 시설수용처분[30] 등이 이에 속한다.

프랑스 공중위생법 제L. 3241-1조는 예심판사가 마약중독자에게 전문치료시설에서 해독치료를 받을 것을 명하는 동시에 형사소추 할 수 있다고 규정하고 있다. 또한 검사가 해독치료의 목적으로 내린 이행명령을 수행할 경우,[31] 마약중독자가 의학적 감시 또는 해독치료에 자발적으로 응하는 경우[32]에 검사는 공소제기를 유예할 수 있다.

(4) 사회치료시설(社會治療施設) 수용

중대한 인격장애가 있는 상습·누범자, 위험한 성적 충동범, 재범위험성이 있는 소년범, 정신장애 범죄자 등을 대상으로 정신분석치료, 행동요법, 작업요법, 접촉요법, 약물요법, 음악요법 등의 사회치료를 실시한다.

---

28) 프랑스 형사소송법 제706-53-13조 참조.
29) 독일 형법 제64조. 습벽, 알코올 또는 다른 각성제를 과도하게 복용하고 중독상태에서 범한 위법행위 또는 습벽에 기한 위법행위로 인하여 형의 선고를 받았거나 또는 책임무능력을 증명했거나 책임무능력을 배제할 수 없기 때문에 형의 선고를 받지 아니한 경우에 법원은 행위자의 습벽에 기인하여 중대한 범죄의 재범위험성이 인정될 경우에는 금단시설에 수용할 것을 명한다.
30) 오스트리아 형법 제22조 제1항. 알코올 또는 마약류에 중독되어 있고, 명정 또는 중독상태에서 범한 범죄 또는 완전한 명정상태에서 행한 범죄로 판결을 받게 되는 사람이 그의 인격과 범행의 종류에 의하면 명정물질 또는 마약중독과 관련하여 중한 결과 또는 가볍지 않은 결과를 수반하는 범죄를 저지를 것이 우려될 경우에 법원은 중독자를 위한 시설에 수용할 것을 명해야 한다.
31) 프랑스 공중위생법 제L. 3423-1조 제1항 참조.
32) 프랑스 공중위생법 제L. 3423-1조 제2항 참조.

독일형법 제65조(Unterbringung in einer sozialtherapeutischen Anstalt)가 규정하고 있었으나, 1984년 12월 '행형법 개정에 관한 법률'에 의해 폐지되었다.[33] 다만, 사회치료시설 수용처분이 독일 형법에서는 폐지되었으나, 형 집행 영역에서는 여전히 사회치료시설이 존재하고 있다. 독일 행형법 제9조는 수형자가 형법 제13장 성적자기결정에 관한 죄의 장에서 규정하고 있는 범죄 중 형법 제174조(피보호자에 대한 성적 남용) 내지 제174조c(보호관계 등을 악용한 성적 남용), 제176조(아동에 대한 성적 남용) 내지 180조 (미성년자의 성적행위 조장), 제181조a(음행매개) 및 제182조(청소년에 대한 성적 남용)에 규정된 범죄로 인하여 2년 이상의 유기형을 선고받고,[34] 사회치료시설에의 수용이 적절하다고 판단될 경우에는 사회치료시설로 이송하여야 한다. 또한 기타 수형자들도 재사회화 목적을 위해서 특별한 치료방법 및 사회적 원조가 적절하다고 인정될 경우에는 그들의 동의를 받아서 사회치료시설에 이송할 수 있다고 규정하고 있으므로 형 집행의 영역에서는 여전히 사회치료시설에 수용될 가능성이 있다.

2) 영미법계의 시설 내 보안처분

(1) 영국

영국은 2007년 개정된 정신건강법(Mental Health Act)에 근거하여 정신질환을 가진 범죄자를 대상으로 법원에서 치료명령을 부과 받은 경우에 병원에 수용되어 치료를 받게 한다. 이러한 내용은 형식적인 보안처분은 도입되어 있지 않지만, 정신장애가 범죄의 원인이 된 사람에 대하여 병원에 강제수용과 치료처분을 통하여 실질적으로 보안처분이 실시되고 있다. 형사사건을 전제로 하여 법원에서 선고하는 정신장애 범죄자에 대한 정신병원수용과 그 치료절차에 관해서는 형사절차법(Criminal Procedure Act)에서 규정하고 있다.

수용명령은 법원에 의하여 ⅰ) 형사절차법에 의거 책임무능력을 이유로 한 무죄의 특별평결이 있을 때, ⅱ) 형사절차법에 의거 소송무능력이 인정될 때, ⅲ) 정신건강법 규정에 의거 유죄판결을 받은 정신장애자를 병원의 치료를 받게 하는 것이 상당하다고 인정될 때 결정된다.

---

33) 정영석/신양균, 형사정책, 379면.
34) 제174조a(피구금자 등에 대한 성적 남용), 제174조b(공무원의 직위를 악용한 성적 남용), 제175조 (삭제됨), 제176조a(아동에 대한 중한 성적 남용), 제177조(성적 강요, 강간), 제178조(성적 강요 및 강간에 의한 치사), 제179조(항거불능에 의한 성적 남용) 등의 성범죄가 이에 해당된다.

정신건강법 제37조에 의거 교도소 구금이 가능한 범죄를 저지른 정신질환자는 법원으로부터 병원치료명령(Hospital Order)을 받을 수 있는데, 치료명령의 기간은 6개월을 기본으로 하고 추가로 6개월이 연장될 수 있다. 동법 제38조에 의해 잠정적 병원치료명령(Interim Hospital Order)을 법원으로부터 부과 받으면 최소 12개월 이상을 병원에서 치료받아야 한다. 정신건강법에 의해 병원치료명령을 부과 받게 되면 보안병원(保安病院, Security Hospital)으로 이송되어 치료를 받게 된다. 정신질환이 있는 성범죄자의 치료는 크게 국가 보건국(National Health Service)과 민간영역(Private Service)에서 담당하고 있다.

(2) 미국

미국에서 상습범의 일탈행동은 유전적인 요인에 기인한다는 사고방식이 지배적이었으나, 1942년 Skinner v. Oklahoma 판결에서 상습범에 대한 단종(sterilization)이 위헌으로 선언되면서 인식의 전환을 가져왔다.[35]

1930년대부터 성적 사이코패스(sexual psychopaths), 고위험 성범죄자(sexually dan-gerous person)를 대상으로 한 감호(confinement) 등에 대해서 논의를 시작하여 성범죄자에 대한 시설수용 치료명령을 도입하였다.[36] 즉, 미시건주(State of Michigan)는 1937년에 정신장애가 있는 성범죄자(mentally disordered sex offender)를 대상으로 무기한 시설에 수용할 수 있는 법률을 미국 최초로 입법하였고, 이후 28개 주에서 정신장애를 가진 성범죄자법(Mentally Disorder Sex Offender statutes)이라는 명칭으로 성범죄 관련 법률을 규정하였다.[37] 이 법률은 성적 사이코패스를 선별하여 치료하려는 목적을 가지고 있었음에도 시설에 수용되어 치료를 받은 후 석방된 자들이 재범을 저지르자 성범죄자를 치료하기 위한 수용제도의 효과성에 대한 회의적 시각이 대두하였다. 또한 시설수용이 이중처벌에 해당하기 때문에 위헌이라는 주장이 제기[38]됨에 따라 이 제도의 정책방향도 소극적으로 바뀌게 되었다. 그러나 1990년대 들어서 성범죄

---

35) Terry, K. J., & Ackerman, A. R. A brief history of major sex offender laws. In R. G. Wright (eds), Sex offender laws: Failed policies, new directions. New York: Spring Pub., p.52.

36) John M Fabian, Kansas V. Hendricks, Crane and Beyond: "mental abnormality", And "sexual Dangerousness": Volitional vs. Emotional Abnormality And The Debate between community safety and civil liberites, 29 Wm. Mitchell L. Rev, 2003, p.1372.

37) Ralph Reisner et al., Law and Mental Health System Civil and Criminal Aspects, 1999, p.616.

38) John, op. cit., p.1373.

의 증가와 관련 사건에 대한 언론과 사회적 관심이 높아지면서 성범죄자 등 소위 고위험 범죄자를 병원에 수용하여 치료하는 법률이 다시 시행되었다.39)

워싱턴주(State of Washington)에서는 1990년 성범죄자들을 무기한 구금하고 치료할 수 있는 성폭력 흉악범방지법(Sexually Violent Predator Acts)이 제정되었고, 이후 20개주 및 연방정부로 확대되었다. 이러한 법률은 정신이상을 원인으로 한 성범죄의 재범위험성이 높은 자들을 대상으로 형 집행이 종료된 후에도 민간시설에 수용하여 치료하는 비형사적 강제수용치료(civil commitment)를 그 내용으로 하고 있다.40)

3. 사회 내 보안처분

1) 보호관찰

(1) 미국

미국의 보호관찰제도를 살펴보면, 현대적 의미의 프로베이션(probation)을 세계최초로 확립한 법률은 1878년 미국의 메사츄세츠주법(Massachusetts Statutes)이었고, 소년범과 성인범에 대한 보호관찰이 도입되었다. 이후 메사츄세츠주법을 표준으로 소년범에 대해서는 1899년 미네소타주(State of Minnesota)―성인범에 대해서는 1911년―와 일리노이주(State of Illinois)―성인범에 대해서는 1911년―에서 각각 보호관찰 관련 법률을 제정하였다. 이후 1917년에는 워싱턴주(State of Washington)를 제외한 모든 주가 소년에 대한 보호관찰제도를 입법화하였다. 1963년 알래스카주(State of Alaska)가 보호관찰법을 제정함으로써 미국의 50개 주 전역에서 보호관찰을 실시하게 되었다.41)

미국에서 사회내처우는 성인에 대해서 보호관찰을 조건으로 형의 선고를 유예하거나 집행을 유예하는 경우와 보호관찰을 조건으로 가석방을 실시하는 경우로 확대되었다. 다만, 1980년대 이후에는 기존의 부정기형이 선고되어 가석방위원회의 심사에 따라 단기와 장기의 기간에 가석방될 수 있었던 형태가 양형기준표에 의한

---

39) ibid., p.1373.
40) 윤정숙, 성범죄자를 위한 치료프로그램 개발 및 제도화 방안(Ⅲ), 형사정책연구원, 2014, 228면. 성폭력 흉악범법은 소급적용 및 이중처벌의 문제가 제기되었지만, 1997년 Kansas v. Hendricks 사건에서 합헌으로 결정되었다.
41) Harry E. Allen, Probation and Parole in America, (New York: A Division of Macmillan, Inc), 1985, p.54.

징역형과 보호관찰을 미리 정하여 선고하는 정기형선고제도로 일원화되었다. 즉, 1993년부터 장기와 단기를 정함이 없이 양형기준표에 따라 형기가 특정되고, 형기의 절반이 경과하는 동안 행형성적이 양호한 경우에는 석방과 동시에 보호관찰을 실시하였다.[42]

(2) 영국

영국의 보호관찰제도를 살펴보면, 영국에서 근대적 의미의 보호관찰제도는 1907년 '범죄자 보호관찰법(Probation of Offenders Act)'이었다. 이 법은 초범자에 한정하지 않고 소년범 및 성인범을 대상으로 하고 있는 점, 법원에서 선행유지 등 준수사항의 이행을 조건으로 대상자를 석방하고 준수사항을 위반할 경우에는 보호관찰을 취소하는 제재를 과한다는 점, 보호관찰 이행성적에 따라 준수사항의 변경 및 면제할 수 있는 기간 단축 등의 권한이 주어졌다는 점 등을 특징으로 한다.[43]

1948년에는 미국의 보호관찰제도를 대폭 도입하여 형사사법법(Criminal Justice Act)이 제정되어 판결전조사제도, case-work기법을 활용한 지도·감독, 보호관찰 기간은 1년 이상 3년 이하, 보호관찰의 취소 및 해제 등에 관한 내용을 규정하였다.[44]

1980년대 초반 대처정부(Thatcherite Government)는 열악한 재정 상황에서 탈피하고자 보호관찰제도와 관련한 대대적인 개혁에 착수하였다. 즉, 당시의 보호관찰이 엄벌에 처할 범죄자들에게 사회복지적 가치를 실현하고자 했기 때문에 범죄자의 개선과 교도소 과밀수용 문제를 해결하는 데 실패했다고 비판하면서 1990년 이후의 보호관찰 정책에 큰 변화를 가져왔다.

1991년 형사사법법은 교도소의 개혁과 보호관찰을 형사정책의 핵심적 위치에 두면서도 보호관찰의 처벌적 성격을 강조하였다.[45] 영국의 보호관찰은 재판 이전단계, 지역사회형벌의 집행단계, 석방 후의 단계로 구분할 수 있다. 특히, 지역사회형벌(Community sentence)의 집행단계에서 운용되었던 보호관찰(Probation Order)은 2000년 형사사법 및 법원조직법(Criminal Justice and Court Services Act)의 개정으로 지역사회재활명령(Community Rehabilitation Order)으로 명칭이 변경되었다.

42) 이인곤, 범죄자의 사회내처우제도 개선방안에 관한 연구, 성균관대학교 박사학위논문, 2013, 52면.
43) 瀬川晃, 犯罪者の社會內處遇, 成文堂, 1991, 106면.
44) 菊田幸一, 保護觀察の理論, 有信堂, 1969, 106면.
45) 이인곤, 범죄자의 사회내처우제도 개선방안에 관한 연구, 57-58면.

2005년에는 보호관찰 등 독립된 사회 내 형벌로 운용되던 개별처우들이 지역 사회명령(Community Orders)으로 통합되면서 보호관찰 및 사회봉사명령 그리고 약물 치료 프로그램이나 알코올치료 프로그램 등은 지역사회명령(Community Orders)의 준 수사항으로 운용되고 있다.

(3) 독일

독일에서 집행유예제도는 1903년 조건부특별사면(Bedingte Begnadigung)에 근거 한 행정처분 형식으로 도입되어 형의 집행 전·후를 불문하고 이루어졌다.[46] 1911년 형법개정안에서 처음으로 보호관찰(保護觀察, Bewährungshilfe, probation)이라는 용어가 사용되었고, 1923년 소년법과 1925년 형법초안에서 집행유예제도, 1927년 형법초 안에서 선고유예제도를 도입하였다. 유예기간 중에 효과적인 지도·감독이 병행되 지 않는다면 집행유예제도 자체가 무의미하다는 인식에 따라 1953년 형법개정을 통 해 집행유예와 가석방에 보호관찰이 결합되면서 영미의 보호관찰제도에 근접하게 되었다.[47]

1975년 시행된 독일 형법은 기존의 보호관찰(Bewährungshilfe) 외에 자유형 또는 보안감호의 종료 후에 행상감독(Führungsaufsicht)을 실시하였다. 이 제도는 위험한 범 죄자에게 수용생활에서 사회로 복귀하는 데 필요한 도움을 제공하는 동시에 사회의 안전을 지키기 위한 목적이 있었다.[48] 형의 집행을 종료한 후에도 여전히 재범위험 성이 있는 범죄자를 그대로 사회에 방치하지 않고 보호관찰관의 지도·감독을 받게 한다는 특징이 있다. 독일형법 제68조는 행상감독의 요건을 규정하고 있다. 즉, 법 률이 특별히 행상감독을 규정한 범죄로 인해 최소 6개월 이상의 유기 자유형을 선고 받은 경우에 법원은 범죄자가 재범위험성이 있다고 판단한 때에는 형벌과 함께 행 상감독을 명할 수 있다.

(4) 일본

일본은 영국과 미국 그리고 유럽에서 확산되었던 소년법원운동의 영향으로 1922년 소년법이 제정되면서 집행유예를 선고 받은 소년범에게 일정한 조건을 붙여 보호사(보호관찰관, 민간범죄예방위원)의 지도·감독을 받는 보호관찰제도를 도입하

---

46) 이재상, 독일의 보호관찰제도, 소년보호관찰제도 연구 보호자료 제5집, 1986, 11면.
47) 小川太郎, 自由刑の展開, 一粒社, 1964, 100면.
48) 이재상, 사회보호법론, 174면.

였다.[49]

성인범에 대해서는 1936년 사상범 보호관찰법에서 보호관찰이 도입되어 집행
유예자뿐만 아니라 형 집행 종료자, 가석방자, 기소유예자를 대상으로 보호관찰이
실시되었다. 그러나 제2차 세계대전 후 모법인 치안유지법과 더불어 폐지되었다.[50]

1949년에는 영미법의 영향으로 범죄자예방갱생법이 제정되어 보호관찰에 관한
기본적인 사항, 소년보호처분 및 가석방·가퇴원과 결합한 보호관찰의 실시와 관련
된 규정을 도입하였고, 1954년에는 '집행유예자 보호관찰법'의 제정으로 집행유예와
결합하는 보호관찰의 실시에 관한 규정을 두었다.[51] 일본에서 실시하고 있는 보호
관찰은 가정법원에서 보호처분으로서 보호관찰을 받은 자, 소년원이나 교도소에서
가석방된 자, 보호관찰조건부 집행유예를 받은 자, 매춘방지법상 부녀보도원에서 가
퇴원된 자를 대상으로 하였다.[52]

2008년 6월부터 '범죄자 예방 갱생법'과 '집행유예자 보호관찰법'이 '갱생보호
법'으로 통합되어 시행되고 있다. 갱생보호법은 보호관찰과 가석방에 관한 규정을
두고 있는데 주요 내용으로는[53] ⅰ) 보호관찰의 실시기관, ⅱ) 보호관찰 및 가석
방 대상자, ⅲ) 보호관찰 및 가석방의 조건, ⅳ) 보호관찰 및 가석방의 감독 기간,
ⅴ) 보호관찰 및 가석방의 감독 조치와 절차 등을 규정하고 있다.

2) 사회봉사명령

유죄판결을 받은 범죄자에게 자유형을 집행하는 대신 사회에 유익한 활동이나
급부를 제공하도록 하는 발상은 비교적 오랜 역사를 가지고 있다. 이러한 의도를
기반으로 사회봉사명령이 입법되었다.

(1) 영국

영국은 1960년대 과잉구금의 문제에 직면해 있었고, 이에 대한 타개책으로 내
무부에 형벌제도에 관한 자문위원회(The Advisory Council on the Penal System: Wooton
Committee)를 설치하여 사회내처우를 확대하려는 시도가 있었다. 우튼위원회는 1970년에

---

49) 郡須宗一, 犯罪統制の近代化, きようせい, 1976, 150-157면.
50) 小川太郎, 自由刑の展開, 56-157면.
51) 小川太郎, 自由刑の展開, 18면.
52) 森下忠, 刑事政策(Ⅱ), 성문당, 1985, 319면.
53) 한국법령정보원, 세계법제정보, 일본편 참조.

비구금과 반구금형벌(Non Costodial and Semi-Costodial Penalties)이라는 보고서를 통하여
사회봉사명령의 도입을 제안하였다.[54] 즉, 보호관찰보다 형벌적 성격이 강하면서
단기자유형을 대체할 수 있는 지역사회 내에서 집행하는 형벌(community penalty)로서
사회봉사명령(Community Service Order)을 제시한 것이다. 이는 1972년 형사재판법을
통해 입법화되었고, 1977년 영국 전역에서 실시되었다.

영국의 사회봉사명령은 형을 선고할 때 수반하는 조건으로서가 아니라 독립한
하나의 형벌로 법제화되었다. 독립적인 지역사회형벌로 규정되었던 사회봉사명령은
2000년 형사사법 및 법원법(the criminal Justice and Court Services Act)의 개정에 따라 지역
사회처벌명령(Community Punishment Order)으로 명칭이 변경되었다.

2005년 4월 사회봉사명령을 포함한 다양한 형태의 사회내처우라는 독립된 형
벌체계는 폐지되고, 지역사회명령(Community Order)의 단일명령체계로 재편되었다.
이에 따라 사회봉사명령을 포함한 독립된 사회 내 형벌들이 지역사회명령의 준수사
항으로 변경되었다.

(2) 미국

미국의 사회봉사명령은 영국의 영향을 받아서 교도소의 과밀수용, 구금형의 재사
회화 목적에 대한 회의, 형벌의 다양화 및 사회에 대한 배상 등을 근거로 도입되었다.

1966년 캘리포니아주(State of California)의 앨러미다 카운티(Alameda County)의 시법
원(municipal court)에서 교통법규위반사범에게 형벌로서 사회봉사명령을 부과하면서
시작되었다.[55] 미국 사회봉사명령의 특징은 중범죄자에게는 부과하지 않았다는 점,
단독명령으로는 거의 활용되지 않고 보호관찰의 준수사항으로 부과되었다는 점, 벌
금형에 대한 대체집행으로 활용되었다는 점 등을 들 수 있다. 미국 연방보호관찰제
도에서 사회봉사명령은 보호관찰 준수사항의 하나라는 확고한 법적 지위를 가지고
있다. 양형개혁법(Sentencing Reform Act)은 사회봉사명령을 보호관찰 준수사항으로 규
정하였고, 중범죄자에게는 벌금형이나 배상명령과 함께 필요적(mandatory)으로 부과
하도록 하였다.

---

54) Home Office/Advisory Council on the Penal System, Non-custodial and semi-custodial
Penalties, 1970, p.12.
55) McDonald, D. C., Punishment without Walls: Community Service Sentences in New York City,
New Jersey: Rutgers Univ. Press, 1986, pp.7-10.

(3) 독일

독일의 사회봉사명령은 단기자유형의 폐해를 방지하기 위해서 도입하였다. 1975년 함부르크(Hamburg)에서 시작되었는데 독립적인 제재수단이 아니라 벌금을 납입하지 못하는 경우에 구금을 대신하여 선택할 수 있는 제도로 시행되었다. 1986년 벌금대체사회봉사제도가 도입되어 벌금을 미납할 경우에 사회봉사로 벌금을 대체할 수 있도록 하였다.

현행 독일의 사회봉사명령은 여러 유형이 있다. 즉, 검사의 조건부기소유예의 부담사항(Auflage), 법원의 공판절차 중단의 부담사항, 선고유예의 부담사항, 집행유예의 부담사항, 가석방의 조건, 벌금미납의 대체수단으로서 사회봉사 등이 있다. 소년범에 대해서는 소년법원법에 따른 교육처분으로서 사회봉사명령이 있다.

3) 수강명령

(1) 영국

1970년대 영국에서는 구금에 대한 대안을 찾고자 하는 인식이 증가하였으며, 형벌제도에 관한 자문회의 보고서(The Report of the Advisory Council on the Penal System)에서는 구금에 대한 대안으로서 여러 가지 방법들을 제시하였다. 이러한 대안 중의 하나가 수강명령이다.

영국에서 수강명령은 1948년 형사사법법(The Criminal Justice Act)에 의해 도입되었다. 이로써 현대적 의미의 수강명령이 시작된 것으로 볼 수 있다. 수강명령은 독립처분(Attendance Centre Order)과 보호관찰의 조건(Probation Day Centre Order)으로 구분할 수 있다. 독립처분으로서 수강명령은 비교적 비행성이 약한 범죄자들에 대해서 일정 기간 동안 일정 장소 즉, Attendance Centre에 참석하여 강의, 훈련 또는 상담을 받도록 하는 처분을 말한다.

21세 미만자를 대상으로 자유형의 범죄경력이 없는 자를 대상으로 징역형을 선고할 수 있는 죄를 범하여 유죄로 인정된 경우에 징역형을 선고하는 대신에 수강을 명하는 것이다.

보호관찰의 조건으로서 수강명령은 특정강좌에 참석할 것과 같은 보호관찰의 준수사항으로 부과하는 것이다. 또한 특별히 Probation Centre[56] 수강에 관한 준수

---

56) 이는 통상 일과시간 중 보호관찰 대상자에 대하여 사회적응능력을 향상시키고 재범을 방지할 수

사항을 명할 수 있도록 하고 있다. 수강센터의 종류로는 17세 미만의 사람을 위한 Junior Attendance Centre, 17세 이상 21세 미만의 사람을 위한 장소는 Senior Attendance Centre, 여성 범죄자를 위한 센터가 있다. Attendance Centre는 경찰기관에서 운영한다. 법원은 수강을 명하기 전에 미리 보호관찰관과 당사자의 동의를 받아야 한다.

(2) 미국

미국에는 영국이나 우리나라의 수강명령제도와 똑같은 프로그램은 없으나, 수강명령과 유사한 형태의 프로그램 즉, GUIDE(Girls Unit for Intensive Daytime Education)프로그램이 시행되고 있다. GUIDE는 13-19세까지의 비행소녀를 대상으로 교육, 집단활동, 상담할 목적으로 실시하는 Day Treatment 프로그램이다.

우리나라의 수강명령은 시간 단위로 부과되지만, Day Treatment Center에서는 정규학교와 같은 교육을 받는다. 이 프로그램에서 대상자의 선정은 대상소녀가 집단과 처우계획에 적응할 가능성을 판단하기 위해서 직원과 대상소녀가 시험적인 기간을 가진 후에 프로그램에서 받아들일지를 결정한다. 선발과정에서 소녀를 돌볼 수 있는 가정의 능력도 고려한다. 선발된 각각의 대상 소녀들은 최종적으로 받아들여지기 전에 직원과 면접하고 심리학자들에 의해서 평가를 받는다. 직원은 그녀와 가족들이 GUIDE에서 제공하는 도움을 받을 필요가 있는가를 판단한다. 소녀 본인이 원하지 않을 때는 프로그램에 참여시키는 경우가 거의 없지만, 때로는 본인이 원하지 않아도 법원의 명령이 내려지기도 한다. 정신적인 결함이 있다고 선고된 소녀들은 이 프로그램에 참여할 수 없으며, 정규학교에서 정상적인 진도를 따라갈 수 있는 소녀들도 제외된다. 각각의 경우에 소년의 프로그램 참여여부에 대한 최종적인 승인은 소년법원 판사의 위탁으로 이루어진다.

(3) 독일

독일에서 수강명령과 유사한 것은 형법 제56조의c 제2항 제1호가 규정하고 있다. 즉, 법원은 재범을 방지하기 위하여 필요하다고 판단할 경우에 보호관찰 기간 동안 형의 선고를 받는 자에게 준수사항으로서 '교육에 관한 지시에 따를 것'을 명할 수 있다.

있도록 필요한 교육과 훈련을 시키는 비수용적인 수강시설을 말한다. Probation Centre는 Day Training Centre로 시작하여 Day Centre로 불렸으나, 1991년 이후 개칭되었다.

4) 전자장치부착명령

(1) 미국

미국의 전자장치부착명령은 미국 뉴멕시코주(State of New Mexico)의 앨버커키 (Albuquerque) 지방법원의 잭 러브(Jack Love) 판사가 소년범을 교도소에 수용하는 대신 전자장치 부착을 조건으로 가석방 실시여부를 고민하였던 것에 기원을 둔다. 잭 판사가 1983년 가택구금 등의 보호관찰 준수사항을 부과하면서 그 이행을 감독하기 위한 수단으로 전자장치부착명령을 활용하기 시작하였다.[57]

초기의 전자장치부착명령은 가택구금 등의 보호관찰 준수사항의 이행을 감독 하는 수단이었고, 폭력성 및 재범위험성이 낮은 자를 대상으로 하였다. 그러나 폭력 관련 범죄전력이 있는 자나 미성년자 대상 성범죄자 및 마약판매·제조의 전과가 있 는 자는 제외되었다.

1980년대 이후 사회 전반적으로 보수적인 분위기 속에서 범죄자처우에도 변화 가 감지되었다. 즉, 종래의 재사회화 목적의 범죄자처우 방법이 위험한 상습범과 강 력범죄자를 통제하는 수단을 강구하기에 이르면서 부착명령을 확대하였다.

콜로라도주(State of Colorado)는 1998년에 '성범죄자감시법(Sex Offender Monitoring Act)'을 시행하면서 성도착증 및 성격장애 등으로 인해 성범죄의 상습성이 인정되고 정신과의사의 진단으로 재범위험성이 인정된다고 판단할 때는 선고된 형의 집행이 종료된 후에 평생토록 보호관찰과 전자장치부착명령을 받게 하였다.[58]

플로리다주(State of Florida)는 2005년 '제시카 런스포드법(Jessica Lunsford Act)'[59]으 로 불리는 플로리다주법(Flordia Statues)을 제정하여 위치추적 방식의 부착명령을 도입 하였다. 동 법률은[60] 성폭력흉악범(Sexual Predators)이나 15세 미만의 피해자를 대상 으로 범죄를 저지른 18세 이상의 범죄자에게 거주제한과 전자장치부착명령을 병과

---

57) Turner/Hess/Myers/Shah/Werth/Whitby, "Implementation and Early Outcomes for The San Diego High Risk Sex Offender GPS Pilot Program". Center for Evidence-Based Corrections, University of California, Irvine, 2007, p.25.
58) Schmit A. K., "The use of Electronic Monitoring by Criminal Justice Agencies", National Institute of Justice, 2000, p.25.
59) 'Jessica Lunsford Act'는 2005년 미국 연방차원에서 도입되었지만, 의회에서 법률로 제정되지는 않 았다. 플로리라 주법이 통과된 이후 42개 주에서 이러한 법안을 도입했는데, 미디어 등에서 이러한 입법 및 잠재적 입법을 지칭하기 위해 '제시카법'이라는 비공식적 이름을 사용한 것이다.
60) Flordia Statutes §947.1405, §948.30, §948.063. 참조.

하였다. 즉, 법원에서 지정한 학교나 보육시설 등 아동이 정기적으로 모이는 장소로
부터 반경 약 300m 이내에 이러한 고위험범죄자가 거주하는 것을 금지하고, 전자장
치부착명령을 통해 실시간으로 대상자의 위치를 추적하였다.

제시카 런스포드법의 영향으로 형법도 개정되어 아동을 대상으로 한 성범죄자
에 대해서는 최소한 25년 이상의 자유형을 선고하고 형의 집행이 종료된 후에도 평
생 전자장치부착명령을 받도록 하였다.[61] 또한 법원에서 선택할 수 있는 형사제재
로 집중보호관찰, 가택구금, 외출제한명령 등을 부과하면서 전자장치를 부착할 수
있는 것으로 규정하고 있다.[62] 플로리다 주에서 활용되고 있는 전자장치부착명령의
유형은 ⅰ) 중범죄자(felony offender), 약물범죄자(drug offender), 성범죄자(sex offender)를
대상으로 보호관찰 준수사항으로 활용하는 경우, ⅱ) 집중 가택구금(intensive house
arrest)의 형태로 이루어진 지역사회명령(Community Order)으로 활용되는 경우, ⅲ) 조
건부 석방 및 가석방 허가 시 부과되는 경우 등이다.[63]

(2) 영국

영국에서 전자장치부착명령은 보수당(The Conservative Party) 집권시기인 1960년
대 이후에 심화된 교정시설의 과밀수용 문제와 범죄문제에 대한 해결책으로 교정시
설을 추가로 설치하여 강경하게 대응해야 한다고 주장[64]한 것이 도입의 계기가 되
었다.

1989년에는 보석의 조건으로 부과되는 외출제한명령의 준수여부를 확인하기
위해 전자장치부착명령을 시범적으로 활용하기 시작하였다.[65]

1991년 '형사사법법(Criminal Justice Act)'의 개정으로 전자장치의 부착을 조건으로

---

61) Flordia Statute §775.082. 참조.
62) 플로리다 주법(Florida Statutes). Title 47. 948.03(2): (a) 법원은 사회 내 보안처분(보호관찰 등)을
    부과 받은 범죄인의 집중적인 감독과 감시를 필요로 할 수 있으며, 이 경우 전자감시 장치나 시스템
    을 수단으로 한 교정당국의 감독을 포함할 수 있다. 그러나 반드시 여기에 국한되는 것은 아니다.
    (b) 법원은 형사상 격리된 지역사회통제에 놓이게 될 범죄인에게 하루 24시간 동안 전자감시를 부
    과할 수 있다.
63) Bales, W., Mann K., Blomberg T., Gaes G., Barrick K., Dhungana K., & McManus B., A
    Quantitative and Qualitative Assessment of Electronic Monitoring, National Institute of Justice
    & U.S. Department of Justice, 2010, pp.17-21.
64) Nellis, M., Out of this world: The advent of the satellite tracking of offenders in England and
    Wales, 2005, Howard Journal, 44, p.150.
65) Ardley, J., The Theory, Development and Application of Electronic Monitoring in Britain, 2005,
    Internet Journal of Criminology, p.6.

한 외출제한명령(Curfew Orders)이 법률에 규정되었고, 1994년에는 '형사사법 및 공공질서에 관한 법률(Criminal Justice and Public Order Act)에 따른 시범실시 이후 적용이 확대되었다. 1999년 1월부터 가석방 대상자에 대한 전자감시에 의한 가택구금(Home Detention Curfew)과 독립적 형사제재의 형태 또는 다른 형벌과 병과되는 전자감시에 의한 외출제한명령이 전국적으로 확대되었다.[66]

2000년에 제정된 형사사법과 법원조직법(Criminal Justice and Court Service Act)을 통해 보다 다양한 형태의 전자장치부착명령이 시행되었다. 즉, 보석, 가석방, 사회봉사명령과 같은 각종 명령의 준수여부를 확인하는 도구로 부착명령을 활용할 수 있도록 법제화가 이루어졌다. 또한 GPS를 이용한 부착명령을 도입할 수 있도록 관련 법령을 정비하고, 2004년부터 맨체스터(Manchester)와 웨스트미들랜드(West Midlands) 및 햄프셔(Hampshire)에서 상습·누범, 가정폭력사범, 성범죄자 등을 대상으로 시범적으로 실시하였다.[67]

2004년 9월부터는 이른바 '창살 없는 감옥제도(A prison without bars)'를 도입하여 성범죄자와 상습절도범 등을 대상으로 전자장치부착명령 조건부 가석방을 실시하고 있다.[68]

(3) 독일

독일에서는 1997년 6월 개최된 법무부장관회의에서 행형법(Strafvollzugsgesetz)을 개정하여 6월 이하의 단기 자유형을 전자장치부착명령에 의한 가택구금(Hausarrest)으로 대체할 수 있도록 결의한 것을 계기로 동 명령의 도입에 관한 논쟁이 있었다.[69]

1997년 9월 연방의회는 행형법 개정안을 상정했지만, 이 제도의 도입 여부에 대한 합의가 이루어지지 않았다.[70] 다만, 2000년 5월부터 헤센(Hessen)주에서 법률의 개정 없이 프랑크푸르트(Frankfurt) 법원 관할구역에서 '파일럿프로젝트(Pilot Program)'의 일환으로 집행유예나 가석방을 실시할 때 또는 보호관찰의 준수사항

---

66) 법무부 EMP 연구반, 사회내처우로서 전자감시 보호관찰에 관한 연구, 법무부 보호 통권 제9호, 1999, 10면.
67) Nellis, M., op. cit., pp.128-130.
68) 여의도연구소, 성범죄자 전자위치확인제도 도입방안, 2005, 12면 참조.
69) Fünfsinn, H., Eletronische Fußfessel und Prävention-ein Widerspruch?, Internetdokumentaion des Deutschen Präventionstages, Hannover, 2010, S.2.
70) Fünfsinn, H., op. cit., S.3.

(Weisung)으로 전자장치부착명령을 시범적으로 운용하였다. 이후 헤센 주의 다른 법원 관할구역에서도 이 제도를 활용하기 시작하여 2007년 11월부터는 헤센 주의 모든 법원 관할구역으로 확대되었다.

2009년 12월 유럽인권재판소(EGMR)는 독일의 보안감호(Sicherungsversicherung)제도가 유럽인권규약(EMRK) 제5조(자유와 안전에 대한 권리)와 제7조(죄형법정주의)에 위반된다고 판결하였다. 이 판결로 인해 보안감호 출소자에 대한 대책의 마련이 요구되어 독일 연방차원에서 전자장치부착명령을 도입하자는 문제가 다시 논의되었고, 2011년 1월부터 보안감호에 관한 법률과 그에 부수되는 규정들의 개정을 위한 법률안이 시행되었다.

이 법률은 독일형법 제68조의b 제1항 제1문 제12호를 신설하여 기존의 제1호부터 제11호까지 열거되어 있었던 행상감독(Führungsaufsicht)의 준수사항으로 전자장치부착명령을 규정하여 재범위험성이 높은 범죄자군에 대해서 실시함으로써 형벌강화적 성격을 지니고 있다.[71]

5) 성충동약물치료명령

(1) 미국

미국에서 성범죄자에 대한 처벌 수단으로서 성충동약물치료명령(化學的去勢, chemical castration)은 1996년 9월 캘리포니아주(State of California)에서 최초로 시행되었다.

캘리포니아 주 의회 의원이었던 Bill Hodge가 당시 사문화된 상태였던 외과적 거세(外科的去勢, physical castration)[72]를 대체하는 성충동약물치료명령을 제안한 것이 직접적 계기가 되었다.[73]

캘리포이나주 형법은 13세 미만의 아동에 대해서 동성 간의 성행위, 강간, 유사강간 등의 범죄를 저질러 유죄판결을 받고, 그 집행 중에 가석방된 경우에 동 명령의 대상이 된다.[74] 메드록시프로게스테론 아세테이트(Medroxyprogesterone acetate) 또

---

71) 한영수 외, 2013, 62면.

72) Cal. Penal Code §645, 1995.

73) Avital Stadler, California Injects New Life into Old Idea: Talking a Shot at Recidivism, Chemical Castration and the Constitution, 46 Emory L.J. 1997, pp.1285-1297.

74) Cal. Penal Code §645 (a) - (c).

는 이와 동등한 화학적 효능을 가진 약물을 사용하여 치료를 받게 된다. 초범은 법원의 재량에 의하고, 재범 이상에 대해서는 강제적 처분으로 가석방 실시 일주일 전에 집행이 시작되어 교정국에서 더 이상 치료가 필요치 않다고 판단할 때까지 계속된다.[75] 다만, 동 명령의 대상자 선정이나 종료 결정에 대해서 정신과의사 등 의료전문가 또는 그 외의 전문가의 판단을 필요로 하지 않고 있으며, 치료가 계속되는 과정에서 피치료자가 외과적 거세(surgical alternative to hormonal chemical treatment)를 받을 경우에는 약물치료명령의 집행에서 제외될 수 있다.[76]

1998년 아이오와주(State of Iowa)는 12세 이하 아동을 대상으로 강간, 강제추행 등의 범죄를 저지른 경우에 법원에서 가석방을 결정할 때 대상자의 동의 없이 성충동약물치료명령을 할 수 있도록 하였다. 미국 8개 주에서 사회·문화적, 경제적 환경에 따라 대상자의 범위, 결정기관, 치료기간, 비용부담에 있어서 약간의 차이가 있으나, 성범죄에 대한 재범위험성이 높은 성도착증환자 및 상습성범죄자 등을 대상으로 성충동약물치료명령이 시행되고 있었다.[77]

캘리포니아주, 플로리다주, 아이오와주, 루이지에나주 등 4개 주는 화학적 거세와 외과적 거세[78]를 선택적으로 적용하고 있고, 조지아주,[79] 몬테나주, 오리건주, 위스콘신주 등 4개 주는 화학적 거세만 인정하고 있다.[80]

성충동약물치료명령은 피해자의 연령, 초범과 재범의 구분여부, 비용을 범죄자

---

75) Cal. Penal Code §645 (a), (b), (d).

76) Cal. Penal Code §645 (e).

77) Scott. C./Holmberg, T. "Castration of Sex Offenders: Prisoners' Rights v. Public Safety" The Journal of the American Academy of Psychiatry and the Law, 31, 2003, pp.503－505.

78) 텍사스주(State of Texas)는 주정부법(Texas Government Code)에서 다음과 같은 조건을 모두 충족하면 외과적 거세(orchiectomy, 고환절제술)를 집행할 수 있도록 하고 있다. 즉, ⅰ) 피처분자가 형법의 아동추행, 아동성폭행 또는 가중 성폭행죄로 유죄판결을 받아 수용된 자로서 이전에 이미 동종 범죄의 전과가 있을 것, ⅱ) 피처분자의 연령이 최소한 21세 이상일 것, ⅲ) 서면 청구절차를 밟을 것, ⅳ) 본 범행의 내용을 서면으로 자백할 것, ⅴ) 성범죄자를 치료한 경험이 있는 정신과 의사 및 심리학자로부터 평가와 상담을 받을 것, ⅵ) 의사는 피처분자의 정보에 입각한 서면동의를 받을 것, ⅶ) 사전에 청구하였다가 철회한 사실이 없을 것, ⅷ) 주 의료심사위원회가 제공하는 상담을 받을 것 등이다. 다만, 텍사스주의 외과적 거세를 형벌 또는 보안처분으로 보는 것은 적절치 않다고 판단된다. 법원의 판결보다는 대상자의 '동의'절차에 강조점이 있다는 점, 의료기관의 사전 설명 및 동의절차가 무엇보다 중요하다는 점에서 강제적 거세 또는 '위장된 동의' 절차에 의한 거세와는 차이가 크기 때문이다.

79) 다만, 조지아주는 2006년 화학적거세법을 폐지하였다.

80) 허경미, 성범죄자에 대한 약물치료 명령에 관한 연구, 교정연구 제40호, 2010, 166면.

가 부담하는지 여부, 약물치료명령 불이행시 제재조치 등에 따라 다양하게 운용되고 있다. 특히, 오리건주는 법원의 선고가 아니라 유죄판결을 받은 성범죄자 중 교정당국에서 약물치료명령이 효과가 있을 것으로 판단한 성범죄자 40-50명을 선정하여 시범적으로 운영한다는 점, 가석방 또는 보호관찰의 의무적 준수사항으로 부과된다는 점 등의 특징이 있다.[81]

(2) 독일

독일은 1933년 7월 14일 제정(1933. 11. 24.시행)된 '유전질환자의 후손 방지에 관한 법률(Gesetz Zur Verhütung erbkranken Nachwuchses)'을 통해서 성범죄자를 대상으로 강제적인 외과적 거세를 실시하였다.

동 법률은 1933년 11월 24일 제정된 '위험한 상습범죄자 및 보안처분에 관한 법률(Gesetz gegen gefährliche Gewohnheitsverbrecher und über Maßregeln der Sicherung und Besserung)' 제61조 제5호(위험한 성범죄자의 강제적 거세)가 규정하고 있던 보안처분을 시행하기 위한 법률의 성격을 띠고 있었다.[82] 그러나 이러한 거세법은 1945년 폐지되었다.

1969년 8월 15일 '자발적 거세 및 기타 치료방법에 관한 법률(Gesetz über die freiwillige Kastration und die andere Behandlungsmethoden)'이 제정되었고, 1970년부터 성범죄자에 대해서 징역형과 외과적 거세 처분 중 하나를 선택할 수 있는 제도와 성충동약물치료명령을 시행하고 있다.

독일 거세법 제1조는 거세를 다음과 같이 정의하고 있다. 즉, 비정상적인 성적 충동을 억제하기 위해서 의도적으로 남성의 생식선을 제거-외과적 거세-하거나 성기능을 지속적으로 불능화(성충동약물치료)하는 처우를 말한다. 거세를 시행하기 위해서는 다음과 같은 요건을 충족해야 한다.[83] ⅰ) 의사가 직접 시술해야 한다, ⅱ) 성범죄자의 자발적 동의를 원칙으로 한다, ⅲ) 거세의 목적은 성범죄자의 비정상적인 성적 충동과 관련한 심각한 질병, 정신적 장애 또는 고통을 방지하고, 이를 치료 또는 완화하기 위한 것으로 국한되며, 그 방법은 의학적 신뢰성이 있어야 한다, ⅳ) 거세

---

81) 윤정숙, 고위험군 성범죄자의 체계적 이해를 위한 성충동약물치료대상자 상담강화 방안 연구, 법무부용역보고서, 2014, 21면.
82) 한민경, 성충동약물치료 관련 EU 법제연구, 2013 세계법제연구보고서, 법제처, 2013, 20면.
83) 독일 거세법 제2조 참조.

의 대상은 25세 이상이어야 한다, ⅴ) 거세로 인해 정신적·신체적 부작용이 예측되어서는 안 된다, ⅵ) 거세는 방법뿐만 아니라 시행에 있어서도 의학적으로 알려진 바에 따라 시행되어야 한다.

독일에서의 거세는 대상자의 동의를 전제로 하므로 강제적 시술과는 차이가 있다. 또한 동의를 받기 위해서는 거세의 근거와 중요성, 부작용과 고려될 수 있는 다른 처우의 가능성, 동의시 중요한 것으로 인식되는 기타 다른 상황에 대한 충분한 설명을 들은 후에 동의를 해야 한다.[84] 거세의 대상은 성범죄자에 국한되지 않는다. 예컨대, 살인, 상해 등의 중범죄자도 비정상적인 성적충동이 범죄의 원인으로 작용한 경우에는 그 대상이 된다.

(3) 덴마크

덴마크는 1929년 '단종 및 거세에 관한 법률(Lov om sterlisation og kastration)'을 제정함으로써 유럽에서 외과적 거세를 합법화한 최초의 국가이다. 1973년까지 외과적 거세가 시행되었으나, 이러한 처분은 비인간적인 시술로써 인권침해라는 비판이 제기되면서 1973년부터는 인지행동치료가 실패한 경우에 한하여 성충동약물치료만 시행하고 있다.[85] 성범죄자에 대한 성충동약물치료를 규정하고 있는 법률은 '보건법(Sundhedsloven)'이다.[86]

성범죄로 유죄판결을 받은 21세 이상의 성도착증환자는 자발적으로 성충동약물치료를 선택할 수 있다. 성적 충동으로 인해서 자신이 범죄를 저지를 가능성이 있거나 심각한 정신적 고통 내지 사회적 어려움을 겪을 정도인 경우에는 약물치료가 허용될 수 있다. 구금 전에는 집행유예의 조건으로, 구금된 경우에는 가석방의 조건으로, 형의 집행이 종료된 경우에도 성충동약물치료명령이 집행될 수 있다. 형의 집행이 종료된 경우에도 피치료자의 동의를 받아야 한다. 거세는 외과의사에 의해 시술되어야 하고, 시술의 성격과 시술 후에 나타날 수 있는 결과나 신체적인 부작용을 담당 의사로부터 설명을 듣고 동의가 이루어져야 한다. 대상자가 의사를 표현할 능력이 없는 경우에는 보호자가 대신 동의할 수 있다.[87]

---

84) 독일 거세법 제3조 제1항.
85) 강은영/황만성, 상습적 성폭력범죄자 거세법에 관한 연구, 한국형사정책연구원, 2010, 68면.
86) 한민경, 성충동약물치료 관련 EU 법제연구, 2013, 14면.
87) 황성기, 상습적 성범죄 예방수단으로서의 거세에 관한 헌법적 고찰, 공법학연구 제9권 제3호, 130면.

[제3절] 보안처분 부과의 전제조건

선행 위법행위의 발생을 전제로 장래의 재범위험성을 제거하기 위한 보안처분
도 형사제재의 일종이기 때문에 범죄예방의 필요성만으로는 정당화되지 않는다. 따
라서 다음과 같은 조건을 갖추어야 한다.

Ⅰ. 보안처분 법정주의(保安處分 法定主義)

보안처분 법정주의(Gesetzlichkeit der Maßregeln)는 형벌에 죄형법정주의가 적용되
는 것과 마찬가지로 보안처분에도 그 종류, 요건 및 효과 등에 대해서 미리 법률로
정해두어야 한다는 원칙을 의미한다.

우리 헌법 제12조 제1항은 누구든지 법률과 적법한 절차에 의하지 아니하고는
보안처분을 받지 아니한다고 규정하여 보안처분 법정주의를 천명하고 있다. 법률주
의, 소급효금지의 원칙, 명확성원칙, 유추적용금지의 원칙 등이 그 내용을 이룬다.

보안처분은 선행 위법행위로부터 예상되는 장래의 범죄에 대한 위험성이 있어
야 부과될 수 있는데, 이러한 재범위험성 예측은 행위자에 대한 충분한 개인적 소질
및 환경적 측면에 대한 자료가 있다 하더라도 장래의 행위에 대한 예측이라는 점에
서 정확성 및 신뢰성에 의문이 제기될 수 있다. 이러한 불확실성은 보안처분의 법치
국가적 장치에 의하여 상쇄되어야만 그 정당성이 확보될 수 있다.

보안처분 법정주의의 요청으로부터 보안처분 관련 법률의 정형화가 요구된다.[88]

1. 법률주의(法律主義, Gesetzlichkeitsprinzip)

1) 개념

형법이 사용하는 도구로서 형사제재의 예리함은 신중하게 다루어져야 한다. 어
떠한 통제도 받지 않은 채 이러한 도구가 즉흥적으로 활용된다면 매우 위험하다.
이러한 도구들을 사용하기 전에 미리 누구나 알 수 있도록 최대한 자세히 서술해

---

88) 배종대, 형사정책, 439면.

놓아야 한다.[89]

보안처분에서 법률주의는 보안처분도 형벌과 마찬가지로 국회가 제정한 성문의 법률에 근거해서 대상자의 자유를 박탈하거나 제한해야 한다는 것이다. 보안처분의 부과 근거와 집행 절차 및 집행방법은 개별 법률에 규정되어 있어야 한다. 즉, 시설 내 보안처분으로는 '치료감호법', 사회 내 보안처분으로는 '전자장치부착법', '성충동약물치료법' 그리고 보호관찰법[90] 등이 있다.

2) 보안처분 법률주의와 위임입법의 관계

오늘날 입법기관으로서 국회의 지위는 실질적으로 저하되어 통법부화 되는 경향을 보이고 있다. 또한 국가의 기능이 확대되고 다양화되면서 입법도 전문화되어 가고 있는데, 전문지식이 없는 국회의원, 국회로서는 독자적으로 법안을 심의하거나 입법하기 어려워지고 있다. 즉, 위임입법의 범위가 확대되고 있으며, 사실상 행정부 공무원이 입법하는 경우가 증가하고 있다.

헌법 제75조는 범죄와 형벌과 관련하여 일정한 경우에 예외적으로 법률 이외의 명령이나 규칙에 규정하는 것을 허용하고 있다.

대법원은 사회현상의 복잡다기화 그리고 국회의 전문적·기술적 능력 및 시간적 적응능력의 한계로 인하여 형사처벌과 관련된 모든 법규를 형식적 의미의 법률로 규정하는 것은 사실상 불가능하다고 보았다. 따라서 긴급한 필요가 있거나 미리 법률로 자세히 정할 수 없는 부득이한 사정이 있는 경우에 한하여 위임할 수 있다고 판시[91]하였다. 다만, 처벌의 대상인 행위가 무엇인지 이를 예측할 수 있을 정도로 구체적으로 정하고, 제재조치의 종류나 형량 또는 보안처분 기간의 상·하한을 명확히 규정하는 것이 포함됨은 물론이다.

3) 보안처분 법률주의의 한계

보안처분과 관련된 위임입법은 개별 보안처분의 준수사항에서 대표적으로 나타난다. 치료감호가 가종료되는 경우 그리고 부착명령이나 약물치료명령이 부과되

---

89) 빈프리트 하세머(지음), 배종대/윤재왕(옮김), 범죄와 형벌, 나남, 2011, 131면.

90) 보호관찰, 사회봉사명령 및 수강명령의 기본법이라고 할 수 있는 보호관찰법은 보호관찰 외의 처분에 대해서는 보호관찰 수준의 구체적인 집행 절차를 마련하고 있지 않으며 시행령 및 시행규칙도 동일하다. 보안처분의 부과 근거와 집행 절차 및 집행방법은 개별 법률에 규정되어야 한다. 사회봉사명령과 수강명령의 집행 절차는 보안처분 법률주의에 반할 가능성이 있으므로 조속히 시정되어야 한다.

91) 대판 2000. 10. 27. 2000도1007.

는 경우에도 보호관찰이 병과되는데, 보호관찰에서 개별적 처우는 보호관찰 준수사항을 통해서 구체화된다.

　　보호관찰과 관련하여 기본법이라고 할 수 있는 보호관찰법은 보호관찰 대상자의 준수사항을 규정하고 있다. 동법 제32조 제2항은 모든 대상자가 지켜야 할 일반준수사항을, 제3항은 각 대상자의 개별적 특성에 따라 부과할 수 있는 특별준수사항을 각각 규정하고 있다. 특별준수사항과 관련해서 동법 제32조 제3항 제10호는 1호부터 9호까지의 사항 외 보호관찰 대상자의 재범을 방지하기 위하여 필요하다고 인정되는 사항을 대통령령에 위임하고 있다.

　　보호관찰법 시행령 제19조 또한 대통령령으로 정하는 사항을 열거하면서 제8호에서 "그 밖에 보호관찰 대상자의 생활상태, 심신의 상태, 범죄 또는 비행의 동기, 거주지의 환경 등으로 보아 보호관찰 대상자가 준수할 수 있고, 자유를 부당하게 제한하지 아니하는 범위에서 개선 자립에 도움이 된다고 인정되는 구체적인 사항"이라고 규정하여 특별준수사항이 범죄유형 및 대상자의 특성을 고려하여 구체적으로 유형화가 되지 않은 채 성인범과 소년범 일반에게 포괄적으로 적용되는 듯한 인상을 주고 있다.

　　전자장치부착법 또한 제9조의2 제1항 제5호에서 "그 밖에 부착명령을 선고받은 사람의 재범방지와 성행교정을 위하여 필요한 사항"이라고만 규정하고 시행령에는 관련 내용이 없다. 성충동약물치료법[92] 또한 대동소이하다.

　　개별처우의 관점에서 대상자의 특성에 따라 준수사항을 부과하기 위해서는 한정된 내용보다는 포괄적으로 규정하여 개별적으로 부과할 내용을 추출하는 것도 의미가 없지는 않지만, 최소한 사범별로 차별화는 두어야 할 것이다.

　　따라서 범죄의 원인과 대상자의 특성을 반영한 준수사항의 유형화 및 구체화가 요구되고, 그 전 단계에서 보안처분의 종류가 형법 또는 보안처분 일반법에서 규정될 필요가 있다.

---

[92] 성충동약물치료법 제10조 및 성충동약물치료법 시행령 제5조 참조.

2. 소급효금지원칙(遡及效禁止原則, lex praevia)

1) 개념

소급효금지원칙은 행위 당시에는 처벌법규가 존재하지 않았음에도 사후에 입법을 제정하고 법관이 법을 적용함에 있어서 법률 시행 이전의 행위까지 불리하게 소급해서 적용하는 것을 금지하는 것이다.

우리 헌법 제13조 제1항은 "모든 국민은 행위시의 법률에 의하여 범죄를 구성하지 아니하는 행위로 소추되지 아니한다"고 규정하고 있다. 형법 제1조 제1항도 "범죄의 성립과 처벌은 행위시의 법률에 의한다"고 하여 죄형법정주의의 중요한 내용으로서 소급효금지의 원칙을 천명하고 있다.

과거의 사실관계 또는 법률관계를 규율하는 법률은 국가의 입법 작용에 대한 국민의 신뢰에 역행하는 것으로 법치국가원리에 반한다. 법률에 대한 국민의 신뢰는 법치국가의 핵심 요소이므로 소급해서 법률이 적용된다면 국민의 법적 생활관계와 그 규율에 대한 예측가능성을 담보하지 못하기 때문이다.[93]

2) 소급입법의 구분

소급입법은 진정소급입법과 부진정소급입법으로 나눌 수 있다. 전자는 과거에 완성된 사실 또는 법률관계를 규율의 대상으로 하고, 후자는 과거에 시작되었지만 아직 완성되지 않은 사실 또는 법률관계를 규율의 대상으로 삼는다. 진정소급입법은 입법자의 입법형성권보다 구법질서에 의해서 구축된 신뢰보호가 더 중요하고 법적 안정성을 유지하는 것이 더 필요하다고 보기 때문에 원칙적으로 허용되지 않는다.

3) 소급효금지원칙의 보안처분에 적용여부

(1) 학설

보안처분에도 소급효금지원칙이 적용되는가에 대해서 견해가 나뉜다.

보안처분도 범죄에 대한 제재이고 치료감호와 같은 처분은 자유제한의 정도에서 형벌 못지않은 효과가 있기 때문에 형벌과 마찬가지로 소급효금지의 원칙이 적

---

93) 홍영기, 소급효금지원칙의 확립근거와 구체적 적용, 안암법학, 2006, 83면 이하.

용되어야 한다는 견해,[94] 보안처분의 종류에 따라 보호감호와 같이 자유형의 성격이 강한 보안처분은 소급적용이 부정되지만 보호관찰에 대해서는 소급적용이 긍정된다는 견해,[95] 보안처분은 과거의 범행이 아니라 장래의 위험성을 근거로 부과되기 때문에 행위시법이 아니라 재판시법이 적용되는 것이 합리적이라는 점을 근거로 보안처분에 대해서 소급효금지의 원칙이 반드시 적용될 필요가 없다는 견해[96]가 있다.

(2) 판례의 태도

헌법재판소는 기존의 법률을 변경해야 할 공익적 필요가 심히 중대하지만 개인의 신뢰이익을 객관적으로 정당화할 수 없는 경우에는 예외적으로 진정소급입법이 허용된다고 한다. 즉, 국민이 소급입법을 예상할 수 있는 경우, 법적 상태가 불확실하고 혼란스러워 보호할만한 신뢰의 이익이 적은 경우, 소급입법으로 인한 당사자의 손실이 없거나 아주 경미한 경우 또는 신뢰보호의 요청에 우선하는 심히 중대한 공익상의 사유가 발생한 경우에는 예외적으로 진정소급입법이 허용될 수 있다고 판시[97]하였다. 전자장치부착명령에 대해서도 전통적 의미의 형벌이 아니라는 점, 전

---

94) 장연화, 위치추적 전자장치 부착제도의 법적 성격과 소급효금지원칙의 적용에 관한 연구, 보호관찰 제10권 제2호. 2010, 159면; 송진경, 위치추적 전자감시제도에 대한 비판적 검토, 형사법연구 제23권 제2호, 2011, 319면; 정승환, 보안처분과 소급효금지원칙(판례평석), 대한변협신문 제496호, 2014. 5.

95) 이재홍, 보호관찰과 형벌불소급의 원칙, 형사판례연구(7), 1999, 30면; 손동권, 형법총론, 3/47.

96) 김혜정, 보호관찰과 형벌불소급의 원칙, 형사판례연구 Ⅰ, 박영사, 2003, 33면; 형 집행 종료 후의 전자장치 부착명령과 소급효금지원칙과의 관계, 인권과 정의 제435호, 2013, 83면; 오삼광, 현행법상 전자감시제도의 문제점과 발전방안에 관한 연구, 서울법학 제20권 제1호, 2012, 324면; 이창섭, 위치추적 전자장치 부착명령의 법적 성격과 형벌불소급의 원칙, 형사정책 제23권 제2호, 2011, 201면; 정영훈, 특정범죄자에 대한 위치추적 전자장치 부착 등에 관한 법률 부칙 제2조 제1항 결정에 대한 검토, 인권과 정의 제434호, 2013, 125면. 한편, 독일형법 제2조 제6항은 "개선·보안처분에 관하여 법률에 달리 규정되어 있지 않는 경우에는 재판시법에 의해서 결정한다."라고 하여 보안처분에 소급효가 적용된다는 입장이다. 이에 따라 정신병원 수용(독일형법 제63조), 금단시설 수용(동법 제64조), 운전면허 취소(동법 제69조) 등의 개선·보안처분에는 소급효금지원칙이 적용되지 않는다. 그러나 '보호관찰'(동법 제68조)과 '직업금지'(동법 제70조)는 형법시행법(EGStGB 1974)에 의해 소급효금지원칙의 적용을 받는다. 독일 연방헌법재판소 또한 보안감호 등 보안처분에 소급효금지원칙이 적용되지 않는다는 입장을 유지해 왔다. 반면, 유럽인권재판소는 독일의 보안감호가 유럽인권협약이 규정한 '처벌'에 해당하기 때문에 보안감호의 기간의 상한을 폐지한 개정법의 적용에 대해서 유럽인권협약 제7조의 소급효금지원칙에 반한다고 하였다. 그럼에도 독일 연방헌법재판소는 보안감호 기간의 상한을 폐지한 것이나 사후적으로 보안감호를 부과한 것은 보안처분의 집행방법에 불과할 뿐이라고 판시하여 소급효 관련 기본입장은 유지되고 있다.

97) 헌재결 1996. 2. 16. 96헌가2, 96헌바7, 96헌바13(전원재판부).

자장치의 부착을 통해서 피부착자의 행동 자체를 통제하는 것이 아니기 때문에 처벌적 효과를 나타내지 않는 점 등을 이유로 소급효를 긍정하고 있다.[98]

대법원은 보호관찰의 법적 성격에 대해서는 과거의 불법에 기초하고 있는 제재가 아니라 장래의 위험성으로부터 범죄자를 보호하고 사회를 방위하기 위한 합목적적 처분이기 때문에 재판시법 규정에 의해 보호관찰을 명한다하더라도 소급효금지원칙에 위배되는 것이 아니라고 판시[99]하였다. 사회봉사명령의 법적 성격에 대해서는 가정폭력법상 보호처분 중의 하나인 사회봉사명령은 형벌이 아니라 보안처분적 성격을 가지는 것이 사실이나, 의무적 노동을 부과하고 여가시간을 박탈하여 실질적으로 신체의 자유를 제한하게 되므로 소급효금지원칙이 적용된다고 하였다.[100] 전자는 형법의 집행유예조건부 보호관찰이었고, 후자는 보호처분 중의 하나인 사회봉사명령 관련 사례이므로 그 유형이 다른 경우 즉, 형법상 집행유예 조건부 사회봉사명령이나 보호처분 중의 하나인 보호관찰에 대해서는 어떤 견해인지 불확실하기 때문에 일반화하기는 어렵다. 다만, 형벌과 보안처분을 형식적·이원적으로 구분하면서도 보호처분형 사회봉사명령에 대해서 소급적용을 부정하기 때문에 논리적 일관성이 결여되어 있다는 비판을 피하기 어려워 보인다. (구)사회보호법의 보호감호의 경우도 소급적용이 부정된다고 하였다.[101]

(3) 소결

시설 내 보안처분은 물론이고 사회 내 보안처분도 대상자에게 주는 불이익은 상당하다. 특히, 부착명령이나 약물치료명령은 장기간 동안 자유가 제한되는 피처분자의 지위에 있다는 점, 거주제한이나 외출제한 등의 준수사항이 부과된 경우에는 간헐적으로 자유가 박탈되는 상황이 초래될 수 있다는 점, 전자장치부착법이 소급입법이 허용될 정도의 공익적 필요가 긴요하다고 볼 수 없는 점, 보호관찰 등의 준수사항을 위반하면 형벌에 처해질 수 있다는 점 등을 고려하면 자유제한의 정도가 약하다고 볼 수 없으므로 소급적용을 부정하는 것이 타당하다.

다만, 보안처분의 소급효와 관련하여 소급효금지의 원칙은 행위자에게 불리한

---

98) 헌재결 2012. 12. 27. 2010헌가82 등.
99) 대판 1997. 6. 13. 97도703.
100) 대결 2008. 7. 24. 2008어4.
101) 대판 1987. 2. 24. 86감도286. 이는 헌법재판소도 동일한 입장이다. 헌재결 1989. 7. 14. 88헌가
    5·89헌가44.

사후법을 금지하는 것이므로 벌금대체 사회봉사처럼 유리한 처분의 소급효를 인정하는 것은 보안처분 법정주의에 반하지 않는다고 본다.

3. 명확성원칙(明確性原則, lex certa)

1) 개념

명확성원칙은 법률에 무엇이 범죄이고 그에 대한 법적 효과로서 어떤 형사제재를 과할 것인가를 가능한 한 명확하게 규정해야 한다는 것을 말한다. 법률이 불명확하다면 어떤 행위가 범죄인지 모르는 국민의 입장에서는 예견가능성이 없으므로 일반예방적 기능을 발휘할 수 없고, 법관에게는 자의적(恣意的) 해석 및 적용의 가능성을 제공해 줄 수 있다.

2) 적용범위

형법의 구성요건을 순수하게 기술적 요소만으로 규정할 수는 없기 때문에 입법기술상 가치개념을 포함하는 일반적·규범적 개념의 사용을 금지할 수는 없지만, 건전한 일반상식과 통상의 판단능력을 가진 자에 의하여 일의적으로 파악될 수 있는 정도로 특정되어야 한다.[102] 또한 범죄에 대한 법적 효과로 어떤 종류의 형벌과 보안처분을 어느 정도 부과할 것인가에 대해서도 명확히 규정해야 한다. 그러나 입법자는 모든 사건의 내용을 예견하고 입법화 할 수 없으므로 사법심사에 일정한 재량을 인정해야 한다는 점을 부인하기 어렵다. 아무리 명확하게 가벌조건을 규정한다 하더라도 구체적 사건에서 재판의 결과까지 약속해 줄 수 있는 것이 아니므로 법관의 판결재량을 인정할 수밖에 없기 때문이다.[103]

3) 보안처분과 명확성원칙

보안처분은 형벌과 달리 행위자의 재범위험성을 제거하는 데 목적이 있으므로, 대상자의 이런 위험성이 제거되지 않는다면 처분의 효과가 지속될 필요가 있다. 부정기의 처분이 필요한 이유이기도 하다. (구)사회보호법 제9조 제2항은 "치료감호시설에의 수용은 피치료감호자가 감호의 필요가 없을 정도로 치유되어 사회보호위원회의 치료감호의 종료결정을 받거나 가종료결정을 받을 때까지로 한다."고 규정하

---

102) 헌재결 2002. 5. 30. 2001헌바5; 1992. 2. 25. 89헌가104.
103) 윤재왕, 권력분립과 언어, 강원법학 제44권, 2015, 427면 이하 참조.

여 절대적 부정기처분을 규정하고 있었다.[104] 그러나 처분의 기간에 대한 판단기준이 모호하고 객관적이지 않은 상황에서 재범위험성의 개선 여부에 따라 처우 수준을 정하게 되면 행위자의 자유가 무제한 박탈되거나 제한되어 인권침해라는 측면에서 폐단을 초래할 수 있었다.

전자장치부착법 제14조의2(부착기간의 연장 등), 제21조의7(보호관찰 기간의 연장 등)은 부착명령 대상자나 보호관찰 대상자가 정당한 사유 없이 준수사항을 위반하거나 신고의무를 위반하는 등의 사유가 발생한 경우에 기간을 연장할 수 있는데 그 상한이 설정되어 있지 않기 때문에 무기한의 기간 갱신이 가능하다는 점에서 문제가 있다.

성충동약물치료명령과 관련하여 보호관찰관이 약물을 투여하는 방법으로 동 명령을 집행하는 경우에는 치료기관의 의사로 하여금 부작용에 대한 검사 및 치료도 함께 실시하도록 하고 있다. 검진을 통해서 부작용으로 인한 신체에 회복하기 어려운 손상이 발생할 수 있다는 의사의 소견이 있으면 약물투여를 일시 중단해야 한다.[105] 그러나 이러한 규정은 집행기관으로 하여금 폭넓은 재량을 인정할 수 있으므로 좀 더 명확하게 예컨대, "즉각 중단하고 7일 이내에 검사에게 신청하여 법원의 허가를 받아야 한다."로 규정할 필요가 있다.

4. 유추적용금지원칙(類推適用禁止原則, lex stricta)

1) 개념

유추적용은 법문언의 가능한 의미에 포섭될 수 없는 사례를 구성요건의 사례와 행위 또는 법익침해 등에 어떤 유사성이 있다고 하여 적용하는 것이다. 법관이 가벌성과 형벌을 규정한 법률을 당사자에게 불리하게 유추해서 확대 적용해서는 안 된다는 원칙[106]을 말한다.

2) 유추적용금지의 적용범위

범죄와 그 결과에 대한 형벌법규 모든 요소에 대하여 적용되므로 각칙의 구성요건, 총칙규정, 인적처벌조각사유와 객관적 처벌조건, 형벌뿐만 아니라 보안처분을

---

104) 2005년 8월 사회보호법이 폐지되고 대체입법으로 마련된 치료감호법은 치료기간이 15년을 초과할 수 없도록 규정하고 있다.
105) 성충동약물치료법 시행령 제11조 참조.
106) 배종대, 형법총론, 66면.

포함한 모든 제재에 적용된다.[107] 다만, 모든 규범은 해석을 필요로 하고 법적용은 당위와 사실 그리고 규범과 사안 사이의 일치를 지향하는데,[108] 해석자체가 하나의 유추적 사고과정을 기초로 하기 때문에 죄형법정주의에 의하여 금지되는 유추와 허용되는 해석의 한계가 명확한 것은 아니다. 유추금지의 취지는 허용되지 않는 해석의 한계를 정하고자 하는 것이고, 허용되지 않는 해석문제는 법률 개념의 명확성과 관련한 구체적 논증으로 판단해야 하기 때문에 피고인에게 불리한 방향으로 지나치게 확장해석을 한다거나 유추해석을 하는 것은 허용되지 않는다.[109]

3) 판례의 태도

대법원은 '성폭력처벌법' 제13조는 자기 또는 타인의 성적 욕망을 유발하는 등의 목적으로 '전화, 우편, 컴퓨터나 그 밖에 일반적으로 통신매체라고 인식되는 수단을 이용하여' 성적 수치심을 일으키는 말이나 글 등을 상대방에게 전달하는 행위를 처벌하고자 하는 것이 명백하므로 통신매체를 이용하지 않고 상대방에게 직접 도달하는 것까지 처벌하는 것은 처벌 범위를 확대하는 것이라고 하였다.[110]

성폭력처벌법 제13조의 구성요건은 전화, 우편, 컴퓨터나 그 밖에 일반적으로 통신매체라고 인식되는 수단을 이용하는 것이다. 그러므로 이러한 통신매체를 이용하지 않고 직접 전달하는 방식의 행위에도 적용한다면 이는 새로운 구성요건을 만드는 것으로 볼 수 있으므로 유추적용해서는 안 된다는 입장은 타당하다고 본다.

또한 전자장치부착법 제5조 제1항 제3호에서 부착명령의 청구요건으로 정한 '성폭력범죄를 2회 이상 범하여(유죄의 확정판결을 받은 경우를 포함한다)'에 '소년보호처분을 받은 전력'이 포함되는지와 관련하여 소년법의 보호처분을 받은 전력은 유죄의 확정판결을 받은 경우에 해당하지 아니함이 명백하다고 하면서 2회 이상 성폭력범죄에 포함하는 것은 유추적용이라는 입장이다.[111]

다만, 전자장치부착법 제5조의 부착명령 청구요건으로 '성폭력범죄를 2회 이상 범하여(유죄의 확정판결을 받은 경우를 포함한다)'에 '소년보호처분을 받은 전력'을 포함하는

---

107) 이재상/장영민/강동범, 형법총론, 27면.
108) 정승환, 형법상 유추금지에 관한 고찰, 안암법학 제12호, 2001, 142면.
109) 배종대, 형법총론, 68면.
110) 대판 2016. 3. 10. 2015도17847.
111) 대판 2012. 3. 22. 2011도15057, 2011전도249(전원합의체(다수의견)).

것은 유추적용이라는 점에 대해서는 의문이 있다.

전자장치부착법 제5조는 성폭력범죄를 2회 이상 범하여 그 습벽이 인정되고, 성폭력범죄에 대한 재범위험성이 인정되어야 부착명령을 청구할 수 있다고 규정하고 있다. 다수의견은 동 조항의 문리해석을 통해 '유죄의 확정판결을 받은 전과사실을 포함하여 성폭력범죄를 2회 이상 범한 경우'를 의미한다고 해석하면서 소년보호처분은 유죄의 확정판결을 받은 경우에 해당하지 않는다고 한다. 소년보호처분이 유죄의 확정판결이 아니라는 점은 타당하다. 그러나 유죄의 확정판결을 받은 경우만을 말하는 것이 아니라 유죄의 확정판결을 포함한다고 하였을 뿐이다.

반대의견은 '습벽' 판단의 기본이 되는 2회 이상의 범죄에 유죄의 확정판결만으로 한정하고 있지 않다. 2회 이상의 범죄에 유죄의 확정판결을 받은 경우만으로 한정하지 않은 점과 습벽의 인정근거로 소년보호처분을 받은 사실을 고려하는 점은 타당하다. 그러나 2회 이상의 성폭력범죄에 소년보호처분을 포함할 것인지 여부에 대한 문제를 '습벽'의 인정여부에 대한 문제로 확대한 점에 대해서는 비판의 여지가 있다.

생각건대, 소년보호처분의 대상은 범죄소년, 촉법소년, 우범소년으로 구분할 수 있다. 촉법소년은 형사미성년자라는 점에서, 우범소년은 아직 범죄를 저지르지 않았다는 점에서 '2회 이상의 성폭력범죄'에 해당하지 않는다. 다만, 범죄소년은 형사처분절차로 처리할 수도 있었지만 '보호처분의 필요성'이 인정되어 보호처분절차로 나아갔을 뿐이다. 따라서 범죄소년은 소년보호처분을 받았다 하더라도 '2회 이상의 성폭력범죄'를 범한 경우에 포함할 수 있을 것이다.

소년보호처분을 일괄적으로 2회 이상의 성폭력범죄에서 제외하는 것은 문리해석에 배치되는 것으로 판단되고, '2회 이상의 성폭력범죄'를 습벽을 판단하기 위한 근거로 활용하면서 '소년보호처분'을 받은 전력을 일괄적으로 포함하는 것(촉법소년, 우범소년까지 포함하는 것)은 유추적용에 해당된다고 사료된다.

II. 보안처분의 개념 요소

1. 선행 위법행위의 존재

1) 행위자의 위험성에 대한 법적 징표(徵表)

보안처분을 선고하기 위해서 선행 위법행위의 존재를 요구하는 것은 일정한 위법행위가 있을 때 비로소 형사사건의 범주로 포섭될 수 있고, 이에 대한 형사제재로서 보안처분의 간섭대상이 될 수 있기 때문이다. 보안처분의 부과는 당해 피처분자의 위법성이 위법행위의 존재에 의해 확실히 외부적으로 징표된 경우에 가능하다. 따라서 위험한 사람에 의하여 범하여진 모든 범죄행위가 보안처분의 선고를 가능케 하는 것이 아니라 행위자의 위험성에 대한 법적인 징표가 되는 행위만이 보안처분의 선고요건을 충족시킬 수 있다.[112]

2) 선행 위법행위의 예시

성충동약물치료명령을 예로 들면, 동 명령의 대상자가 되기 위해서는 성도착증 환자가 성폭력범죄[113]를 저지른 경우라는 요건을 갖춰야 한다. 선행 위법행위로 성폭력범죄를 요구하고 있는 것이다. 즉, 약물치료명령은 소아성기호증이나 성적가학증 등 성적 성벽이 있는 정신성적 장애인으로서 금고 이상의 형에 해당하는 성폭력범죄를 저지른 사람이거나, 정신건강의학과 전문의의 감정에 의하여 성적 이상 습벽으로 인하여 자신의 행위를 스스로 통제할 수 없다고 판명된 사람을 그 대상으로 하고 있다. 다만, 대법원은 '소아성기호증'을 성격적 결함에 불과하다고 판시[114]하여 형법 제10조 제1항의 심신장애 요소로 파악하지 않기 때문에 책임능력자 및 책임무

---

112) 손동권, 현행 보안처분제도의 정당성에 관한 연구, 2002, 88면.
113) 성충동약물치료법 제2조 제2호 성폭력범죄란 다음 각 목의 범죄를 말한다. 가. 「아동·청소년의 성보호에 관한 법률」 제7조(아동·청소년에 대한 강간·강제추행 등)부터 제19조(강간 등 살인·치사)까지의 죄 나. 성폭력처벌법 제3조(특수강도강간 등)부터 제13조(통신매체를 이용한 음란행위)까지의 죄 및 제15조(미수범)의 죄(제3조부터 제9조까지의 미수범만을 말한다) 다. 형법 제297조(강간)·제297조의2(유사강간)·제298조(강제추행)·제299조(준강간, 준강제추행)·제300조(미수범)·제301조(강간 등 상해·치상)·제301조의2(강간 등 살인·치사)·제302조(미성년자 등에 대한 간음)·제303조(업무상위력 등에 의한 간음)·제305조(미성년자에 대한 간음·추행)·제339조(강도강간), 제340조(해상강도) 제3항(사람을 강간한 죄만을 말한다) 및 제342조(미수범)의 죄(제339조 및 제340조 제3항 중 사람을 강간한 죄의 미수범만을 말한다) 라. 가목부터 다목까지의 죄로서 다른 법률에 따라 가중 처벌되는 죄 등을 말한다. 이 법률은 성폭력범죄에 성풍속범죄까지 포함하고 있다.
114) 대판 2007. 2. 8. 2006도7900.

능력자 모두 약물치료명령의 대상에 포함될 수 있다.

성충동약물치료법은 성폭력범죄에 성풍속범죄까지 포함하고 있다.[115]

3) 선행 위법행위와 우범소년 규정

소년보호처분 절차에서 선행 위법행위의 존재와 관련하여 '우범소년' 규정이 문제된다. 우리 소년법 제4조는 '보호의 대상'을 규정하고 있다. 즉, 범죄소년(죄를 범한 14세 이상 19세 미만의 소년), 촉법소년(형벌법령에 저촉되는 행위를 한 10세 이상 14세 미만의 소년) 그리고 우범소년이 그 대상이다. 우범소년은 ⅰ) 집단적으로 몰려다니며 주위 사람들에게 불안감을 조성하는 성벽이 있는 것, ⅱ) 정당한 이유 없이 가출하는 것, ⅲ) 술을 마시고 소란을 피우거나 유해환경에 접하는 성벽이 있을 것이라는 '우범사유'가 있고, 그의 성격이나 환경에 비추어 앞으로 형벌 법령에 저촉되는 행위를 할 우려가 있다는 '우범성'이 있는 10세 이상 19세 미만의 소년을 말한다. 우범성은 개연성이 있는 범죄행위나 촉법행위가 구체적인 죄명까지 특정될 필요는 없으나, 폭력범, 재산범과 같이 유사성이 있는 죄의 종류가 특정될 필요가 있다.

우범사유는 우범성의 징표 내지 그 유형이라고 해석하여야 한다. 우범소년에 대하여 법원소년부에 송치 또는 통고할 수 있는 경우는 범죄적 행위가 현실적으로 발생한 경우가 대부분이라는 점, 통고권자로 규정된 경찰서장이나 보호관찰소장이 우범사유만으로 '우범성'을 판단하는 것은 적법절차적 관점에서 문제가 있다는 점, 우범사유에 해당하는 '불안감 조성', '정당한 이유', '유해환경' 등의 문언으로부터 명확한 의미를 도출해내기 어렵기 때문에 명확성원칙에 반한다는 점[116] 등을 근거로 폐지하는 것이 바람직하다.

2. 재범위험성의 예측

1) 재범위험성의 개념

보안처분에 있어서 재범위험성은 행위자의 인격과 그를 둘러싼 환경에 존재하는 위험요인에 대해 판단하는 것은 형벌에서 이미 행해진 불법에 대한 책임을 정하

---

115) 성충동약물치료법은 치료감호나 치료명령의 부과 대상에서 제외되어 있지만, 약물치료명령을 부과할 수 있는 범죄로 성폭력처벌법의 공중밀집장소추행죄(제11조), 성적 목적을 위한 다중이용장소침입죄(제12조), 통신매체이용음란행위죄(제13조)를 규정하고 있다.

116) 배종대, 형사정책, 508면.

는 것과 같이 소송상 확정되어야 하는 보안처분의 실질적 요건117)이며 가장 핵심적인 사안이다.

헌법재판소 또한 재범위험성은 보안처분의 핵심이고, 죄형법정주의의 보안처분적 요청은 "재범의 위험성이 없으면 보안처분은 없다."118)고 하였다. 따라서 보안처분은 범죄자가 장래에 다시 위법행위를 할 위험성이 있다는 점을 고려하여 내려지는 형사제재이므로 재범위험성이 예측되어야 한다. 그러나 위험성에 대한 판단은 미래를 예측하는 문제에 속하는 것으로, 예측의 본질상 항상 불확실성을 내포할 수밖에 없다.119) 더구나 재범에 대한 개념과 재범위험성의 정도에 대한 합의된 기준은 존재하지 않는다.

2) 재범에 대한 판단 기준

재범이라 함은 행위자가 형사사법기관의 형사처분 내지 보호처분 절차를 거친 이후 다시 저지르는 일체의 범죄적 행위를 말한다고 볼 수도 있겠다. 그러나 각 형사사법기관에서 파악하는 재범에 대한 개념은 일치하지 않고 있다. 현재 보호관찰 기관에서 정의하는 재범은 보호관찰 기간 중 범죄를 저질러 구공판, 소년부송치, 가정보호사건송치 등 검사의 종국처분을 받은 것으로 정의하고 있다. 따라서 보호관찰 기간 중의 구약식 처분과 보호관찰 준수사항 위반은 제외된다.120) 다만, 검사의 종국처분을 기준으로 재범의 기준을 삼는 것에 대해서 논리적 근거가 미약하다고 주장하는 견해121)가 있다. 즉, 재범의 기준을 경찰의 체포시점, 검사의 기소여부, 법원의 유죄판결 등으로 할 것인가는 각 기관의 정책의 문제라는 점을 인정하지만, 검사의 구공판·소년부송치·가정보호사건송치 등으로 재범의 기준을 삼을 경우 기소유예나 경찰의 훈방 사건 등이 제외되므로 보호관찰 대상자의 재범을 과소 보고

---

117) 강우예/박학모, 형사법개정연구(Ⅳ) 보안처분제도의 정비방안, 한국형사정책연구원, 2009, 68면.

118) (구)사회보호법 제5조 제1항은 전과나 감호처분을 선고받은 사실 등 법정요건에 해당하면 재범위험성 유무 및 고저를 불문하고 보호감호를 선고해야 할 의무를 부과함으로써 법관의 판단재량을 박탈하여 법관에 의한 정당한 재판을 받을 권리를 침해한다고 판시하였다. 이와 같은 전제에서 재범위험성을 명문으로 규정하지 아니한 (구)사회보호법 제5조 제1항의 보호감호가 적법절차에 위반되며 과잉금지원칙에 반한다고 보았다. 헌재결 1989. 7. 14. 88헌가5·8, 89헌가44(병합) (전원재판부).

119) 김혜정, 보호수용법 개정시안에 대한 소고, 법조 제697호, 2014, 55면.

120) 김지선, 범죄인의 재범률 재정립 방안 연구, 경제인문사회연구회, 2014, 235면.

121) 윤옥경/박선정/최순종, 보호관찰통계연보 정책활용도 및 효용성 제고를 위한 보호관찰통계 개선방안 연구, 법무부 용역보고서, 2010, 18면.

하는 결과를 낳는다고 지적한다.

생각건대, 재범률 산정의 이유를 보호관찰의 효과성을 측정하는 것이 목적이라면 보호관찰 기간 중의 재범은 곧 보호관찰의 실효성을 의심하게 되므로 과소보고의 가능성이 높아진다는 점, 대상자의 재사회화 목적 달성을 통해 사회의 안전이라는 궁극의 목적을 달성하기 위해서라면 보호관찰 기간이 경과한 다음에 정상적으로 사회에 복귀한 것을 지표로 보호관찰의 효과성을 측정하는 것이 바람직하다는 점, 보호관찰은 국가기관의 사회내처우 과정이기 때문에 비교적 경미한 범죄라도 과소평가할 수 없다는 점, 보호관찰이 전자장치부착명령이나 성충동약물치료명령 등 사회 내 보안처분과 병과된 경우에는 준수사항 위반이 범죄가 될 수 있다는 점, 보호관찰 기간 중 보호관찰관의 지도·감독에 불응하고 정당한 법 집행을 방해하여 공무집행방해죄 등의 구성요건에 해당함에도 사소한 행위로 간주하여 이를 무마하고 재범률 산정에서 제외할 경우에는 재사회화 목적의 달성에 도움이 되지 않는다는 점 등으로 미루어 재범통계 방식을 재검토할 필요성이 있다고 판단된다.

3) 재범 개념에 대한 접근방식

재범의 개념과 관련하여 지표가 되는 범죄를 정의할 때, 구체적 접근방식으로 선행 위법행위와 동일한 동종범죄만을 고려할 것인가, 아니면 유형별 접근[122]을 통해 선행 위법행위와 비슷한 유형의 범죄를 범할 것으로 예측되는 경우를 고려할 것인가 또는 포괄적 접근을 통해 범죄자가 저지를 것으로 예측되는 모든 범죄를 포함할 것인가가 문제된다. 예컨대, 성범죄를 저지른 성도착증환자가 또다시 동일한 성범죄를 저지를 위험성이 있을 때 약물치료명령을 부과할 것인지, 아니면 성범죄와 유사한 범죄유형을 포함할 것인지 또는 성범죄자가 주거침입죄를 범할 것으로 예측되는 경우처럼 성범죄와 관계없는 경우에도 동 명령을 부과할 것인지의 문제이다.

성충동약물치료법은 성폭력범죄자에 대한 약물치료명령을 청구하기 위해서 성폭력범죄를 다시 범할 것이 예측되어야 하는 것으로 규정하고 있다. 즉, 동종재범을 말하고 있다. 그러나 재범위험성을 범죄자가 장래에 다시 죄를 범하여 법적평온을 깨뜨릴 만한 상당한 개연성[123]이 있음을 의미하는 것으로 이해할 경우에는 동종재

---

122) 유형별 접근은 비슷한 범죄유형들을 집단화하여 성범죄, 폭력범죄, 경제범죄 등으로 구분한 후 선행 범죄와 동일한 유형에 포함될 때 재범으로 산정하는 방식이다.
123) 대판 2003. 11. 27. 2003도5592.

범으로 한정할 이유는 없다. 경미한 범죄행위는 사회의 법적 평온이 깨진다고 보기 어렵기 때문에 어느 정도 중대성을 갖춘 범죄행위를 반드시 동종재범에 한정할 필요는 없다.

4) 재범 개념에 대한 포괄적 접근

특정 범죄의 원인을 치유하기 위해서 특정 보안처분을 부과하는 것이 범죄자의 재사회화에 더 바람직한 조치임은 분명하다. 예컨대, 성범죄자의 처우를 위해 특정 보안처분을 부과하는 것이 성범죄의 원인을 개선하기 위한 것이라는 점을 고려한다면 구체적 내지 유형별 접근을 하는 것이 타당하다. 그러나 범죄원인이 단일하거나 범죄자가 특정 범죄만을 지속적으로 반복하는 경우는 오히려 예외적인 현상에 속한다고 볼 수 있을 것이다.

성범죄자의 범죄경력을 분석하면, 성범죄만 저지른 경우보다 여러 유형의 죄를 범한 경우가 많고, 성범죄만을 다시 범할 것이라고 예측할 수 있는 신뢰성 있는 재범위험성 평가도구를 개발하는 것은 매우 어렵다고 판단된다. 강도죄, 살인죄 등의 범죄경력이 있는 자가 강제추행죄로 특정 보안처분이 청구된 경우에 판사는 강도죄 또는 살인죄를 다시 저지를 위험성을 예견함에도 성범죄의 재범위험성이 없다는 이유로 이를 기각해야 하는지 의문이다.

따라서 재범위험성에서 '재범'은 모든 유형의 범죄를 포함하되 해당 보안처분의 기본권 침해의 정도를 고려하여 '중대한 범죄'로 한정하는 것이 바람직하다.[124) 중대한 범죄의 객관적 기준을 정하는 것이 더 적절하다는 점에 대해서는 이론이 없을 것이다.[125)

5) 재범위험성의 판단주체 및 판단시기

(1) 판단주체

재판과정에서 재범위험성을 판단하는 주체는 법관이다. 헌법재판소는 해당 형

---

124) 독일 형법 제66조 제1항 제3호는 "행위자가 그의 습벽에 기인하여 중대한 범죄, 특히 그것을 통해 피해자에게 정신적·신체적으로 중한 피해를 발생시키거나 또는 중한 경제적 손해를 야기하는 중대한 범죄행위로 일반 시민에게 위험한 경우"를 보안감호의 요건으로 규정하고 있다. 이 규정에 의하면 범죄의 중대성은 범죄로 인하여 피해자가 정신적·신체적으로 상당한 손해를 입거나 또는 중대한 경제적 손해가 발생하면 인정된다고 볼 수 있다.

125) 다만, 사회 내 보안처분을 '보호관찰'로 일원화 할 경우에는 시설 내 보안처분의 재범에 '중대성'을 요구하는 것과 달리 중대성 요건은 보다 완화될 수 있을 것이다.

사사건의 담당 판사가 그 사건을 심리하는 과정에서 피고인의 재범위험성을 가장 정확히 판단할 수 있다고 하였다.[126)]

성충동약물치료명령을 부과하기 위한 사전절차로 청구전조사제도가 있다. 즉, 검사가 성충동약물치료명령을 청구하기 위해서 전문가의 의견을 참작하는 절차이다. 이에 대해서 전문가의 의견 청취나 보호관찰소장에 대한 조사의 요구를 임의적인 사항으로 규정하고 있기 때문에 전문가의 참여를 필수적인 절차로 보장하고 그 결과를 반영해야 한다는 견해[127)]가 있다. 독일 형사소송법이 피고인의 정신병원 수용이나 보안감호를 선고하는 과정에서 피고인의 상태와 그 치료전망에 대한 전문가의 감정을 의무적인 것으로 규정[128)]하고 있음을 근거로 들고 있다.

전문적인 자료를 참고한다 하더라도 최종평가는 결국 법관의 직관적 예측에 의존할 수밖에 없다는 점에서 이를 보완하는 절차로 판결전조사나 청구전조사제도를 필수적으로 활용하는 것이 바람직하다.

(2) 판단시기

① 학설

재범위험성을 언제 판단해야 하는지에 대해서는 다음과 같은 견해가 있다. 재범위험성은 과거의 행위에 대한 판단이 아닌 장래의 행위에 관한 예측이며, 행위 당시 재범위험성이 존재했다 하더라도 판결당시 위험성이 존재하지 않는다면 보안처분을 선고하거나 집행하지 않는 것이 타당하다는 이유로 판결시를 기준으로 해야 한다는 견해,[129)] 보안처분의 집행 시점에 재범위험성이 확인되어야 한다는 견해[130)]는 형벌과 보안처분을 동시에 선고하는 경우에는 재범위험성에 관한 판단이 양형판

---

126) 헌재결 2016. 3. 31. 2013헌마585. 해당 사건의 담당 판사는 그 사건을 심리하는 과정에서 피고인의 재범위험성을 누구보다 정확히 판단할 수 있으므로 취업제한의 필요성 및 취업제한 기간 등을 심사하기에 가장 적합한 위치에 있다고 보았다.

127) 정철호/권영복, 특정범죄자에 대한 위치추적 전자감시제도의 정당성에 관한 고찰, 한국민간경비학회, 2013, 265면.

128) 독일 형사소송법 제246조a 제1항 제1문 참조.

129) 김혜정, 형 집행 종료 후 전자장치 부착명령과 소급효금지원칙과의 관계, 인권과 정의 제435호, 대한변호사협회, 2013, 83면; 황은영, 전자장치 부착요건과 소년보호처분-대법원 2012. 3. 22. 선고 2011도15057 전원합의체 판결-, 보호관찰 제12권 제1호, 한국보호관찰학회, 2012, 227-228면.

130) 김범식/송광섭, 위치추적 전자감시제도의 정당성과 그 개선방안, 형사법의 신동향 통권 제55호, 대검찰청, 2017, 221면; 박상민, 보호수용법안에 대한 비판적 분석과 입법론적 대안, 비교형사법연구 제18권 제2호, 한국비교형사법학회, 2016, 157면; 정지훈, 성충동약물치료법의 위헌성: '동의'에 의한 약물치료는 합헌인가, 형사정책연구 제27권 제1호, 한국형사정책연구원, 2016, 147면.

단과 분리되기 어렵다는 점, 보안처분의 집행시점에는 재범위험성이 변했을 수 있다는 점, 형을 선고하면서 보안처분 집행시점에서의 재범위험성을 인정하는 것은 형 집행의 실패를 전제한 것이라는 점을 근거로 한다.

② 판례의 태도

대법원[131]과 헌법재판소[132]는 성폭력범죄의 재범위험성은 피청구자의 직업과 환경, 범행의 동기, 개전의 정 등 여러 사정을 종합적으로 판단해야 하고, 이러한 판단은 장래에 대한 가정적 판단이므로 판결시를 기준으로 해야 한다는 것이 기본 입장이다.

대법원은 성충동약물치료명령과 관련하여 판결을 선고하는 시점과 약물치료명령을 집행하는 시점 사이에 시간적 간격이 있을 수 있기 때문에 보안처분의 집행시점에도 재범위험성이 인정되어야 한다는 점을 밝힌 바 있다. 즉, 장기간의 형 집행이 예정된 사람의 경우에는 약물치료명령의 선고시점과 실제 약물치료명령의 집행시점 사이에 상당한 시간적 간격이 있어 동 명령의 집행시점에서도 여전히 약물치료가 필요할 만큼 성폭력범죄를 다시 범할 위험성이 있고, 피청구자의 동의를 대체할 수 있을 정도의 상당한 필요성이 인정되는 경우에 한하여 약물치료명령의 요건을 갖춘 것으로 보아야 한다고 판시[133]하여 판결시를 기준으로 징역형과 약물치료명령을 선고하고 있다. 또한 치료감호와 부착명령이 함께 선고되어 치료감호가 먼저 집행된 경우, 치료감호를 통한 치료 경과에도 불구하고 부착명령의 요건으로서의 재범위험성이 인정되는지를 별도로 따져보아야 한다고 판시[134]하고 있다.

③ 소결

보안처분의 선고와 집행은 ⅰ) 보안처분을 선고한 후 집행개시 사이에 시간적 간격이 없는 경우, ⅱ) 징역형과 부착명령(또는 약물치료명령)이 병과된 것처럼 징역형의 형기라는 시간적 간격이 있는 경우, ⅲ) 시설 내 보안처분이 사회 내 보안처분으로 집행이 변형된 경우처럼 보안처분이 계속되는 경우로 구분할 수 있다. ⅰ) 유형

---

131) 대판 2010. 12. 9. 2010도7410, 2010전도44.

132) 헌재결 2016. 12. 29. 2015헌바196 등.

133) 대판 2014. 2. 27. 2013도12301, 2013전도252, 2013치도2. 성충동호르몬의 감소나 노령화 등으로 성도착증이 자연스럽게 완화되거나 치유될 가능성을 배제하기 어렵고, 피청구자의 동의 없이 강제적으로 이루어지는 (약물)치료명령이 피청구자가 성도착증 환자로 진단받았다고 하더라고 그러한 사정만으로 바로 피청구자에게 성폭력범죄에 대한 재범위험성이 있다고 단정할 것은 아니라고 하였다.

134) 대판 2012. 5. 10. 2012도2289, 2012감도5, 2012전도51; 헌재결 2015. 12. 23. 2013헌가9.

처럼 시간적 간격이 없는 경우에는 법관이 판결을 하고 있는 시점의 재범위험성 판단이 가장 적절하므로 재판시가 타당하다는 점에 이견이 없다. ⅱ) 유형이나 ⅲ) 유형처럼 징역형 또는 치료감호의 기간이라는 시간적 간격이 있는 경우에는 교정시설 내에서 재사회화를 목적으로 하는 교정처우를 받는다는 점, 치료감호소 등의 치료보호시설에서 장기간 성충동과 관련한 처우를 받는다는 점에서 재범위험성의 변화 가능성이 높기 때문에 재판시의 재범위험성 평가를 사회 내 보안처분의 집행시에 그대로 인정하는 것은 타당하지 않다. 왜냐하면 재범 관련 위험요인으로 정적인 요인만을 고려한다면 위험성 평가결과에 차이가 없을 수 있지만, 교정시설에서의 처우의 결과로서 동적인 요인을 고려한다면 재범위험성에 변화가능성이 있으므로 재판시의 예측은 그만큼 오류의 가능성이 높아질 수 있기 때문이다.

6) 재범위험성의 예측기준 및 예측방법

(1) 예측기준

형법 제51조는 행위책임과 범죄인의 특별예방적 목적을 고려하여 양형의 조건으로 범인의 연령, 성행, 지능과 환경, 피해자에 대한 관계, 범행의 동기 및 수단과 결과, 범행 후의 정황을 고려하여 형을 정하도록 양형판단 자료를 명시하고 있다.135)

양형은 법관이 형벌의 종류와 양을 결정하는 것으로 입법자가 제공한 법정형의 범위 내에서 선고형을 구체화하는 과정을 말한다. 즉, 입법자는 법정형이라는 기준을 정하여 모든 범죄에 일정한 종류의 형벌과 형량을 제시하고, 법관은 형벌의 목적을 고려하여 개별 사례에서 구체적인 형량을 결정하게 된다.

보안처분에서도 책임과 예방목적을 고려하여 양형의 기준을 정한다. 예방이론만 추구할 경우에는 국가형벌권의 남용을 초래할 위험이 있기 때문에 예방은 책임이론과 함께 고려되어야 한다.136) 책임원칙은 양형의 상한선을 제시함으로써 예방목적에 의한 가벌성의 범위를 책임의 한계 내에서만 허용될 수 있도록 한다.137)

---

135) 범인의 연령·성행·지능과 환경, 범죄 후의 정황 등은 정상적인 사회복귀 가능성을 판단하는 중요한 자료이고, 범인의 성행과 관련하여 전과경력은 재범위험성을 판단하는 결정적 단서로 활용할 가능성이 높다.

136) 이천현/김혜정, 양형 관련 규정의 정비방안, 한국형사정책연구원, 2006, 27-28면.

137) 김영환/최석윤, 양형의 형벌이론적 기초, 한국형사정책연구원, 1996, 67면.

대법원은 재범위험성 유무는 대상자의 직업과 환경, 당해 범행 이전의 행적, 그 범행의 동기·수단, 범행 후의 정황, 개전의 정 등 여러 사정을 종합적으로 평가하여 객관적으로 판단해야 한다고 판시[138]하였다. 다만, 전자장치부착법 제9조[139]는 재범위험성 판단의 기준으로 성폭력범죄의 경력이나 범죄에 대한 법정형 내지 선고형이 중요한 결정요인으로 작용하고 있다. 전자장치 부착기간과 관련하여 해당 범죄의 법정형을 기준으로 부착기간을 정하고 있기 때문이다. 입법적 개선이 요구된다.

(2) 예측방법

재범위험성 예측에는 다음과 같은 방법이 있다.

① 직관적 예측법

정신병리학 또는 정신심리학 분야의 교육을 받지 않은 판사, 검사, 보호관찰관, 경찰관, 교도관 등이 범죄인의 인격적 특성을 직업적 지식과 경험을 바탕으로 분석하고 범죄를 예측하는 방법을 말한다. 그러나 이 방법은 예측을 하는 사람의 주관적인 견해, 지식 그리고 경험에 의해서 좌우되므로 학문적 예측방법으로 받아들일 수 있을지 의문이고, 자의적(恣意的) 판단의 위험이 있으므로 객관적이고 합리적인 기준이 결여되어 있다는 비판[140]이 있다.

② 임상적 예측법

정신과의사나 범죄학 등의 교육을 받은 심리학자를 통해 개별 범죄인의 인격에 대한 조사를 바탕으로 실제적인 관찰 및 심리검사 등의 부가적 방법을 통해서 이루어지는 예측을 말한다. 조사된 내용이 직접 범죄학적 문제와 연결되는 특징을 가지고 있으나, 개별적인 조사영역을 단순히 설명하는 것으로 충분하지 않기 때문에 전체적인 평가를 위해서는 범죄자 내지 그 심리상태에 대한 장기간에 걸친 경험과 전문적 지식이 필요하다. 이 예측방법은 판단자의 주관이 개입될 가능성이 있을 뿐만

138) 대판 2015. 2. 26. 2014도17294, 2014전도276.
139) 전자장치부착법 제9조(부착명령의 판결 등) 제1항. 법원은 부착명령 청구가 이유 있다고 인정하는 때에는 다음 각 호에 따른 기간의 범위 내에서 부착기간을 정하여 판결로 부착명령을 선고하여야 한다. 다만, 19세 미만의 사람에 대하여 특정범죄를 저지른 경우에는 부착기간 하한을 다음 각 호에 따른 부착기간 하한의 2배로 한다. 1. 법정형의 상한이 사형 또는 무기징역인 특정범죄: 10년 이상 30년 이하 2. 법정형 중 징역형의 하한이 3년 이상의 유기징역인 특정범죄: 3년 이상 20년 이하 3. 법정형 중 징역형의 하한이 3년 미만의 유기징역인 특정범죄: 1년 이상 10년 이하
140) 배종대, 형사정책, 321면; 김혜정, 형법 및 보안처분상의 예측(prognose)—독일형법을 중심으로, 형사정책연구 제11권 제4호, 300면.

아니라 여러 전문가들이 동일한 자료를 가지고 평가했을 때조차도 정확하지 않고
평가내용이 일관적이지 않았다는 비판[141]이 있다.

③ 통계적 예측법

범죄자의 특징을 계량화하여 그 점수의 많고 적음에 따라 장래의 범죄행동을
예측하는 방법을 말한다. 범죄자의 다양한 특성을 구체적이고 객관적으로 평가하기
위해 예측표를 작성하고, 이에 따라 점수를 계산하는 방법을 사용하기 때문에 쉽게
적용이 가능하다. 통계적 평가는 재범을 예측할 때 임상적 예측법보다 정확도가 더
높은 것으로 알려져 있다.[142] 그러나 재범 위험요인의 목록이 개별 연구자에 따라
상이하여 보편타당한 예측표를 만드는 것이 현실적으로 어렵다는 점, 재범위험성의
최종 평가자는 법관이라는 점에서 이들의 관점을 배제한 통계적 평가도구는 한계가
있을 수밖에 없다는 단점이 있다.

④ 구조적 예측법

직관적 예측과 통계적 예측방법을 서로 조화시켜 각각의 예측방법의 단점을 보
완하고자 하는 절충적 방법을 말한다. 통계적 예측을 병행하고 있지만, 직관적 예측
이 갖는 한계로 인해 평가자의 자의와 시간이 많이 소요된다는 단점이 있다. 현재
우리나라의 청구전조사 및 판결전조사가 이와 같은 형식을 취하고 있다. 즉, 보호관
찰관이 객관적 측면에서 재범위험성 평가도구를 활용하고, 성격검사 등을 통해서
주관적 측면을 분석하여 피조사자에 대한 위험성의 정도를 판단한 후에 의견을 법
원에 제출하면 법관이 자신의 독자적인 판단으로 최종 결정을 내리게 된다.

⑤ 소결

형사사법절차에서 형사제재를 부과하기 위해서는 행위책임의 대전제를 고려한
다 하더라도 형벌의 목적으로 특별예방주의를 취한다면, 범죄인의 특성을 고려한
행위자책임을 일정 부분 인정해야 할 것이다.

직관적 예측법은 범죄자의 인격적 특성을 직업적 양심과 경험을 바탕으로 재범
을 예측하는 것이므로 비관적으로 볼 수만은 없을 것이다. 형사사법절차에서 법관

141) Welsh, J. L., Schmidt, F., McKinnon, L., Chattha, H. K., & Meyers, J. R. A Comparative Study of Adolescent Risk Assessment Instruments: Predictive and Incremental Validity. Assessment, 15(1), 2009, pp.104-115.
142) Grove, W. M., Zald, D. H., Hallberg, A. M., Lebow, B., Snitz, E., & Nelson, C. Clinical versus mechanical prediction: A meta-analysis. Psychological Assessment 12, 2000, pp.19-30.

이 최종적 판단자이기 때문이다. 그러나 현실적으로 재범위험성 평가절차에서 판단자의 자의가 개입될 가능성이 있고, 합리적이고 타당성 있는 객관적인 판단기준의 결여를 극복하기에는 어려움이 있다고 할 것이다. 따라서 객관적인 재범위험성 평가도구가 마련되어야만 한다.

통계적 예측법은 범죄인에 대한 과거 행위 및 행적에 대한 자료와 단시간 내에 완료되는 설문조사 및 성격검사 등도 피검사자의 사정과 검사자의 경험 및 능력에 따라 정확도에 차이가 날 가능성이 크고, 임상적 예측법도 한정된 시간 내에서 판단자의 경험 및 지식 등 주관적 측면을 강조한다는 면에서 피조사자의 개별적 특성을 전체적으로 파악하는 데 한계가 있다고 볼 수 있다. 이러한 재범위험성 예측의 문제는 결국 재범위험성 평가도구의 문제로 귀결된다.

7) 재범위험성 평가도구 및 평가절차

(1) 평가도구

범죄심리학 분야에서는 재범위험성 평가도구의 개발과 그에 대한 타당도 및 신뢰도와 관련된 연구가 있었다. 재범위험성 평가도구의 개발과 관련해서 법무부는 성범죄자의 재범위험성을 평가하기 위한 '한국형 성범죄자 위험성평가척도(Korean Sex Offender Risk Assessment Scale, K-SORAS)'[143]와 살인범과 강도범 등 강력범죄자를 대상으로 하는 '성인 재범위험성 평가도구(Korean Offender Risk Assessment System-General, KORAS-G)'[144]를 개발하여 현재까지 활용하고 있다.[145]

다만, 재범위험성 평가도구의 개발과정에 대해서는 비판적 견해가 있다. 즉, 보안처분의 정당성을 위시한 법학적 논의와 심리검사 등 주관적 요인을 강조하는 심리학계의 논의로 양분되면서 재범위험성 평가도구가 심리학계의 주도로 개발되고 타당도 및 신뢰도 검사가 이루어진 것은 보안처분에서 재범위험성이 차지하고 있는 과학적 성격과 정치적 맥락에 대한 논의의 공백에 기인한다는 지적[146]이 있다.

---

143) 이수정/고려진/박혜란, 성폭력범죄자 재범위험성 평가도구 개발 연구, 법무부 연구용역보고서, 2008.

144) 이수정/황의갑/박선영, 재범방지를 위한 범죄자처우의 과학화에 관한 연구(Ⅰ): 위험성평가도구 개발에 관한 연구, 한국형사정책연구원, 2010.

145) 법무부 한국 보호관찰 30년사, 2019, 358면.

146) 유진, '위험한 범죄자'와 현대 위험관리체제의 성격: 재범위험성평가의 발전과 역설적 효과, 법과 사회 제58호, 2018, 177면. "재범위험성 평가에 대한 범죄심리학 중심의 실무적 연구들은 북미지역에서 발전한 위험성평가 연구를 다소 무비판적으로 수용해 온 경향이 있다. 미국의 위험성평가 및 관리체제는 1960년대에 촉발된 위험성 기준에 대한 격렬한 정치적·사법적 논쟁과 행동예측 방법론에

(2) 평가절차

청구전조사는 다음과 같은 과정을 거친다.

성충동약물치료명령과 관련하여 검사는 약물치료명령을 청구하기 위하여 필요하다고 인정하는 때에는 약물치료명령 피처분자의 주거지 또는 소속 검찰청 소재지를 관할하는 보호관찰소장에게 재범위험성에 관하여 필요한 사항의 조사를 요청할 수 있다.[147]

보호관찰소의 조사관은 범죄경력 및 수사경력, 보호관찰 등 사회내처우력, 수용경력을 조회하고, 주민등록등본 및 가족관계등록부, 학교 생활기록부 등을 통해 피조사자의 가정환경 및 학교생활관계 등을 파악한다. 정신병질,[148] 정신적·육체적 건강상태가 본 건 범죄와 관련이 있다고 판단할 경우에는 병원 치료경력 등을 파악한 다음 피조사자, 피해자 등 관계인을 조사한다.

피조사자의 성격 특성 및 심리상태를 평가하기 위하여 필요하다고 판단할 경우에는 MMPI(Minnesota Multiphasic Personality Inventory) 또는 PAI(Personality Assessment Inventory) 등의 심리검사를 실시한다.

18세 이상의 성폭력사범에 대해서는 한국성범죄자 위험성평가척도(KSORAS)를 활용한다. 다만, 피조사자의 K－SORAS점수가 13점 이상이거나, 16세 미만 아동을 대상으로 성범죄를 저질렀거나 피해자가 2명 이상이거나 피의사건이 2건 이상 병합되었거나, 기타 언론에 보도되어 사회적 파장이 예상되는 성범죄 사건일 때에는 PCL－R(Psychopathy Checklist－Revised)[149]을 병행하여 사용한다.[150]

대한 심리학계의 수십 년에 걸친 학문적 논쟁을 거쳐 형성된 것이다. 그러나 우리나라의 경우, 전자감독제도를 위시로 한 각종 보안처분이 급하게 도입되었고, 이러한 제도의 운영을 위해 영미권의 위험성평가 도구를 참조하여 단기간에 평가도구를 개발하였다. 이 과정에서 모델이 된 국가의 역사적 맥락과 위험성 판단을 둘러싼 오랜 논쟁은 잊혀진 채 그 결과로 성립된 위험성평가 모델의 기술적 측면만 선별적으로 수입된 측면이 있다."

147) 성충동약물치료법 제5조.

148) 정신병질은 비정상적인 성격으로 인격적 결함이 있는 상태를 말하고, 사이코패스(psychopath)라 불리는 사람들을 정신병질자로 칭한다. 정신의학계에서 사용하는 진단체계는 반사회적 인격장애(antisocial personality disorder)에 포함되어 있으나, 반사회적 인격장애는 진단기준에 있어서 성격특성보다는 행동특성에 초점을 맞추고 있기 때문에 감정을 비롯한 성격특성을 주요한 요인으로 포함하는 정신병질 개념과 차이가 있다고 한다. Cristina Crego and Thomas A. Widiger, "Psychopathy and the DSM", Journal of Personality 83(6), 2015, pp.1－3.

149) PCL－R은 미국의 정신의학자인 허비 클렉클리(Hervey M. Cleckley)가 1941년에 정신병질의 특성을 정리하여 발표한 연구를 바탕으로 캐나다 심리학인 로버트 헤어(Robert D. Hare)가 1980년에 사이코패시(Psychopathy) 평가도구를 개발하였고, 1991년에 수정판을 출판하였다. 한국판 PCL－R

3. 보안처분 절차의 사법부 관할

1) 형벌권의 실현 과정

행형151) 즉, 형벌의 집행은 국가의 형벌권 실현과정의 일부이다. 국가형벌권은 형사입법을 통해서 형벌위협과 형사재판을 통한 형벌선고 그리고 형벌집행의 세 단계 실현과정을 통해 이루어진다.152) 그 가운데 행형 단계는 입법과 법적용 단계에서 구축되어 온 이론적 작업들을 현실화시키는 과정으로 입법자와 법적용자의 의지를 실현하는 단계이다.153) 행형과정에서는 원래 선고했던 처분의 형태를 변경하는 경우가 많다. 특히, 보안처분의 집행에서는 재범위험성의 개선 정도에 따라 어떤 처우를 할 것인지 결정하고, 경우에 따라서는 선고 시의 처분에 중대한 변경을 초래하는 경우가 발생한다.

2) 형사제재의 법원 관할

독일 형법은 시설 내 보안처분154)뿐만 아니라 사회 내 보안처분155) 모두 그 결정, 종료, 유예, 취소, 연장에 대해서 법원의 관할로 하고 있다. 프랑스는 형벌과 보안처분을 구별하지 않고 모두 형벌로 취급하고 있으므로 법원의 관할로 하고 있다. 운전면허금지·정지·취소,156) 수표 발행금지 및 지불카드 사용금지157) 등도 형벌에 속한다. 미국도 퍼로울(Parole)과 프로베이션(Probation)을 형벌과 구별하지 않고

은 1991년의 수정판을 한국어로 번역한 것이다. Hervey M. Cleckley, The Mask of Sanity: An Attempt to Reinterpret the So-Called Psychopathic Personality, St. Louis: The C. V. Mosby company, 1941; Robert D. Hare, The Hare Psychopathy Checklist-Revised, Toronto: Multi-Health Systems, 1991.

150) 이수정/고려진/박혜란, 성폭력범죄자 재범위험성 평가도구 개발 연구, 법무부 연구용역보고서, 2008.

151) 행형은 자유박탈을 수반하는 형사제재 즉, 자유형과 시설 내 보안처분을 의미하는 좁은 의미의 행형과 모든 종류의 형벌의 집행 즉, 자유형의 집행은 물론 사형, 벌금형, 자격형의 집행뿐만 아니라 보안처분의 집행 등이 포함된다. 정승환/신은영, 가석방의 사법처분화 방안 연구, 형사정책 제23권 제2호, 2011, 216면. 본고에서는 넓은 의미로 사용한다.

152) 김일수, 형벌집행에 있어서 책임과 예방, 월간고시, 1985, 72면 이하.

153) 정승환, 행형법관(Strafvollzugsrichter)의 도입에 관한 고찰, 형사정책연구 제48호, 2001, 44-45면.

154) 독일 형법 제63조(정신병원 감호), 제64조(금단시설 수용), 제66조 이하(보안감호).

155) 독일 형법 제68조 이하(행상감독), 제69조 이하(운전면허박탈), 제70조 이하(직업금지).

156) 프랑스형법 제131-6조(구금형을 대체하는 권리박탈형 또는 권리제한형) 1호, 2호, 3호 참조.

157) 프랑스형법 제131-6조(구금형을 대체하는 권리박탈형 또는 권리제한형) 9호.

법원에서 결정한다.[158]

3) 보안처분의 관할

(1) 견해의 대립

보안처분의 관할 문제와 관련해서는 형벌과 보안처분의 본질적 차이를 인정하는 이원주의에 입각해서 보안처분을 행정처분으로 이해하고 행정부 관할을 주장하는 견해,[159] 보안처분도 형벌의 일종이라는 점, 민주적 법문화가 확립되지 못한 상태에서 행정기관에 광범위한 재량권을 인정한다는 것은 매우 위험하다는 점 등을 이유로 사법부 관할을 주장하는 견해[160]가 있다.

(2) 판례의 태도

헌법재판소는 보안관찰법의 보안관찰을 심의·의결하는 보안관찰처분심의위원회와 관련하여 동 위원회가 어느 정도 독립성이 보장된 준사법기관이고, 보안관찰로 인한 자유제한의 정도가 크지 않다는 점을 근거로 적법절차원칙 내지 재판청구권을 침해하는 것은 아니라고 판시[161]하였다. 모든 보안처분의 결정에 법관의 판단을 필요로 한다고 볼 수 없다는 점, 당해 보안처분의 결정절차와 그로 인한 자유침해의 정도 사이에 비례성원칙을 충족하면 적법절차원칙은 준수된다는 점을 근거로 하고 있다.

(3) 소결

그러나 이러한 견해는 다음과 같은 점에서 의문이 있다. 성인범이 징역과 금고의 집행 중에 가석방되는 경우, 소년범이 징역과 금고의 집행 중에 가석방되는 경우, 치료감호의 집행 중에 가종료되는 경우에 주처분과 그에 따른 부수적 처분의

---

158) 다만, 보호관찰부 가석방(Parole)은 행정기관에서 결정한다. Model Penal Code 제4.01조.

159) 검찰총장, 헌재 92헌바28 보안관찰법 제2조 등의 위헌소원에 대한 보충의견서, 1997, 5–7면.

160) 박양식, 보안처분에 관한 연구-기본원리와 우리법제를 중심으로-, 한양대학교 박사학위논문, 1985, 15–16면; 심재우, 형벌과 보안처분-보안처분법의 개선을 위하여-, 고시연구 제169호, 1988, 46면.

161) 헌재 1997. 12. 27. 92헌바28. 또한 청소년 성매수자의 신상공개가 청소년보호위원회에 의하여 결정되도록 한 「청소년의 성보호에 관한 법률」 제20조와 관련된 사안에서 신상공개제도가 처벌에 해당하지 않기 때문에 법관의 재판을 받을 권리를 침해하지 않는다고 하였고, 청소년보호위원회가 최소한의 독립성과 중립성을 갖춘 기관이라는 점, 행정소송을 통하여 공개결정의 적법 여부를 다툴 기회가 보장되고 형이 확정된 이후 결정된다는 점에서 적법절차에 반하지 않는다고 판시했다. 헌재결 2003. 6. 26. 2002헌가14.

결정기관이 반드시 동일한 것은 아니다. 성인범이 가석방되는 경우에는 가석방심사위원회의 가석방 결정과 보호관찰심사위원회에서 보호관찰 필요성 여부를 심사하는 반면, 소년범에 대해서는 가석방과 보호관찰의 필요성을 보호관찰심사위원회에서 결정한다. 또한 전자장치부착명령의 선고와 집행과정에서의 개별 처분의 결정기관이 다르다. 법원은 부착명령과 특별준수사항을 부과하고, 집행과정에서 부착기간의 연장, 특별준수사항의 추가·변경·삭제 등의 권한도 가진다. 부착명령의 임시해제와 임시해제의 취소는 보호관찰심사위원회의 권한이다. 이렇듯 법원과 심사위원회가 결정권한을 개별적으로 가지고 있으나 그 구분의 근거가 명확하지 않다.

　　전자장치부착명령과 성충동약물치료명령은 보안처분이라 하더라도 처벌에 해당한다. 부착명령이나 약물치료명령 자체가 이미 기본권 침해를 전제로 하고 있다는 점, 장기간동안 자유가 제한되는 피처분자의 지위에 있다는 점, 거주제한 또는 외출제한 등의 준수사항이 부과될 경우 간헐적으로 자유가 박탈된다는 점 등에 비추어 보면 대상자에게 주는 불이익이 상당하기 때문이다.

　　우리 헌법 제27조 제1항은 헌법과 법률이 정한 법관에 의한 재판 및 법률에 의한 재판을 받을 권리를 보장하고 있다. 법관에 의한 재판은 헌법과 법률이 정한 자격과 절차에 따라 임명되고, 인적 독립과 물적 독립이 보장되어야 한다. 즉, 재판은 권력분립의 원칙에 따라 재판기관의 독립성, 중립성 그리고 객관성이 보장되어야 한다.

　　인적·물적 독립을 통해 재판기관이 독립성을 갖추어야 하는 것처럼 심사위원회가 그러한 독립성을 갖추고 있는지 의문이다. 적법절차원칙은 형식적 절차뿐만 아니라 법률의 내용도 합리적이고 정당해야 한다는 실질적 의미까지 포함하므로 국민의 기본권을 제한하거나 불이익을 주는 내용이 포함된 법률은 그 절차와 내용이 모두 합리성과 정당성을 갖추어야 한다.

　　위원회의 구성, 집행 과정에서의 처분 그리고 위원회의 결정에 대한 불복 절차 등에서 적법절차원칙이 요청하는 합리성, 정당성 및 절차적 공정성을 갖추고 있는지 되돌아볼 필요성이 있다.

[제4절] 보안처분과 형벌의 관계

I. 형사제재로서 보안처분의 형벌과 동위적 관계의 인정가능성

1. 형사제재로서 보안처분

보안처분이 형사제재로서의 지위를 갖기 위해서는 사법기관인 법원에서 선고해야 한다는 점과 그 전제조건으로서 비록 범죄가 성립하지 않는다 하더라도 범죄적 행위는 있어야 한다. 형벌뿐만 아니라 보안처분이 피처분자의 기본권을 제한하는 처분이라는 점을 고려한다면 사전에 이러한 기본권이 침해되지 않도록 예방책이 강구되어져야 하고, 만약 침해된 경우라 하더라도 사후구제절차가 완비되어 있어야 한다.

보안처분 중에서도 보호처분은 가장 피처분자의 특성을 고려하고, 국친사상 (parens patriae)[162] 내지는 복지국가적 정책의 영향으로 국가의 후견적 내지 복지적 개입의 가능성이 농후한 처분이다. 다만, 그러한 사상적 배경에도 불구하고 보호처분의 운용실태를 고려하면 전적으로 복지적 처분이라는 점만 부각할 수는 없을 것이다. 자유제한에서 자유박탈까지 다양한 처분으로 운용될 수 있기 때문이다.

보호처분의 법적 성격을 보안처분으로 파악하더라도 그 중에서 가장 행위자 중심적인 처우에 초점을 맞추고 운용되는 소년보호처분을 살펴봄으로써 보안처분이 형벌과 동위적 관계에서 논할 수 있는 형사제재라는 점을 부각시키고자 한다.

1980년대 이후 소년사법의 주요 관심사는 소년사법절차와 법관의 광범위한 재판권 문제에 집중되었다.[163] 미국의 소년사법제도에 있어서 소년사법절차를 성인형사절차로부터 분리하여 운용하는 것이 소년법원에 부과된 절차적 재량을 제한하고 적법절차를 강조해야 한다는 판결이 이어졌다.

1899년 미국의 일리노이주(State of Illinois)에서 소년법원을 설립하여 이전까지 소

---

162) 우리 보호소년법 제23조는 다음과 같이 규정하고 있다. 소년원장은 미성년자인 보호소년 등이 친권자나 후견인이 없거나 있어도 그 권리를 행사할 수 없을 때에는 법원의 허가를 받아 그 보호소년 등을 위하여 친권자나 후견인의 직무를 행사할 수 있다.

163) 박상기/손동권/이순래, 형사정책, 500−501면

년과 성인을 동일하게 처우하던 정책에서 벗어나 소년범죄 문제에 대해서 획기적인 전환을 가져왔다. 미국 연방대법원에서 처음으로 소년사법절차와 관련하여 문제를 제기한 것은 'Kent v. United States'사건이다. 이 사건에서 국친사상의 원칙 아래 주(State)나 판사는 무한한 힘을 가진 것이 아니라는 점, 소년과 그 변호인에게 이송심리를 누락한 점, 사회경력 및 보호관찰 기록과 이송결정의 이유에 대한 접근이 차단된 채 그에 대한 이송결정이 이루어진 점 등으로 미루어 판사는 소년범에 대해서 충분히 조사한 다음 성인법원으로 이송여부를 결정하지 않았으므로 소년법원은 적법절차와 공정성이라는 기본적 요구를 무시하였다고 판시164)하였다.

켄트 판결 후 1967년 미국 연방대법원은 'In re Gault'사건에서 소년을 구금하는 경우의 수사와 재판과정에서 변호인의 조력을 받을 권리가 보장되어야 한다는 점, 혐의사실에 대한 내용이 소년과 변호인에게 통지되어야 한다는 점, 증인에 대해서 반대신문할 수 있는 권리가 보장되어야 한다는 점, 정당하지 않은 상황에서 한 자백에 대항할 수 있는 권리가 보장되어야 한다는 점 등을 이유로 소년의 절차적 권리가 침해되었다고 판시165)하여 소년보호절차에서도 적법절차원칙이 지켜져야 함을 명백히 하였다. 보호처분절차라 하더라도 기본권의 침해 내지 제한의 정도는 형벌에 못지 않기 때문이다.

우리 소년법은 반사회성이 있는 소년의 환경 조정과 품행 교정을 위해서 보호처분 등의 필요한 조치를 하고, 소년보호처분 절차를 마련하여 형사처분에 관한 특별조치를 하고 있다. 보호처분의 종류로 ⅰ) 보호자 또는 보호자를 대신하여 소년을 보호할 수 있는 자에게 감호위탁, ⅱ) 수강명령, ⅲ) 사회봉사명령, ⅳ) 단기보호관찰, ⅴ) 장기보호관찰, ⅵ)「아동복지법」에 따른 아동복지시설이나 그 밖의 소년보호시설에 감호위탁, ⅶ) 병원, 요양원 또는 「보호소년 등의 처우에 관한 법률」에 따른 소년의료보호시설에 위탁, ⅷ) 1개월 이내의 소년원 송치, ⅸ) 단기 소년원 송치, ⅹ) 장기 소년원송치 등의 10가지의 처분을 마련하고 있다. 이러한 처분은 상호간에

---

164) Kent v. United States, 383 U.S. 541(1966). 사건 당시 보호관찰 중이었던 16세의 소년인 Morris A. Kent는 아파트에 침입하여 부녀자를 강간하고 강도를 저질러 콜럼비아 성인 형사지방법원에서 그가 인정한 각 범죄에 대해서 징역 5년에서 15년 형을 선고받아 총 30년에서 90년의 징역형을 부과받았다.

165) In re Gault, 387 U.S. 1(1967). 사건 당시 15세였던 Gault는 다른 사람의 집에 음란한 전화를 했다는 이유로 이웃 주민의 고발로 체포되어 아리조나주(State of Arizona)에서 운영하는 산업학교(A State Industrial School)에서 6년간 직업훈련을 받을 것을 선고받았다.

전부 또는 일부를 병합하여 부과할 수도 있다.

소년보호처분 중 가장 중한 장기 소년원 수용은 2년을 초과하지 않는 기간 동안 수용되는 자유가 박탈되는 처분이다. 수용 이후 그 시설을 이탈하였을 경우에는 처음의 처분기간은 진행이 정지되고 재수용된 때로부터 다시 진행되므로 2년 이상의 기간 동안 소년보호기관의 통제하에 있을 수 있다는 점에서 형사제재임을 부인할 수 없다.

2. 보안처분과 형벌의 구별 상대성

1) 예방 목적

형벌과 보안처분의 관계에 관한 일원주의는 형벌에도 보안처분적 요소가 있고, 보안처분에도 형벌적 요소가 있기 때문에 양자를 엄격하게 구별할 수 없다고 본다. 즉, 형벌과 보안처분은 모두 사회방위와 범죄인의 재사회화를 목적으로 하는 것이고, 범죄자의 반사회성을 기초로 하여 과하여지는 사회를 보호하기 위한 처분이기 때문에 양자 사이에는 본질적인 차이가 없다는 것이다.

형벌을 예방형벌로 이해하고 보안처분이 장래의 범죄에 대한 사전 예방처분이라고 한다면, 양자는 사후 진압적인 형사제재가 아니라는 점에서 공통 요소를 가지게 된다. 형벌의 목적으로 응보형론을 취하지 않는 한 형벌도 보안처분과 마찬가지로 재사회화 목적을 지향하기 때문이다. 형벌과 보안처분은 모두 재사회화 목적을 위한 범죄예방을 통해서 사회의 질서를 유지하기 위한 기능을 하는 사회통제수단이므로 형벌은 응보적·속죄적 작용을 하고, 보안처분은 개선 및 보안 작용을 한다는 구분은 받아들이기 어렵다. 결론적으로 형벌과 보안처분은 그 본질, 목적, 근거 등의 차원에서 양자를 구분할 수 없다고 한다.[166]

2) 형벌과 보안처분의 구분

보안처분의 분류는 각국의 법문화, 사회 환경 및 범죄현상의 차이에 따라 다르게 형성되었고, 형벌과 보안처분을 어떻게 규정하고 또 그 관계를 어떻게 파악하느냐에 따라 다른 시각에서 접근할 수 있을 것이다.

다음과 같은 처분도 입법적으로 명확하게 구분되는 것이 아니고, 형벌인지 보

---

166) 심재우, 형벌과 보안처분 – 보안처분법의 개선을 위하여 –, 고시연구 제169호, 1988, 41–52면.

안처분인지에 대한 견해의 대립이 있는 점으로 미루어 이러한 구분도 상대적임을 알 수 있다. 예컨대, 몰수는 범죄의 반복을 막거나 범죄로부터 이득을 얻지 못하게 할 목적으로 범죄와 관련된 재산을 박탈하여 국고에 귀속시키는 처분을 말한다. 우리나라의 경우처럼 형식적 형벌로 규정된 경우도 있고, 대물적 보안처분으로 규정된 입법례167)도 있다. 몰수의 법적 성격에 대해서 형법이 명문으로 형벌로 규정하고 있음에도 견해가 일치하지 않는 것은 그 구분이 매우 상대적임을 방증하는 것으로 볼 수 있다.

보안처분을 대인적 보안처분과 대물적 보안처분으로 구분한다 하더라도 이러한 구분 또한 명확한 것은 아니다. 예컨대, 선행보증의 법적 성격에 대해서도 견해가 일치하지 않는다. 선행보증(善行保證)은 형의 집행유예를 선고하거나 가석방을 명하는 경우에 장래의 범죄 위험에 대비하여 상당한 금액 기타 유가증권을 제공하게 하거나 보증인을 세워 효과발생의 정지조건으로 명하는 보안처분을 말한다. 법적 성격과 관련하여 보증기간 중 범죄를 범한 경우에는 보증금을 국고에 귀속시키거나 피해자의 배상에 충당하고, 보증기간 내에 범죄를 범하지 않는다면 공탁자에게 반환된다는 점을 강조한다면 대물적 보안처분으로 볼 가능성이 있다. 또한 피공탁자인 범죄인을 매개로 보증금이 물적 담보의 역할을 한다는 점을 강조한다면 대인적 보안처분으로 볼 여지도 있다. 이처럼 형사제재가 형벌과 보안처분으로 명확히 구분된다고 볼 수는 없고, 그러한 구분 자체도 매우 상대적임을 알 수 있다.

3) 형벌의 종류

보안처분과 형벌의 종류가 명확하게 구분되지 않는 것은 각국의 형벌의 종류를 살펴볼 때에도 동일하게 나타난다.

(1) 독일

독일 형법은 형벌의 종류에 관하여 제38조 이하에서 여러 형벌을 구분하여 규정하는 형식을 취하고 있다. 대별하면 자유형, 벌금형, 재산형, 부가형, 몰수 및 박탈형으로 나누어 볼 수 있다. 부가형은 자동차 운전과 관련하여 처벌을 받는 피고인에 대하여 운전금지를 명하는 것으로 형법 제44조에서 규정하고 있다. 제73조는 몰수, 제74조는 박탈형을 각각 규정하고 있다. 중죄는 보충형을 병과할 수 있고, 경죄의

---

167) 스위스 형법 제69조, 이탈리아 형법 제240조 참조.

경우는 보충형만을 선고하거나 본형으로 하나 또는 수개의 보충형만을 선고할 수 있도록 하고 있다(제131–11조). 특히, 운전금지처분을 부가형으로 규정하고 있다.

(2) 프랑스

프랑스 형법은 범죄를 중죄, 경죄, 위경죄로 구분하고(형법 제111–1조), 자연인에게 적용되는 형벌은 각 죄에 따라 달리 정해진다. 중죄는 무기징역 또는 금고형, 징역형을(제131–1조), 경죄는 구금형, 벌금형, 일수벌금형, 시민성교육, 사회봉사형, 권리박탈 또는 제한형, 보충형, 징벌배상형을(제131–3조), 위경죄는 벌금형, 권리박탈 또는 제한형, 징벌배상형이 각각 선고될 수 있다(제131–12조).

각 범죄 유형별로 정하여진 기본형 이외에 보충적으로 과할 수 있는 형벌을 다양하게 규정하고 있다. 즉, 자연인에게 선고될 수 있는 보충형에는 금지, 실권, 권리무능력 또는 권리의 취소, 치료 또는 의무부과명령, 물건의 이동금지 또는 몰수, 동물의 몰수, 영업소의 폐쇄, 언론 매체 또는 기타 모든 전기통신매체에 의한 판결의 게시 또는 공고 등이 포함된다(제131–10조). 중죄는 이러한 보충형을 병과할 수 있고(제131–2조), 경죄는 보충형만을 선고하거나 본형으로 하나 또는 수개의 보충형만을 선고할 수 있도록 하고 있으며(제131–11조), 위경죄는 운전면허정지, 무기에 대한 소지 또는 휴대금지, 수렵면허취소(제131–16조), 수표발행금지, 사회봉사형(제131–17조) 등 다양한 보충형을 선고할 수 있도록 하고 있다. 이와 별도로 몰수형(제131–21조)도 규정하고 있다. 특히, 경죄에 부과될 수 있는 시민성교육이나 사회봉사형 그리고 자연인에게 부과될 수 있는 보충형으로 영업소 폐쇄나 판결의 게시 또는 공고 등도 있다. 이들은 보안처분으로도 거론될 수 있는 처분이다.

(3) 미국

미국은 연방과 각 주 및 워싱턴 D.C.의 여러 법역으로 나뉘어져 있고 각 법역마다 조금씩 다른 법제도를 운영하고 있어 이를 정리하는 것이 쉽지 않지만, 모범형법(Model of Code of Criminal Law)[168]을 중심으로 형의 종류를 살펴본다.

모범형법은 범죄를 크게 중죄(重罪, felony), 경죄(輕罪, misdemeanor), 소죄(小罪, petty misdemeanor), 그 밖에 아죄(亞罪, violations)로 구분하고 있다. 모범형법에서 원칙적으로

---

168) 1962년 미국법학원(American Law Institute)에서 제정한 모범형법전은 기속력을 가진 것은 아니라고 한다. 그렇지만 각 주의 형법전 제정에 큰 영향을 미친것으로 이해되고 있다. 사법연수원, 미국형사법, 2007, 36면 이하.

선고 가능한 형으로 예정하고 있는 것은 자유형으로서 징역형과 재산형으로서 벌금형을 규정하고 있다.

모범형법은 징역형과 벌금형을 선고함에 있어서 이러한 형에 부가하여 또는 대체적으로 선택할 수 있는 다양한 처분을 예정하고 있다. 즉, 법원은 형의 선고와 관련하여 일정한 경우 보호관찰(probation)을 명할 수 있고(제6장 제2조 제3항 제2호), 형의 선고와 동시에 재산의 몰수, 면허의 정지 또는 취소, 공직해임 기타의 민사벌(civil penalty)을 동시에 명령할 수 있으며(제6장 제2조 제5항), 경죄 또는 소죄로 기소된 자가 상습 알코올 중독자이거나 정신상태에 문제가 있는 경우에는 병원, 치료기관 등에 감치할 수 있도록 규정하는 등(제6장 제13조) 범죄자에 대하여 실효성 있는 다양한 조치를 부가할 수 있도록 허용하고 있다.

(4) 소결

이처럼 각 나라마다 법문화 및 역사적, 사회문화적 배경의 차이에 따른 형벌의 종류가 다양하고 보안처분과 견주어 그 법적 성격 또한 불명확한 경우가 있음을 확인할 수 있다. 더구나 형벌에 버금가는 강도의 보안처분이 새롭게 도입되고 있는 상황에서 형벌과 보안처분의 형식적 이원주의에 입각한 논리 전개의 타당성이 의심스러운 상황이다.

II. 책임과 재범위험성의 구별을 전제로 한 이원주의의 타당성

1. 보안처분의 입법례

1) 일원주의

형벌의 본질이 사회를 보호하고 범죄인을 교화·개선시키는 데 있다고 보고 있다. 형벌과 보안처분은 모두 범죄인의 재사회화를 목적으로 행위자의 사회적 위험성을 기초로 하여 과해지는 사회를 보호하기 위한 처분이므로 양자는 목적, 기능 등에 있어서 본질적인 차이가 없다는 입장이다.

2) 이원주의

형벌은 책임을 한계로 부과되고, 보안처분은 장래의 재범위험성을 근거로 과해지는 처분이라고 한다. 주로 형벌의 본질이 응보에 있다는 점을 전제로 하여 형벌과 보안처분은 그 기능이 다르다는 점을 강조한다.

이원주의는 일원주의가 형벌과 보안처분이 그 정당성의 근거와 제한원리에 있어서 엄격히 구별되는 것임을 간과하고 있다는 점,[169] 일원주의는 책임과 재범위험성이 상대화되므로 결국 행위책임의 원칙을 포기하게 된다는 점을 강조하면서 다음과 같이 주장한다.

이원주의는[170] ⅰ) 형벌과 보안처분은 본질 및 목적을 달리한다고 한다. 즉, 형벌의 목적을 주로 응보나 일반예방에 두고 있고, 보안처분은 범죄자의 특별예방을 통한 사회의 보호에 두고 있다. ⅱ) 양 처분의 내용은 형벌이 범죄자에게 고통이나 해악을 가하는 것을 내용으로 하는 반면, 보안처분은 그 내용이 반드시 해악일 필요는 없고, 교육·개선 및 치료를 내용으로 한다고 한다. ⅲ) 양처분이 책임을 성립요건으로 하는가에 대해서는 형벌은 범죄가 성립하였다는 도의적 비난가능성(Blameworthiness)으로서 책임을 전제로 하지만, 보안처분은 사회적 위험성을 기초로 한다. 즉, 형벌은 범죄를 필수적 전제로 하지만 보안처분은 전적으로 위험한 성격을 전제로 한다. ⅳ) 처분의 관할기관으로 형벌은 과거의 범죄에 대한 형사처분이므로 법원의 판결에 의하나, 보안처분은 행정처분에 의해 부과될 수 있다고 한다.

2. 책임원칙과 재범위험성

이원주의의 논거 ⅰ)은 형벌의 목적에 예방적 측면이 있음을 부인할 수 없고, 순수한 응보형을 주장하는 견해는 찾아볼 수 없다는 점에서, 논거 ⅱ)는 보안처분이 교육·개선적 처분이라 하여 해악적인 면이 없다고 하는 것은 타당하지 않다는 점, 자유제한의 정도가 비교적 약한 '수강명령'이라고 하더라도 해당 시간동안 자유가 박탈되거나 제한되는 결과를 초래하기 때문에 부담적 성격이 없다고 볼 수 없다는 점에서, 논거 ⅲ)은 '우범소년'에 대한 보호처분에서 살펴본 것처럼 보안처분을 부과하기 위한 전제조건으로 선행 위법행위를 고려해야 하므로 전적으로 위험한 성격을 기반으로 보안처분을 부과할 수 없다는 점에서, 논거 ⅳ)는 보안처분이 형사제재임을 인정한다면 법원의 판결에 의해 부과되어야 한다는 점에서 각각 형벌과 보안처분을 구분하는 결정적인 요인이 될 수 없다고 본다.

---

169) 이재상/장영민/강동범, 형법총론, 626면.
170) 배종대, 형사정책, 444–445면.

결국, 형벌과 보안처분의 명백한 구분은 형벌의 기초인 도의적 비난가능성으로서의 책임과 구별되는 재범위험성이라고 해야 한다. 재범위험성이 명백하게 확정될 수 없는 장래의 사실을 예측하는 일이기 때문에 한계가 존재할 수밖에 없다는 이유로 그것에 대한 구체적·규범적 규명을 소홀히 하는 것은 결국 책임주의를 포기하는 결과를 낳는다. 또한 보안처분이 객관적인 기준이 없이 국민의 법감정이라는 포퓰리즘적(populism) 요소에 의해 법률의 제정 및 개정을 반복하고 법률의 체계적 정합성을 도외시한다면 형사사법 기관의 자의적 판단하에 운용된다는 혐의점 또한 부인하기 어려울 것이다.

지금까지 형벌을 부과하기 위한 전제조건으로서 '책임'연구에 투자한 열정만큼 보안처분의 전제조건인 '재범위험성'에 그러한 연구를 기울여 왔는지 매우 의심스럽다. '재범위험성'의 객관적 기준을 설정하는 것은 형벌의 책임조각사유를 설정하는 것만큼 중요하다고 본다. 재범위험성에 대한 명백한 근거 설정이 없다면 결국 보안처분은 상표사기의 혐의에서 자유롭지 못할 것이기 때문이다.

Ⅲ. 보안처분과 형벌의 집행방법으로서 대체주의의 타당성 검토

1. 보안처분과 형벌의 집행방법

형벌과 보안처분의 집행방법에 관해서는 형벌과 보안처분 중 어느 하나만을 집행하는 택일주의, 형벌과 보안처분을 모두 선고하고 집행하는 병과주의, 형벌과 보안처분을 모두 선고하되 보안처분의 집행기간을 형기에 산입하는 대체주의 방식이 있다.

일원주의는 택일주의, 이원주의는 병과주의를 취하는 것이 논리적이다. 그러나 형벌을 집행한 후에 보안처분을 집행하는 것은 이중처벌에 해당한다는 점, 재사회화 목적을 고려할 경우에는 보안처분을 형벌보다 먼저 집행하는 것이 보안처분의 치료적 성격을 고려한 집행방법이라는 점 등을 근거로 이원집행주의를 비판하면서 대체주의가 등장하였다.[171]

대체주의의 집행방법은 형벌보다 보안처분을 우선 집행하고, 보안처분의 집행

---

171) 박상기/손동권/이순래, 형사정책, 339면.

기간을 형기에 산입하며, 보안처분을 집행한 다음 형벌의 집행을 유예할 것인지 심사하는 방식이 사용된다고 한다.172) 그러나 이는 자유형과 시설 내 보안처분의 관계를 설명하기에 적합할 뿐 형벌과 사회 내 보안처분과의 관계에 대해서 그대로 적용하기 어렵다는 한계가 있고, 책임과 재범위험성이 혼용되는 단초를 제공한다.

2. 보안처분과 형벌의 대체주의에 대한 현재까지의 논의 수준

대체주의 또는 제한적 이원론은 형벌과 보안처분이 이론상 엄격히 구별됨에도 불구하고 실제 집행에 있어서 양자를 구별하는 것이 곤란하기 때문에 형벌을 보안처분에 의하여 대체함으로써 이원주의의 원칙을 제한하려는 것이라고 한다.173) 이러한 논의는 대체로 시설 내 보안처분의 경우에 적용될 것이다.

대체주의의 이론적 근거는 다음과 같다.174) 형벌과 보안처분을 별개로 보지만, 양자가 모두 범죄자의 재사회화라는 동일한 목적을 추구하므로 집행에서 대체가 가능하다는 점, 양자의 집행순서는 보안처분이 행위자에 대한 개별처우를 지향하므로 재사회화 목적을 위해서는 보안처분을 먼저 집행하는 것이 합목적적이라는 점, 보안처분이 형벌과 같이 행위자에 대해서 해악을 부과한다는 성격이 없는 것은 아니라는 점에서 보안처분이 집행된 경우에는 그 기간을 형기에 산입하거나 형벌의 집행을 면제하는 기능적 대체가 가능하다고 한다. 다만, 대체주의는 책임형법과 일치하지 않는다는 점, 형벌과 보안처분이 동시에 선고된 자에 대하여 보안처분의 집행으로 형벌의 집행은 종료되므로 형벌만을 선고받은 자에 비해서 유리하게 되어 정의에 반하는 결과를 초래한다는 점 등의 비판을 제기할 수 있다. 예컨대, 치료감호와 징역형의 대체관계는 1:1이지만, 형벌과 사회 내 보안처분의 대체관계에 대해서는 언급이 없다. 형종료보호관찰과 징역형의 대체관계, 부착명령, 약물치료명령 그리고 사회 내 보안처분 간에는 더욱더 침묵하고 있다.

생각건대, 대체주의는 형벌과 보안처분의 집행방법 중 하나에 불과하다. 보안처분은 책임과 구별되는 재범위험성을 근거로 부과된다는 점을 고려한다면 병과주의가 타당하다. 형벌과 보안처분은 구분되는 것이기 때문이다. 다만, 형벌과 보안처

---

172) 오영근, 형법총론, 262-263면.
173) 은행표, 보안처분에 관한 연구, 사회과학연구, 1991, 48면.
174) 배종대, 형법총론, 623-624면; 이형국/김혜경, 형법총론, 2019, 633-634면.

분이 구분된다는 논의로부터 반드시 이중으로 집행해야 한다거나 대체해서 집행해야 한다는 점이 도출될 수는 없다. 따라서 형법과 보안처분의 집행방식의 문제는 입법정책의 영역에 속하기 때문에 처우과정에서 대체되거나 이중으로 집행이 가능하다고 본다. 다만, 현행처럼 강성화된 개별 보안처분을 운용하는 방식을 고수한다면 대체주의를 입법화하는 방안을 고려해 볼 수 있겠다. 즉, 형법과 특별형법의 법정형을 상향조정하였음에도 불구하고 이와 동시에 보안처분의 내용이 강성화되고 그 기간도 장기화되고 있기 때문에 형법총칙에 보안처분이 형벌을 일정부분 대체할 수 있도록 관련 규정을 마련하는 방안175)이다.

3. 보안처분과 형벌의 집행방법에 대한 새로운 접근

형벌과 보안처분의 관계에 관한 논의는 자유형과 치료감호 또는 보호감호와 같은 시설 내 보안처분을 중심으로 논의해 온 경향이 있다. 우리나라의 경우에 대체주의가 명확하게 적용되는 치료감호와 자유형의 1:1 대체관계에 대해서는 비판적 견해가 존재하지 않는다. 마찬가지로 보호감호에 대해서도 동 처분을 먼저 집행하고 자유형에 대해서 1:1의 대체관계를 인정했더라면 현재까지 살아있는 제도로 운용되었을 가능성도 배제할 수 없다. 자유형과 (보안처분으로서) 보호감호라는 형식을 취하였음에도 처우프로그램의 구분을 명확히 하지 않은 채 처벌을 이중으로 한다는 점이 가장 큰 비난 중의 하나였기 때문이다. 또한 대체주의는 자유형과 사회 내 보안처분과의 관계에 대해서는 침묵하고 있다.

보안처분이 재범위험성에 기반한 처분이라는 점을 고려한다면, 상습·누범에 대해서는 병과주의를 기본으로 하고, 보안처분 대상자의 범죄 특성 및 재범위험성의 개선여부에 따라 대체주의를 혼용하는 것과 사회 내 보안처분도 형벌의 집행 전에 실시하는 유형을 마련하는 방안을 검토해 볼 필요가 있다.

형벌과 사회 내 보안처분의 대체가능성을 살펴보기 위해 2009년 9월부터 시행되고 있는 '벌금대체 사회봉사제도'를 언급한다.176)

동 제도는 벌금형을 부과 받았으나, 경제적 능력이 없어 이를 납입할 수 없는 사람을 대상으로 도입되었다. 경제적인 이유로 벌금을 미납한 경우에 검사에게 신

---

175) 정승환, 현행 형법에서 법정형의 정비방안, 형사법연구 제23권 제4호, 2011, 25면.
176) 벌금대체 사회봉사제도는 제3장 제2절 사회봉사명령에서 자세히 다룬다.

청하여 법원의 허가를 받아서 보호관찰관이 지정한 일시 및 장소에서 공익을 위하여 무보수 근로에 종사하도록 한다. 서민의 권익보호정책의 일환으로 벌금납입 의사는 있으나, 경제적 능력이 없어서 벌금을 납입하지 못하는 사람에 대하여 노역장에 유치하는 대신에 사회봉사로 대체하게 하는 것이다. 벌금미납으로 인해서 노역장에 유치되는 것과 같은 단기자유형의 폐해를 방지하고 무엇보다 경제적 불평등으로 인한 형벌의 불평등을 완화하는 데 그 취지가 있다.177) 벌금형이 '사회봉사'라는 형태의 보안처분으로 대체되는 것이 입법으로 실현된 것이다.

대체되는 방식은 벌금액 500만원 이하에 대해서 1일 8시간 기준 10만원의 금액으로 벌금액을 대체한다. 예컨대, 벌금 125만원을 부과 받은 사람이 벌금대체 사회봉사를 신청한다고 가정한다. 1일의 사회봉사로 충당할 수 있는 시간은 총 9시간이 원칙이고, 1일 8시간 봉사로 대체되는 벌금액이 10만원178)이라고 하면, 1시간당 12,500원이 대체되는 것으로 볼 수 있다. 따라서 100시간의 사회봉사를 하면 벌금액 완납의 효과가 발생한다.179)

벌금형과 사회봉사의 대체되는 비율을 통해서 간접적이나마 형벌과 사회 내 보안처분 간에 대체되는 정도를 판단하는 자료로 활용할 수 있을 것으로 사료된다.

제5절 보안처분의 제한원리로서 비례성원칙

I. 비례성원칙의 의의

1. 비례성원칙의 개념

보안처분이 정당성을 갖기 위해서는 사회보호 목적을 위한 보안처분의 필요성

---

177) 안성훈/박정일, 벌금대체 사회봉사제도의 시행성과와 발전방안, 한국형사정책연구원, 2011, 27－29면.

178) 법무부 통계에 의하면, 대상자마다 1일 대체되는 벌금액에서 차이가 있을 수 있으나, 일반적으로 1일 10만원으로 대체된다.

179) 사회봉사명령과 동일한 집행내용 및 절차로 운영되는 동 제도의 활용률은 노역장유치제도의 1/10정도에 불과한 것으로 나타났다. 박정일, 형사제재에서 불이익변경금지원칙의 재조명, 법학논총 제44권 제1호, 2020, 226면.

과 그 필요성을 법치국가적으로 제한할 수 있는 정형화원칙이 있어야 한다.[180] 범죄예방을 위한 형사정책적 필요성이 있다고 해서 규범적 정당성이 필연적으로 획득되는 것은 아니다. 정형화되지 않은 보안처분은 인간을 범죄예방을 위한 단순한 수단 또는 객체로 전락시키는 것이므로 인간의 존엄에 반하기 때문이다.[181]

형벌은 책임원칙에 의해 제한을 받지만, 보안처분은 책임원칙에 의해 제한을 받는 형사제재가 아니므로 보안처분에서 형벌에 책임원칙이 적용되는 것과 같은 역할을 하는 것이 비례성원칙이다. 즉, 일정한 목적을 달성하기 위해서는 비례적인 수단을 사용하도록 요구하는 원칙이다.[182] 보안처분에서도 비례성원칙(比例性原則, Verhältnismäßigkeitsgrundsatz)은 보안처분의 재사회화 목적을 위해서 투입하는 수단은 목적의 달성에 비례적이어야 한다는 목적과 수단의 관계로 이해되고 있다.

2. 비례성원칙의 법적 지위

독일형법 제62조는 "보안처분은 행위자에 의해 실행된 범죄행위, 그로부터 예견되는 범죄행위의 경중 및 행위자에 의해 야기된 위험성의 정도와 비례하지 않을 때에는 이를 부과해서는 안 된다."고 하여 비례성원칙을 명문화하고 있다.

우리 형법 및 형사특별법은 해당 내용을 규정하고 있지 않다. 그러나 명문의 규정이 없다 하더라도 비례성원칙은 법치국가적 헌법원리로서 지위를 갖는다 할 것이므로 입법과 해석의 원칙으로서 보안처분에 대하여도 그 효력을 갖는다.[183] 국가권력의 제한을 통해서 기본권을 보장함으로써 정당화되기 때문에 헌법상 기본권 자체로부터 비례성원칙은 도출될 수 있다.[184]

3. 비례성원칙의 내용

비례적 관계는 특정한 목적을 위해 선택한 수단이 목적을 달성하는 데 적합하고, 필요하며, 균형을 이루어야 한다는 것을 내용으로 한다.[185]

---

180) 배종대, 보안처분과 비례성원칙, 41-43면.
181) 심재우, 보안처분제도에 관한 고찰, 1984, 145-150면.
182) 이준일, 기본권제한에 관한 논증에서 헌법재판소의 논증도구, 헌법학연구 제4집 제3호, 1998, 276면 이하.
183) 배종대, 보안처분과 비례성원칙, 1998, 44면.
184) 이용식, 비례성원칙을 통해 본 형법과 헌법의 관계, 형사법연구 제25호, 2006, 30-31면.
185) 배종대, 보안처분과 비례성원칙, 46면.

헌법재판소는 헌법 제37조 제2항이 비례성원칙을 명문으로 인정한 것으로 판단하고 있고, 과잉입법인지 여부도 입법 목적의 정당성, 방법의 적절성, 피해의 최소성, 법익의 균형성을 기준으로 한다고 판시[186]하고 있다. 다만, 헌법재판소는 비례성원칙의 용어를 비례의 원칙, 비례성의 원칙, 비례보호의 원칙, 과잉입법금지원칙, 과잉제한금지원칙 등으로 다양하게 사용하고 있다.

과잉금지원칙과 비례성원칙의 관계에 대해서 헌법재판소[187]와 대법원[188]은 비례성원칙과 과잉금지원칙을 사실상 같은 개념으로 사용하고 있다.

4. 비례성원칙과 과잉금지원칙의 관계

비례성원칙과 과잉금지원칙의 관계에 대해서는 다음과 같은 논의가 있다.

첫째, 과잉금지원칙을 적용하든, 비례성원칙에 따른 심사를 하든지 '중간영역'의 존재를 인정하는 한 큰 차이가 없다고 보는 견해[189]는 보편적 합리성을 전제로 적극적으로 비례의 영역을 합의를 통해 도출할 수 있다면 '비례의 영역'을 논증하는 것이 더 적합하다는 전제에서 출발한다. '비례의 영역'과 '과잉의 영역'이라는 상이한 영역을 인정한다고 하더라도 그들의 '중간영역'이 존재할 수밖에 없고, 논증의 결과에 따라서는 양 영역에 혼재하는 경우가 발생할 수 있다는 점을 근거로 하고 있다.

둘째, 과잉금지원칙과 비례성원칙은 구별되어야 한다는 견해가 있다. 즉, 과잉금지는 '과잉의 금지' 내지 '반비례의 금지'로 비례성원칙을 소극적으로 파악한 것으로 본다. 목적과 수단의 관계가 반비례적이어서는 안 된다는 것은 목적과 수단이 '이성적 관계에 있어야 한다'는 적극적 요청을 반영할 수 없다는 점, 비례성원칙을 소극적으로 파악할 경우에는 목적을 달성하기 위해 허용되는 수단과 허용되지 않는 수단의 범위가 이를 적극적으로 파악하는 경우보다 훨씬 넓게 나타난다는 점을 근거로 한다.[190]

생각건대, 보안처분 선고 및 집행의 전제조건은 재범위험성이라는 불명확한 장래의 사실에 바탕을 두고 있다. 특히, 장기간의 자유형을 종료한 다음에 집행하는

---

186) 헌재결 1992. 12. 24. 92헌가8.

187) 헌재결 2000. 6. 29. 98헌바67 등.

188) 대판 2013. 10. 17. 2013도9705 등.

189) 이준일, 기본권제한에 관한 결정에서 헌법재판소의 논증도구, 273면.

190) 배종대, 보안처분과 비례성원칙, 53-54면.

보안처분의 재범위험성을 재판시점에 엄격한 심사를 통해 증명하기는 어렵다. 재범
위험성 예측의 어려움에도 불구하고, 보안처분에서 비례성심사를 하기 위한 선결요
건으로 재범위험성에 대한 판단절차를 구조화해야 한다. 또한 성폭력범죄자에게 성
충동약물치료명령이라는 보안처분을 선고하는 경우처럼 성충동약물치료법의 목적,
약물치료명령의 기간 및 집행의 강도, 약물치료명령으로 인한 기본권 침해의 정도
를 비교형량 한다면 반드시 어려운 일이 아니다. 따라서 비례성원칙은 보안처분의
무한팽창을 목도하고 있는 현실에서 법치국가적 제한원리로서 적극적으로 작용해
야 한다. 이는 인간의 존엄과 가치를 지향하는 재사회화의 목적을 달성하려는 보편
적 이성을 기반으로 하고 있기 때문이다.

II. 보안처분 입법 목적의 정당성

입법 목적의 정당성은 입법의 목적이 헌법 및 법률체계상 그 정당성이 인정되
어야 한다는 것을 말한다.[191]

목적의 정당성과 관련하여, 비례성원칙은 목적과 수단 사이의 일정한 관계를
전제로 하는 개념이기 때문에 이러한 관계를 전제로 하지 않는 목적의 정당성은 비
례성원칙의 개념에 포함될 수 없다는 견해[192]와 목적의 정당성을 비례성원칙에 포
함시키는가 여부에 따른 차이점과 실익이 없다는 견해[193]가 있다.

헌법재판소는 비례성원칙의 부분 원칙으로 목적의 정당성을 포함하고 있으나,
대법원은 비례성원칙이란 어떤 행정목적을 달성하기 위한 수단은 그 목적 달성에
유효적절하고 가능한 한 최소한의 침해를 가져오는 것이어야 하며 아울러 그 수단
의 도입으로 인한 침해가 의도하는 공익을 능가하여서는 안 된다는 원칙을 말한다
고 판시[194]하여 목적의 정당성은 비례성원칙에서 제외시키고 있다.

사법부는 일단 법률이 제정된 경우에 입법 목적이 현저히 헌법의 원리에 어긋

---

191) 헌재결 1997. 3. 27. 94헌마196 등.
192) 이기철, 헌법재판소는 비례의 원칙에 목적의 정당성을 포함시켜도 좋은가?, 공법연구 제35집 제1호,
    2006, 384면; 이부하, 비례성원칙과 과소보호금지원칙, 헌법학연구 제13권 제2호, 2007, 282면; 이준
    일, 헌법상 비례성원칙, 공법연구 제37권 제4호, 2009, 27면; 황치연, 우리 헌법재판소 판례에 있어
    서의 과잉금지원칙의 문제점, 고시연구, 1997, 180면.
193) 최갑선, 비례의 원칙에 따른 법률의 위헌심사, 공법연구 제25집 제4호, 1997, 658면.
194) 대판 2004. 4. 9. 2001두6197 등.

나는 것이 아니라면 입법 목적은 헌법에 합치한다고 보고 비례성원칙을 판단하는 것이 옳을 것이다. 왜냐하면 비례성원칙은 목적을 심사하기 위한 것이 아니고 목적 달성에 적합한 수단인지 여부를 심사하기 위한 것으로 보아야 하기 때문이다.195) 이미 언급한 것처럼 형벌은 행위책임에 근거한 과거의 위법행위에 대한 대응을 목적으로 하는 반면, 보안처분은 장래의 재범위험성을 방지함에 목적을 두고 있으므로 범죄자에 초점을 맞춘 특별예방을 지향한다.

특별예방의 내용은 범죄자를 사회에 복귀시켜 다시는 범죄를 저지르지 않고 사회의 구성원으로서 생활을 영위할 수 있도록 역량을 함양시키는 적극적 의미와 교정이 불가능한 범죄자는 그의 재범위험성으로부터 사회의 안전을 위해서 격리 또는 무력화시키는 소극적인 특별예방을 포함한다.

형벌과 보안처분의 관계에서 이원주의를 고수한다면 보안처분은 형벌의 집행에도 불구하고 여전히 재범위험성이 인정될 경우에는 사회를 보호하기 위해서 집행되어야 한다. 즉, 보안처분은 사회방위라는 보안목적을 위한 경우에 허용된다는 것이다. 그러나 보안목적의 우선적 지위를 인정한다 하더라도 사회 및 사회구성원의 안전이라는 보안목적을 위해서만 보안처분을 허용한다면 사회구성원인 범죄자의 기본권은 공공의 이익이라는 명분하에 예방의 객체로 전락될196) 위험이 있다. 또한 사회적 법치국가사상이 형사정책과 결부되면서 개선지향적 사고에 바탕을 둔 제도들이 도입되고 있다고 해서 재사회화 목적만을 위해서 보안처분을 부과할 수는 없다. 사회를 방위하기 위해서 보안의 목적이 없는 단순한 개선지향적 사고방식은 국가의 질서유지라는 목적의 범위 내에 있지 않기 때문에 보안을 위해 정당화된 범위 내에서 재사회화 목적을 지향하는 처분만이 정당화될 수 있다.

보안처분은 범죄자의 재범위험성에 바탕으로 두고 자유를 박탈하거나 제한하는 즉, 기본권과 밀접한 관련을 가진 처분이므로 헌법상 정당화되지 않으면 안 된다. 국민의 생명, 신체의 안전 등을 보호하는 것은 국가의 존립근거이자 기본적인 의무이기 때문이다.

헌법재판소는 형벌에 대해 책임원칙이 기능하는 것과 같은 역할을 보안처분에서는 비례성원칙이 담당하므로 보안처분의 선고여부를 결정할 때뿐만 아니라 보안

---

195) 이부하, 비례성원칙과 과소보호금지원칙, 2007, 280면 이하.
196) 김성돈, 보안처분의 합목적성과 정당성, 성균관법학 제27권 제4호, 2015, 7면.

처분을 종료할 것인지 여부를 판단할 때에도 적용된다고 한다.[197]

보안처분이 헌법적 요청에 부합하기 위해서는 순수하게 보안목적만을 추구한다거나 개선목적만을 추구해서는 안 되지만, 집행단계에서는 개선목적을 추구하는 것이 헌법적 정당성이 인정받을 수 있기[198] 때문에 대상자의 범죄원인 및 그 환경을 고려하여 재사회화 목적을 달성하기 위한 적절한 수단[199]이 선택되어야 한다.

보안처분에서 비례성원칙은 보안처분의 법치국가적 제한원리이자 실질적 정당성을 판단하는 원칙이다. 그러므로 보안처분이라는 제도를 인정한다 하더라도 그 구체적인 법률의 내용에 해당하는 보안처분의 선고의 요건, 집행기간, 구체적인 처우 내용, 집행 종료 등이 헌법적 한계를 벗어나는가에 대해서 비례성 심사를 통해 정당성을 판단하는 논의인 것이다.[200]

III. 비례성원칙의 구체적 내용

1. 수단의 적절성

보안처분 수단의 적절성은 특정한 입법의 목적을 실현하기 위해 채택된 수단이 그 목적의 실현에 적합하여야 한다는 원칙을 의미한다. 비례성원칙은 규범적인 성격을 띠는 원칙이므로 각각의 심사단계에서 모두 이와 같은 특징이 나타나지만, 적합성원칙과 필요성원칙이 상대적으로 경험적인 심사영역에 속한다.[201] 이는 법률제정 당시를 기준으로 판단했을 때 명백하게 목적 달성에 부적합한 경우, 결과발생에 전혀 영향을 주지 않거나 의도한 결과의 발생을 어렵게 만드는 경우에 적합성에

---

197) 헌재결 2005. 2. 3. 2003헌바1.

198) 보안처분을 선고와 집행단계로 나누고 공통적인 목적과 기준으로 '보안'을 제시하고, '개선'은 보안처분을 집행할 때 범죄자의 재범위험성을 제거하는 수단으로서의 성격을 띤다고 하는 견해가 있다. 송문호, 형법상 치료감호에 대한 비판적 고찰, 형사정책 제12권 제1호, 2010, 한국형사정책학회, 11면.

199) 성폭력처벌법 등의 신상정보 등록, 공개 및 고지처분은 "성폭력범죄 피해자의 생명과 신체의 안전을 보장하고 사회보호를 목적으로 한다"는 점, 「디엔에이신원확인정보의 이용 및 보호에 관한 법률」은 "범죄수사 및 범죄예방을 통해 국민의 권익을 보호함을 목적으로 한다"는 점에서 각 처분은 재범위험성의 개선이라는 재사회화 목적을 염두에 두고 있지 않은 처분이라는 점을 확인할 수 있다.

200) 배종대, 보안처분과 비례성원칙, 39면.

201) Hassemer, W., Der Grundsatz der Verhätnismäßigkeit als Grenze strafrechtlicher Eingriffe, 2006, S.122.

위반된다고 보아야 한다.202)

　수단의 적합성에서 '적합(適合)'이란 단어의 구체적인 의미는 완전한 합목적성이라기보다는 목적을 달성하기 위한 상황이 개선되거나 부분적으로 실현되면 족하다는 의미로 해석한다.203) 어떤 보안처분의 목적 달성에 크게 기여해야만 적합한 수단으로 인정된다면 이는 입법자의 정책 판단재량을 침해할 여지가 있고, 비례성 심사의 각 단계가 가지는 고유의 판단기준 자체가 모호해질 가능성이 있기 때문에 소극적으로 해석하는 것이 타당하다.

　적합성 판단의 근거로는 해당 보안처분의 시행으로 인한 재범률의 증감, 효과성에 관한 문헌연구의 결과가 논거로 사용된다. 그러나 재범률 산정과 관련한 통계적 오류가능성이 있고, 효과성 여부에 대해서도 긍정과 부정적 의견이 있는 상황이라면, 적합성원칙이 목적의 범위를 어떻게 설정하는가에 따라 그 목적을 달성하는데 적합한 수단의 범위도 매우 상이하게 나타날 수 있다.

　입법자에게 입법형성의 재량권을 인정한다면 사후에 소극적으로 판단하여 명백하게 목적의 달성에 부적합한 것으로 평가될 경우에만 적합성원칙에 위반된다고 선언할 수밖에 없는 한계가 있다.204)

2. 침해의 최소성

　침해의 최소성원칙은 필요성원칙이라고도 한다. 입법자가 선택한 방법은 입법목적을 실현하는 데 필요한 수단이어야 하며, 그 제한의 정도를 넘어서 국민의 기본권을 침해하는 것은 허용될 수 없다는 것을 내용으로 한다. 즉, 입법목적을 달성하기 위한 여러 가지 수단 중에서 행위자에게 가능한 한 가장 부담이 적은 수단을 선택해야 한다는 것이다. 따라서 동일한 효과가 있으면서 행위자의 기본권을 적게 침해하는 수단을 선택하였다고 판단될 경우에는 침해의 최소성원칙은 인정된다. 즉, 국가가 목적 달성에 필요한 유일한 수단을 선택할 것을 요구하지 않는다.205)

　침해의 최소성원칙에 위배되지 않는다고 판단하기 위해서는 입법자의 선택이 입법 목적의 달성을 위한 여러 가지 수단 중의 하나여야 하고, 그 수단들 중에서

---

202) 황치연, 과잉금지원칙의 내용, 공법연구 제24권 제3호, 1996, 280면.
203) 배종대, 보안처분과 비례성원칙, 72면.
204) 배종대, 보안처분과 비례성원칙, 72면.
205) 헌재결 1989. 12. 22. 88헌가13.

보안처분 대상자의 기본권을 제한하는 정도가 과한 것인지, 어느 정도의 제한을 한 것인지 등을 판단하여 행위자에게 가장 부담이 적은 수단이어야 한다.[206]

입법자가 정할 수 있는 수단을 어디까지 용인해야 할 것인지에 대한 범위는 정해져 있지 않다. 수단의 범위를 최대한 넓게 인정한다 하더라도 기본권을 어느 정도 침해하였는가에 관한 판단 역시 추상적이고 상대적인 가치평가의 영역이기 때문에 침해의 최소성원칙은 입법목적을 달성하기 위한 수단이 명백히 헌법적 가치에 어긋난 것이 아니라면 입법자의 광범위한 입법재량을 인정할 수밖에 없는 원칙이라 할 수 있다.

예컨대, 성충동약물치료명령과 관련하여 헌법재판소는 침해의 최소성을 판단함에 있어서 동일한 보안처분 내에서 침해가 더 경미한 대체수단이 있는지와 당해 보안처분과 다른 보안처분 간의 비교를 통해서 해당 처분의 효과성과 침해의 최소성을 판단하는 방법을 취하고 있다. 약물치료명령을 통해 재범방지를 달성할 수 있는 수준을 유지하면서도 동 명령의 집행시점에서 재범위험성을 재심사하는 방법으로 대상자의 침해를 경감시킬 수 있는 다른 수단이 있음에도 불구하고 그러한 방법을 활용하지 않을 경우에는 침해의 최소성에 위배된다고 판시[207]하였다.

위의 사례에서 수단의 적합성을 적극적으로 해석한다면 입법자의 입법재량을 침해할 수도 있겠으나, 소극적으로 해석한다면 성범죄자의 치료목적을 달성하기 위한다는 점을 고려한다 하더라도 치료감호와 약물치료명령 그리고 부착명령, 신상정보등록·공개·고지, 취업제한 등을 병과해서라도 성범죄를 예방하겠다는 사고를 제어하기 어렵다.

3. 법익의 균형성

법익의 균형성은 협의의 비례성원칙이라고도 한다. 특정한 입법목적을 달성하기 위해 적합하고 필요한 수단이 있다고 하여도 기본권을 제한하는 입법에 의해 침해 또는 제한되는 사익과 이를 제한함으로써 보호되는 공익을 형량할 때, 공익이 더 크거나 적어도 양자의 균형이 유지되어야 한다는 원칙을 말한다.[208] 법익 균형성

---

206) 이재홍, 과잉금지원칙의 논증구조-침해의 최소성을 중심으로-, 저스티스 통권 제163호, 2017, 81면.
207) 헌재결 2015. 12. 23. 2013헌가9(소수의견).
208) 이부하, 비례성원칙과 과소보호금지원칙, 2007, 285면 이하.

에 대한 판단은 한 법익이 다른 법익의 희생하에 과도하게 높게 평가되지 않는 경우에만 정당화될 수 있다고 보아야 할 것이다.

대법원은 이익형량이 충실히 이루어질 수 있도록 그 기준을 제시한 바 있다. 즉, 공익과 사익 사이에는 물론 공익 상호 간과 사익 상호 간에도 정당하게 형량을 해야 한다는 전제에서 이익형량은 비례성원칙에 적합해야 하므로 이를 전혀 하지 아니한 경우, 이익형량의 고려 대상에서 중요한 사항을 누락한 경우, 이익형량을 하였으나 불완전하게 한 경우에는 비례성원칙에 어긋난다고 하였다.[209]

이익형량의 구성요소로 공익과 사익이 어떤 요소로 이루어져 있는지 살펴볼 필요가 있다. 공익을 판단하는 요소로 성범죄 등 특정 범죄로부터 국민 특히, 여성이나 아동의 보호,[210] 해당 보안처분의 재범 방지효과[211]도 중요한 고려요소로 볼 수 있다. 사익을 판단하는 요소로는 보안처분을 통해 제한당하는 기본권 즉, 부착명령은 사생활의 비밀과 자유, 개인정보자기결정권, 인격권과 약물치료명령의 경우에는 인격권, 성적 자기결정권 등이 언급될 수 있다.

앞에서 살펴본 수단의 적합성과 침해의 최소성에서의 비례성 충족여부는 주로 경험적 사실인식의 문제로서 수단이 적정한가에 초점을 두게 되는 반면, 법익의 균형성원칙은 목적과 수단의 가치적 측면 즉, 목적과 수단의 관계에 주목하게 된다. 균형성원칙은 수단에 중점을 두어 목적과 수단을 단순히 비교심사하는 것이 아니라 목적과 수단의 상호관계를 심사한다.[212] 결국 명확한 기준이 없기 때문에 판단주체가 가진 주관적인 판단, 개인적 경험에 따른 선입견이 개입될 가능성이 크다.

균형성원칙은 해당 처분이 적합하고 필요한 것으로 판단되는 조치인 경우에도

---

209) 대판 1997. 9. 26. 96누10096.

210) 헌재결 2012. 12. 27. 2010헌가82, 2011헌바 393(병합) "성폭력범죄로 인한 피해는 인격 살인으로 부를 정도로 구체적인 사정에 따라서는 피해자에게 회복할 수 없는 육체적, 정신적 상처를 남길 수 있다. 특히 어린 나이에 성폭력범죄를 경험할 경우 심리적인 상처와 후유증으로 인해 평생 정상적인 생활을 하지 못하고 불행한 삶을 살아야 하는 경우도 있다. 이런 점에서 성폭력범죄로부터 국민, 특히 여성과 아동을 보호한다는 공익은 매우 크다."

211) 헌재결 2015. 12. 23. 2013헌가9. 성충동약물치료명령과 관련하여 비례성원칙에 합치한다고 판시한 바 있다. "심판대상조항들은 특정한 성적 성벽 등을 가진 성폭력범죄자의 재범을 억제하는 매우 효과적인 수단이어서 상당한 수의 성폭력범죄자의 재범을 실질적으로 억제하고 사회방위에 기여할 것으로 예상되는 바, 심판대상 조항들에 의하여 달성되는 공익은 현재 우리 사회에서 상당히 중요한 것으로 평가될 수 있다."

212) 정희철, 비례성원칙과 보호처분: 해석론과 적용가능성을 중심으로, 형사정책연구 제18권 제4호, 2007, 199면.

목적과 수단사이에 균형관계가 성립되지 않을 정도로 피처분자의 자유를 중대하게 침해할 경우에는 정당화될 수 없다는 것이다. 그러므로 일반적으로 헌법적인 의미에서 목적의 정당성과 수반되는 침해 사이에 이성적이고 합리적인 관계가 정립되어야 한다. 합리적인 관계라 함은 수단에 따른 침해가 지나치거나 수인(受忍)할 수 없어서는 안 된다는 것이므로 피처분자의 입장에서 총체적으로 이익을 교량해야 한다는 의미이다.213)

목적과 수단을 공통으로 포괄하는 균형성의 기준에 비례성원칙의 진정한 법적 성격이 들어 있다. 그러므로 적합성원칙과 침해의 최소성원칙은 목적과 수단에 대한 단순한 관계의 개념이지만, 균형성원칙은 목적과 수단을 포괄하는 상위개념이라고 할 수 있다. 그 구성요소로는 목적과 수단 그리고 국가도 침범할 수 없는 희생한계(犠牲限界)라는 세 가지가 있고, 이는 곧 희생한계의 관점에서 목적과 수단을 비교하라는 것이다.214)

무엇보다도 법익의 균형성과 관련하여 여러 개의 사회 내 보안처분을 중복하여 집행하는 것이 문제될 수 있다.

예컨대, 성범죄자의 경우에 가장 적은 부담이 되는 수단을 선택해야 하지만 현재 성범죄자에게 부과되는 처분은 자유형뿐만 아니라 형벌적 성격이 짙은 신상정보 등록·공개·고지, 취업제한, 친권박탈, 전자장치부착명령, 약물치료명령, 보호관찰 그리고 각 처분에 부수하는 준수사항이 부과될 수 있다.

여러 개의 처분이 중복해서 부과될 수 있다는 점에서 개별 처분에 초점을 맞추어 침해의 최소성을 판단해야 하는지 아니면 종합적으로 판단해야 하는지의 문제이다. 최소한의 침해가 있는지 여부는 피처분자를 기준으로 판단해야 하고, 형사입법에서 필요성원칙은 보충성원칙으로 구체화되어야 하며, 피처분자에게 부과되는 각 보안처분이 개별적으로 필요한가를 심사할 것이 아니라 중복 부과되는 각 처분을 종합적으로 심사하여 침해가 최소화되는지를 판단해야 할 필요가 있다. 즉, 각 보안처분을 중복적으로 부과할 필요성이 있는지 여부 및 전자장치부착명령, 성충동약물치료명령, 형종료보호관찰 등은 중복해서 부과할 수 있고 동시에 여러 개의 준수사

213) BVerfGE 3, 292(316); Maunz/Düig, GG, Art. 20 Rn 76; 이용식, 비례성원칙을 통해 본 형법과 헌법의 관계, 형사법연구 제25호, 2006, 32-33면.
214) 배종대, 보안처분과 비례성원칙, 76면.

항이 함께 부과된다는 점 등을 고려하면 포괄적이고 종합적인 판단절차를 거치는 보다 적극적인 균형성 심사가 이루어져야 한다.

인간의 몸에 좋다는 이유로 여러 개의 약을 동시에 또는 계속해서 장기간 복용한다고 해서 건강에 반드시 유리한 것은 아니기 때문이다.

우리나라 시설 내 보안처분의
종류와 실제

제2장

우리나라 시설 내 보안처분의 종류와 실제

I. 치료감호의 의의

치료감호는 심신장애 상태, 마약류·알코올이나 그 밖의 약물중독 상태, 정신성적 장애 상태에서 범죄적 행위를 한 자가 재범위험성이 있고 특수한 교육과 개선 그리고 치료가 필요하다고 인정되는 경우에 치료감호시설에 수용하여 치료하는 보안처분을 말한다.

치료감호는 현재 「치료감호 등에 관한 법률」에 근거하여 시행되고 있다. 1980년 12월 제정된 사회보호법에서 보호감호, 보호관찰 등과 함께 시행돼 오다가 1989년 7월 동법 제5조 제1항에 대해서 위헌결정[1]이 있었고, 일사부재리원칙 및 이중처벌 등의 문제로 인해 폐지에 대한 논의가 진행된 끝에 2005년 8월 사회보호법이 폐

---

1) 헌재결 89헌가 5,8,89헌가44(병합)(전원재판부). (구)사회보호법 제5조 제1항은 전과나 감호처분을 선고받은 사실 등 법정의 요건에 해당되면 재범위험성 유무에도 불구하고 반드시 보호감호를 선고해야 할 의무를 법관에게 부과하고 있었다. 이에 대해서 헌법재판소는 헌법 제12조 제1항 후문(법률과 적법절차에 의한 보안처분의 부과), 제27조 제1항(법관에 의한 재판을 받을 권리) 및 제37조 제2항(일반적 법률유보)에 위반된다고 보았다.

지되었다.2)

2005년 8월 치료감호법이 제정되면서 치료감호와 보호관찰은 부활하였고, 치료감호는 심신장애자와 중독자 그리고 정신성적 장애자와 같은 위험한 성폭력범죄자를 대상으로 한다는 특징이 있다.

피치료감호자의 유형별 수용 현황을 살펴보면 [표 2-1]과 같다.

[표 2-1] 피치료감호자의 유형별 수용 현황3)

(단위: 명, %)

유형/연도	2016	2017	2018	2019	2020	2021
심신장애	961 (87.9)	969 (88.5)	910 (87.7)	916 (90.5)	935 (92.0)	797 (92.4)
약물중독	44 (4.0)	41 (3.7)	59 (5.7)	43 (4.3)	25 (2.5)	22 (2.5)
정신성적장애	88 (8.1)	86 (7.8)	69 (6.6)	53 (5.2)	56 (5.5)	44 (5.1)

최근 6년간 피치료감호자의 유형에 따른 비율을 살펴보면, 심신장애자가 평균 89.8%로 대부분을 차지하고 있고, 정신성적 장애자가 6.4%, 약물중독자는 3.8%의 평균 점유율을 보이고 있다.

II. 치료감호의 전제조건

1. 선행 위법행위 및 행위자

치료감호 대상자는 ① 심신장애자로서 형법 제10조 제1항에 따라 벌할 수 없는 심신상실자, 동조 제2항에 따라 형이 감경되는 심신미약자가 금고 이상의 형에 해당하는 죄를 범한 경우, ② 마약·향정신성의약품·대마 그 밖에 남용되거나 해독을 끼칠 우려가 있는 물질이나 알코올을 식음·섭취·흡입 또는 주입받는 습벽(習癖)이 있거나 그에 중독된 자로서 금고 이상의 형에 해당하는 죄를 범한 경우, ③ 소아성기

---

2) 사회보호법 폐지법률 부칙 제2조는 "이 법 시행 전에 이미 확정된 보호감호 판결의 효력은 유지되고, 그 확정판결에 따른 보호감호의 집행도 종전의 사회보호법에 따른다"고 규정하고 있다.

3) 범죄예방정책 통계분석, 2022, 360-361면 재구성.

호증, 성적가학증 등 성적 습벽이 있는 정신성적 장애자로서 금고 이상의 형에 해당하는 성폭력범죄를 범한 경우가 이에 해당한다(법 제2조).[4]

심신장애자 및 중독자는 선행 위법행위가 특정 범죄로 한정될 필요가 없으나, 정신성적 장애자는 성폭력범죄[5]로 한정된다.

약물중독 피치료감호자의 중독물질 현황은 [표 2-2]와 같다.

[표 2-2] 약물중독 피치료감호자의 중독물질 현황[6]

(단위: 명, %)

물질/연도	2014	2015	2016	2017	2018	2019	2020	2021
필로폰	24 (26.3)	26 (29.5)	15 (30.0)	13 (27.1)	20 (32.3)	20 (46.5)	8 (30.8)	11 (50.0)
대마초	0 (0.0)	2 (2.3)	0 (0.0)	0 (0.0)	0 (0.0)	0 (0.0)	0 (0.0)	0 (0.0)
본드	30 (33.0)	11 (12.5)	12 (24.0)	13 (27.1)	12 (19.4)	8 (18.6)	6 (23.1)	4 (18.2)
부탄	6 (6.6)	9 (10.2)	3 (6.0)	6 (12.5)	7 (11.3)	3 (7.0)	2 (7.7)	2 (9.1)
니스	0 (0.0)	2 (2.3)	1 (2.0)	1 (2.1)	2 (3.2)	0 (0.0)	0 (0.0)	3 (13.7)
솔벤트	0 (0.0)	0 (0.0)	0 (0.0)	0 (0.0)	0 (0.0)	0 (0.0)	0 (0.0)	0 (0.0)
톨루엔	1 (1.1)	2 (2.3)	1 (2.0)	1 (2.1)	3 (4.8)	1 (2.3)	0 (0.0)	1 (4.5)

---

4) 2021년 기준 피치료감호자가 수용된 죄명별 현황은 살인 35.9%, 성폭력 16.7%, 폭력 16.3%, 방화 5.7%로 나타나고 있다. 법무연감, 2022, 664면 재구성.

5) 치료감호법 제2조의2(치료감호 대상 성폭력범죄의 범위). 성폭력범죄는 다음 각 호의 범죄를 말한다.

  1. 형법 제297조(강간), 제297조의2(유사강간), 제298조(강제추행), 제299조(준강간, 준강제추행), 제300조(미수범), 제301조(강간 등 상해·치상), 제301조의2(강간 등 살인·치사), 제302조(미성년자 등에 대한 간음), 제303조(업무상위력 등에 의한 간음), 제305조(미성년자에 대한 간음·추행), 제305조의2(상습범), 제339조(강도강간), 제340조 제3항(해상강도강간) 및 제342조(미수범, 제339조 및 제340조 제3항의 미수범)

  2. 「성폭력범죄의 처벌 등에 관한 특례법」 제3조부터 제10조까지 및 제15조(제3조부터 제9조까지의 미수범으로 한정한다)의 죄

  3. 「아동·청소년의 성보호에 관한 법률」 제7조(아동·청소년에 대한 강간·강제추행 등), 제9조(강간 등 상해·치상), 제10조(강간 등 살인·치사)의 죄

  4. 제1호부터 제3호까지의 죄로서 다른 법률에 따라 가중 처벌되는 죄

6) 범죄예방정책 통계분석, 2022, 372면 재구성.

알코올	30 (33.0)	36 (40.9)	18 (36.0)	14 (29.1)	18 (29.0)	11 (25.6)	10 (38.4)	1 (4.5)
계	91	88	50	48	62	43	26	22

최근 8년간 피치료감호 약물중독자의 현황을 살펴보면, 2014년 이래 감소하다
가 2018년 약간 증가하기도 하였으나, 전반적으로 인원은 감소하고 있다. 2021년
기준 중독물질은 필로폰 50.0%, 본드 18.2%, 니스 13.7%, 부탄 9.1%의 비율을 보였
다. 2020년까지 7년간 평균 33% 이상의 비율을 보였던 알코올은 2021년에 4.5%로
급감하였다.

2. 재범위험성 평가

1) 재범위험성 평가를 통한 치료감호의 청구

치료감호의 청구권자는 검사이다. 검사는 치료감호 대상자가 치료감호를 받을
필요가 있다고 판단한 경우에는 관할 법원에 이를 청구할 수 있다(법 제4조 제1항). 치
료감호를 청구할 때에는 정신건강의학과 전문의 등의 진단이나 감정을 참고해야 한
다. 다만, 정신성적 장애자에 대하여 치료감호를 청구하기 위해서는 정신건강의학과
등 전문의의 진단이나 감정을 반드시 거쳐야 한다(법 제4조 제2항).

검사는 범죄를 수사할 때 범죄경력이나 심신장애 등을 고려하여 치료감호를 청
구하는 것이 상당하다고 인정할 경우에는 치료감호의 청구에 필요한 자료를 조사해
야 한다. 검사의 지휘를 받아 사법경찰관리가 이러한 조사를 수행한다(법 제5조). 검
사와 사법경찰관리는 치료감호 대상자를 조사할 때 ① 치료감호의 요건이 되는 전
과 및 치료감호경력, ② 치료의 필요성과 재범위험성, ③ 심신장애의 정도 또는「치
료감호 등에 관한 법률 시행령」제2조에 규정된 물질[7]이나 알코올을 식음하는 등의
습벽 및 중독된 정도, 정신성적 장애의 정도, ④ 치료감호 대상자에게 이익이 되는
사항, ⑤ ①~④ 항목을 증명하는 사항 등에 유의해야 한다(법 시행규칙 제4조 제1항).

보호처분을 결정하는 절차에서 활용하는 결정전조사뿐만 아니라 전자장치부착

---

7) 치료감호법 제2조 제1항 제2호에 따른 마약·향정신성의약품·대마, 그 밖에 남용되거나 해독을 끼
  칠 우려가 있는 물질의 종류는 다음과 같다. 1.「마약류관리에 관한 법률」제2조 제2호부터 제4호까
  지 및 같은 법 시행령 제2조 제1항부터 제3항까지에 규정된 물질 2.「화학물질관리법」제22조 제1항
  및 같은 법 시행령 제11조에 규정된 물질

명령과 성충동약물치료명령 등은 검사가 동 처분을 청구하기 전에 보다 확실한 자료를 확보하기 위한 절차8)를 마련해 두고 있지만, 치료감호는 시설 내 보안처분임에도 이러한 절차를 마련해 두고 있지 않다. 치료감호가 자유가 박탈되는 중요한 처분이라는 점을 고려한다면 동 처분의 청구를 위한 검사의 청구전조사를 도입할 필요성이 있다.

2) 치료감호의 청구 시기

치료감호의 청구는 검사가 공소제기한 사건의 항소심 변론종결 시까지 청구할 수 있다(법 제4조 제5항). 제1심에서는 치료감호를 청구할 필요성을 느끼지 못했지만, 피고인과 검사 모두 항소를 제기하든지 또는 피고인만 항소를 제기하든지 검사는 항소심에서 치료감호를 청구할 수 있는 것이다. 치료감호를 청구할 때에는 검사가 피치료감호 청구인 수만큼의 부본(副本)을 첨부하여 치료감호청구서를 관할 법원에 제출해야 한다(법 제4조 제3항).

검사가 치료감호만을 독립적으로 청구할 수 있는 경우가 있다. 즉, ① 피의자가 형법 제10조 제1항의 심신상실 사유에 해당하여 벌할 수 없는 경우, ② 고소·고발이 있어야 논할 수 있는 친고죄에서 그 고소·고발이 없거나 취소된 경우 또는 피해자의 명시적인 의사에 반하여 논할 수 없는 반의사불벌죄에서 피해자가 처벌을 원하지 아니한다는 의사표시를 하거나 처벌을 원한다는 의사표시를 철회한 경우, ③ 피의자에 대하여 형사소송법 제247조(기소편의주의)에 따라 공소를 제기하지 아니하는 결정을 한 경우에는 공소를 제기하지 아니하고 치료감호만을 독립적으로 청구할 수 있다(법 제7조).

법원은 치료감호만을 독립적으로 청구한 사건의 공판절차를 시작한 후 피치료감호 청구인이 형법 제10조 제1항의 심신장애에 해당하지 아니한다는 명백한 증거가 발견되고, 검사의 청구가 있을 때에는 형사소송법의 공판절차로 이행하여야 한다(법 제10조 제1항). 이와 같이 공판절차로 이행한 경우에는 치료감호를 청구하였던

---

8) 전자장치부착법 제6조 및 성충동약물치료법 제5조 참조. 성충동약물치료법 시행령 제2조는 정신건강의학과 전문의의 진단 및 감정을 위한 기관을 규정하고 있다. 즉, 치료감호법에 따른 치료감호시설과 「정신건강증진 및 정신질환자 복지서비스 지원에 관한 법률」에 따른 정신의료기관 중 법무부장관이 지정한 기관에 진단이나 감정을 의뢰하고 있다. 이러한 절차를 성충동약물치료명령을 청구할 때에만 적용할 필요가 없다. 따라서 '정신과적 진단이나 감정'이 필요한 경우에는 개별 법률에 신설하거나 동 조항을 준용할 필요가 있다.

때에 공소를 제기한 것으로 본다(법 제10조 제2항).

3) 법원의 재범위험성 평가

법원은 검사가 치료감호를 청구할 때에 참고한 정신건강의학과 전문의 등의 진단 또는 감정의견만으로는 피치료감호 청구인의 심신장애 또는 정신성적장애가 있는지의 여부를 판단하기 어려울 때에는 정신건강의학과 전문의 등에게 다시 감정을 명할 수 있다(법 제13조). 즉, 치료감호를 선고할 때에 전문가의 의견을 참고하는 것이다.

현재 우리나라에서 실시하는 보안처분 중에서 2005년 8월 폐지되었음에도 이미 판결이 확정되어 여전히 유효한 보호감호를 제외하고 가장 중하게 자유를 박탈하는 처분은 치료감호라고 할 수 있다.

재범위험성 판단절차를 신중하게 해야 하는 것은 적법절차원칙이 요청하는 것이기도 하다.

재범위험성 판단을 보조하는 절차로 각종 조사제도가 있다. 보호관찰법 제19조는 판결전조사를 규정하고 있다. 즉, 법원은 보호관찰 조건부 선고유예 및 보호관찰·사회봉사명령·수강명령 조건부 집행유예를 명하기 위해 필요하다고 인정하면 보호관찰소장에게 판결전조사를 요구할 수 있다.

검사가 청구하지 않은 치료감호에도 판결전조사제도를 활용하여 치료감호를 부과할 수 있는가하는 문제를 제기할 수 있다. 예컨대, 가정폭력처벌법 제21조는 가정폭력사범에 대해서 판사는 가정보호사건조사관, 보호관찰소장에게 가정폭력행위자, 피해자 및 가정구성원에 대한 심문이나 그들의 정신심리상태, 가정폭력범죄의 동기·원인 및 실태 등의 조사를 명하거나 요구할 수 있고, 보호관찰소장에게 하는 조사요구에 대해서는 보호관찰법의 판결전조사 절차를 준용하고 있다. 보호처분절차에서도 판단을 신중하게 하기 위해서 판결전조사 절차를 구비하고 있는데, 시설 내 보안처분인 치료감호를 부과하기 위한 절차에는 이러한 내용을 마련하고 있지 않다.

입법적 불비는 차치하고서라도 현재의 입법태도를 통해서 판단한다면, 검사가 청구하지 않은 치료감호를 법원에서 부과하는 것은 적절치 않아 보인다. 치료감호의 청구라는 검사의 청구적격 및 판단절차를 간과하고 있기 때문이다. 다만, 법원은 공소제기된 사건의 심리결과 치료감호를 선고할 필요가 있다고 판단할 때에는 검사에게 치료감호의 청구를 요구할 수 있다(법 제4조 제7항).

3. 사법부 관할

치료감호사건의 토지관할은 치료감호사건과 동시에 심리하거나 심리할 수 있었던 사건의 관할에 따르고, 치료감호사건의 제1심 재판관할은 지방법원합의부 및 지방법원지원 합의부로 한다. 치료감호 대상자에 대한 치료감호사건과 피고사건의 관할이 다른 때에는 치료감호사건의 관할에 따른다(법 제3조).

대법원은 단독판사 관할 피고사건의 항소사건이 지방법원 합의부에 계속 중일 때 치료감호가 청구된 경우에는 치료감호사건의 관할법원은 고등법원이므로 피고사건의 관할법원도 치료감호사건의 관할에 따라 고등법원이 된다고 하였다.9)

법원은 치료감호사건을 심리하여 그 청구가 이유 있다고 인정할 때에는 판결로써 치료감호를 선고하여야 한다. 다만, ⅰ) 이유 없다고 인정할 때, ⅱ) 피고사건에 대하여 심신상실 외의 사유로 무죄를 선고하거나 사형을 선고할 때에는 판결로써 청구를 기각해야 하고, 치료감호사건의 판결은 피고사건의 판결과 동시에 선고해야 한다(법 제12조).

피고사건의 판결에 대하여 상소 및 상소의 포기·취하가 있을 때에는 치료감호 청구사건의 판결에 대해서도 상소 및 상소의 포기·취하가 있는 것으로 본다(법 제14조 제2항). 따라서 제1심에서 형벌뿐만 아니라 치료감호가 선고되었음에도 항소심에서 치료감호 청구사건에 대해서 아무런 판단을 하지 않았을 경우에는 치료감호법 제14조 제2항의 상소의제 규정을 위반한 것이 된다.10)

Ⅲ. 치료감호의 집행 절차

1. 치료감호의 집행기관 및 감독기관

치료감호의 집행은 피치료감호자를 치료감호시설에 수용하여 치료를 위한 조치를 한다(법 제16조 제1항). 치료감호시설은 치료감호소와 국가가 설립·운영하는 국립정신의료기관 중 법무부장관이 지정하는 기관 등을 말한다(법 제16조의2 제1항).

---

9) 대판 2009. 11. 12, 2009도6946, 2009감도24.
10) 대판 2011. 8. 25, 2011도6705, 2011감도20.

1) 치료감호의 집행기관

(1) 치료감호소

치료감호소는 법무부 산하기관이다. 1987년 11월 개청하였고, 1993년부터 전공의 수련병원으로 지정되었으며, 1997년에는 '국립감호병원'이라는 명칭을 병행하여 사용하였다.

2004년에 치료감호소의 부설기관으로 마약류 및 약물남용자, 알코올 습벽자를 위한 '약물중독재활센터'가 개청되었고, 2006년에 기관 명칭이 '국립법무병원'으로 변경되었으며, 2008년에는 소아성기호증 등 정신성적 성범죄자를 위한 인성치료재활병동이 신설되었다.

2017년에는 보건복지부로부터 「정신건강복지법」 지정진단 의료기관으로 지정되었고, 2019년에는 법정신의학연구소가 설립되었다.

(2) 치료감호심의위원회

치료감호 및 치료감호법의 보호관찰의 관리와 집행에 관한 사항을 심사하고 결정하기 위하여 법무부에 '치료감호심의위원회'[11]를 둔다(법 제37조 제1항).

헌법재판소는 치료감호심의위원회의 구성에 관한 동 법률 조항이 헌법 제37조 제2항 법관에 의한 재판을 받을 권리를 침해하는 것은 아니라고 하였고, 알코올 중독 증상이 있는 자에 대한 치료감호 기간의 상한을 2년으로 정하고 있는 것에 대해서도 신체의 자유를 침해하는 것은 아니라고 판시[12]하였다.

치료감호심의위원회의 치료감호 및 보호감호에 관한 결정 현황은 [표 2-3]과 같다.

---

11) 치료감호심의위원회는 판사, 검사, 법무부의 고위공무원단에 속하는 일반직공무원 또는 변호사 자격이 있는 6명 이내의 위원과 정신건강의학과 등 전문의 자격이 있는 3명 이내의 위원으로 구성하고, 위원장은 법무부차관으로 한다. 동 위원회는 ⅰ) 피치료감호자에 대한 치료감호시설 간 이송에 관한 사항, ⅱ) 피치료감호자에 대한 치료의 위탁·가종료 및 그 취소와 치료감호 종료 여부에 관한 사항, ⅲ) 피보호관찰자에 대한 준수사항의 부과 및 준수사항의 전부 또는 일부의 추가·변경 또는 삭제에 관한 사항, ⅳ) 피치료감호자에 대한 치료감호기간 만료 시 보호관찰 개시에 관한 사항, ⅴ) 그 밖의 ⅰ)~ⅳ)에 관련된 사항을 심사·결정한다(법 제37조 참조).

12) 헌재결 2012. 12. 27. 2011헌마276(전원재판부).

[표 2-3] 치료감호심의위원회의 결정 현황[13]

(단위: 명)

구분/연도		2016	2017	2018	2019	2020
계		515	412	357	291	277
보호감호	가출소	53	48	23	11	15
	집행면제	0	0	0	0	0
	가출소취소	6	10	8	11	19
	감호위탁	0	0	0	0	0
	위탁해제	0	0	0	0	0
치료감호	종료	2	3	0	0	0
	가종료	394	260	246	208	186
	가종료취소	60	91	80	61	57

최근 5년간 치료감호심의위원회의 결정에서 치료감호 가종료가 차지하는 비율이 2020년 기준 67.1%로 나타나고 있다. 무엇보다 보호감호 가출소 결정이 2016년 이후 감소하다가 2020년에는 2019년에 비해서 4건이나 증가하였다. 또한 가출소 취소 결정도 2020년 19건으로 전년에 비해 8건 증가한 것은 주목할 만하다.

(3) 지정법무병원

국립정신의료기관 중 보건복지부 산하 '국립부곡정신병원'(경남 창녕군)의 1개 병동에 대해서 지정법무병원으로서 치료감호시설을 확보하였고, 2015년 6월부터 전국 5개 국립 정신의료기관(국립정신건강센터, 국립부곡병원, 국립나주병원, 국립춘천병원, 국립공주병원)을 법무병원으로 지정하여 운영하고 있다.

지정법무병원은 피치료감호자와 다른 환자를 구분하여 수용하고, 국가는 지정 법무병원에 대해서 예산의 범위에서 시설의 설치 및 운영에 필요한 경비를 보조해야 한다(법 제16조의2 제2항, 제3항).

2) 치료감호의 감독기관

치료감호의 집행은 검사가 지휘한다(법 제17조 제1항).

---

13) 법무연수원 범죄백서, 2021, 473면 재구성.

2. 치료감호의 집행

1) 분리수용

피치료감호자에 대해서는 치료감호시설에 수용하여 감호하고 치료와 재활교육을 실시한다. 특별한 사정이 없는 경우 심신장애자, 중독자, 정신성적 장애자를 구분하여 수용하고(법 제19조), 대상자의 심신장애의 정도, 물질이나 알코올을 식음하는 등의 습벽 및 중독의 정도, 정신성적 장애의 정도에 따라 분리하여 수용한다(법 시행령 제4조).

피치료감호자의 병명별 수용 현황은 [표 2-4]와 같다.

[표 2-4] 피치료감호자의 병명별 수용 현황14)

(단위: 명, %)

범죄원인/연도	2016	2017	2018	2019	2020	2021
조현병	507 (46.4)	518 (47.3)	528 (51.0)	543 (53.7)	575 (56.6)	509 (58.9)
성격장애	27 (2.5)	27 (2.5)	23 (2.2)	13 (1.3)	10 (1.0)	5 (0.6)
정신지체	97 (8.9)	92 (8.4)	84 (8.1)	77 (7.6)	84 (8.3)	62 (7.2)
조울증	85 (7.8)	84 (7.6)	71 (6.8)	76 (7.5)	79 (7.8)	68 (7.9)
망상	68 (6.2)	79 (7.2)	70 (6.7)	85 (8.4)	53 (5.2)	51 (5.9)
간질	12 (1.1)	10 (0.9)	10 (0.9)	9 (0.9)	10 (1.0)	6 (0.7)
알코올	93 (8.5)	82 (7.5)	72 (6.9)	63 (6.2)	61 (6.0)	38 (4.4)
약물	37 (3.4)	35 (3.2)	46 (4.4)	35 (3.5)	19 (1.9)	26 (3.0)
정신·성적장애	104 (9.5)	92 (8.4)	76 (7.3)	53 (5.2)	54 (5.3)	43 (5.0)
기타	63 (5.7)	77 (7.0)	58 (5.7)	58 (5.7)	71 (7.0)	55 (6.4)

---

14) 범죄예방정책 통계분석, 2022. 362면 재구성.

최근 6년간 피치료감호자의 병명에 따른 비율은 조현병이 평균 52.3%를 차지하고 있고, 정신지체가 8.3%, 조울증이 7.6%, 알코올이 6.6%로 나타나고 있다. 정신성적 장애는 2016년 9.5%를 차지한 이래 지속적으로 감소하는 추세에 있다.

치료감호소의 일반병동에는 심신장애자를 수용하고, 중독자에 대해서는 약물중독재활센터에 수용하며, 정신성적 장애자는 인성치료재활병동에 각각 분리하여 수용한다.

2) 치료 프로그램

피치료감호자에 대한 처우 프로그램은 크게 재활치료와 직업훈련 프로그램으로 구분할 수 있다. 재활치료는 주로 단주교육과 정신건강교육으로 구성되어 있고, 직업훈련 프로그램은 제과제빵, 건축도장, 정보화교육, PC정비, 건축시공, 바리스타 과정 등이 주요 내용을 이룬다. 바리스타 직업훈련 교육 과정은 2020년 신설되었다.

약물중독사범에 대한 구체적인 프로그램으로는 단약교육으로 분노조절 프로그램, 약물중독치료 프로그램, 심리치료 프로그램 등이 있고, 재활교육으로 웃음치료 프로그램, 원예 및 사회적응훈련 프로그램, 음악 프로그램 등이 실시되고 있다.

정신성적장애를 가진 성범죄자에게는 인성재활치료센터에서 인지행동치료 프로그램 중심의 정신과적 치료 프로그램이 운용되고 있고, 이외 환경요법 및 충동·분노조절 프로그램이 있다.

피치료감호자에게는 진단검사도 실시한다. 그 내용은 병리검사, 방사선검사, 내·외과 처방, 뇌파검사 등으로 구성되어 있다.

3) 수용 기간

수용기간은 심신장애 대상자와 정신성적 장애자에 대한 치료감호는 15년을 초과할 수 없고, 약물중독 대상자는 2년을 초과할 수 없다(법 제16조 제2항). 다만, 법원은 전자장치부착법 제2조 제3호의2에 따른 살인범죄를 저질러 치료감호를 선고받은 피치료감호자가 살인의 재범위험성이 있고 계속 치료가 필요하다고 인정하는 경우에 치료감호시설의 장의 신청에 따른 검사의 청구로 3회까지 매회 2년의 범위에서 기간을 연장하는 결정을 할 수 있다(법 제16조 제3항).

치료감호시설의 장은 기간의 연장 신청을 할 때 정신건강의학과 등 전문의의 진단이나 감정을 받아야 하고, 검사의 청구는 개별 수용기간 또는 연장된 기간이 종료하기 6개월 전까지 해야 하며, 법원은 개별 수용기간 또는 연장된 기간이 종료하기 3개월 전까지 결정해야 한다(법 제16조 제5항, 6항).

피치료감호자의 집행기간 현황은 [표 2-5]와 같다.

[표 2-5] 피치료감호자의 집행기간 현황[15]

(단위: 명, %)

기간/연도	2016	2017	2018	2019	2020	2021
1년 미만	283 (25.9)	220 (20.1)	195 (18.8)	210 (20.8)	193 (19.0)	108 (12.5)
1년 이상 2년 미만	181 (16.6)	230 (21.0)	167 (16.1)	136 (13.4)	153 (15.1)	147 (17.0)
2년 이상 3년 미만	133 (12.2)	156 (14.2)	178 (17.1)	123 (12.2)	112 (11.0)	126 (14.6)
3년 이상 4년 미만	115 (10.5)	103 (9.4)	116 (11.2)	144 (14.2)	103 (10.1)	81 (9.4)
4년 이상 5년 미만	84 (7.7)	98 (8.9)	86 (8.3)	89 (8.8)	122 (12.0)	77 (8.9)
5년 이상 10년 미만	239 (21.8)	231 (21.1)	247 (23.8)	246 (24.3)	259 (25.5)	251 (29.1)
10년 이상	58 (5.3)	58 (5.3)	49 (4.7)	64 (6.3)	74 (7.3)	73 (8.5)

최근 6년간 피치료감호자가 수용된 기간은 5년 이상 10년 미만이 평균 24.3%로 나타나 가장 높은 점유율을 보였다. 1년 미만이 19.5%, 1년 이상 2년 미만이 16.5% 등으로 나타나고 있다.

4) 집행순서 및 집행방법

치료감호와 형(刑)이 병과된 경우에는 치료감호를 먼저 집행하고 이 집행기간은 형의 집행기간에 포함한다(법 제18조). 치료감호시설의 장은 피치료감호자의 건강한 생활이 보장될 수 있도록 쾌적하고 위생적인 시설을 갖추고 의류, 침구, 그 밖에 처우에 필요한 물품을 제공하여야 하고, 의료적 처우는 정신병원에 준하여 의사의 조치에 따르도록 한다.

---

15) 범죄예방정책 통계분석, 2022, 367면 재구성.

처우는 피치료자의 개별적 특성을 고려하여 이루어져야 하고, 사회복귀에 도움이 될 수 있도록 치료와 개선의 정도에 따라 개방적이고 완화된 방법으로 실시해야 한다(법 제25조 참조).

피치료감호자에 대해서 격리와 묶는 등의 신체적 제한은 ⅰ) 자신이나 다른 사람을 위험에 이르게 할 가능성이 뚜렷하게 높고 신체적 제한 외의 방법으로 그 위험을 회피하는 것이 뚜렷하게 곤란하다고 판단되는 경우, ⅱ) 중대한 범법행위 또는 규율위반 행위를 한 경우, ⅲ) 그 밖에 수용질서를 문란케 하는 중대한 행위를 한 경우 외에는 격리와 묶는 등의 신체적 제한을 할 수 없다. 이러한 격리와 묶는 등의 신체적 제한을 하려는 경우에도 정신건강의학과 전문의의 지시에 따라야 한다. 다만, 위의 ⅱ), ⅲ)에 해당하는 경우에는 담당의사의 지시에 따를 수 있다(법 제25조의3).

치료감호시설의 장은 수용질서의 유지나 치료를 위하여 필요한 경우 외에는 피치료감호자의 면회, 편지의 수신 및 발신, 전화통화 등을 보장하여야 하고(법 제26조), 텔레비전 시청, 라디오 청취, 신문 및 도서의 열람은 일과시간이나 취침시간 등을 제외하고 자유롭게 보장해야 한다(법 제27조).

피치료감호자가 치료감호시설에서 치료하기 곤란한 질병에 걸렸을 때에는 외부 의료기관에서 치료를 받게 할 수 있고, 이 경우에 본인이나 보호자 등이 직접 비용을 부담하여 치료 받기를 원하면 이를 허가할 수 있다(법 제28조). 근로에 종사하는 피치료감호자에게 근로의욕을 북돋우고 석방 후 사회복귀에 도움이 될 수 있도록 근로보상금을 지급해야 한다(법 제29조).

5) 집행의 정지

검사는 피치료감호자에 대하여 형사소송법 제471조 제1항[16] 각 호의 어느 하나에 해당하는 사유가 있을 때에는 치료감호의 집행을 정지할 수 있다(법 제24조).

---

16) 형사소송법 제471조 제1항. 징역, 금고 또는 구류의 선고를 받은 자에 대하여 다음 각 호의 1에 해당하는 사유가 있는 때에는 형을 선고한 법원에 대응한 검찰청 검사 또는 형의 선고를 받은 자의 현재지를 관할하는 검찰청 검사의 지휘에 의하여 형의 집행을 정지할 수 있다. 1. 형의 집행으로 인하여 현저히 건강을 해하거나 생명을 보전할 수 없을 염려가 있는 때 2. 연령 70세 이상인 때 3. 잉태후 6월 이상인 때 4. 출산 후 60일을 경과하지 아니한 때 5. 직계존속이 연령 70세 이상 또는 중병이나 장애인으로 보호할 다른 친족이 없는 때 6. 직계비속이 유년으로 보호할 다른 친족이 없는 때 7. 기타 중대한 사유가 있는 때

Ⅳ. 치료감호의 (가)종료 등

1. 치료의 위탁

치료감호심의위원회는 치료감호만을 선고받은 피치료감호자에 대한 집행이 시작된 후 1년이 경과하였을 때에는 상당한 기간을 정하여 그의 법정대리인, 배우자, 직계친족, 형제자매(이하 '법정대리인등')에게 치료감호시설 외에서의 치료를 위탁할 수 있다. 또한 치료감호와 형이 병과되어 형기에 상당하는 치료감호를 집행 받은 자에 대해서 상당한 기간을 정하여 그의 '법정대리인등'에게 치료감호소 외의 장소에서 치료를 위탁할 수 있다(법 제23조).

2. 치료감호의 (가)종료

치료감호심의위원회는 피치료감호자에 대하여 치료감호의 집행을 시작한 후 매 6개월마다 치료감호의 종료 또는 가종료(假終了) 여부를 심사·결정한다(법 제22조). 치료감호의 가종료는 치료감호의 집행을 임시로 종료하는 것을 말한다. 형기가 남은 경우는 교도소로 이송하고, 치료감호만을 선고받았거나 잔여 형기가 없는 경우에는 보호자에게 인계하거나 병원 등과 연계하여 치료가 이루어질 수 있도록 한다.

가종료 또는 치료위탁된 자에 대해서도 가종료 또는 치료위탁 후 매 6개월마다 종료 여부를 심사하고 결정한다(법 제22조).

3. 보호관찰의 실시

피치료감호자가 ⅰ) 가종료되었을 때, ⅱ) 치료감호시설 외에서 치료받도록 '법정대리인등'에게 위탁되었을 때, ⅲ) 치료감호의 기간 또는 연장된 기간이 만료되는 때 등의 사유가 있어 치료감호심의위원회가 보호관찰이 필요하다고 결정한 때에는 3년의 보호관찰이 시작된다.

헌법재판소는 치료감호 가종료 시 필요적 보호관찰을 규정한 것과 관련하여 이중처벌금지원칙을 위반한 것이 아니고, 청구인의 행동의 자유 및 평등원칙에 반하는 것도 아니라고 판시[17]하였다.

---

17) 헌재결 2012. 12. 27. 2011헌마285(전원재판부).

보호관찰을 계속할 수 없는 사유, 즉 ⅰ) 금고 이상의 형에 해당하는 죄를 저지른 경우, ⅱ) 보호관찰 신고의무를 위반하거나 또는 준수사항 위반의 정도가 무거운 경우, ⅲ) 대상자의 증상이 악화되어 치료감호 시설 외에서의 치료가 곤란한 경우에는 가종료 등이 취소될 수 있다. 보호관찰소장은 가종료 또는 치료위탁의 취소 신청을 하는 경우에 가종료 등의 취소를 필요로 하는 사유, 보호관찰을 계속할 수 없는 사유 등을 적은 문서로 해야 한다(법 시행령 제11조의4 참조).

V. 출소 후의 치료

1. 외래진료

치료감호시설 출소자가 치료감호시설에서의 외래진료를 신청한 경우에 치료감호시설의 장은 검사, 투약 등 적절한 진료 및 치료를 실시할 수 있다(법 제36조의3). 외래진료는 치료감호시설에서 정신건강의학과 의사의 진료, 검사시설에 의한 검사, 처방 및 투약 등의 방법과 치료의 편의를 위해서 필요한 경우에는 원격화상장비를 이용할 수 있다. 이러한 외래진료는 치료감호소 출소자의 정신질환 치료를 위하여 출소 일부터 10년의 범위에서 실시할 수 있다(법 시행규칙 제26조의2).

2015년 6월에 치료감호소 출소자에 대한 외래진료를 지원하기 위해서 치료감호소와 5개 국립정신의료기관에서 치료감호소 출소자에게 무상으로 외래진료를 실시하고 있다.

치료감호소 출소자의 무상 외래진료 현황은 [표 2-6]과 같다.

최근 6년간 치료감호소 출소자의 외래진료는 치료감호소의 비율이 2015년 95.7%에서 2020년 52.7%까지 감소하여 기존의 치료감호소 의존도가 약화되고, 지정법무병원의 비율이 높아졌다. 다만, 2021년의 경우 치료감호소의 비율이 61.2%로 다소 증가하였다. 그럼에도 이는 어느 정도 지역적 분산효과가 발휘되는 것으로 분석된다.

치료감호소 출소자가 증상의 악화 등으로 인해서 외래진료가 계속 필요하다고 인정되는 경우에는 10년의 범위에서 한 차례만 그 기간을 연장할 수 있다. 다만, 치료감호소 출소자의 증상이 악화되더라도 치료감호시설에 입소시켜 치료할 수는 없다.

[표 2-6] 치료감호소 출소자의 무상 외래진료 현황[18]

(단위: 명, %)

기관/연도	2016	2017	2018	2019	2020	2021
치료감호소	1,823 (78.3)	1,611 (71.2)	1,195 (57.0)	1,027 (54.2)	964 (52.7)	1,072 (61.2)
국립정신건강센터	389 (16.7)	491 (21.7)	745 (35.5)	723 (38.2)	725 (39.7)	596 (34.0)
국립부곡병원	90 (3.9)	102 (4.5)	115 (5.5)	90 (4.8)	68 (3.7)	44 (2.5)
국립나주병원	25 (1.1)	42 (1.9)	41 (2.0)	48 (2.5)	60 (3.3)	22 (1.3)
국립춘천병원	2 (0.1)	0 (0.0)	0 (0.0)	1 (0.1)	3 (0.2)	12 (0.7)
국립공주병원	0 (0.0)	17 (0.8)	2 (0.1)	5 (0.3)	8 (0.4)	5 (0.3)

2. 정신건강복지센터 등록 등 정신보건서비스

치료감호가 종료 또는 가종료되거나 형사소송법 제471조 제1항의 사유에 해당하여 형의 집행이 정지된 사람은 정신건강복지센터에 등록하여 상담, 진료, 사회복귀훈련 등 정신건강복지센터의 정신보건서비스를 받을 수 있다(법 제36조의2).

치료감호시설의 출소자가 보호관찰을 받게 될 경우에는 보호관찰소와 정신건강복지센터의 협조관계가 중요하다. 즉, 보호관찰소장과 정신건강복지센터장은 보호관찰 대상자의 치료 및 재범방지, 사회복귀를 위하여 상호 협조하여야 한다(법 제36조의4).

보호관찰소장은 정신건강복지센터장에게 정신건강복지센터 등록과 상담에 관한 내용, 진료와 관련된 사항, 사회복귀훈련 프로그램, 보호관찰 대상자의 치료정도 등을 요청할 수 있다. 또한 정신건강복지센터장은 보호관찰소장에게 보호관찰 대상자의 정신건강복지센터 방문 등에 보호관찰관의 동행, 대상자의 생활상태 및 특이사항 등에 대한 정보제공, 재범방지 및 사회복귀를 위한 계획을 집행할 때 보호관찰관의 의견 제출 등을 요청할 수 있다(법 시행령 제13조의2).

---

18) 범죄예방정책 통계분석, 2022, 379면 재구성.

[제2절] 보호감호(또는 보안감호)

Ⅰ. 보호감호의 의의

1. 개념

보호감호는 동종 또는 유사한 죄로 인하여 수개의 형을 받거나 수개의 죄를 범하여 범죄의 상습성이 있다고 인정되는 자가 재범위험성이 있는 경우에 적용되는 시설 내 보안처분을 말한다. (구)사회보호법은 보호대상자가 일정한 범죄를 범하고 재범위험성이 있어 특수한 교육 및 개선 그리고 치료가 필요하다고 인정되는 경우에 보호처분을 함으로써 사회복귀를 도모하였다.

동법에서 인정한 보호처분 중 보호감호는 이러한 요건에 해당할 경우 보호감호시설에 수용하여 처우를 실시하였다. 보호감호의 대상은 위험한 상습·누범자이다. 이러한 범죄자군(犯罪者群)이 존재한다는 것은 범죄통계[19]로도 확인된다. 그러나 위험한 상습·누범을 대상으로 하는 보호감호는 여전히 논란의 대상이고, 집행의 방법과 관련해서 자유형과의 구별가능성에 대한 회의적인 시각은 이중처벌의 문제를 제기하고 있다.

2. 연혁

사회보호법은 1980년 12월 제정되었다. 죄를 범한 자로서 재범위험성이 있고 특수한 교육·개선 및 치료가 필요하다고 인정되는 자에 대하여 보호처분을 함으로써 사회복귀를 촉진하고 사회를 보호함을 목적으로 하였다.

동법 제정 당시의 중대한 절차적 흠결과 상습범 및 누범가중과 보호감호라는 3중의 가중처벌 규정 등은 인권침해의 문제를 야기하였다. 또한 시설 내 보안처분으로서 보호감호의 소급적용 문제와 사회보호법 제5조의 필요적 보호감호 조항 등에 대한 위헌법률심판이 제기되었다. 이 와중에 사회보호법을 개정할 필요성이 제기되

---

19) 2021년 기준, 피보호감호자의 죄명별 수용현황을 살펴보면, 성폭력 14명, 강도 9명, 절도 8명 등으로 총 32명이 수용돼 있다. 전과별 수용인원은 6-7범 10명, 8-9범 8명, 4-5범 5명, 10범 이상 4명, 2-3범 3명, 초범 2명으로 나타나고 있다. 법무연감, 2022, 622면 재구성.

었고, 1989년 3월 필요적 보호감호 규정을 삭제하는 등의 개정이 있었다.

보안처분의 종류('사회보호법'은 보호처분의 종류로)로 보호감호, 치료감호, 보호관찰을 규정하였다.[20]

3. 고찰 이유

2005년 8월 4일 시행된 사회보호법 폐지법률(법률 제7656호)[21]에 의해 보호감호는 폐지되었다. 그러나 동 법률 부칙 제2조에서 "이 법 시행 전에 이미 확정된 보호감호 판결의 효력은 유지되고, 그 확정 판결에 따른 보호감호 집행에 관하여는 종전의 사회보호법에 따른다. 다만, 보호감호의 관리와 집행에 관한 사회보호위원회의 권한은 치료감호법에 따른 치료감호심의위원회가 행사한다."고 규정하여 사회보호법은 현재까지 그 효력을 유지해 오고 있다. 또한 보호감호가 자유형과 집행방식에서 차이가 없어 이중처벌이라는 논란이 있었음에도 사회보호법 폐지법률 시행 전에 이미 보호감호 판결이 확정되어 집행 중에 있거나 집행할 사람은 교도소에 수용할 수 있다고 하였다.

2011년부터 강도, 절도, 폭력, 성폭력범죄 등으로 피보호감호자로 수용된 인원을 살펴보면 [표 2-7]과 같다.

[표 2-7] 피보호감호자 수용 현황[22]

연도	2011	2012	2013	2014	2015	2016	2017	2018	2019	2020	2021
인원(명)	120	135	119	104	100	62	31	17	31	30	32

---

20) 박정일, 사회 내 보안처분으로서 보호관찰의 실효성 제고방안-보호관찰 특별준수사항을 중심으로-, 고려법학 제96호, 고려대 법학연구원, 2020, 219면. 지금은 폐지되었지만, 사회보호법에서는 보호처분의 종류로 보호감호, 치료감호, 보호관찰을 규정하여 보호처분과 보안처분을 동일시하는 입법형식을 취하였다. 그러나 당시에도 이미 소년법에서는 보호처분을 규정하고 있었기 때문에 사회보호법에서 '보호처분'이란 용어를 사용한 것은 적절치 못했고, 보안처분 및 보호처분 그리고 보호관찰, 보안관찰 등 사회내처우와 혼란을 야기하는 원인을 제공하였다.

21) 사회보호법 폐지법률 부칙 제2조 등 위헌소원 등. 헌재결 2015. 9. 24. 2014헌바222, 2015헌바32, 2015헌마488(병합). 헌법재판소는 사회보호법 폐지 전에 이미 판결이 확정된 보호감호를 종전의 사회보호법에 따라 집행하도록 한 사회보호법 부칙(2005. 8. 4. 법률 제7656호) 제2조가 신체의 자유 등을 침해하여 헌법에 위반되는지 여부에 대해서 소극적으로 판단하였다.

22) 법무연감, 2022, 339면 재구성.

피보호감호자의 수용인원은 2018년까지 지속적으로 감소하다가 2019년에는 31명으로 증가하였고, 2021년에는 32명으로 나타나고 있다. 보호감호로 수용된 기존의 인원과 가출소가 취소되어 다시 수용된 인원[23])으로 가출소로 출소했다가 보호관찰 집행 중에 보호관찰이 취소되어 다시 보호감호의 집행이 이루어진 경우가 포함되어 있다고 분석된다. 사회보호법 폐지법률 시행 당시 재판이 계속 중이었던 보호감호 청구사건은 청구기각 판결을 했고, 사회보호법이 폐지된 이후에는 보호감호를 청구한 사례가 없기 때문이다.[24])

2021년 기준 가출소로 인한 보호관찰 실시사건 현황을 살펴보면,[25]) 총 실시 인원 64명(이월 인원 40명, 신수 24명), 종료 25명, 현재원 39명으로 나타나고 있다. 보호관찰 종료 25명은 가출소가 취소된 경우와 보호관찰의 기간이 경과하여 종료된 것으로 분석된다.

2011년부터 2020년까지 가출소에 근거한 보호관찰의 접수 현황은 [표 2−8]과 같다.

[표 2-8] 가출소에 근거한 보호관찰의 접수 현황[26])

연도	2011	2012	2013	2014	2015	2016	2017	2018	2019	2020	2021
인원(명)	45	22	61	61	40	87	78	64	34	24	15

통계에서 확인한 바와 같이 여전히 보호감호는 운용되고 있다. 사회보호법이 폐지되었음에도 보호감호 집행 중에 감호집행자의 정당한 명령에 반항 또는 불복종하거나 도주한 경우 등의 죄를 범한 때에는 종전의 사회보호법 규정에 의하여 처벌되기 때문에[27]) 그러한 범죄로 자유형을 선고 받아 집행을 종료한 다음 다시 보호감호의 집행을 받게 된다면 보호감호제도가 언제 실질적으로 효력을 상실할지 알

---

23) 보호감호 가출소 취소자 현황

연도	2011	2012	2013	2014	2015	2016	2017	2018	2019	2020	2021
인원(명)	7	8	1	−	16	6	10	8	11	19	1

법무연감, 2022, 667면 재구성.
24) 법무연감, 2022, 661면 재구성.
25) 법무연감, 2022, 671면 재구성.
26) 법무연감, 2022, 668면 재구성.
27) 사회보호법 폐지법률 부칙 제5조 참조.

수 없다. 따라서 여전히 유효한 제도로서 보호감호를 살펴보는 것은 의미가 있다.

Ⅱ. 보호감호의 보안처분으로서 적격성 검토

피보호감호자는 '보호처분 대상자'에 해당해야 한다.[28] 즉, ⅰ) 수 개의 형을 받거나 수 개의 죄를 범한 자(과실로 인하여 죄를 범한 자는 제외한다), ⅱ) 심신장애자 또는 마약류·알코올 기타 약물중독자로서 죄를 범해야 한다.

1. 선행 위법행위

보호감호처분을 하기 위해서는 보호처분 대상자가 ⅰ) 동종 또는 유사한 죄[29]로 2회 이상 금고 이상의 실형[30]을 받고 형기 합계 3년 이상인 자가 최종형의 전부 또는 일부의 집행을 받거나 면제를 받은 후 다시 동종 또는 유사한 별표[31]의 죄를 범한 때 ⅱ) 별표에 규정된 죄를 수회 범하여 상습성이 인정된 때[32] ⅲ) 보호감호의 선고를 받은 자가 그 감호의 전부 또는 일부의 집행을 받거나 면제를 받은 후 다시 동종 또는 유사한 별표의 죄를 범한 때에 해당해야 한다.

---

28) (구)사회보호법 제2조.
29) (구)사회보호법 제6조 제2항. 동종 또는 유사한 죄: 전후의 범죄관계에 있어서 다음 각 호의 1에 해당하는 경우를 말한다. 1. 죄명이 같은 경우 2. 형법 각칙의 같은 장에 규정된 죄의 경우 3. 형법 각칙에 규정된 죄와 그 가중처벌에 관한 죄의 경우 4. 형법 이외의 같은 법률에 규정된 죄의 경우 5. 형법 이외의 법률에 규정된 죄와 그 가중처벌에 관한 죄의 경우 6. 죄질, 범죄의 수단과 방법, 범죄의 경향, 범죄의 유형들을 종합하여 동종 또는 유사한 죄에 속한다고 인정되는 경우를 말한다.
30) (구)사회보호법 제6조 제1항. 금고 이상의 형을 받아 그 전부 또는 일부의 집행을 받거나 면제된 경우의 형을 말한다.
31) 별표. (1997년 시행 당시의 형법 등 법률조항 참조)
    1. 형법
       가. 제287조 내지 제289조, 제292조(제287조 내지 제289조에 해당하는 경우에 한한다), 제293조의 죄 또는 그 미수죄
       나. 제297조 내지 제303조, 제305조의 죄
       다. 제337조 내지 제339조의 죄 또는 제337조 전단·제338조 전단·339조의 미수죄
       라. 제351조(제347조, 제348조의 상습범에 한한다)의 죄 또는 그 미수죄
    2. 「폭력행위 등 처벌에 관한 법률」 제2조 제1항, 제3조 제3항, 제6조(제2조 제1항과 제3조 제3항의 미수범에 한한다)의 죄
    3. 「특정범죄 가중처벌 등에 관한 법률」 제5조의2, 제5조의4, 제5조의5의 죄
    4. 「특정경제범죄 가중처벌 등에 관한 법률」 제3조의 죄
32) 상습성과 재범위험성의 관계가 문제될 수 있으나, 상습성은 재범위험성을 판단하는 하나의 요소에 불과하다. 즉, 양자를 동일하게 평가할 수는 없다.

2. 재범위험성

검사는 범죄를 수사할 때 범죄경력, 심신장애 등을 참작하여 보호감호에 처하는 것이 상당하다고 인정하는 때에는 사법경찰관리를 지휘하여 그에 필요한 자료를 조사하여야 한다(법 제12조). 검사가 직접 또는 사법경찰관리를 지휘하여 자료를 수집하는 절차를 재범위험성 평가절차로 보기에 미흡한 면이 없지 않으나, 보호감호를 보안처분으로 볼 때에는 재범위험성 평가절차로 볼 수밖에 없을 것이다.

3. 사법부 관할

보호감호사건은 감호사건과 동시에 심리하거나 심리할 수 있었던 사건의 관할에 따르고, 제1심 재판은 지방법원 및 지방법원지원 합의부의 관할로 한다. 피보호감호청구인에 대한 감호사건과 피고사건의 관할이 다른 때에는 감호사건의 관할에 따른다(법 제4조). 다만, 보호감호의 관리와 집행에 관한 사항 즉, 피보호감호자에 대한 가출소 및 그 취소와 보호감호 면제, 감호위탁 등을 심사하고 결정하기 위하여 법무부에 사회보호위원회를 두었다.

III. 보호감호의 집행 절차

1. 보호감호의 청구

보호감호의 청구는 검사가 한다. 검사가 보호감호를 청구할 때에는 피보호감호청구인을 특정할 수 있는 사항, 청구의 원인이 되는 사실 등을 기재한 감호청구서를 관할법원에 제출해야 한다(법 제14조 제1항). 청구는 공소제기한 사건의 제1심 판결의 선고 전까지 할 수 있고, 법원도 공소제기된 사건의 심리결과 보호감호를 부과하는 것이 상당하다고 인정할 때에는 검사에게 보호감호의 청구를 요구할 수 있다.

검사는 피의자가 형법 제10조 제1항의 심신장애인에 해당되어 벌할 수 없는 때, 친고죄에서 고소·고발이 없거나 취소된 때, 반의사불벌죄에서 처벌을 희망하지 아니하는 의사표시가 있거나 동 의사표시를 철회한 때, 기소편의주의에 따라 공소를 제기하지 아니하는 결정을 한 때에는 공소를 제기함이 없이 보호감호만을 청구할 수 있다.

2. 보호감호의 선고

법원은 보호감호가 청구된 사건을 심리하여 그 청구가 이유 있다고 인정할 때에는 판결로써 감호를 선고하여야 하고, 그 청구가 이유 없다고 인정할 때 또는 피고사건에 대해 심신상실 외의 사유로 무죄를 선고하거나 사형 또는 무기형을 선고할 때에는 판결로써 청구를 기각한다. 보호감호와 치료감호의 요건이 경합하는 때에는 치료감호만을 선고해야 한다(법 제20조).

보호처분 대상자가 ⅰ) 동종 또는 유사한 죄로 3회 이상 금고 이상의 실형을 받고 형기 합계 5년 이상인 자가 최종형의 전부 또는 일부의 집행을 받거나 면제를 받은 후 3년 내에 다시 사형·무기 또는 장기 7년 이상의 징역이나 금고에 해당하는 동종 또는 유사한 죄를 범한 때, ⅱ) 보호감호의 선고를 받은 자가 그 감호의 전부 또는 일부의 집행을 받거나 면제를 받은 후 다시 사형·무기 또는 장기 7년 이상의 징역이나 금고에 해당하는 동종 또는 유사한 죄를 범한 때에는 10년의 보호감호에 처할 수 있다(법 제5조).

헌법재판소는 필요적 보호감호를 규정한 (구)사회보호법(법률 제3286호) 제5조 제1항에 대해서 전과나 감호처분을 선고받은 사실 등 법정의 요건에 해당되면 재범위험성 유무에도 불구하고 반드시 보호감호를 선고해야 할 의무를 법관에게 부여하고 있다고 보아서 적법절차의 원칙, 비례성원칙, 재판을 받을 권리를 침해한다고 판시[33]하였다.

3. 보호감호의 집행

1) 집행 지휘

보호감호의 집행은 검사가 지휘한다(법 제22조). 보호감호와 자유형이 병과된 경우에는 자유형을 먼저 집행한다. 다만, 자격정지는 보호감호와 같이 집행하고, 치료감호는 자유형보다 먼저 집행한다. 먼저 집행된 치료감호의 기간은 자유형의 집행기간에 산입하여 자유형(형벌)과 보호감호(보안처분)의 관계에 대해서 대체주의를 취

---

33) 헌재결 1989. 7. 14. 88헌가5,8, 89헌가44(병합)(전원재판부).

하였다. 또한 수개의 보호감호의 판결이 있는 때에는 후에 선고받은 보호감호만을 집행한다(법 제23조).[34]

2) 형의 가석방과 집행면제

가석방심사위원회는 보호감호가 병과된 수형자에 대하여 가석방을 보고하기 전에 사회보호위원회[35]의 동의를 받아야 한다. 피보호감호자가 가석방 기간 중 그 가석방이 취소되거나 실효됨이 없이 잔형기를 경과한 때에는 사회보호위원회에서 집행하기로 결정한 경우를 제외하고 보호감호를 집행하지 아니한다(법 제26조).

피보호감호자가 가출소한 때 또는 병과된 형의 집행 중 가석방된 후 그 가석방이 취소되거나 실효됨이 없이 잔형기를 경과한 때에는 보호관찰이 개시된다. 보호관찰 기간이 만료된 때에는 보호감호의 집행이 면제됨에도 사회보호위원회에서 보호관찰의 이행성적을 참작하여 보호감호의 집행면제를 결정할 수 있었다(법 제27조).

피보호감호자가 가출소로 보호관찰 집행 중 ⅰ) 고의로 금고 이상의 형에 해당하는 죄를 범한 때, ⅱ) 보호관찰 준수사항 기타 보호관찰에 관한 지시·감독에 위반한 때에는 가출소를 취소하고 다시 보호감호를 집행할 수 있다. 다만, 가출소 중의 일수(日數)는 보호감호 시설에의 수용기간에 산입하지 아니한다(법 제30조).

3) 보호감호의 집행정지

검사는 피보호감호자가 연령이 70세 이상인 경우, 잉태 후 6월 이상인 때 등 형사소송법 제471조의 사유가 있는 때에는 보호감호의 집행을 정지할 수 있다(법 제31조).

---

34) 후에 선고받은 보호감호만을 집행한다는 것은 보안처분의 요건으로 재범위험성 평가의 시점이 적절하다고 판단된다. 최근의 재범위험성 평가를 우선해야 하기 때문이다. 이러한 점에서 전자장치부착명령 등 개별 보안처분을 이중·삼중으로 누적해서 집행하는 것은 문제가 있다.

35) 보호감호의 관리와 집행에 관한 사회보호위원회의 권한은 사회보호법 폐지 후에는 치료감호심의위원회에서 행사하고 있다. 헌법재판소는 치료감호심의위원회에 대해서 다음과 같이 판시하였다. 치료감호심의위원회의 심사대상은 이미 판결에 의하여 확정된 보호감호처분을 집행하는 것에 불과하므로 이를 법관에게 맡길 것인지, 아니면 제3의 기관에 맡길 것인지는 입법 재량의 범위 내에 있으며, 위원회의 결정에 대하여 불복이 있는 경우 행정소송 등 사법심사의 길이 열려 있으므로 법관에 의한 재판을 받을 권리를 침해한다고 할 수 없다. 나아가 치료감호심의위원회의 구성, 심사절차 및 심사대상에 비추어 볼 때 위원회가 보호감호의 관리 및 집행에 관한 사항을 심사·결정하도록 한 것이 헌법상 적법절차원칙에 위배된다고 볼 수 없다고 하였다. 헌재결 2009. 3. 26. 2007헌바50 (전원재판부).

4) 보호감호의 집행방법

① 보호감호의 선고를 받은 자에 대하여는 보호감호시설에 수용하여 감호·교화하고, 사회복귀에 필요한 심신단련과 기술교육 및 직업훈련 그리고 근로를 과할 수 있다(법 시행령 제3조 제1항). 다만, 근로는 피보호감호자의 동의가 있는 때에 한한다.

② 보호감호시설의 장은 직업훈련·근로·치료 기타 감호·교화에 필요하다고 인정하는 때에는 적당한 기관에 피보호감호자의 감호 등을 위탁할 수 있다. 이 경우 위탁받은 기관은 보호감호시설로 본다.

감호 등을 위탁하고자 할 때에는 위탁받을 기관, 위탁할 기간 및 위탁의 내용 등을 명시하여 미리 사회보호위원회의 승인을 받아야 하고, 위탁을 받은 기관의 장은 위탁의 내용에 따라 피보호감호자의 직업훈련·근로·치료 기타 감호·교화와 사회복귀에 필요한 조치를 하여야 한다(법 시행령 제3조).

③ 보호감호시설에의 수용은 7년을 초과할 수 없다.

Ⅳ. 보호감호의 위헌성 및 보호수용제 도입의 문제

1. 보호감호에 대한 헌법재판소의 판시[36] 내용

1) 보호감호는 형벌과는 목적과 기능을 달리하는 사회보호적 처분이고 그 집행상의 문제점은 집행의 개선에 의하여 해소될 수 있다는 점을 고려할 때 폐지된 사회보호법이 규정하고 있던 보호감호제도가 위헌이라고 보기 어렵다.

2) 입법자가 종전 사회보호법을 폐지하면서 적지 않은 수의 보호감호 대상자를 일시에 석방할 경우 초래될 사회적 혼란의 방지, 법원의 양형 실무 및 확정판결에 대한 존중 등을 고려하여 법률 폐지 이전에 이미 보호감호 판결이 확정된 자에 대하여는 보호감호를 집행하도록 한 것이므로 이중처벌에 해당하거나 비례성원칙에 위반하여 신체의 자유를 과도하게 침해한다고 볼 수 없다.

3) 판결 미 확정자와의 사이에 발생한 차별은 입법재량 범위 내로서 이를 정당화할 합리적 근거가 있으므로 헌법상 평등의 원칙에 반하지 아니한다.

---

36) 헌재결 2009. 3. 26. 2007헌바50(전원재판부).

4) 보호감호의 집행 등에 관하여 행형법을 준용한다는 (구)사회보호법 규정(제42조)의 취지는 보호감호 처분이나 자유형의 집행이 다 같이 신체의 자유를 박탈하는 수용처분이고 사회로부터 일정 기간 격리하여 사회에 복귀할 수 있도록 교정·교화하는 것을 목적으로 하는 점에서 차이가 없다. 보호감호 처분의 성질에 반하지 않는 범위 내에서 그 집행 절차에 형사소송법과 행형 관련 법률의 규정을 준용할 뿐 보호감호 처분을 형벌과 똑같이 집행한다는 취지가 아니므로 헌법상의 이중처벌 내지 과잉처벌금지의 원칙에 위배되지 아니한다고 보았다.

2. 보호감호의 위헌성

1) 보안처분으로서 재사회화 목적

사회보호법은 보호처분 대상자가 재범위험성이 있고 특수한 교육·개선 및 치료가 필요하다고 인정되는 자에 대하여 보호처분을 함으로써 사회복귀를 촉진하고 사회보호를 목적으로 하고 있다. 입법상으로는 재사회화 목적을 지향하고 있다고 볼 수 있다. 따라서 입법 목적의 정당성은 인정된다.

헌법재판소는 2015년 보호감호제도에 대해서 합헌결정의 이유 중의 하나로 적지 않은 수의 피보호감호자가 일시에 석방될 경우 초래될 사회적 혼란을 들었다. 그간의 징역형의 집행과 그간의 보호감호의 집행이 재사회화 목적을 지향하는 프로그램으로 운용하고 있지 않았음을 간접적으로 증명하는 것이 아닐까? 피보호감호자들은 재판시에도, 징역형의 형기를 종료한 후에도, 일정 기간 보호감호를 집행한 후에도 여전히 위험한 사람이기 때문에 격리 내지 구금되어야 할 존재로 간주했던 것은 아닌지 의문이다.

보호감호의 집행에서 보안처분의 존재이유인 '재사회화 목적'의 흔적을 찾을 수 없다.

2) 징역형과의 차별성

보호감호의 집행방식과 관련하여, 사회보호법 폐지법률은 보호감호제도가 폐지된 후에도 동 처분의 집행을 교도소에서 실시하고 있는 것으로 미루어 보호처분 대상자의 재범위험성을 고려한 특수한 교육·개선 및 치료적 처우를 실시했다고 볼 수 없다. 즉, 보안처분으로서 보호감호는 피보호감호자의 재범 위험요인을 제거하거나 완화시킬 수 있는 수단을 통해 특별예방 목적을 실현하기에는 징역형과 차이점을 발견할 수 없기 때문이다. 징역형을 이행함으로써 책임을 다한 자를 다시 징역형과 다름없는 보호감호를 집행한다는 것은 명백한 이중처벌에 해당한다.

징역형을 통해서 재사회화 목적을 달성하지 못했는데 다시 징역형과 동일한 보호감호의 집행을 통해 재사회화 목적을 달성할 수 있다는 발상은 고위험군 범죄자에 대한 사회통제의 수단으로밖에 볼 수 없다.

3) 보안처분으로서 재범위험성 평가절차

검사는 범죄를 수사할 때 범죄경력·심신장애 등을 참작하여 감호에 처함이 상당하다고 인정되는 자에 대하여 그에 필요한 자료를 조사하고, 검사 또는 사법경찰관리가 보호처분 대상자를 조사할 때 감호의 요건이 되는 전과 및 감호경력, 범죄의 상습성과 재범위험성, 심신장애의 정도, 알코올의 식음 등의 습벽 또는 중독의 정도 등을 조사한다. 그러나 이러한 절차로는 재범위험성 평가절차로는 한계가 있다.

보호감호를 부과하는 법관 또한 재범위험성을 판단하기 위한 별도의 절차가 마련되어 있다고 볼 수 없으므로 직관적으로 판단할 수밖에 없다. 재범위험성이 범죄경력이나 감호경력 등 정태적(精態的, static)요소에 의해서만 평가된다고 볼 수 없으므로 그러한 절차로는 한계가 있는 것이다.

보호감호를 청구하고 선고하기 위해서 필요한 범죄의 동기, 피해자와 관계, 심리상태의 파악 등을 통해 재범위험성을 평가할 전문인력의 부재, 피의자의 정신감정이나 전문가의 진단을 참고할 만한 절차의 부재는 검사 및 법관의 판단재량을 일탈할 가능성이 있었고, 그것을 통제할 아무런 장치가 없었다는 것은 결국 보안처분의 재범위험성 평가절차와는 거리가 있었다고 보아야 한다.

4) 사회보호법 폐지법률

보호감호제도는 폐지되었음에도 사회보호법 폐지법률 부칙 제2조에 의거 여전히 효력을 발휘하고 있고, 그 집행 또한 종전의 사회보호법에 의하도록 하였다. 사회보호법 폐지법률에 의거해서 보호감호제도를 폐지한 것이 입법자의 의도였다면 왜 부칙조항을 통해 여전히 효력을 발휘하게 하였을까? 보호감호가 교정이 불가능한 자들을 대상으로 하기 때문에 그들이 사회에 복귀하게 되면 사회의 안전이 위협받을 것을 우려해서 그런 흉악범들을 다시 교도소에 수용한다면 재사회화 목적을 달성될 수 있을까? 보호감호를 보안처분으로 본다 하더라도 '보안'의 목적에 경도된 처분이었다고 볼 수 있다.

1980년 제정 사회보호법은 부칙 제2조에서 실형 관련 소급적용을 규정하였다.

보호처분 대상자의 선행 위법행위와 관련된 요건에서 사회보호법 시행 전에 금고 이상의 형을 받아 그 전부 또는 일부를 집행 받은 경우나 면제받은 경우에도 동종 또는 유사한 죄의 횟수 및 형기 합계 등에 있어서 실형을 받은 것으로 보았다. 자유형과 차별 없는 보호감호를 집행하면서 소급효를 인정했다는 것은 처벌 내지 보안의 목적에만 경도된 사고방식으로 소급효금지원칙에 반한다.

또한 1980년 제정 사회보호법 부칙 제4조는 "이 법에 의한 감호시설이 설치될 때까지 교도소 및 국·공립병원과 기타 대통령령이 정하는 시설을 이 법에 의한 감호시설로 대용할 수 있다."고 규정하고 있다. 사회보호법은 제정 당시부터 이를 집행할 보호감호시설 및 치료감호시설이 설치되지 않았고, 보안처분으로서 보호감호의 집행을 자유형의 집행으로 대신함으로써 인권침해의 단초를 제공한 위헌적인 법률임을 확인할 수 있다.

3. 보호수용제의 도입

보호감호제도의 폐지에도 불구하고 다시 보호수용제로 부활시키겠다는 발상은 자유형과 보호수용의 집행상의 명확한 차이를 보여줄 수 있어야 한다.

대상자를 일부 흉악범으로 제한하거나 재범위험성 평가시기를 재판시가 아닌 사회복귀시에 판단하고, 집행의 방식을 교도소와 차별화 하겠다는 발상에 대해서는 이의가 없으나, 현실적으로 그 이상(理想)을 적절하게 구현할 수 있는 제반 여건의 조성은 별개의 문제이다.

시설 내 교정의 영역에서도 특별예방의 목적을 지향하는 현재의 징역형과 차별화되는 집행방식에 대한 전향적 모습을 보여주는 입법이 아니라면 회의적이다.

Ⅰ. 형사절차의 특례로서 보호처분의 개요

1. 보호처분의 의의

보호처분이란 보안처분의 특수한 영역으로 비록 재범위험성이 인정된다고 하더라도 범죄자의 특성을 고려할 때 환경의 조정 및 성행의 교정 등을 통해 가소성 즉, 개선가능성이 높다는 점, 사회보호적 측면보다는 행위자를 보호하기 위한 성격이 더 강하다는 점 때문에 통상의 형사절차와는 다른 특별한 절차를 규정한 처분을 말한다.

2. 보호처분의 근거법률

여기에서 살펴볼 처분은 시설 내 보호처분이므로 비교 대상도 다른 개별 법률에서 시설 내 보호처분을 규정한 경우이다. 형사처분 절차에 대한 특례로서 보호처분을 규정하고 있는 법률 중에서 시설 내 보호처분을 규정하고 있는 법률은 소년법, 가정폭력처벌법, 아동학대처벌법, 성매매처벌법 등이다.[37]

개별 법률이 어떤 행위자를 대상으로 어떤 목적을 가지고 입법되었는지 살펴보면, ① 소년법은 반사회성이 있는 소년의 환경조정과 품행 교정을 위한 보호처분 등의 필요한 조치를 하고, 형사처분에 관한 특별조치를 함으로써 소년이 건전하게 성장하도록 돕는 것을 목적으로 한다.

② 가정폭력처벌법은 가정폭력범죄의 형사절차에 관한 특례를 정하고, 가정폭력범죄를 범한 사람에 대하여 보호처분을 함으로써 가정의 평화와 안정을 회복하고 피해자와 가족구성원의 인권보호를 목적으로 하고 있다. ③ 아동학대처벌법은 아동학대범죄의 처벌 및 그 절차에 관한 특례와 피해아동에 대한 보호절차 및 아동학대행위자에 대한 보호처분을 규정함으로써 아동을 보호하여 아동이 건강한 사회구성원으로 성장하도록 함을 목적으로 한다. ④ 성매매처벌법은 성매매, 성매매알선 등

---

37) 「아동·청소년의 성보호에 관한 법률」 제44조는 14세 이상 16세 미만의 아동·청소년이 일정한 성범죄를 범한 경우 '소년법의 보호처분'을 할 수 있도록 규정하고 있다. 따라서 소년법의 시설 내 보호처분과 동일하게 집행된다.

행위 및 성매매 목적의 인신매매를 근절하고, 성매매피해자의 인권을 보호함을 목적으로 하고 있으며, 성매매자를 대상으로 보호처분을 하고 있다.

3. 보호처분의 법적 성격

보호처분을 보안처분으로 볼 것인지 아니면 사회복지처분의 일종으로 볼 것인지에 대해서 견해가 일치하는 것은 아니다. 보호처분도 절차의 특례가 있기는 하지만 형사사법절차를 통해 부과된다는 점, 재범위험성에 대처하기 위한 형사제재의 일종이라는 점 등을 고려한다면 넓은 의미의 보안처분으로 보는 것이 타당하다.

4. 보호처분의 절차

이하는 소년법의 보호처분을 중심으로 그 절차를 살펴본다. 그 외 시설 내 보호처분을 규정하고 있는 법률의 관련된 부분은 각주에서 언급하기로 한다.

1) 관할과 심판대상

(1) 소년보호 사건의 관할은 소년의 행위지, 거주지 또는 현재지의 가정법원소년부 또는 지방법원소년부에 속하고, 심리와 처분의 결정은 소년부 단독판사가 한다(법 제3조).[38]

(2) 소년보호 사건의 대상은 ① 죄를 범한 14세 이상 19세 미만의 소년(범죄소년), ② 형벌 법령에 저촉되는 행위를 한 10세 이상 14세 미만의 소년(촉법소년),[39] ③ 집단적으로 몰려다니며 주위 사람들에게 불안감을 조성하는 성벽(性癖)이 있는 것, 정당한 이유 없이 가출하는 것, 술을 마시고 소란을 피우거나 유해환경에 접하는 성벽이 있다는 등의 사유가 있고, 소년의 성격이나 환경에 비추어 장래에 형벌 법령에 저촉되는 행위를 할 우려가 있는 10세 이상 19세 미만의 소년(우범소년)이다.[40]

---

38) 가정폭력처벌법 제10조 제1항. 가정보호사건의 관할은 가정폭력 행위자의 행위지, 거주지 또는 현재지를 관할하는 가정법원으로 한다.
아동학대처벌법 제18조 제1항. 아동보호사건의 관할은 아동학대 행위자의 행위지, 거주지 또는 현재지를 관할하는 가정법원으로 한다.
성매매처벌법 제13조 제1항. 성매매보호사건의 관할은 성매매를 한 장소나 성매매를 한 사람의 거주지 또는 현재지를 관할하는 가정법원으로 한다.
39) 법무부는 2022. 11. 3. 촉법소년 연령의 상한 및 형사미성년자 연령과 관련하여 현행 '14세 미만'에서 '13세 미만'으로 낮추는 소년법 개정안과 형법 개정안을 입법예고 하였다.
40) 가정폭력처벌법 제2조. '배우자 또는 배우자였던 사람 등'의 가정구성원 사이의 신체적, 정신적 또는 재산상 피해를 수반하는 가정폭력범죄를 그 대상으로 한다.

2) 처리절차

(1) 송치

① 검사의 송치

범죄소년, 촉법소년, 우범소년의 요건에 해당되는 보호소년은 관할 소년부에 송치됨으로써 심리가 개시된다. 범죄소년은 검사와 법원에서 사건을 송치할 수 있다. 즉, 검사는 소년에 대한 피의사건을 수사한 결과 보호처분에 해당하는 사유가 있다고 인정한 경우에는 사건을 관할 소년부에 송치하여야 한다(법 제49조 제1항).

검사의 보호송치 현황은 [표 2-9]와 같다. 괄호는 검사의 불기소, 기소중지 등의 처분을 포함하여 각각의 보호송치가 차지하는 비율이다.

[표 2-9] 검사의 보호송치 처리 현황[41]

(단위: 명, %)

연도/구분	소년보호송치	가정보호송치	성매매보호송치	아동보호송치
2016	23,953(2.0)	21,613(1.8)	1,343(0.1)	2,044(0.2)
2017	24,521(2.2)	18,609(1.7)	846(0.1)	2,510(0.2)
2018	23,544(2.2)	18,589(1.9)	459(0.0)	2,782(0.3)
2019	24,728(2.2)	23,401(2.1)	257(0.0)	3,936(0.4)
2020	25,945(2.4)	19,609(1.8)	217(0.0)	4,691(0.4)

최근 5년간 검사의 보호송치 현황을 보면, 소년보호송치 비율이 2.24%로 나타나 보호송치에서 가장 높은 비율을 보이고 있다. 가정보호송치는 1.86%, 성매매보호송치는 2016년 0.1%로 나타난 이후 지속적으로 감소하고 있으나, 아동보호송치는 매년 지속적으로 증가하는 추세를 보이고 있다.

검사는 소년 피의사건에 대해서 소년부 송치, 공소제기, 기소유예 등의 처분을 하기 위해서 필요하다고 인정한 경우에 보호관찰소장, 소년분류심사원장 또는 소년

아동학대처벌법 제2조. '친권자, 후견인, 아동을 보호·양육·교육하는 사람 등'의 보호자에 의한 아동학대범죄를 그 대상으로 한다.

성매매처벌법 제2조. 성매매처벌법의 금지행위는 성매매, 성매매알선 등 행위, 성매매 목적의 인신매매, 성을 파는 행위를 하게 할 목적으로 다른 사람을 고용·모집하는 등의 행위, 성매매 등이 행해지는 업소에 대한 광고행위 등을 말한다.

41) 범죄백서, 2021, 248면.

원장에게 피의자의 품행, 경력, 생활환경이나 그 밖에 필요한 사항에 대해서 조사를 요구하여 참작할 수 있다(법 제49조의2).[42]

② 법원의 송치

법원도 소년에 대한 피고사건을 심리한 결과 보호처분에 해당하는 사유가 있다고 인정한 경우에는 결정으로써 사건을 관할 소년부에 송치하여야 한다(법 제50조).[43] 법원에서 소년에 대한 피고사건을 관할 소년부로 송치한 경우에는 피고사건은 더 이상 존속하지 않는다고 보아야 한다.

③ 경찰서장의 송치

촉법소년과 우범소년은 경찰서장이 직접 관할 소년부에 송치하여야 한다.

④ 보호자 등의 통고

범죄소년, 촉법소년, 우범소년에 대해서는 통고제도가 활용되고 있다. 즉, 범죄소년, 촉법소년, 우범소년을 발견한 보호자 또는 학교·사회복지시설·보호관찰소장은 이들을 관할 소년부에 통고할 수 있다(법 제4조 제3항).

통고는 서면 또는 구술로 할 수 있고, 소년과 보호자의 성명, 생년월일, 직업, 주거, 등록기준지, 통고자의 성명, 통고하게 된 사유 및 소년의 처우에 관한 의견을 명시하여야 한다(소년심판규칙 제6조).

최근 10년간 소년보호사건으로 접수된 유형별 현황을 살펴보면 [표 2-10]과 같다. 다만, 사법연감 통계의 접수 유형에서 '타 소년부에서 이송'을 삽입하지 않은 이유는 정확한 건수를 산정하지 못할 수 있기 때문이다. 즉, 이송을 보낸 기관의 접수와 이송을 받은 기관의 접수가 이중으로 산정될 가능성이 있다고 본다.

---

42) 검사결정전 조사 현황

연도	2016	2017	2018	2019	2020	2021
건수	4,379	3,626	1,678	1,092	909	932

범죄예방정책 통계분석, 2022, 160면 재구성. 검사의 결정전조사 조사 건 수의 하향 추세가 두드러진다. 다만, 2021년에는 932건으로 약간 반등하였다.

43) 가정폭력처벌법. 검사의 송치(제11조), 법원의 송치(제12조)
아동학대처벌법. 검사의 송치(제28조), 법원의 송치(제29조)
성매매처벌법. 검사의 송치(제12조 제1항), 법원의 송치(제12조 제2항)

[표 2-10] 소년보호사건 접수 유형별 현황[44)]

(단위: 명)

연도/유형	법원송치	검사송치	경찰서장송치	소년법 제4조 제3항에 의한 통고
2011	2,417	32,803	9,401	58
2012	2,848	36,133	12,799	168
2013	2,695	29,284	9,500	188
2014	1,610	24,110	7,104	195
2015	1,497	24,527	6,756	309
2016	1,357	24,319	6,788	359
2017	1,124	24,014	7,743	353
2018	954	22,578	8,335	407
2019	876	23,511	10,460	444
2020	1,023	24,872	11,063	270
2021	733	20,260	12,680	458

　　최근 10년간 소년보호 사건의 접수 유형은 검사 송치, 경찰서장 송치, 법원 송치, 소년법의 통고 순으로 나타나고 있다. 경찰서장 송치 비율은 등락을 거듭하다 다시 증가하고 있는 추세이고, 소년법의 통고 역시 2020년을 제외하고 지속적으로 증가하고 있으며, 2021년에는 458명으로 대폭 증가하였다. 소년법의 통고는 주로 학교장, 사회복지시설의 장을 통해 이루어지고 있는데, 이들의 통고 비율이 증가하는 것은 시설에서 관리할 수 있는 수준을 넘어서는 정도의 비행성을 가진 소년범들이 증가하고 있음을 시사하고 있다.

(2) 조사 및 심리

① 조사

　　소년을 송치 또는 통고받은 소년부 판사는 조사 또는 심리를 진행한 후 처분을 결정해야 한다. 이 과정에서 조사관에게 소년, 보호자 또는 참고인의 심문이나 그 밖에 필요한 사항을 조사하도록 명할 수 있고, 통고된 사건의 경우 소년을 심리할 필요가 있다고 인정할 경우에는 그 사건을 조사하여야 한다(법 제11조).

---

44) 사법연감, 2022, 838면 재구성.

조사는 의학·심리학·교육학·사회학이나 그 밖의 전문적인 지식을 활용하여 소년과 보호자 또는 참고인의 품행, 경력, 가정상황 그 밖의 환경 등을 분석하여 재범위험성을 판단할 수 있도록 해야 한다(법 제9조). 또한 조사와 심리를 할 때에는 정신건강의학과 의사·심리학자·사회사업가·교육자 그 밖의 전문가의 진단, 소년분류심사원의 분류심사 결과와 의견, 보호관찰소의 조사결과와 의견 등을 참작하여야 한다(법 제12조).[45)

법원에서 보호관찰소의 의뢰하여 조사하는 법원결정전조사의 접수 현황은 [표 2-11]과 같다.

[표 2-11] 법원결정전조사 접수 현황[46)

(단위: 건)

유형/연도	2016	2017	2018	2019	2020	2021
소년보호사건	8,046	7,795	8,601	7,578	7,644	6,888
가정보호사건	8,079	7,750	9,842	10,260	8,685	8,491
아동보호사건	541	733	986	1,115	1,426	2,660
성매매보호사건	261	327	163	52	51	49
기타	4	1	5	2	7	8

최근 6년간 법원결정전 조사 접수는 소년보호사건의 경우, 2018년 8,601건으로 정점으로 보이다 이후 감소 추세에 있다. 특히, 2021년에는 6,888건으로 최근 가장 감소한 수치를 보였다. 가정보호사건은 2017년 이후 증가하다가 2019년을 정점으로 이후 감소세를 유지하고 있다. 아동보호사건은 2016년 이래 지속적으로 증가하고 있고, 특히 2021년에는 2,660건으로 전년 대비 86.5% 이상 증가하였다. 이는 사회적 여론을 악화시키는 아동학대사건이 빈발하면서 법원의 결정에 대한 사회적 관심이 반영되었다고 분석된다.

조사의 내용은 ① 비행사실, 그 동기와 비행 후의 정황 및 비행전력, ② 소년과 보호자의 교육정도, 직업, 소년과 보호자의 관계, 소년의 교우관계 및 소년의 가정환

---

45) 가정폭력처벌법은 법원의 결정전조사(제19조)만 규정하고 있고, 아동학대처벌법은 검사의 결정전조사(제25조), 법원의 결정전조사(법 제44조에서 아동보호사건, 피해아동보호명령사건은 가정폭력처벌법 제21조 준용)를 각각 규정하고 있다. 성매매처벌법도 법원의 결정전조사(제17조)만 규정하고 있다.

46) 범죄예방정책 통계분석, 2022, 169면 재구성.

경, ③ 소년의 비행화 경위 및 보호자의 소년에 대한 보호감독 상황과 향후의 보호능력, ④ 피해자에 대한 관계 및 재비행의 위험성과 정도, ⑤ 소년의 심신상태, ⑥ 그 밖에 심리와 처분을 함에 필요한 사항 등으로 구성된다(소년심판규칙 제11조).

대법원47)은 소년부에서 조사 또는 심리할 때 필요하다고 인정한 경우에 한하여 전문가의 진단을 참작하여야 한다고 봄이 상당하다고 판단하였다. 따라서 이러한 전문가의 진단을 참작하지 않았다고 하여도 법리적으로 문제가 없다는 입장이다.

소년부판사 또는 조사관이 범죄사실에 대해서 소년을 조사할 때에는 미리 진술거부권이 있음을 고지하여야 한다(법 제10조).

대법원48)은 진술거부권을 고지하지 아니한 조사결과의 증거능력은 인정되지 않는다는 입장이다.

소년부 판사는 사건의 조사 및 심리에 필요하다고 인정한 때에는 기일을 지정하여 소년·보호자 또는 참고인을 소환할 수 있고, 소년 또는 보호자가 정당한 이유 없이 소환에 불응하는 때에는 동행영장을 발부할 수 있다(법 제13조). 동행영장은 조사관이 집행하지만, 소년부 판사는 보호관찰관·사법경찰관리 등에게 동행영장을 집행하게 할 수 있다. 동행영장을 집행한 때에는 지체 없이 이러한 사실을 보호자 또는 보조인에게 알려야 한다(법 제16조).

2007년 12월 개정 소년법은 국선보조인제도를 도입하였다. 소년이 소년분류심사원에 위탁된 경우 보조인이 없을 때에는 법원은 변호사 등 적정한 자를 보조인으로 선정해야 한다. 소년이 소년분류심사원에 위탁되지 아니하였을 때에도 소년에게 신체적·정신적 장애가 의심되는 경우, 빈곤이나 그 밖의 사유로 보조인을 선임할 수 없는 경우, 그 밖에 소년부 판사가 보조인이 필요하다고 인정하는 경우에 법원은 직권에 의하거나 소년 또는 보호자의 신청에 따라 보조인을 선정할 수 있다(법 제17조의2).

소년부 판사는 사건을 조사 또는 심리하는 데에 필요하다고 판단할 경우에 소년의 감호에 관한 결정으로써 ① 보호자, 소년을 보호할 수 있는 적당한 자 또는 시설에 위탁, ② 병원이나 그 밖의 요양소에 위탁, ③ 소년분류심사원에 위탁 등과 같은 임시조치를 할 수 있다(법 제18조 제1항).49)

47) 대결 1976. 4. 28., 자, 75모81.
48) 대판 1992. 6. 23. 92도682.
49) 가정폭력처벌법의 임시조치(법 제29조 제1항). 1. 피해자 또는 가정구성원의 주거 또는 점유하는 방실로부터 퇴거 등 격리 2. 피해자 또는 가정구성원이나 그 주거·직장 등에서 100미터 이내의 접

② 심리

소년부 판사는 송치서와 조사관의 보고에 따라 사건의 심리를 개시할 수 없거나 개시할 필요가 없다고 인정할 경우에는 심리를 개시하지 아니한다는 심리불개시 결정을 해야 하고, 이 결정을 본인과 보호자에게 알려야 한다(법 제19조). 심리불개시 결정이 있는 때에는 법 제18조의 임시조치는 취소된다. 반면, 사건을 심리할 필요가 있다고 인정할 경우에는 심리개시 결정을 해야 하고, 이러한 결정을 사건 본인과 보호자에게 알려야 하며 심리 개시 사유의 요지와 보조인을 선임할 수 있다는 취지도 알려야 한다(법 제20조).

심리불개시 현황을 살펴보면 [표 2-12]와 같다.

[표 2-12] 심리불개시처분 현황[50]

연도	2011	2012	2013	2014	2015	2016	2017	2018	2019	2020	2021
건수	7,905	9,209	8,065	5,669	5,703	5,547	5,676	5,590	6,556	7,948	8,586

최근 10년간 소년부 판사의 심리불개시 결정은 2012년 9,209건을 정점을 이후로 하향 추세에 있었으나, 2018년 이후 증가하고 있다. 2019년 17.2%, 2020년 21.2% 증가하였고, 2021년에는 8.0% 증가하여 8,586건으로 나타나고 있다.

소년부 판사는 임시조치의 결과에 따라 심리불개시 결정을 할 수 있는데, 그 결정기준은 조사관의 조사보고서나 송치서 등이다.

소년부 판사는 심리 기일을 지정하고 소년과 보호자를 소환하여야 하며, 보조인이 선정된 경우에는 보조인에게도 심리 기일을 알려야 한다(법 제21조).

소년부 판사는 피해자 또는 그 법정대리인·변호인·배우자·직계친족·형제자매가 의견진술을 신청할 때에는 피해자나 그 대리인 등에게 심리 기일에 의견을 진

근 금지 3. 피해자 또는 가정구성원에 대한 전기통신을 이용한 접근금지 4. 의료기관이나 그 밖의 요양소에의 위탁 5. 국가경찰관서의 유치장 또는 구치소에의 유치 6. 상담소 등에의 상담위탁
아동학대처벌법의 임시조치(법 제19조 제1항). 1. 피해아동 등 또는 가정구성원의 주거로부터 퇴거 등 격리 2. 피해아동 등 또는 가정구성원의 주거, 학교 또는 보호시설 등에서 100미터 이내의 접근 금지 3. 피해아동 등 또는 가정구성원에 대한 전기통신을 이용한 접근 금지 4. 친권 또는 후견인 권한 행사의 제한 또는 정지 5. 아동보호전문기관 등에의 상담 및 교육 위탁 6. 의료기관이나 그 밖의 요양시설에의 위탁 7. 경찰관서의 유치장 또는 구치소에의 유치
성매매처벌법은 가정폭력처벌법의 여러 규정을 준용하고 있으나 임시조치 규정은 준용하고 있지 않다.
50) 사법연감, 2022, 839면 재구성.

술할 기회를 주어야 한다. 다만, 신청인이 이미 심리절차에서 충분히 진술하여 다시 진술할 필요가 없다고 인정되는 경우와 신청인의 진술로 심리절차가 현저하게 지연될 우려가 있는 경우에는 그러하지 아니하다(법 제25조의2).

소년보호절차에서 피해자를 보호하기 위한 화해권고 절차가 2007년 12월 개정 소년법에 도입되었다. 소년부 판사는 소년의 품행을 교정하고 피해자를 보호하기 위하여 필요하다고 인정하면 소년에게 피해 변상 등 피해자와 화해를 권고할 수 있고, 필요할 경우에는 기일을 지정하여 소년, 보호자 또는 참고인을 소환할 수 있으며, 이러한 권고에 따라 소년이 피해자와 화해하였을 경우에는 보호처분을 결정할 때 이를 고려할 수 있다(법 제25조의 3).

(3) 이송과 송검

보호사건을 송치받은 소년부는 보호의 적정을 기하기 위하여 필요하다고 인정한 경우에는 결정으로써 사건을 다른 관할 소년부로 이송할 수 있고, 사건이 그 관할에 속하지 아니하다고 인정하면 결정으로써 그 사건을 관할 소년부로 이송하여야 한다(법 제6조).

소년부는 소년사건을 조사 또는 심리한 결과 금고 이상의 형에 해당하는 범죄사실이 발견된 경우와 그 동기와 죄질이 형사처분을 할 필요가 있다고 인정한 경우에는 결정으로써 사건을 관할 지방법원에 대응한 검찰청 검사에게 송치하여야 한다. 또한 사건 본인이 19세 이상인 것으로 밝혀진 경우에도 결정으로써 사건을 관할 지방법원에 대응한 검찰청 검사에게 송치하여야 한다. 다만, 법원에서 소년에 대한 피고사건을 심리한 결과 보호처분에 해당하는 사유가 있다고 인정하여 결정으로써 사건을 관할 소년부에 송치한 경우에는 검사에게 송치하지 않아도 된다(법 제7조).

(4) 처분의 결정

소년부 판사는 심리 결과 보호처분의 필요성이 인정될 경우에는 보호처분을 할 수 있다. 소년보호처분은 ① 보호자 또는 보호자를 대신하여 소년을 보호할 수 있는 자에게 감호위탁, ② 수강명령, ③ 사회봉사명령, ④ 보호관찰관의 단기보호관찰, ⑤ 보호관찰관의 장기보호관찰, ⑥ 「아동복지법」에 따른 아동복지시설이나 그 밖의 소년보호시설에 감호위탁, ⑦ 병원, 요양소 또는 「보호소년 등의 처우에 관한 법률」

에 따른 의료재활소년원에 위탁, ⑧ 1개월 이내의 소년원 송치, ⑨ 단기 소년원 송치, ⑩ 장기 소년원 송치 등이다(법 제32조 제1항).51)

다만, 보호처분을 할 수 없거나 보호처분의 필요성이 인정되지 않는다면 불처분결정을 하고, 이를 사건 본인과 보호자에게 알려야 한다(법 제29조).

최근 5년간 소년보호처분 현황을 살펴보면 [표 2-13]과 같다.

[표 2-13] 소년보호처분 현황52)

(단위: 명)

처분/연도	2016	2017	2018	2019	2020
1호	16	20	29	16	19
2호	46	47	80	73	42
3호	33	29	88	56	41
4호	1,118	1,169	1,323	1,049	786
5호	1,464	1,599	1,407	1,285	1,134
6호	631	697	719	703	743
7호	63	99	116	95	98
8호	525	593	531	372	321
9호	670	774	658	607	526
10호	492	511	455	479	412
불처분	380	325	333	265	313
계	5,438	5,863	5,739	5,000	4,435

소년보호처분의 건수의 감소를 확인할 수 있다. 즉, 2017년을 5,863건을 기점으로 감소하고 있다. 이는 보호관찰뿐만 아니라 사회봉사명령, 수강명령에서도 확인되고 있고, 소년원 송치처분 또한 비슷한 경향을 보이고 있다. 청소년 인구의 감소에 따른 소년범 자체의 감소가 가장 큰 원인으로 분석된다.

51) 가정폭력처벌법과 아동학대처벌법의 보호처분은 따로 살펴본다. 성매매처벌법의 보호처분(법 제14조 제1항). 1. 성매매가 이루어질 우려가 있다고 인정되는 장소나 지역에의 출입금지 2. 보호관찰법에 따른 보호관찰 3. 보호관찰법에 따른 사회봉사·수강명령 4. 「성매매방지 및 피해자보호 등에 관한 법률」 제10조에 따른 성매매피해상담소에의 상담위탁 5. 「성폭력방지 및 피해자보호 등에 관한 법률」 제27조 제1항에 따른 전담 의료기관에의 치료위탁)
52) 법무연감, 2021, 634면.

5. 소년보호처분의 효력

1) 결정의 집행

소년부 판사는 보호처분 결정을 하였을 때에는 조사관, 소년부 법원서기관·사무관·주사·주사보, 보호관찰관, 소년원 또는 소년분류심사원 소속 공무원, 그 밖에 위탁 또는 송치받을 기관 소속의 직원에게 그 결정을 집행하게 할 수 있다(법 제35조). 보호처분은 결정과 동시에 효력이 발생한다. 보호처분 결정에 대해서 항고를 제기하더라도 결정의 집행이 정지되지 않기 때문이다(법 제46조).

2) 공소제기 불가

소년에 대해서 그 심리가 결정되어 보호처분을 받는 사건은 다시 공소를 제기할 수 없다(법 제53조). 다만, 검사·경찰서장의 송치 또는 소년법 제4조 제3항의 통고에 의한 사건으로 보호처분이 계속 중일 때에 소년이 처분 당시 19세 이상인 것으로 밝혀져 검찰청 검사에게 송치된 경우에는 다시 공소를 제기할 수 있다(법 제38조 제1항).

6. 소년보호처분의 취소

1) 소년이 19세 이상인 경우

보호처분의 집행이 계속되는 과정에서 사건 본인이 처분 당시 19세 이상인 것으로 밝혀진 경우에 소년부 판사는 결정으로써 그 보호처분을 취소하고 다음의 구분에 따라 처리하여야 한다(법 제38조). 관련 사건이 검사·경찰서장의 송치 또는 소년법 제4조 제3항의 통고에 의한 사건인 경우에는 관할 지방법원에 대응하는 검찰청 검사에게 송치하여야 하고, 법원이 송치한 경우에는 송치한 법원으로 이송한다.53)

---

53) 가정폭력처벌법 제46조. 법원은 가정폭력행위자가 보호처분 결정을 이행하지 아니하거나 그 집행에 따르지 아니하면 직권으로 또는 검사, 피해자, 보호관찰관 또는 수탁기관의 장의 청구에 의하여 결정으로 보호처분을 취소하고, 검사에게 송치하거나 송치한 법원에 이송한다.
아동학대처벌법 제41조. 법원은 아동학대행위자가 제4호부터 제8호까지의 보호처분 결정을 이행하지 아니하거나 그 집행에 따르지 아니하면 직권 또는 검사, 피해아동, 그 법정대리인, 변호사, 시·도 지사, 시장·군수·구청장, 보호관찰관이나 수탁기관의 장의 청구에 의하여 결정으로 그 보호처분을 취소하고 검사에게 송치하거나 송치한 법원에 이송한다.
성매매처벌법 제17조에서 가정폭력처벌법 제46조를 준용하고 있다.

2) 소년이 10세 미만인 경우

소년부 판사는 범죄소년과 촉법소년에 대한 보호처분의 집행이 계속 중일 때에 사건 본인이 행위 당시에 10세 미만으로 밝혀진 경우 또는 우범소년에 대한 보호처분의 집행이 계속 중일 때에 사건 본인이 처분 당시 10세 미만으로 밝혀진 경우에는 결정으로써 그 보호처분을 취소하여야 한다. 연령의 기준으로 범죄소년 및 촉법소년은 행위시, 우범소년은 재판시라는 차이가 있다.

3) 유죄판결이 확정된 경우

보호처분이 집행 중일 때에 사건 본인에 대하여 유죄판결이 확정된 경우에 보호처분을 한 소년부 판사는 그 처분을 존속할 필요가 없다고 인정하면 결정으로서 보호처분을 취소할 수 있다(법 제39조). 이 경우에 보호처분의 집행기관 예컨대, 보호관찰기관의 보호관찰관은 유죄가 확정되었음을 법원소년부에 통보해야 한다.

4) 보호처분의 경합

보호처분이 계속 집행 중일 때에 사건 본인에 대하여 새로운 보호처분이 있는 경우에 그 처분을 한 소년부 판사는 이전의 보호처분을 한 소년부에 조회하여 어느 하나의 보호처분을 취소해야야 한다(법 제40조). 이 경우에 보호처분의 집행기관 예컨대, 보호관찰기관의 보호관찰관은 보호처분이 경합되고 있음을 법원소년부에 통보해야 한다.

7. 소년보호처분에 대한 불복 절차

1) 항고

(1) 항고의 제기

소년, 보호자, 보조인 또는 그 법정대리인은 보호처분 결정 및 부가처분 등의 결정 또는 보호처분·부가처분의 변경 결정이 해당 결정에 영향을 미친 법령 위반이 있거나 중대한 사실 오인이 있는 경우 또는 처분이 현저히 부당하다고 판단한 경우에는 관할 가정법원 또는 지방법원 본원 합의부에 항고할 수 있다(법 제43조).[54] 항고

---

54) 가정폭력처벌법의 항고와 재항고 등(제49조 내지 제52조), 아동학대처벌법의 항고와 재항고(제45조), 성매매처벌법은 가정폭력법의 규정을 준용하고 있다.

를 제기할 수 있는 기간은 7일로 하고, 항고장을 원심 소년부에 제출하여야 한다(제44조).

(2) 집행부정지(執行不停止)

항고는 보호처분 결정의 집행을 정지시키는 효력이 없다(법 제46조).

소년법의 집행부정지 규정과 보호관찰법의 보호관찰의 개시 관련 조항이 충돌하고 있다. 소년법의 보호처분은 결정과 동시에 효력이 발생하지만, 보호관찰법의 보호관찰의 개시는 판결이나 결정이 확정된 때 또는 가석방이나 임시퇴원된 때부터 시작된다고 규정하고 있기 때문이다. 보호관찰은 항고 제기기간 동안에는 결정이 확정되지 않았기 때문에 집행을 하지 않는 것이다.

생각건대, 보호관찰의 결정이 확정된 후에 집행하는 것이 일견 타당해 보이나, 소년원 수용처분에도 집행부정지 효과가 인정되는데, 보호관찰은 즉시 개입하고 있지 않아서 소년보호처분의 입법취지가 퇴색되는 면이 없지 않다.

보호관찰법에서 보호처분의 경우는 예외를 인정하는 방식의 규정을 두는 것이 바람직하다.

(3) 항고에 대한 결정

항고법원은 항고의 절차가 법률에 위반되거나 항고가 이유 없다고 인정한 경우에는 결정으로서 항고를 기각해야 하고(법 제45조 제1항), 항고가 이유 있다고 인정한 경우에는 원 결정을 취소하고 사건을 원 소년부에 환송하거나 다른 소년부로 이송하여야 한다. 다만, 환송 또는 이송할 여유가 없이 급하거나 그 밖에 필요성이 있다고 판단할 경우에는 원 결정을 파기하고 불처분 또는 보호처분의 결정을 할 수 있다(법 제45조 제2항).

대법원은 소년보호 사건에서 항고제기기간 내에 항고이유를 제출하지 않은 항고인에게 항고법원이 별도로 항고이유의 제출 기회를 부여하여야 하는 것은 아니라고 판시하였다.[55] 소년심판규칙 제44조 항고장에는 항고의 이유를 간결하게 명시하여야 한다는 규정을 근거로 하고 있다.

소년원송치(소년법 제32조 제1항 제8호 내지 제10호) 처분의 경우에 항고가 이유 있다고 인정되어 보호처분을 다시 결정하는 경우에는 원 결정에 따른 보호처분의 집행

---

55) 대결 2008. 8. 12., 자, 2007트13.

기간은 그 전부를 항고에 따른 보호처분의 집행 기간에 산입한다(법 제45조 제3항).

2) 재항고

보호처분의 결정에 대한 재항고는 그 결정이 법령에 위반되는 경우에만 대법원에 할 수 있다(법 제47조 제1항). 명문에는 없지만 재항고의 경우에도 집행이 정지되지 않는다고 보아야 한다.[56)

Ⅱ. 시설 내 보호처분의 종류 및 처우

1. 소년법의 시설 내 보호처분

1) 아동복지법의 아동복지시설이나 그 밖의 소년보호시설 감호[57)

(1) 6호 처분의 의의

6호 처분은 아동복지법의 아동복지시설이나 기타 소년보호시설에 감호를 위탁하는 것이다. 위탁기간은 6개월이고, 소년부 판사는 결정으로 6개월의 범위에서 한 번에 한하여 그 기간을 연장할 수 있다. 또한 소년부 판사는 필요한 경우에는 언제든지 결정으로써 그 위탁을 종료시킬 수도 있다(법 제32조 제1항). 6호 처분은 단기보호관찰 및 장기보호관찰과 병과가 가능하다.

---

56) 가정폭력처벌법 제53조는 항고와 재항고는 결정의 집행을 정지하는 효력이 없다고 규정하고 있다. 아동학대처벌법 제57조 제4항과 성매매처벌법 제17조는 이를 준용하고 있다.

57) 6호 처분 위탁기관 현황

6호 위탁기관	소재지
살레시오 청소년센터	서울시 영등포구
마자렐로센터	서울시 영등포구
나사로 청소년센터	경기도 양주시
보호치료시설 효광원	대전시 동구
서정길대주교재단 수지의 집	대구시 중구
가톨릭 푸름터	대구시 수성구
웨슬리마을 신나는 디딤터	부산시 서구
로뎀의 집	경남 창원시
희망샘학교	전북 고창군
로뎀 청소년학교	충북 제천시

법원행정처 법원실무제요, 2014.

6호 처분을 받은 소년의 보호자는 위탁받은 자에게 그 감호에 관한 비용의 전부 또는 일부를 지급하여야 한다. 다만, 보호자가 지급할 능력이 없을 때에는 소년부가 지급할 수 있다(법 제41조).

(2) 6호 처분의 성격

6호 처분을 사회내처우와 시설내처우의 중간단계에서 이루어지는 '중간처우'라고 보는 견해58)가 있다. 즉, 보호자 등 감호위탁(1호 처분) 및 (장·단기)보호관찰과 소년원 수용처분(9·10호 처분)으로 양극화되고 있는 문제점을 극복하기 위해 중간 단계적 처우가 필요하다는 점에 6호 처분의 의의가 있다는 것이다.

국가가 주도하는 시설에 수용함으로써 소년에게 주는 충격과 소외감을 경감할 수 있다는 점, 소년원에 수용되는 낙인효과 및 고위험 소년범으로부터 범죄학습 효과를 단절시켜 재사회화에 유리할 수 있다는 점에서 '중간처우'적으로 운용하는 것도 설득력이 있다. 또한 6호 처분을 범죄성이 심화되어 사회내처우에서 시설내처우로 이행하는 중간 단계적으로 운용해야 한다는 취지에 대해서는 이론을 제기하기 어렵다.

생각건대, 시설 내 수용처분의 본질적인 면과 중간처우의 필요성 때문에 시설내처우 기관을 사회복귀에 도움이 되도록 운영해야 한다는 점은 차이가 있다. 6호 처분은 자유가 박탈되는 시설 내 보호처분이기 때문이다.59) 동일한 시설 내 수용처분임에도 민간에서 주도하기 때문에 범죄학습이나 낙인효과를 줄일 수 있다는 관점에 대한 의문이 있는 점, 민간에서 주도하여 재사회화 목적의 달성에 용이한 프로그램을 운용한다 하더라도 시설 내 수용처분이라는 본질적인 면을 탈피하기 어렵다는 점, 6호 처분을 '중간처우'적으로 운용하더라도 소년원에서도 사회복귀에 도움이 되는 중간처우적 프로그램을 운용하고 있다는 점,60) 6호 처분을 단독으로 운용하기보다는 보호관찰과 병과하여 집행하는 비율이 높기 때문에 '시설 내 수용'이라는 경고적 기능에 충실하지 않는다면 비행성을 완화시키기 어렵다는 점, 6호 처분을 운영하는 기관이 시설수용이나 사회복귀 과정에서 적응을 돕는 역할에 충실하도록 '6호 처분을 그렇게 운용해야 한다는 것'과 '수용처분으로서 본질적 기능'은 구별해야 한다

---

58) 이승현, 소년보호처분의 유형별 진단 및 개선방안, 형사정책 제53호, 2017, 23면 참조.

59) 6호 처분은 소년이 시설에 수용된 이후 그 시설을 이탈하였을 때에는 처분기간의 진행이 정지되고 다시 수용된 때로부터 기간이 진행된다. 소년법 제33조 제7항.

60) 소년원장은 보호소년의 성공적인 사회복귀를 지원하기 위하여 수용시설을 벗어난 활동을 허가하는 처우, 즉 통학, 통근, 가정학습, 외부체험학습, 사회봉사활동 등 개방처우를 실시할 수 있다.

는 점 등으로 미루어 중간처우라기 보다는 '시설 내 수용처분'이라고 보아야 한다.

(3) 6호 처분의 대상

아동복지법은 아동이 완전하고 조화로운 인격의 발달을 위해서는 안정된 가정 환경에서 성장해야 함에도 그들을 둘러싼 환경이 필수적인 요건을 충족하지 못한 경우 사회적·경제적·정서적 지원을 해야 함을 규정하고 있다. 경우에 따라서는 아동학대 또는 가정폭력의 피해자인 아동도 그 대상으로 하고 있다.

아동복지법에 따라 국가나 지방자치단체는 아동복지시설을 설치할 수 있고, 아동복지시설의 시설기준 및 설치 등에 필요한 사항은 보건복지부령으로 정하도록 하고 있다.[61]

지방자치단체의 장은 그 관할구역에서 보호대상 아동을 발견하거나 보호자의 의뢰를 받은 때에는 보호대상 아동을 보호조치에 적합한 아동복지시설에 입소시키는 조치를 한다. 반면, 소년법의 보호처분은 촉법소년, 범죄소년, 우범소년을 대상으로 하고 있다. 6호 처분도 예외는 아니다.

아동복지법의 아동복지시설이나 그 밖의 소년보호시설에 소년법의 대상이 되는 보호소년을 감호위탁시키는 것이 적절한지 의문이다. 복지적 관점을 제고한다 하더라도 범죄(비행)행위를 저지른 위험성이 있는 소년과 가정환경에 비추어 비행화 가능성이 있는 소년을 동일한 시설에서 함께 수용하는 것은 적절치 않다.

소년법은 소년보호 대상자 중 어떤 소년을 6호 처분의 대상으로 할 것인지에 대해서는 기준을 세우고 있지 않다. 다만, 법원에서는 6호 처분에 적합한 소년으로 ⅰ) 비행성의 정도가 낮지만 보호자 등 가족의 보호능력이 전혀 없는 무의탁 소년[62]으로서 방치할 경우 비행을 반복할 위험성이 큰 경우, ⅱ) 보호관찰을 받은 전력이 있는 상태에서 재범하였고, 개선가능성은 있지만 보호자 등 가족의 보호능력이 미약한 경우, ⅲ) 소년원 수용처분의 전력은 없지만 비행성의 정도가 높은 소년으로서 국가기관에 의해서 엄격한 제도적 선도보다는 다소 온정적인 보호에 의한 선도를 기대할 수 있는 경우를 들고 있다.[63]

---

61) 아동복지법 제50조 참조.
62) 보호자가 있다 하더라도 도움이 되지 않거나 악영향을 주는 가정의 소년을 포함한다.
63) 소년재판 실무편람, 2009, 61면.

(4) 소년원 수용처분과 차이점

6호 처분은 소년원 수용처분과 시설에 수용한다는 점에서 공통점을 가지지만, 다음과 같은 차이점이 있다. ⅰ) 운영주체와 관련하여 소년원은 국가기관에서 운영하지만, 6호 시설은 비영리민간부문에서 주도한다, ⅱ) 시설의 통제 정도와 관련해서 소년원은 폐쇄적인 구금시설인 데 반해 6호 시설은 최소한의 감호시설로 운영하면서 일반학교에 등·하교가 허용되고, 주말에는 가정으로 복귀도 가능하다, ⅲ) 예산과 관련하여 소년원은 국가예산이 소요되지만, 6호 시설의 경우에 아동복지시설은 국고보조와 지방비로 충당하고, 기타 소년보호시설은 법원의 지원금과 지역사회의 후원금으로 운영된다.

6호 처분은 민간이 주도한다는 점에서 국가가 주도하는 시설인 8·9·10호 처분과 다르다. 마찬가지로 7호 처분 중에서 병원, 요양소는 민간이 주도하는 시설로서 국가가 주도하는 시설인 의료소년원과 다르다. 민간주도시설이 복지적 처우를 우선시한다고 하더라도, 소년범을 대상으로 한 수용처분이라는 점을 상기한다면 형사제재로서의 성격을 과소평가할 수 없다.

(5) 6호 처분의 현황

소년보호처분 중 6호 처분의 부과 현황은 [표 2−14]와 같다.

[표 2-14] 소년보호처분 6호와 병과 현황[64]

(단위: 명)

연도/처분	6호	4·6호(병과)	5·6호(병과)
2016	5	33	1,063
2017	7	41	986
2018	5	32	1,229
2019	5	52	1,440
2020	4	102	1,508

6호 처분을 단독으로 부과하는 건수는 많지 않다. 6호 처분 전체(단기보호관찰 또는 장기보호관찰과 병과하는 경우 포함)에서 0.1%의 비율도 되지 않는다. 단기보호관찰 및

---

64) 사법연감, 2015년부터 2021년 자료 재구성.

장기보호관찰과 병과하는 비율이 높다. 특히, 6호 처분과 장기보호관찰을 병과하는 비율이 높다는 것은 그 만큼 6호 시설에 비행성이 상당히 진행된 소년이 많다는 것을 시사한다.

(6) 6호 처분의 문제점

소년범에 대해서 시설 내 보호처분을 규정하고 있음에도 그 실제 집행은 복지적 처우에만 맡긴다면 형사제재로서 기능하기 어렵다. 뿐만 아니라 이 처분을 부과하는 전제조건으로 선행 위법행위가 있는 대상자라는 점을 고려한다면, 형사제재의 틀 내에서 복지적 처우를 고려하는 것이 바람직하다.

아동복지법에 따른 아동복지시설이나 소년보호시설에 감호위탁 되는 대상은 소년범에 한정되지 않는다. 열악한 가정환경과 아동학대 등의 피해자적 입장에 있는 소년을 복지적 처우를 통해서 장래의 범죄(비행) 위험성을 차단해야 하는 소년과 이미 범죄 내지 비행을 저지른 소년은 구별해야 한다. 소년원에 수용될 정도의 재범(비행)위험성은 아니나, 그렇다고 사회내처우를 하기에는 위험성이 높은 소년을 그렇지 않은 소년과 동일한 시설에 수용하는 것은 적절치 않다.

아동복지법의 아동복지시설은 보건복지가족부에 신고하도록 하고, 소년보호처분을 집행하는 소년보호시설은 법원소년부에서 관장하여 수탁시설 운영에 대한 지도가 이원화되어 있어 6호 처분 시설의 정체성이 분명하지 않다.

이미 살펴본 것처럼 6호 처분이 독립적으로 부과되는 비율은 보호관찰과 병과되는 경우를 포함한 6호 처분 전체에서 차지하는 비율이 0.1%도 되지 않는다. 이는 소년이 6호 시설에 수용된다 하더라도 지속적으로 보호관찰관의 지도·감독이 필요하다는 방증이다. 또한 보호관찰관이 지도·감독을 통해 간접적으로 수용상의 질서를 확보한다는 측면을 고려한다면, 6호 처분을 보호관찰 특별준수사항 중 충격구금(shock probation)으로 활용하는 것이 적절하다.

대상자의 선정과 관련하여 6호 처분은 비행력이 심화되지 않았으나, 가정의 보호력 등에 문제가 있어 보호가 필요한 소년을 대상으로 하고 있다. 그러나 실제로 6호 처분 시설에 수용되어 있는 소년 특히, 장기보호관찰과 6호 처분이 병과된 소년은 비행성이 상당한 수준에 이르렀을 가능성이 높다.[65]

---

65) 법무부 통계에 의하면, 단기소년원 송치처분의 경우, 단기보호관찰에서 약 20%, 장기보호관찰에서 약 80% 처분변경이 이루어지고 있다. 또한 장기소년원 송치처분의 경우, 단기보호관찰에서 약 14%,

6호 처분이 보호처분으로서 도입되었기 때문에 법적 근거를 가지고 집행한다고 볼 수도 있겠으나, 국가기관의 보호처분과 민간의 그것을 경쟁시키고자 한다면 교정의 영역에서 「민영교도소 등의 설치운영에 관한 법률」에 근거하여 민영교도소를 체계적으로 운영하는 것처럼 민영소년원에 대한 법적 근거를 확보하여 체계적으로 관리하는 방안도 고려할 필요가 있다.

2) 병원, 요양소 또는 「보호소년의 처우에 관한 법률」에 따른 의료재활소년원에 위탁

병원, 요양소와 의료재활 소년원은 운영주체, 활용빈도 및 감호 통제의 수준이 다르다. 따라서 7호 처분의 공통점을 제외하고 의료재활소년원에 대해서는 개별적으로 고찰한다.

(1) 7호 처분의 의의

7호 처분은 소년을 병원, 요양소 또는 '보호소년법'에 따른 의료재활소년원에 위탁하는 수용처분이다. 위탁 기간은 6개월이고, 소년부 판사는 결정으로 6개월의 범위에서 한 번에 한하여 그 기간을 연장할 수 있다. 또한 소년부 판사는 필요한 경우에는 언제든지 결정으로써 그 위탁을 종료시킬 수도 있다(법 제32조 제1항).

국가가 운영하는 의료재활소년원을 제외하고 병원 또는 요양소 위탁처분을 받은 소년의 보호자는 위탁받은 자에게 그 감호에 관한 비용의 전부 또는 일부를 지급하여야 한다. 다만, 보호자가 지급할 능력이 없을 때에는 소년부가 지급할 수 있다(법 제41조).

소년부 판사는 소년의 보호자가 없는 경우 또는 보호자로부터 제출받은 소명자료 등을 검토하여 감호에 관한 비용의 전부 또는 일부를 국가가 부담하기로 결정하고 병원, 요양소 위탁처분 결정을 할 수 있다.[66]

장기보호관찰에서 약 86%의 처분변경이 결정되고 있다.

66) 「소년보호절차에 관한 예규」 제6조 제2항. 이러한 사유로는 1. 월 평균수입이 100만원 미만인 사람 2. 「국민기초생활 보장법」에 따른 수급자 3. 「국가유공자 등 예우 및 지원에 관한 법률」에 의한 국가유공자와 그 유족 4. 「한부모가족지원법」에 따른 보호대상자인 모자가족 및 부자가족의 모 또는 부 5. 그 밖에 감호에 관한 비용을 부담할 경제적 능력이 없는 사람 중 어느 하나에 해당한다고 인정되는 경우이다.

(2) 7호 처분의 대상

7호 처분은 정신적·지적 발달장애, 약물 오·남용, 신체질환 등이 범죄 내지 비행의 원인으로 작용한 소년이 그 대상이다. 7호 처분의 분류심사 기준으로는 시설내 처우 대상자 중 신체질환 또는 정신질환으로 인하여 의료처우나 재활치료가 필요한 경우, 약물중독의 정도가 중하여 치료적 처우가 필요한 경우, 사회내처우 대상자 중 보호환경이 열악하여 의료서비스를 받을 수 없는 경우 등이 고려되고 있다.

(3) 7호 처분의 현황(병원 또는 요양소 위탁 처분)

병원 또는 요양소 위탁처분은 정신질환이나 신체질환 등으로 수용을 통해 소년을 치료해야 하는 임무를 수행해야 함에도 소년을 감호하여 교정하는 전문적인 기능을 수행하기에는 한계가 있다. 이는 병원 또는 요양소로 위탁되는 경우가 거의 없는 현실에서 그대로 나타난다.

2014년 현재 개별 법원에서 병원이나 요양소 등 10곳의 시설을 수탁기관으로 지정하고 있었으나, 예산 등의 뒷받침이 없기 때문에 수탁병원으로 지정되더라도 거의 활용되지 못하고 있는 실정이다. 이는 7호 처분을 도입하면서 의료시설의 확충이나 계호인력 및 다양한 프로그램의 확보 등 제도의 제반여건을 고려하지 않고 도입하였다는 비판을 피할 수 없다.

최근 행동 및 정서장애, 충동장애 등으로 의료재활소년원에 입원하는 소년이 부모 또는 6호 처분 시설이나 보육시설의 장의 통고를 통해서 위탁되고 있다는 통계는 이들 시설에서 정신질환 소년을 수용하여 적절한 치료를 할 수 없다는 사실을 방증하고 있다. 수탁기관이 예산 및 인력을 완비하여 치료의 기능을 담당하도록 해야 한다. 그러나 이 또한 현실적으로 매우 어려운 문제이다. 7호 처분뿐만 아니라 소년원 수용 보호소년 중 정신질환자의 비율이 2020년 기준 33%를 상회하고 있다는 통계[67]는 결국 의료재활소년원의 기능을 확대 재편해야 하는 상황에 직면해 있

67) 소년원 수용 보호소년 중 정신질환자 현황

구분	정신질환자(명)	수용인원(명)	비율(%)
2014년	525	2,363	22.2
2015년	568	2,288	24.8
2016년	590	2,096	28.1
2017년	669	2,450	27.3

다고 볼 수 있다.

소년보호처분 중 7호 처분의 수탁기관 현황은 [표 2-15]와 같다.

[표 2-15] 7호 처분이 가능한 수탁기관 현황(의료재활소년원 제외)[68]

관할 법원	수탁기관	위치
서울	건국대학교병원	서울시 광진구
	경기도의료원 의정부병원	경기도 의정부
	국립서울병원	서울시 광진구
	동산의원	서울시 종로구
	백상창신경정신과의원	서울시 강서구
	청소년복지재단 마리스타의 집	충북 충주시
대전	국립공주병원	충남 공주시
대구	대동병원	대구시 동구
광주	국립나주병원	전남 나주시
	광주양지병원	광주시 북구

7호 처분기관으로 병원 및 요양소를 지정했음에도 위탁운영을 어떻게 하고 있는가에 대한 면밀한 자료를 확인하기 어렵다. 그만큼 7호 처분에서 의료재활소년원을 제외하고 병원 또는 요양소 위탁처분이 실질적으로 기능하고 있지 않음을 방증한다고 볼 수 있다.

(4) 의료재활소년원 감호위탁

① 의료재활소년원의 개요

법무부장관은 보호소년의 처우상 필요하다고 인정하면 소년원을 기능별로 분류하여 운영할 수 있다. 이 중에서 의료재활기능을 전문적으로 수행하는 소년원을

2018년	611	2,199	27.8
2019년	548	2,077	26.4
2020년	550	1,637	33.6
2021년	415	1,361	30.5

범죄예방정책 통계분석, 2022, 295면 재구성.

68) 법원행정처 법원실무제요, 2014, 358-359면.

의료재활소년원이라 한다. 7호 처분 중 의료재활소년원 위탁처분을 받는 소년을 수용하여 약물 오·남용, 정신·지적발달 장애, 신체질환 등으로 정상적인 교육활동이 어려운 상황을 고려하여 집중적인 치료나 특수교육을 실시하고 있다.

의료재활소년원에는 7호 처분뿐만 아니라 9호 처분과 10호 처분을 받은 자 중에서 의료적처우가 필요한 소년들에 대해서 이송을 통해 치료 및 교육도 이루어지고 있다.[69]

소년보호처분 중 의료재활소년원에 입원한 현황은 [표 2-16]과 같다.

[표 2-16] 의료재활소년원 입원 현황[70]

(단위: 명)

구분	입원			
	7호	9호	10호	계
2010년	51	20	39	110
2011년	103	4	54	161
2012년	109	9	32	150
2013년	93	9	24	126
2014년	109	5	26	140
2015년	105	2	13	120
2016년	77	1	18	96
2017년	111	3	10	124

일반 소년원에서 이송된 비율이 2016년 19.8%, 2017년 10.5%의 비율을 보이고 있다. 2017년은 11월 14일까지의 현황이다.

소년원 수용 소년 중 정신질환자 비율은 2014년 22.2%에서 증감을 반복하다가 2019년 26.4%, 2020년 33.6%로 증가하는 추세를 보이고 있다. 7호 처분뿐만 아니라 9호 및 10호 소년원에서 의료재활소년원으로 이송되는 소년이 증가할 것으로 예측되나, 수용 인원의 한계로 의료재활소년원이 제대로 기능을 할 수 있을지 의문이다.

---

69) 소년원장은 보호소년이 정신질환자(알코올중독자 및 약물중독자를 포함한다), 신체질환자(뇌전증 환자를 포함한다)에 해당하는 경우에 법무부장관에게 그 보호소년을 의료재활소년원으로 이송하도록 허가해 줄 것을 신청할 수 있다(법 시행규칙 제21조).
70) 박찬걸, 의료소년원의 운영현황과 발전방안, 한국형사정책학회 동계학술대회 발표자료 재구성, 2017, 45면.

② 의료재활소년원의 수용 대상

7호 처분은 정신적·지적 발달장애, 약물 오·남용, 신체질환 등이 범죄 내지 비행으로 이어진 소년이 그 대상이다. 특히, 의료재활소년원에 입원은 7호의 처분을 받은 소년, 단기 및 장기 소년원 송치처분을 받은 소년 중 정신질환[71] 또는 신체질환[72]을 가지고 있어서 의료재활소년원으로 이송된 소년도 그 대상으로 한다.

의료재활소년원 입원자의 장애별 현황은 [표 2-17]과 같다.

[표 2-17] 의료재활소년원 입원자 장애별 현황[73]

(단위: 명)

연도/질환	신체질환	약물 오·남용	정서·행동장애	발달장애	계
2010년	6	21	63	27	117
2011년	3	27	69	33	134
2012년	7	30	81	43	165
2013년	4	20	81	25	133
2014년	11	13	63	50	140
2015년	8	5	57	49	120
2016년	4	4	55	30	96
2017년	2	2	72	42	124

신체질환은 B형 간염, 당뇨, 결핵 등, 약물 오·남용의 경우는 니스, 본드, 부탄가스 흡입 등, 정서행동장애는 품행장애, 우울증, 간질, 정신분열 등, 발달장애는 지적장애 1·2·3급을 말한다. 2017년은 11월 14일까지의 현황이다.

2017년 기준 정서·행동장애자의 비율이 58.0%, 발달장애자는 33.9%를 보이고 있다. 신체질환과 약물 오·남용의 비율은 각각 1.6%이나 의료재활소년원의 기능의 한계로 신체적 질환이 있거나 약물 오·남용의 습성이 있는 소년을 모두 수용하기 어렵기 때문에 지속적으로 감소하는 추세에 있다고 분석된다.

71) 여기서 말하는 정신질환이란 ① 기질성 정신장애(기억상실, 치매), ② 조현병 및 망상장애, ③ 우울장애 및 기분장애, ④ 양극성 정동장애, ⑤ 신경증적 장애, ⑥ 물질 관련 장애(중독, 남용, 의존), ⑦ 발달장애(지적장애, 자폐) 등을 말한다.
72) 여기서 말하는 신체질환이란 ① 소화기 질환, ② 간염, ③ 본태성 고혈압, ④ 심장질환, ⑤ 기관지 질환(천식), ⑥ 당뇨, ⑦ 결핵 등을 말한다.
73) 박찬걸, 의료소년원의 운영현황과 발전방안, 2017, 48면.

③ 의료재활소년원의 처우 내용

의료재활소년원장은 의료재활 보호소년과 일반 소년원 송치처분을 받은 소년 (의료재활 처우소년)을 분리하여 수용해야 하고(법 제37조), 법원소년부로부터 보호소년에 대한 집행상황을 보고하도록 요청받은 경우에 생활태도 및 지도·감독 순응 정도, 치료경과 및 향후 치료필요성, 보호처분 변경필요성, 그 외에 보호소년의 치료에 관한 사항 등의 내용을 포함하여 의견서를 제출해야 한다.

의료재활소년원의 처우 내용은 다음과 같다.[74]

첫째, 입원단계에서의 조치를 살펴보면, 일반 소년원에서는 보호소년 등이 입원하게 되면 원장은 그 다음날까지 신장, 체중, 시력, 청력, 임신여부 등 신체발육 및 기능상태와 영양상태를 확인하고, 신체질환, 감염성 질환 및 정신질환의 유무, 문신여부 등을 검진하고 그 결과를 기록한다. 의료재활 보호소년에 대해서는 이러한 절차에 더해 건강진단 시 임상병리검사 및 심리검사를 추가하여야 한다.

둘째, 입원자 분류 절차이다. 1단계로 정신건강간호사를 통해서 성장과정에서 걸렸던 질병이나 외상 등의 병력, 진료기록부에서의 병력 등을 상담한다. 2단계로 임상심리사의 심리평가를 통해서 인지기능 및 사회적 기능평가를 실시한다. 3단계로 정신과 전문의의 진단을 통해서 소년의 현재 상태를 최종적으로 평가하여 치료계획을 수립한다.

셋째, 의료재활 과정이다. 매주 1회 정신과 전문의의 정기 진료 및 정신과적 평가를 진행하고, 약물 의존도를 최소화시키기 위해서 적절한 약물처방을 하는 약물치료를 실시한다. 정신건강 고위험군을 대상으로 개별 및 집단상담을 실시하고, 정신건강전문가에 의해 자아존중감 향상 프로그램, 분노조절 프로그램 등 정신건강 증진교육을 한다.

넷째, 강도, 절도, 성범죄, 약물중독 등의 비행유형에 따라 특별교육과정을 운용하고, 초·중·고교와 연계한 교육과 검정고시 및 자격증 취득 교육을 실시하고 있다.

④ 출원(퇴원) 및 사후관리

의료재활소년원 위탁기간은 6개월이지만 소년부 판사의 결정으로 6개월의 범

---

74) 이하는 「보호소년 등의 의료에 관한 분류 및 처우지침」을 참고하였다.

위에서 한 번에 한하여 그 기간을 연장할 수 있다.

의료재활소년원에 수용된 소년의 출원 현황은 [표 2-18]과 같다.

[표 2-18] 소년원 수용(7호) 보호소년의 출원 현황75)

(단위: 명, %)

처분/연도	2014	2015	2016	2017	2018	2019	2020	2021
퇴원	93 (93.9)	106 (94.6)	87 (98.9)	99 (94.3)	108 (87.8)	103 (72.5)	78 (60.0)	69 (54.3)
기타	6 (6.1)	6 (5.4)	1 (1.1)	6 (5.7)	15 (12.2)	39 (27.5)	52 (40.0)	58 (45.7)

퇴원은 6개월의 위탁기간 또는 연장된 기간이 만료되어 퇴원한 경우이고, 기타는 7호 처분이 취소되었거나 단기 보호관찰로 처분이 변경되어 출원한 경우이다. 2021년 기준 퇴원이 54.3%, 기타 사유로 인한 퇴원이 45.7%를 차지하고 있다.

의료재활소년원장은 의료재활소년원 출원생이 외래진료를 신청하는 경우에 의료재활소년원에서 검사, 투약 등 적절한 진료와 치료를 받게 할 수 있고, 국립정신의료기관 중 법무부장관이 지정하는 기관에서도 진료를 받게 할 수 있다(법 제20조의3).

출원 후 사후관리시스템으로는 국립정신병원(국립정신건강센터, 춘천, 공주, 나주, 부곡)에 무상 외래진료 시스템 구축하고 있고, 소년이 출원한 후에도 통신지도 및 방문지도가 이루어지고 있으며, 장학금 지급 및 원호지원이 이루어지고 있다.

⑤ 의료재활소년원의 문제점

의료재활소년원이 의료법의 부속의원에 해당하여 효과적으로 의료처우를 실시할 수 있는 인력과 예산이 부족하고, 일반 공무원이 수용관리를 전담하고 있기 때문에 전문적인 처우가 어려운 상황이다. 특히, 집단교육이 불가능한 조현병 환자, 지적장애를 가진 소년이 입원할 경우에는 교육 효과를 제고하기 어렵다는 문제점이 있다.

의료재활소년원은 수용과 교육이 8호, 9호, 10호 소년원 수용처분 대상자와 시설을 공유하고 있고, 전국 소년원에 수용되어 있는 소년 중 정신질환자의 비율이 2020년 기준 약 33.6%로 나타나고 있어 이송을 통해 입원이 가능하여 적정인원을

---

75) 범죄예방정책 통계분석, 2022, 303면 재구성.

선별하여 치료하기가 어렵다. 따라서 조속히 의료재활소년원으로서의 기능을 발휘할 수 있도록 전문 인력과 치료에 적합한 시설을 확보해야 할 것이다.

3) 소년원 수용(보호처분 8호, 9호, 10호)

(1) 소년원의 개요

소년원은 소년법 제32조 제1항의 보호처분 중에서 7호의 '보호소년법에 따른 소년의료보호시설에 위탁'된 경우, 8호 '1개월 이내의 소년원 송치', 9호 및 10호의 '단기 및 장기 소년원 송치 처분'을 받은 소년을 수용하여 교정교육하는 것을 임무로 하는 국가기관이다. 교정교육을 목적으로 하는 기관이기 때문에 처벌적 기능보다는 교육적 기능을 중요시한다.

2008년 1월 시행된 소년법은 소년에 대한 시설 내 보호처분으로 5호 '병원, 요양소에 위탁하는 것', 6호 '단기로 소년원에 송치하는 것', 7호 '소년원에 송치하는 것'을 규정하였다.

2011년 8월 시행된 소년법은 7호 처분으로 '병원, 요양소 또는 보호소년법에 따른 소년의료보호시설에 위탁', 8호 처분으로 '1개월 이내 소년원 송치', 9호 처분으로 '단기 소년원 송치', 10호 처분으로 '장기 소년원 송치'처분으로 개정되어 소년의료보호시설에 위탁처분과 1개월 이내 소년원 송치 처분이 각각 새롭게 도입되었다.

수용기간은 7호 처분은 6개월 위탁, 8호 처분은 1개월 이내, 9호 처분은 6개월을 초과할 수 없고, 10호 처분은 2년을 초과할 수 없다. 다만, 7호 처분은 소년부 판사의 결정으로 6개월의 범위에서 한 번에 한하여 그 기간을 연장할 수 있고, 10호 처분은 12세 이상 19세 미만의 소년에게 부과할 수 있다(법 제33조).

소년원송치 처분의 집행은 1958년 시행된 (구)소년원법을 대체하여 2008년 6월 22일부터 시행된 「보호소년 등의 처우에 관한 법률」에 근거하고 있다.

(2) 소년원의 개청과 발전과정

우리나라의 소년원제도의 기원은 일제시대로 거슬러 올라간다. 1942년 4월 20일 서울에 '조선교정원'이 설립되었고, 동년 4월 29일 '경성소년원'으로 개칭하면서 정식으로 소년원제도가 탄생하게 되었다. 다만, 이 시기에 경성소년원에 수용한 대상은 일본소년이었고, 조선의 소년들은 그 대상에서 제외되었다고 한다.[76] 해방 이

---

76) 법무부 소년보호 60년사, 2004, 163면.

후 미군정청의 지휘하에 1945년 10월 1일 경성소년원을 서울소년원으로 개칭하였다. 1945년 11월 대구소년원, 1946년 11월 광주소년원, 1947년 1월 부산소년원이 차례로 개원하여 오늘에 이르고 있다.

1960년부터 서울·부산·대구·광주소년원이 초등학교 과정을 수업할 수 있는 소년원으로 지정되었고,77) 1988년 소년원법의 개정으로 소년원이 교육법에 근거하여 설치된 학교로 인정받게 되었다.

2002년 안산의료소년원 개원으로 약물남용, 정신질환, 신체질환 등이 있는 소년에 대한 특수교육을 실시하였다. 2003년 의료소년원의 기능이 대전 의료재활소년원으로 이관되어 오늘에 이르고 있다. 현재는 10개의 소년원과 1개의 의료재활소년원이 운영되고 있다.

조선교정원령은 1958년 8월 소년원법이 시행됨에 따라 폐지되었고, 소년원법은 2007년 12월 「보호소년 등의 처우에 관한 법률」로 개칭되어 2008년 6월부터 시행되고 있다.

(3) 소년원의 기능

① 기능별 분류 및 운영

소년원은 다음과 같이 분류한다(법 시행령 제3조). 「초·중등교육법」에 따른 초·중등교육이 필요한 소년을 수용하여 교육하는 초·중등교육소년원, 「국민 평생 직업능력 개발법」에 따른 직업능력 개발훈련이 필요한 소년을 수용하여 교육하는 직업능력개발훈련소년원, 약물 오·남용, 정신·지적발달장애, 신체질환 등으로 집중치료나 특수교육이 필요한 소년을 수용하여 교육하는 의료재활소년원, 정서순화, 품행교정 등 인성교육이 집중적으로 필요한 소년을 수용하여 교육하는 인성교육소년원으로 분류하고 있다.78)

② 소년원과 소년교도소의 차이

소년원과 소년교도소의 주요한 차이는 [표 2-19]와 같다.

---

77) 법무부 소년보호 60년사, 2004, 163-165면.
78) 소년원의 기능별 분류는 다음과 같다. 초·중등교육 소년원(서울·전주·안양소년원), 직업능력개발 훈련 소년원(서울·부산·대구·광주·청주·안양·춘천·제주소년원), 의료·재활교육 소년원(대전소년원), 특수단기교육 소년원(전주·청주·제주소년원); 「소년원 등의 기능 및 명칭 복수사용에 관한 지침」(법무부 훈령 제961호) 제2조.

[표 2-19] 소년원과 소년교도소의 차이

구분	소년원	소년교도소
근거 법률	소년법(소년심판규칙)	형법(형사소송법) 및 형사특별법
집행 법률	보호소년법	형의 집행 및 수용자의 처우에 관한 법률
처분 기관	가정법원 또는 지방법원 소년부	형사법원
처분 내용	시설 내 보호처분(7~10호 처분)	형사처분(자유형)
수용 시설	소년원(소년의료보호시설은 위탁)	소년교도소
수용 대상	범죄소년, 촉법소년, 우범소년	범죄소년
수용 기간	7호(6개월), 8호(1개월 이내), 9호(6개월 초과 불가), 10호(2년 초과 불가)	선고된 자유형의 기간
사회복귀	퇴원 또는 임시퇴원	석방 또는 가석방
보호관찰	임시퇴원+보호관찰	가석방+보호관찰
자격 제한	소년의 장래의 신상에 영향이 없음 (소년법 제32조 제6항)	형을 선고받은 자가 그 집행을 종료하거나 면제받은 경우 장래에 향하여 형의 선고를 받지 아니한 것으로 봄(소년법 제67조)

③ 소년원과 소년분류심사원의 차이

소년원과 소년분류심사원의 주요한 차이는 [표 2-20]과 같다.

[표 2-20] 소년원과 소년분류심사원의 차이

구분	소년원	소년분류심사원
처분유형	보호처분	임시조치
기능	• 보호소년을 수용하여 교정교육 함	• 위탁소년, 유치소년의 수용과 분류심사 • 법원소년부가 상담조사를 의뢰한 소년의 상담과 조사 • 소년 피의사건에 대해 검사가 조사를 의뢰한 경우 품행 및 환경 등의 조사 • 소년원장이나 보호관찰소장이 의뢰한 소년의 분류심사
수용대상	• 소년법 제32조 제1항 제7호~제10호 처분을 받은 소년	• 법원소년부로부터 위탁된 소년(소년법 제18조 제1항 제3호) • 유치된 소년(보호관찰법 제42조 제1항)
수용기간	• 1개월 이내 소년원 송치 • 단기소년원 송치: 6개월을 초과하지 못함 • 장기소년원 송치: 2년을 초과하지 못함	• 위탁기간은 1개월을 초과하지 못함

처분의 변경	• 소년원 소재지 관할 법원소년부에 보호처분 변경신청 (① 중환자, 장기간 치료가 필요하여 교정교육의 실효를 거두기 어려운 경우, ② 심신의 장애가 현저하거나 임신 또는 출산, 그 밖의 특별한 보호 필요한 경우, ③ 기간을 연장할 필요가 있는 경우)	• 위탁결정을 한 법원소년부에 소년법 제18조에 따른 임시조치의 취소, 변경 또는 연장에 관한 의견을 제시할 수 있음(좌측 ①~③의 사유가 있는 경우) • 유치소년이 좌측 ①, ②의 사유가 있는 경우, 유치허가를 한 판사 또는 소년분류심사원 소재지 관할 법원소년부에 유치 허가의 취소에 관한 의견을 제시할 수 있음
퇴원	• 소년원장은 보호소년이 22세가 되면 퇴원시켜야 함 • 보호처분의 상한 기간에 도달한 경우 즉시 퇴원 조치	• 법원소년부의 결정에 의함
시설	• 10곳(서울, 부산, 대구, 광주, 전주, 대전, 청주, 안양, 춘천, 제주)	• 1곳(서울소년분류심사원)

(4) 소년원의 수용절차

보호소년을 소년원에 수용할 때에는 법원소년부의 결정서, 법무부장관의 이송허가서에 의해야 한다. 소년원장은 새로 수용된 소년에 대해서 지체 없이 건강진단과 위생에 필요한 조치를 하여야 하고, 소년의 보호자나 소년이 지정하는 사람에게 지체 없이 수용사실을 알려야 한다(법 제7조).

소년원에서는 남성과 여성을 분리하여 수용한다.[79] 소년원에 수용되는 소년은 법원소년부로부터 위탁된 '위탁소년', 보호관찰법에 따라 유치된 '유치소년'이 있기 때문에 보호소년은 위탁소년 및 유치소년과 분리하여 수용한다. 분리·수용하는 경우에 비행, 공범관계, 처우과정 등을 고려하여 생활실을 구분할 수 있다.

소년원에 수용되어 있는 소년들의 비행 현황은 [표 2-21]과 같다.

2021년을 기준으로 보호소년을 사범별로 구분하면, 보호관찰법 위반 35.8%, 절도 13.9%, 폭력 12.9%, 소년법 위반 9.3%, 교통 7.65% 등으로 나타나고 있다.

최근 5년간 소년원에 새로 수용된 보호소년이 지속적으로 감소하고 있다. 그럼에도 보호관찰법 위반이 5년 평균 36.9%의 가장 높은 점유율을 보이고 있는 것은 소년원에 수용될 정도의 소년이 보호관찰 등 사회내처우를 받았을 가능성이 높다. 보호관찰 준수사항 위반 등으로 처분이 취소되거나 변경된 것이 주요한 원인으로

---

79) 소년원 수용 소년의 남녀 비율을 살펴보면, 남자는 2015년 87.5%를 정점으로 줄곧 감소하다가 2020년 82.0%로 나타나고 있다. 여자는 2016년 12.5%에서 점점 증가하여 2020년 18.0%의 비율을 보이고 있다.

[표 2-21] 소년원에 새로 수용된 보호소년의 비행 현황[80)]

(단위: 명, %)

구분	폭력	교통	절도	사기 횡령	강력	마약	풍속	성폭력	경제	기타	보호 관찰법 위반	소년법 위반	우범	계
2017년	303 (12.4)	147 (6.0)	420 (17.1)	139 (5.7)	36 (1.5)	14 (0.6)	39 (1.6)	185 (7.5)	6 (0.2)	134 (5.5)	995 (40.6)	16 (0.7)	16 (0.6)	2,450
2018년	357 (16.3)	128 (5.8)	350 (15.9)	158 (7.2)	49 (2.2)	6 (0.3)	24 (1.1)	139 (6.3)	7 (0.3)	93 (4.2)	834 (37.9)	28 (1.3)	26 (1.2)	2,199
2019년	304 (14.9)	137 (6.6)	326 (15.7)	127 (6.1)	29 (1.4)	14 (0.7)	30 (1.4)	140 (6.7)	14 (0.7)	83 (4.0)	784 (37.8)	38 (1.8)	51 (2.5)	2,077
2020년	231 (14.1)	110 (6.7)	268 (16.4)	86 (5.3)	19 (1.2)	2 (0.1)	22 (1.3)	78 (4.8)	4 (0.2)	67 (4.1)	531 (32.4)	139 (8.5)	80 (4.9)	1,637
2021년	175 (12.9)	104 (7.6)	189 (13.9)	69 (5.1)	18 (1.3)	2 (0.1)	31 (2.3)	49 (3.6)	2 (0.1)	62 (4.6)	487 (35.8)	126 (9.3)	47 (3.4)	1,361

분석된다.

소년법 위반의 비율도 2017년 0.6%에서 2021년 9.3%로 증가한 것도 소년부 판사가 직권으로 소년원 수용을 명할 정도로 재범위험성이 높은 소년이 사회내처우를 받았을 가능성과 범죄성이 심화된 소년이 사회내처우와 시설내처우를 반복하는 경우가 상당수 있음을 시사한다.

우범소년의 비율도 2020년 4.9%에서 2021년 3.4%로 감소하기는 하였으나, 이는 소년법의 통고제도가 활성화되는 것과 연관이 높다고 판단된다.

소년원장은 보호소년에 대한 처우를 실시함에 있어서 사전에 '보호소년등 처우·징계위원회'의 심사를 거쳐 개별처우 계획을 수립한다. 이러한 개별처우 계획에는 보호소년의 초·중등교육, 직업능력 개발훈련, 의료재활, 인성교육 등 개별 교육 및 처우의 방향이 제시되어야 한다. 처우를 실시하는 과정에서도 분류심사 결과, 법원소년부로부터 송부된 자료, 보호소년의 정신적·신체적 상황 등 개별적 특성을 고려해야 한다(법 제8조).

---

80) 범죄예방정책 통계분석, 2022, 293면.

(5) 소년원의 처우

① 소년원 처우의 기본원칙

소년원장은 보호소년을 처우할 때에 인권보호를 우선적으로 고려해야 하고, 소년의 심신발달 과정에 알맞은 환경을 조성하여 안정되고 규율있는 생활 속에서 보호소년의 성장가능성을 최대한 신장시킴으로써 사회적응력을 길러 건전한 청소년으로 사회에 복귀할 수 있도록 해야 한다(법 제2조 제1항). 또한 보호소년의 품행 개선의 정도에 따라 점차 향상된 처우를 실시해야 한다(법 제2조 제2항).

② 소년원 처우의 내용

ⅰ) 소년원의 기능별 운영

법무부장관은 보호소년의 처우상 필요하다고 인정하면 소년원을 초·중등교육, 직업능력 개발훈련, 의료재활 등 기능별로 분류하여 운영하게 할 수 있다(법 제5조 제1항).

ⅱ) 소년원의 교정교육

소년원에서 교정교육은 보호소년이 소년원에 입원할 때부터 출원할 때까지의 전 과정을 신입자교육, 기본교육, 사회복귀교육의 3단계로 구분하여 순차적으로 실시해야 한다(법 시행령 제56조).

ⅲ) 생활물품 등 제공

보호소년에게는 의류, 침구, 학용품, 그 밖의 처우에 필요한 물품을 주거나 대여하고, 주식, 부식, 음료 등을 제공한다(법 제17조).

ⅳ) 면회 및 서신 수발

소년원장은 비행집단과 교제하고 있다고 의심할 만한 상당한 이유가 있는 경우 등 보호소년의 보호 및 교정교육에 지장이 있다고 인정하는 경우 외에는 면회를 허가하여야 한다. 면회할 때에는 소속공무원이 참석하여 지도할 수 있지만, 변호인이나 보조인과 면회할 때에는 소속공무원이 참석하지 아니한다.

서신 수발의 경우도 공범과 관련이 있는 때에는 교정교육에 지장이 있다고 인정되면 편지의 왕래를 제한할 수 있고, 그 내용을 검사할 수 있지만, 변호인이나 보조인과 주고받는 편지는 제한하거나 검사할 수 없는 것이 원칙이다(법 제18조).

ⅴ) 외출

소년원장은 보호소년에게 직계존속의 사망 등[81]의 사유가 있을 때에는 본인이나 '보호자등'의 신청이나 직권으로 외출을 허가할 수 있다(법 제19조).

vi) 수용사고 예방

소년원에서는 소년의 이탈·난동·폭행·자해·자살 그밖에 소년의 생명·신체를 해치거나 시설의 안전과 질서를 해치는 행위를 방지하기 위하여 필요한 최소한의 범위에서 전자장치를 설치하여 운영할 수 있다(법 제14조의3). 영상정보처리기기 중 카메라는 소년원 등의 청사 정문, 운동장, 외곽 담장, 생활관 내 복도, 각 생활실, 생활지도실, 그 밖에 보호소년 등의 감호에 필요한 장소로 법무부장관이 정하는 장소에 설치한다(법 시행규칙 제24조의6).

소년원장은 보호소년이 사고를 일으킬 우려가 있을 때에는 이를 방지하기 위한 필요한 조치를 하여야 하고, 이탈·난동·폭행·자해·자살을 방지하기 위하여 필요한 경우, 법원 또는 검찰의 조사·심리·이송 등의 사유로 호송하는 경우에 수갑, 포승 또는 보호대를 사용하게 할 수 있다(법 제14조 참조).

vii) 징계

소년원장은 소년이 형사법률에 저촉되는 행위 등[82]을 하는 경우에 '보호소년 등 처우·징계위원회'의 의결에 따라 훈계, 원내 봉사활동 등[83]의 징계를 할 수 있다. 단, 징계 중 20일 이내의 기간 동안 지정된 실에 근신하는 처분은 14세 미만의 소년에게 부과할 수 없다(법 제15조).

viii) 치료

소년원장은 보호소년이 질병에 걸리면 지체 없이 적정한 치료를 받도록 해야 하고, 자체적으로 치료가 곤란하다고 판단되면 외부 의료기관에서 치료받게 할 수

---

81) 보호소년법 제19조(외출). 소년원장은 보호소년에게 다음 각 호의 어느 하나에 해당하는 사유가 있는 때에는 본인이나 보호자 등의 신청 또는 직권으로 외출을 허가할 수 있다. 1. 직계존속이 위독하거나 사망하였을 때 2. 직계존속의 회갑 또는 형제자매의 혼례가 있을 때 3. 천재지변이나 그 밖의 사유로 가정에 인명 또는 재산상의 중대한 피해가 발생하였을 때 4. 병역, 학업, 질병 등의 사유로 외출이 필요할 때 5. 그 밖에 교정교육상 특히 필요하다고 인정할 때

82) 보호소년법 제14조의4(규율 위반 행위). 보호소년은 다음 각 호의 행위를 하여서는 아니 된다. 1. 형법, 폭력행위처벌법, 그 밖의 형사 법률에 저촉되는 행위 2. 생활의 편의 등 자신의 요구를 관철할 목적으로 자해하는 행위 3. 소년원의 안전 또는 질서를 해칠 목적으로 단체를 조직하거나 그 단체에 가입하거나 다중을 선동하는 행위 4. 금지물품을 반입하거나 이를 제작·소지·사용·수수·교환 또는 은익하는 행위 5. 정당한 사유 없이 교육 등을 거부하거나 게을리 하는 행위

83) 보호소년법 제15조(징계). 원장은 보호소년 등이 규율 위반행위를 하면 '보호소년등 처우·징계위원회'의 의결에 따라 다음 각 호의 어느 하나에 해당하는 징계를 할 수 있다. 1. 훈계 2. 원내 봉사활동 3. 서면 사과 4. 20일 이내의 텔레비전 시청 제한 5. 20일 이내의 단체 체육활동 정지 6. 20일 이내의 공동행사 참가 정지 7. 20일 이내의 기간 동안 지정된 실 안에서 근신하게 하는 것

있으며, 본인 또는 보호자 등이 자비로 치료받기를 원할 때에는 허가할 수 있다(법 제20조).

ⅸ) 친권의 행사

소년원장은 미성년자인 보호소년이 친권자나 후견인이 없거나 있더라도 그 권리를 행사할 수 없을 때에는 법원의 허가를 받아 그 소년을 위하여 친권자나 후견인의 직무를 행사할 수 있다(법 제23조).

(6) 소년원의 교육

소년원의 교육과정은 공통교육과정, 초·중등교육, 직업능력 개발훈련, 의료재활교육, 인성강화교육으로 구분할 수 있다.[84]

① 공통교육과정

ⅰ) 신입자교육

소년원장은 10일 이내의 기간을 정하여 새로 입원하는 보호소년에 대하여 소년원 교육과정 및 생활규범 안내, 기초교육, 적응훈련, 그 밖에 필요한 지도를 함으로써 소년원에 신속히 적응하고 심신의 안정을 도모할 수 있도록 해야 한다(훈령 제53조).

ⅱ) 사회복귀교육

소년원장은 보호소년이 기본교육과정을 마치고 퇴원 또는 임시퇴원의 요건을 갖춘 때에는 사회적응에 필요한 진로상담, 장래의 생활설계에 대한 지도, 퇴원 또는 임시퇴원 후의 준수사항에 대한 교육, 그 밖에 사회복귀에 필요한 교육을 실시해야 한다.

교육과정은 15시간 이상, 진로상담 및 취업교육은 최저 7시간 이상, 현장학습 및 봉사활동은 최저 7시간 이상, 출원준비는 최저 1시간 이상으로 배정되어 있다.

사회복귀교육 프로그램에서 경제교육 프로그램과 멘토링 프로그램은 필수적으로 실시하고 있다.[85] 보호소년이 원할 경우에는 퇴원이나 임시퇴원 후에도 자립생활관을 이용할 수 있고, 취업알선 및 창업보육 등의 사회정책지원을 받을 수 있음을 알려주어야 한다. 사회복귀교육 기간은 10일 이내로 한다(훈령 제55조).

---

84) 이하의 내용은 「보호소년 교육지침」(법무부 훈령 제1400호)을 참조하였다.
85) 범죄예방정책국, 소년보호과 자료.

ⅲ) 검정고시

소년원장은 학업을 중단한 보호소년의 중학교 졸업 학력 검정고시 또는 고등학교 졸업 학력 검정고시 응시를 위해 시험일정에 따라 3개월 이내의 기간 동안 검정고시반을 운영할 수 있다. 다만, 초·중등교육 처우로 소년원학교에 재학 중인 보호소년은 검정고시반에 편입하지 아니한다.

ⅳ) 인성교육

인성교육은 보호소년의 특성과 욕구를 반영한 전문화된 교육과정이어야 하고, 건전한 사회복귀를 위한 비행성 교정에 중점을 두고 있다.

인성교육은 집단상담, 집단지도, 기타 활동으로 구성되는데, 집단상담이 주 교육과정으로 운용된다. 집단상담은 강도, 절도, 폭력, 약물, 성비행 예방 등 비행유형별 과목과 자기성장, 가족관계 회복, 대인관계 능력 향상, 진로교육 등으로 구성한다. 이외 집단지도는 집단상담, 법교육, 인터넷중독 예방, 인문학 교육 등이 포함되고, 기타 활동은 예체능교육, 사회봉사활동, 체험학습, 특강, 종교활동 등으로 이루어진다.

ⅴ) 집중처우교육

소년원장은 3회 이상 근신의 징계를 받거나 상습적으로 규율을 위반하는 등의 행위를 하여 품행교육이 집중적으로 필요한 소년을 기존의 교육과정과 별도의 집중처우 교육과정에 따라 지도할 수 있다.

② 초·중등교육

ⅰ) 소년원학교

소년원학교의 지정과 명칭은 「소년원 등의 기능 및 명칭 복수사용에 관한 지침」에 따르고, 서울소년원에 중·고등학교, 안양소년원 및 전주소년원에 중학교 과정을 설치한다.[86)]

ⅱ) 교육과정

중학교 교과과정은 특성화교육(인성교육, 컴퓨터교육 또는 직업교육)과 보통교과(국어, 사회(역사포함)/도덕, 수학, 과학/기술·가정/정보, 체육, 예술(음악/미술), 영어, 선택) 과목으로 이루어져 있다.

---

86) 「소년원 등의 기능 및 명칭 복수사용에 관한 지침」(법무부 훈령 제961호) 제3조.

고등학교 교과과정은 특성화교육(인성교육, 컴퓨터교육 또는 직업교육)과 보통교과(국어, 수학, 영어, 사회(역사/도덕 포함), 과학, 체육, 예술(음악/미술), 영어, 선택)로 구성되어 있다.

소년원학교는 특성화학교 체제로 운영하고, 기관의 특성을 고려하여 중·고등학교 과정을 통합하여 실시할 수 있다. 즉, 2009년에 소년원을 특성화 학교체제로 전환하여 교과교육 중심의 소년원학교 운영을 탈피하고 소년들의 다양한 요구와 특성을 반영할 수 있도록 하였다.

③ 직업능력 개발훈련

소년원의 직업능력 개발훈련은 「국민 평생 직업능력 개발법」에서 정하는 바에 따라야 한다. 소년원장은 동법에서 정한 자격을 갖춘 직업능력 개발훈련 교사를 두어야 하고, 소년이 이러한 훈련 과정을 마쳤을 때에는 산업체에 취업하게 할 수 있다(법 제37조). 취업에서 발생하는 보수는 전부 소년에게 지급하여야 한다. 고용노동부장관은 보호소년의 직업능력 개발훈련에 관하여 법무부장관에게 필요한 권고를 할 수 있다(법 제35조).

④ 의료재활교육

소년보호처분 제7호 처분을 받아 병원, 요양소 또는 의료재활소년원에 위탁된 보호소년(의료재활 보호소년)과 정신질환 또는 신체질환 등이 있어 의료재활 처우를 위해 의료재활소년원으로 이송된 보호소년(의료재활 처우소년)을 대상으로 의학적 치료와 사회생활 적응을 위한 교육을 실시하는 것을 말한다.

의료재활교육은 보호소년의 약물 오·남용, 정신·발달장애, 신체질환 등의 정도에 따라 개별적으로 실시하고, 의료재활 보호소년과 의료재활 처우소년은 분리하여 교육함을 원칙으로 한다. 의료재활 보호소년에 대해서는 6개월 과정으로 하되, 소년부 판사는 결정으로써 6개월의 범위에서 한 번에 한하여 그 기간을 연장할 수 있고, 필요한 경우에는 언제든지 결정으로써 그 위탁을 종료시킬 수 있다. 반면, 의료재활 처우소년에 대해서는 3개월 과정으로 하되 소년의 치료 정도에 따라 의료재활소년원장이 교육기간을 연장하거나 조기에 종료할 수 있다.

⑤ 인성강화교육

소년원장은 소년보호처분 8호와 9호 처분 대상 소년에게 인성교육의 일환으로 진로탐색에 중점을 둔 직업교육을 실시한다. 단기 인성강화교육(9호 처분)의 경우 전체 교육과정에서 인성교육을 100분의 60 이상으로 편성한다.

특수단기 인성강화교육(8호 처분 및 8호 처분과 장기보호관찰이 병과된 경우 포함)의 경우에는 「특수단기 보호소년의 처우 및 교육에 관한 지침」에서 정한 바에 따라 실시하는데 그 비율에 관한 규정이 없는 것으로 미루어 교육 기간 1개월 이내에서 소년원장의 재량에 따라 실시하는 것으로 볼 수 있다.

특수단기 보호소년의 처우 및 교육은 남성은 전주소년원에서 실시하고, 여성은 청주소년원에서 전담한다. 다만, 제주지방법원 관할은 제주소년원에서 담당한다.

소년원의 기능별 구분 및 직업능력 개발훈련 등 운영 현황은 [표 2-22]와 같다.

[표 2-22] 소년원 수용대상 및 교육 현황[87]

기관	학교명	수용 대상	교육 과정
서울소년원	고봉중·고등학교	보호소년(9·10호)	• 중·고등학교 교과교육 • 직업능력개발훈련(제과제빵, 한식조리, 헤어디자인) • 인성교육, 컴퓨터, 검정고시, 보호자교육
청주소년원	미평여자학교	보호소년(女, 8호) 보호소년(9·10호)	• 8호(女) 교육 • 직업능력개발훈련(예술분장, 커피리스타, 헤어디자인, 제과 제빵) • 인성교육, 컴퓨터, 검정고시, 보호자교육
대구소년원	읍내고등학교	보호소년(9·10호)	• 고등학교 교과교육 • 직업능력개발훈련(제과제빵, 커피바리스타) • 인성교육, 컴퓨터, 검정고시 보호자교육 • 분류심사
전주소년원	송천중·고등학교	보호소년(男, 8호) 보호소년(9·10호)	• 8호(男) 교육 • 중·고등학교 교과교육 • 인성교육, 컴퓨터, 검정고시, 보호자교육
춘천소년원	신촌정보통신학교	보호소년(9·10호)	• 직업능력개발훈련(헤어디자인, 그래픽디자인, 디저트) • 인성교육, 컴퓨터, 검정고시, 보호자교육 • 분류심사
제주소년원	한길정보통신학교	보호소년(제주 남, 8호) 보호소년(8·9·10호)	• 8호 교육 • 직업능력개발훈련(골프메니지먼트, 제과 제빵)

---

87) 법무연감, 2022, 353면 재구성.

			• 인성교육, 컴퓨터, 검정고시, 보호자교육 • 분류심사
부산소년원	오륜정보산업학교	보호소년(10호)	• 직업능력개발훈련(용접, 제과제빵, 헤어디 자인) • 인성교육, 컴퓨터, 검정고시, 보호자교육 • 분류심사
광주소년원	고룡정보산업학교	보호소년(9·10호)	• 직업능력개발훈련(자동차정비, 에너지설비, 소형건설기계조종사면허) • 인성교육, 컴퓨터, 검정고시, 보호자교육 • 분류심사
안양소년원	정심여자중·고등학교	보호소년(女), 보호소년(9·10호)	• 중고등학교 교과교육 • 직업능력개발훈련(피부미용, 제과제빵) • 인성교육, 컴퓨터, 검정고시, 보호자교육
대전소년원	대산학교	보호소년(7·9·10호),	• 의료·재활교육 • 인성교육, 컴퓨터, 검정고시, 보호자교육 • 분류심사

(7) 소년원 퇴원

소년원에서 퇴원은 다음과 같은 과정을 거친다.

① 수용 상한연령

2007년 12월 소년법 개정으로 장기 소년원 송치처분의 보호기간은 2년을 초과하지 못하도록 하였다. 소년법 개정 전에는 10호 처분(소년원에 송치하는 것)의 기간에 관한 규정이 없었고, 보호소년법은 제43조는 "소년원장은 보호소년이 22세가 되면 퇴원시켜야 한다"고 규정하여 입원시기와 상관없이 퇴원시기만 있었다. 따라서 얼마동안 수용해야 하는지 명백하지 않았다. 2007년 12월 소년법과 보호소년법의 개정으로 최대 수용기간은 2년, 22세에 달한 소년은 퇴원시켜야 하는 것이 명확해졌다.

② 퇴원 신청

소년원장은 소년원 송치 기간의 상한에 도달한 소년을 즉시 퇴원시켜야 하고, 교정성적이 양호하며 교정의 목적을 이루었다고 인정되는 보호소년에 대해서는 보호관찰심사위원회에 퇴원신청을 해야 한다(법 제43조).

③ 임시퇴원 신청

소년원장은 교정성적이 양호한 자 중 보호관찰의 필요성이 있다고 인정되는 소년에 대해서 보호관찰심사위원회에 임시퇴원을 신청해야 한다(법 제44조).

④ 출원 및 임시퇴원의 취소

소년원장은 법무부장관의 퇴원과 임시퇴원의 허가를 받으면 출원예정일에 보호소년을 퇴원시켜야 하고, 이러한 사실을 소년의 보호자 등에게 알려야 하며, 소년을 보호자 등에게 직접 인도하여야 한다(법 제44조의2).

퇴원 또는 임시퇴원이 허가되었지만 소년이 질병에 걸리거나 본인의 편익을 위하여 필요하면 본인의 신청에 의하여 계속 수용할 수 있다(법 제46조). 임시퇴원이 허가된 소년을 계속 수용할 때에는 그 사실을 보호관찰소장에게 통지하여야 한다. 임시퇴원이 허가되면 보호관찰이 개시되기 때문이다. 임시퇴원이 취소되면 지체 없이 재수용해야 하고, 재수용된 소년의 수용기간은 수용 상한기간 중 남은 기간으로 한다(법 제48조).

소년보호처분 중 10호 처분을 받은 소년의 출원 현황은 [표 2-23]과 같다.

최근 8년간 장기 소년원 송치처분을 받은 소년의 출원은 임시퇴원이 평균 82.2%를 차지하고 있다. 기타는 평균 7.2%를 차지하고 있는데, 소년원 수용 중에 처분이 변경 또는 취소되었거나 구속되어 출원된 경우 등이 포함된 것이다.

[표 2-23] 소년원 수용(10호) 보호소년의 출원 현황[88]

(단위: 명, %)

처분/연도	2014	2015	2016	2017	2018	2019	2020	2021
퇴원	73 (10.3)	71 (12.5)	56 (9.2)	56 (10.6)	70 (10.8)	68 (13.6)	49 (10.0)	36 (7.3)
임시퇴원	593 (83.6)	457 (80.8)	519 (85.1)	437 (82.4)	542 (83.6)	387 (77.2)	401 (81.3)	412 (83.9)
기타	43 (6.1)	38 (6.7)	35 (5.7)	37 (7.0)	36 (5.6)	46 (9.2)	43 (8.7)	43 (8.8)

---

88) 범죄예방정책 통계분석, 2021, 302면.

2. 가정폭력처벌법의 시설 내 보호처분

가정폭력처벌법은 제40조 제1항에서 보호처분을 규정하고 있다.[89] 보호처분 중에서 시설 내 보호처분으로 볼 수 있는 것은 제6호의 「가정폭력방지 및 피해자보호 등에 관한 법률」에서 정하는 보호시설에의 감호위탁을 들 수 있다.

「가정폭력방지 및 피해자보호 등에 관한 법률」 제7조는 보호시설의 설치를 규정하고 있다. 국가나 지방자치단체는 가정폭력피해자 보호시설을 설치·운영할 수 있고, 「사회복지사업법」에 따른 사회복지법인과 그 밖의 비영리법인은 시장·군수·구청장의 인가를 받아 보호시설을 설치·운영할 수 있으며, 보호시설의 설치·운영의 기준, 보호시설에 두는 상담원 등 종사자의 직종과 수 및 인가기준 등에 필요한 사항은 여성가족부령으로 정하도록 하고 있다.

「가정폭력방지 및 피해자보호 등에 관한 법률」의 목적이 가정폭력을 예방하고 가정폭력의 피해자를 보호하고 지원하는 것이기 때문에 동법에서 말하는 보호시설과 가정폭력 가해자를 수용하는 시설로 운영하려는 가정폭력처벌법의 보호시설과는 그 성격은 다르다고 볼 수 있다. 이런 현상은 제6호 처분의 부과 현황을 보면 명확하게 드러난다. 2015년 1건의 동 처분이 부과된 이후 현재까지 제6호의 감호위탁 처분은 없다. 그 1건의 집행마저도 입법의 취지에 부합한 기관에서 집행한 것으로 볼 수도 없다.[90]

사문화된 동 처분의 실효성을 확보할 방안을 마련하거나 또는 감호를 위탁할 정도의 재범위험성이 있는 행위자는 형사처분으로 의율하는 것이 적절할 것으로 판단된다.

---

89) 가정폭력처벌법 제40조 제1항. 보호처분 종류.
　　1. 가정폭력행위자가 피해자 또는 가정구성원에게 접근하는 행위의 제한
　　2. 가정폭력행위자가 피해자 또는 가정구성원에게 「전기통신기본법」 제2조 제1호의 전기통신을 이용하여 접근하는 행위의 제한
　　3. 가정폭력행위자가 친권자인 경우 피해자에 대한 친권 행사의 제한
　　4. 「보호관찰 등에 관한 법률」에 따른 사회봉사·수강명령
　　5. 「보호관찰 등에 관한 법률」에 따른 보호관찰
　　6. 「가정폭력방지 및 피해자보호 등에 관한 법률」에서 정하는 보호시설에의 감호위탁
　　7. 의료기관에의 치료위탁
　　8. 상담소 등에의 상담위탁
90) 아동학대처벌법에서 정하는 감호위탁시설에서 집행하였다.

3. 아동학대처벌법의 시설 내 보호처분

아동학대처벌법은 제36조 제1항에서 보호처분을 규정하고 있다.[91] 보호처분 중에서 시설 내 보호처분으로 볼 수 있는 것은 제6호 법무부장관 소속으로 설치한 감호위탁시설 또는 법무부장관이 정하는 보호시설에의 감호위탁[92]을 들 수 있다.

법원은 가정보호사건 조사관, 법원공무원, 사법경찰관리, 보호관찰관 또는 수탁기관 소속 직원으로 하여금 보호처분의 결정을 집행하게 할 수 있고, 집행담당자는 아동학대 행위자의 보호처분 이행상황에 관하여 시·도지사 또는 시장·군수·구청장에게 통보하여야 한다. 시·도지사 또는 시장·군수·구청장은 아동학대 행위자의 보호처분 이행을 관리하고, 아동학대 행위자가 보호처분 결정을 이행하지 않거나 그 집행에 따르지 아니하는 경우에는 적절한 조치를 하여야 한다(법 제38조).

보호처분의 집행주체로 가정보호사건 조사관, 법원공무원, 사법경찰관리가 적당한지 의문이다. 해당처분을 실질적으로 집행할 수 있는 기관을 적절하게 선정하는 것이 바람직하다.

또한 법원이 결정한 처분의 이행상황을 왜 시·도지사 또는 시장·군수·구청장에게 보고하여 조치를 하도록 하는지 의문이다. 아동학대 사건과 관련하여 피해아동을 보호하고 지방자치단체가 전면에 나서서 보호체계를 구축하는 것은 바람직하다. 그러나 이러한 형사제재의 관리권한을 지방자치단체장에게 부여하는 것은 행정처분과 사법처분의 구별을 혼란스럽게 만든다. 뿐만 아니라 보호처분은 아동학대 행위자에 대한 처분으로 재범위험성을 고려한 보안처분이기 때문에 사법부 관할하에 이루어져야 한다. 물론 형사제재의 단계를 벗어나 민관협력체계를 구축하여 아

---

91) 아동학대처벌법 제36조 제1항. 보호처분 종류.
   1. 아동학대행위자가 피해아동 또는 가정구성원에게 접근하는 행위의 제한
   2. 아동학대행위자가 피해아동 또는 가정구성원에게 「전기통신기본법」 제2조 제1호의 전기통신을 이용하여 접근하는 행위의 제한
   3. 피해아동에 대한 친권 또는 후견인 권한 행사의 제한 또는 정지
   4. 「보호관찰 등에 관한 법률」에 따른 사회봉사·수강명령
   5. 「보호관찰 등에 관한 법률」에 따른 보호관찰
   6. 법무부장관 소속으로 설치한 감호위탁시설 또는 법무부장관이 정하는 보호시설에의 감호위탁
   7. 의료기관에의 치료위탁
   8. 아동보호전문기관, 상담소 등에의 상담위탁
92) 아동학대처벌법의 6호 감호위탁처분은 2017년부터 2020년까지 1건도 없었다.

동학대 사건의 재발을 방지하는 것은 적극 권고할 일이다.

아동학대처벌법에서 법무부장관이 정하는 보호시설에의 감호위탁은 한국법무보호복지공단[93])이 담당하고 있다. 가정폭력처벌법의 감호위탁처분을 운영하였던 기관과 동일하다.

동 공단에서 실시하고 있는 갱생보호의 내용을 살펴봄으로써 감호위탁처분을 실시할 수 있는 기관으로 적절한지 검토한다.

1) 갱생보호의 개념

갱생보호는 "형사처분 또는 보호처분을 받은 자"에게 복지적 차원에서 지원활동을 함으로써 그들의 재범을 방지하여 종국적으로 범죄예방에 기여하고자 하는 목적을 가진 특화된 사회보장 서비스라고 할 수 있다. 갱생보호활동이 사회보장 서비스에 속한다는 것은 갱생보호 대상자와 관계기관의 신청을 통해 이루어진다는 점[94])에서 명확히 드러난다. 갱생보호시설로는 국가의 지원으로 운영되는 법무부 산하의 기관과 법인의 형태로 운영되는 민간허가법인이 있다. 전자는 한국법무보호복지공단을 말하고, 후자는 7개의 민간허가법인[95])이 있다.

2) 갱생보호의 대상

현행 보호관찰법은 법무보호복지 대상자인 형사처분 또는 보호처분을 받은 사람의 범위를 명확하게 규정하고 있지 않다. 다만, (구)갱생보호법 제3조에는 갱생보호 대상자에 해당하는 사람을 명시하고 있었다.[96]) 즉, ① 징역 또는 금고형의 집행이 종료되거나 그 형의 집행이 면제된 자, ② 가석방 된 자, ③ 형의 집행유예 또는

---

93) 갱생보호법이 1961년 9월 제정되어 동년 10월 시행됨으로써 갱생보호사업을 담당하기 위해서 서울특별시와 각 도에 갱생보호회가 설립되었다. 갱생보호회는 1995년 한국갱생보호공단, 2009년 한국법무보호복지공단으로 명칭이 변경되었다.

94) 보호관찰법 제66조(갱생보호의 신청 및 조치). 갱생보호 대상자와 관계 기관은 보호관찰소장, 갱생보호사업을 허가받은 자 또는 한국법무보호복지공단에 갱생보호 신청을 할 수 있다. 갱생보호의 신청을 받은 보호관찰소장, 사업자 또는 공단이 갱생보호의 필요여부와 그 방법을 결정할 때에는 신청서 및 상담 등을 통해 대상자의 전과와 죄질, 연령, 학력, 가정 사정, 교우관계 및 자립계획 등을 조사하여야 한다.

95) 2021년 현재 활동하고 있는 법인으로는 한국교화복지재단, 세계교화갱보협회, 담안선교회자활원, 빠스카교화복지회, 양지뜸, 뷰티플라이프, 열린낙원 등이 있다.

96) 종래에는 갱생보호가 1961년 9월 제정된 갱생보호법을 근거로 실시되었고, 보호관찰은 1988년 12월 제정된 보호관찰법에 근거하여 실시했다. 1995년 1월 보호관찰법과 갱생보호법을 통합하면서 「보호관찰 등에 관한 법률」로 명칭을 변경하였다.

선고유예의 선고를 받은 자, ④ 공소제기의 유예처분을 받은 자, ⑤ 소년법 제32조 제1항 제1호 내지 제5호의 규정에 의한 보호처분을 받은 자, ⑥ 소년원법[97] 제43조 또는 보호관찰법 제28조 내지 제30조의 규정에 의하여 퇴원 또는 가퇴원된 자, ⑦ 사회보호법에 의한 보호감호 또는 치료감호의 집행이 종료되거나 가출소 또는 치료위탁된 자 등을 대상으로 하였다.

3) 갱생보호의 방법

갱생보호는 갱생보호 대상자가 친족 또는 연고자 등으로부터 도움을 받을 수 없거나 이들의 도움만으로는 충분하지 아니한 경우에 한하여 실시한다.

갱생보호의 방법으로는 숙식제공, 주거지원, 창업지원, 직업훈련 및 취업지원, 출소예정자 사전상담, 갱생보호 대상자의 가족에 대한 지원, 심리상담 및 심리치료, 사후관리, 기타 갱생보호 대상자에 대한 자립지원 등이다(법 제65조).

숙식제공은 생활관 등 갱생보호시설에서 숙소, 음식물 등을 제공하고 정신교육을 하는 것을 말하며, 6개월을 초과할 수 없지만 필요성이 인정될 때에는 6개월의 범위에서 3회에 한하여 그 기간을 갱신할 수 있다.

주거지원은 갱생보호 대상자에게 주택의 임차에 필요한 지원을 하는 것이고, 창업지원은 창업에 필요한 사업장 임차보증금 등을 지원하는 것이며, 직업훈련은 취업에 필요한 기능훈련을 시키고 자격 취득을 위한 교육을 하는 것을 말한다. 출소예정자의 사전상담은 갱생보호의 방법을 안내하고 자립계획 등에 대해서 상담을 실시하는 것이고, 대상자의 가족에 대한 지원은 심리상담 및 심리치료, 취업지원, 학업지원 등이다.

심리상담 및 심리치료는 대상자의 심리적 안정과 사회적응을 위한 상담 및 정신건강전문요원 등 전문가에 의한 치료를 실시하는 것이고, 사후관리는 대상자의 사회복귀 상황을 점검하고 필요한 조언을 하는 것이다.

자립지원은 사회복지시설에의 의탁 알선, 가족관계 등록 창설, 결혼 주선 등 대상자의 자립을 위하여 필요한 사항을 지원하는 것이다.

4) 시설 내 보호처분의 감호위탁 시설로서 적정성 검토

위에서 살펴본 갱생보호의 방법에서 굳이 시설내처우로 볼 수 있는 것은 법무

---

97) 소년원법은 2007. 12. 21. 「보호소년 등의 처우에 관한 법률」로 명칭이 변경되었다.

보호복지공단의 숙식제공을 들 수 있겠다.

갱생보호는 사회내처우 대상자에게도 인정될 수 있지만, 본질적으로 사회복지에 해당하는 만큼 형사제재에 해당하는 사회내처우와 구분되어야 한다. 사회복지처분과 보안처분의 구분이 불명확해지는 원인을 제공하기 때문이다.

보호관찰의 일환으로 갱생보호가 이루어진다 하더라도 이는 형사제재를 받고 있는 자에게 원호적 차원에서 이루어지는 반면 갱생보호는 본질적으로 사회보장 서비스에 해당하고, 대상자의 신청에 의해서 이루어진다는 점을 고려해야 한다.

법무보호복지공단의 기능과 여건을 고려해 볼 때, 시설 내 보호처분을 집행하기에 적절치 않은 것으로 보인다. 강제로 감호위탁을 하는 것과 사회보장 차원에서 행해지는 숙식제공과는 차이가 있고, 공단의 인적구성이나 시설상황도 시설 내 보호처분의 감호시설로 활용하는 것은 적절치 않다고 판단된다.

형사제재로서
보안처분의 이론과 실제

제3장

우리나라 사회 내
보안처분의 종류와 실제

제3장

우리나라 사회 내 보안처분의 종류와 실제

제1절 보호관찰

I. 보호관찰의 의의

1. 보호관찰의 개념 및 범위

1) 보호관찰의 개념

보호관찰이란 용어는 일본에서 영미법계의 프로베이션(Probation)과 퍼로울 (Parole)제도를 대륙법계의 유예제도와 결합하여 명명한 것으로 그 개념과 법적 성격을 일률적으로 고찰하는 것이 쉽지 않다. 대체로 보호관찰은 범죄인을 교정시설에 수용하지 않고 자유로운 사회생활을 허용하면서 보호관찰관 등의 전문적인 지도·감독을 통해 건전한 사회인으로 선도할 수 있도록 국가가 적극적으로 관여하는 제도라고 부를 수 있다.[1]

우리나라의 보호관찰은 집행유예, 가석방, 가종료 등과 결합하는 연성적(軟性的) 보호관찰에서 형 집행 종료 후 또는 개별 보안처분과 결합하는 경성적(硬性的) 보호관찰로 변화를 거듭하고 있다. 처우의 내용도 대상자의 자유로운 생활을 보장하고

---

1) 배종대, 형법총론, 홍문사, 2017, 612면.

보호관찰관의 전문적인 지도·감독을 받으면서 재사회화 목적을 도모하는 특별예방적 성격과 보호관찰의 준수사항을 위반할 경우 형벌로 대처하는 등 일반예방적 성격이 혼재하고 있다.

2) 보호관찰의 범위

(1) 협의로 파악하는 견해

형벌 또는 보안처분에 의하여 유죄나 비행성이 인정된 범죄자나 행위자에 대하여 교정시설 또는 보호시설에 수용하지 않는 대신 사회 내에서 보호관찰관에 의하여 행해지는 지도·감독과 원호를 주된 내용으로 하는 처분을 말한다.

(2) 광의로 파악하는 견해

보호관찰관이 대상자에게 행하는 여러 가지 활동으로 그 범위를 넓힌다. 즉, 협의의 보호관찰뿐만 아니라 사회봉사명령, 수강명령, 전자장치부착명령, 성충동약물치료명령, 외출제한명령, 주거제한명령, 피해자접근금지명령, 각종 조사제도 등을 포함한다. 통상적으로 보호관찰제도라고 표현할 때는 이러한 광의의 개념에 입각하고 있다.

(3) 최광의로 파악하는 견해[2]

지역사회 내에서 이루어지는 범죄자처우 전반을 말한다. 보호관찰을 최광의의 의미로 파악할 경우에는 '사회내처우제도'라고 할 때의 개념과 대체로 일치한다. 즉, 범죄자에게 자유로운 사회생활을 허용하면서 지역사회 내에서 이루어지는 처우뿐만 아니라 임의적 갱생보호도 포함한다.

(4) 소결

보호관찰을 사회봉사명령과 수강명령뿐만 아니라 전자장치부착명령이나 성충동약물치료명령 등을 모두 포함하는 광의 개념으로 볼 수는 없다. 보호관찰 외의 각 처분을 보호관찰의 준수사항으로 활용할 여지는 남아 있으나, 현재의 법령에서 개별처분으로 규정하여 운용하고 있는 입법태도와 보호관찰소의 관장사무를 모두 보호관찰로 볼 수도 없다는 점에서 광의로 파악하는 견해는 한계가 있다.

---

2) 미국의 사회 내 교정(community correction)이나 영국의 사회 내 형벌(community sentence) 등은 이러한 최광의의 의미로 파악할 수 있다.

최광의로 해석할 경우에는 보호관찰 지도·감독 과정에서 이루어지는 원호활동 즉, 갱생보호까지 보호관찰의 개념에 포함시킴으로써 사회복지 서비스와 형사제재로서 사회내처우의 경계를 흐리게 만든다. 보호관찰의 일환으로 경제적 지원 활동이 이루어지더라도 그것은 형사제재를 받고 있는 자에게 부조적 차원에서 이루어지는 것이므로 사회복지 서비스와 형사제재로서 사회내처우는 구분되어야 한다. 형사제재와 사회복지 서비스의 경계가 모호해지면서 형사제재로서 보안처분의 범위가 무한정 확장될 가능성이 있기 때문이다.

따라서 협의로 파악하는 것이 보안처분의 본질 즉, 특별예방 목적을 실현하기 위한 보호관찰관의 전문적인 처우라는 의미에 가장 부합된다.

2. 우리나라 보호관찰의 연혁

1) 보호관찰과 사회복지의 구분

보호관찰의 연혁을 살펴보기에 앞서 보호관찰과 사회복지는 일부 공통영역이 있다 하더라도 구분되어야 한다는 점을 밝힌다.

사회내처우가 사회복지 분야의 중요한 하나라는 점을 인정한다 하더라도 형사제재로서 보호관찰과는 구분되어야 한다.

사회복지가 사회·경제적 약자에 대한 보호정책에서 그 영역을 확장하여 사회 구성원 모두에게 적용되는 사회적 서비스로서 국가 또는 사회의 책임을 강조하는 흐름과 접목된다면 형사제재의 대상자뿐만 아니라 국민을 위한 적법절차의 원칙이라는 대전제의 견고함은 약화될 수 있다. 이는 형벌의 영역에서 책임주의가 차지하는 위상이 보안처분의 예방적 측면과 혼합되면서 오히려 책임주의원칙이 위기를 맞고있는 것과 유사하다.

보호관찰을 위시한 사회내처우에서 복지적 측면을 과소평가할 수는 없다. 하지만 형사제재의 영역과 사회복지의 영역은 구분하는 것이 오히려 보안처분의 발전에 도움이 될 수 있다. 보안처분의 집행에서 인격적 처우라는 측면을 고려한다면 피처분자에게 치료 프로그램이 아무리 유익하다고 하더라도 그 과정에서 법적 절차를 엄정하게 준수해야 하기 때문이다.

2) 보호관찰과 갱생보호의 구분

우리나라에서 보호관찰의 기원을 1943년 조선사법보호사업령, 조선사법보호위원회령, 사법보호관찰규칙 등에 의한 사법보호활동에서 비롯된 것으로 보는 것이 일반적이다.

1961년 9월 종래의 사법보호 대신 「갱생보호법」을 제정하여 자선적으로 보호할 대상을 확대하였고, 임의적으로 관찰보호도 실시하였다. 관찰보호는 대상자를 방문하고, 면담하거나 통신 등의 방법으로 지도하고 환경을 조정하는 내용으로 구성되어 있기 때문에 보호관찰과의 유사점을 발견할 수 있다. 그러나 관찰보호는 어디까지나 사회복지적 접근을 통한 대상자의 보호에 초점이 있다. 따라서 원호를 통한 사회복지적인 면이 있다 하더라도 강제적이고 유권적인 보호관찰 지도·감독과는 의미상의 차이가 있었다고 보아야 할 것이다. 즉, 갱생보호는 '형사처분 또는 보호처분을 받은 자'에게 복지적 차원의 접근을 통해 범죄를 예방하고자 하는 사회보장 서비스이다. 따라서 임의적이고 선택적인 갱생보호와 유권적이고 강제적인 보호관찰은 구분되어야 한다는 것이다.[3]

갱생보호사업을 효율적으로 추진하기 위해 한국법무보호복지공단을 설치하였다. 보호관찰법은 갱생보호를 받을 사람을 형사처분 또는 보호처분을 받은 사람으로서 사회생활 적응에 대한 보호의 필요성이 인정되는 경우로 정하고 있다.[4] 갱생보호는 숙식제공, 주거지원, 창업지원, 직업훈련 및 취업지원, 출소예정자 사전상담, 갱생보호 대상자의 가족에 대한 지원, 심리상담 및 심리치료, 사후관리, 그 밖에 갱생보호 대상자에 대한 자립지원 등의 방법으로 실시하고 있다. 일견 갱생보호의 내용과 보호관찰의 내용은 구분하기 어렵다. 숙식제공이나 출소예정자 사전상담을 제외한다면 더욱 더 그렇다. 그러나 임의적이고 선택적인 갱생보호와 강제적이고 의무적인 보호관찰의 구분은 명백히 존재한다. 그러므로 사회보장 서비스가 범죄자와 관련이 있다고 하더라도 보호관찰의 기원을 그러한 차원에서 찾는 것은 적절하지 않다고 본다.

---

3) 1995년 1월 보호관찰법과 갱생보호법을 「보호관찰 등에 관한 법률」로 통합하였다.
4) 보호관찰법 제3조 제3항 참조.

3) 우리나라 보호관찰의 시작

(1) 보호관찰의 맹아(萌芽)

일반적으로 최초의 보호관찰관으로 미국의 존 어거스터스(John Augustus)가 거론된다.5) 그는 1790년경 태어나 미국 보스턴 인근에서 제화점을 운영하였고, 1859년 사망할 때까지 알코올중독자, 노숙자 등을 대상으로 선도를 하였다. 반면, 세계 최초로 보호관찰에 관한 내용을 성문화하여 유급 보호관찰관의 채용과 임무에 대해서 명시한 법률은 1878년 미국의 매사추세츠(Massachusetts) 주법이었다.

보호관찰의 맹아를 사회복지적 측면에서 접근하는 것도 비판적으로만 볼 수는 없을 것이다. 미국에서도 1970년대까지 사회복지적 측면에서 보호관찰의 지도·감독이 이루어진 것이 주류였고,6) 보호관찰의 내용에서 원호가 차지하고 있는 비중이 높았기 때문으로 분석된다. 그러나 원시시대에도 범죄와 그에 따른 처벌은 있었고, 그러한 심판절차를 오늘날 법원 재판절차의 효시로 평가하지 않는 것처럼 보호관찰도 보다 유권적인 측면에서 범죄의 원인을 분석하고 전문적인 처우를 실시하는 관점에서 바라볼 필요가 있다.

우리나라 소년법은 1958년 7월 24일 제정되었다. 제정 소년법은 보호처분을 규정하였으나, 보호관찰은 규정하지 않았다.

우리나라에서 오늘날의 연성적 의미의 보호관찰이라는 용어를 사용한 것은 1963년 7월 1차 개정 소년법이었다. 즉, 보호처분으로서 '보호관찰에 부하는 것'을 규정7)하여 보호관찰이 최초로 도입된 것이다. 다만, 보호관찰을 집행할 인적·물적 여건은 구비되지 않아 장식적(裝飾的)인 규정에 불과하였다.

제1차 개정 소년법 제32조는 보호처분 중 '소년원에 송치하는 것'을 제외한 나머지 처분은 보호관찰과 병합할 수 있었고, 소년부 판사는 1호부터 3호의 처분을 할 때에는 보호자 또는 수탁자에게 소년보호에 필요한 사항을 지시하고 언제든지

---

5) 정영석/신양균, 형사정책, 1997, 580면.

6) Taxman, F. S., "Supervision – Exploring the Dimensions of Effectiveness", Federal Probation, 2002.

7) 1차 개정 소년법 제30조 제1항. 소년부 판사는 심리 결과 보호처분의 필요가 있다고 인정할 때에는 결정으로써 다음 각 호에 해당하는 처분을 하여야 한다. 1. 보호자 또는 적당한 자의 감호에 위탁하는 것 2. 소년보호단체·사원 또는 교회의 감호에 위탁하는 것 3. 병원 기타 요양소에 위탁하는 것 4. 감화원에 송치하는 것 5. 소년원에 송치하는 것 6. 보호관찰에 부하는 것

조사관으로 하여금 그 감호상황을 관찰보고하게 할 수 있었다.

소년보호에 필요한 지시사항은 현재의 '보호관찰 준수사항'으로, 명칭만 다르고 업무는 유사한 조사관은 현재의 '보호관찰관'으로 볼 수 있기 때문에 이 규정을 통한 '조사관의 관찰보고'를 '우리나라 보호관찰의 맹아'로 볼 수 있다고 판단된다.

관찰보고는 1982년 12월 「소년심판규칙」의 제정(1983. 3. 1. 시행)으로 보호관찰의 집행이 실무적으로 보다 규범적 체계를 갖추게 되었다. 동 규칙 제35조는 '조사관의 보호관찰'이라는 명시적인 규정을 두었고, 제36조는 보호관찰 및 보호관찰 결과 보고의 방식을 규정하였다.

소년심판규칙 제35조 및 제36조는 1989년 7월 4일 동 규칙의 개정을 통해 삭제되었다. 뿐만 아니라 소년법도 1988년 12월 31일 개정(1989년 7월 1일 시행)을 통해 보호처분으로서 '보호관찰에 부하는 것'이 '보호관찰관의 단기 보호관찰을 받게 하는 것'과 '보호관찰관의 보호관찰을 받게 하는 것'으로 바뀌었다. 왜냐하면 보호관찰법이 1988년 12월 31일 제정되고 1989년 7월 1일부터 시행되었기 때문이다. 입법적으로 '보호관찰관의 보호관찰'이 완성된 것으로 평가할 수 있다.

(2) 보호관찰법에 의한 보호관찰

보호관찰관의 전문적인 지도·감독을 통한 재사회화 목적의 보호관찰은 1988년 12월 「보호관찰법」의 제정(1989. 7. 1. 시행)을 통해 이루어졌다. 1995년 1월 개정 보호관찰법의 시행을 통해 보호관찰소의 관장사무로 사회봉사명령, 수강명령, 선도조건부 기소유예 등이 새로 도입되었고, 「갱생보호법」[8]에 근거하여 실시되었던 갱생보호 업무가 보호관찰소의 관장사무로 들어오면서 법률 명칭이 「보호관찰 등에 관한 법률」로 변경되었다.

4) 보호관찰의 확장

(1) 유사 보호관찰

1975년 7월 제정된 사회안전법은 보안처분의 종류로 보안감호처분, 주거제한처분과 함께 특정범죄를 다시 범할 위험성이 있는 경우에 이를 예방하고 사회복귀를 위한 교육 및 개선이 필요하다고 인정되는 사람에 대해서 보호관찰처분을 규정하였다. 경찰서장이 보호관찰을 담당하였다.

---

8) 1961년 9월 제정(1961. 10. 21. 시행)되었다.

1980년 12월 제정된 사회보호법은 보호관찰을 보호감호, 치료감호와 함께 보호처분의 하나로 규정하였다. 동 법률 제정 당시 보호관찰 담당자의 직무는 보호관찰 담당자가 임명될 때까지 피보호관찰자의 주거지를 관할하는 경찰서장이 담당하도록 규정하였다.9)

1995년 1월 5일 개정된 사회보호법 시행으로 보호관찰 담당자의 직무는 「보호관찰 등에 관한 법률」의 보호관찰관 및 보호선도위원이 담당하게 되었다. 이는 1995년 1월 5일 개정된 「보호관찰 등에 관한 법률」 제3조에서 보호관찰 대상자로 '기타 다른 법률에 의하여 이 법에 의한 보호관찰을 받도록 규정된 자'를 추가한 것과 궤를 같이 한다.

2005년 8월 사회보호법이 폐지되고, 「치료감호법」이 제정되면서 치료감호가 종료, 가종료, 치료위탁된 때에 보호관찰을 실시할 수 있었다.

(2) 성인형사범에 확대 실시

성인에 대한 '보호관찰관의 보호관찰'은 성폭력사범에 대해서 시작되었다. 1994년 1월 5일 제정된(1994. 4. 1. 시행) 「성폭력범죄의 처벌 및 피해자보호 등에 관한 법률」 제16조는 성폭력범죄를 범한 사람에 대하여 형의 선고를 유예할 경우에는 1년의 보호관찰을 명할 수 있었고, 성폭력범죄자가 소년인 경우에는 필요적으로 보호관찰을 부과할 수 있었다. 집행유예의 경우에는 집행유예기간 내에서 일정 기간 동안 보호관찰을 받도록 하였고, 성폭력범죄자가 소년인 경우에는 필요적으로 보호관찰을 명할 수 있었다. 즉, 선고유예 및 집행유예와 보호관찰의 병과는 임의적이지만, 행위자가 소년인 경우에는 필요적으로 보호관찰을 부과하였다.

1995년 형법 개정으로 일반 성인형사범에 대한 보호관찰이 1997년 1월 1일부터 시행되었다.10) 2016년 1월 개정된(2018. 1. 7. 시행) 형법은 500만원 이하의 벌금형의 집행유예를 선고할 때 보호관찰을 부과할 수 있도록 하였다.

---

9) 1980년 12월 사회보호법이 제정된 후 1982년 12월 소년심판규칙의 제정으로 '법원 조사관'이 보호관찰을 담당하게 되었음에도 여전히 보호관찰의 담당자를 바꾸지 않은 것은 사회보호법의 보호관찰과 소년법상 보호관찰의 법적 성격이 다르다는 판단에 기인한 것으로 분석된다.

10) 1995년 12월 형법이 일부 개정되었고, 부칙 제1조는 1996년 7월 1일부터 시행한다고 규정하였다. 다만, 개정 규정 중에서 보호관찰에 관한 사항은 1997년 1월 1일부터 시행하였다. 여기서 보호관찰은 사회봉사명령과 수강명령을 포함하는 것으로 해석해야 할 것이다. 부칙에 사회봉사명령과 수강명령 관련 내용이 없기 때문이다.

(3) 가정폭력사범 및 성폭력사범 등 개별 범죄에 대한 대책

1997년 12월 「가정폭력범죄의 처벌 등에 관한 특례법」 제정으로 가정폭력사범에 대한 보호처분에 의한 보호관찰을, 2000년 2월 「청소년의 성보호에 관한 법률」 제정으로 성범죄의 대상이 된 소년에 대해서는 선도 및 재활을 위해서 소년법의 보호처분으로서 보호관찰을, 2004년 3월 「성매매알선 등 행위의 처벌에 관한 법률」 제정으로 보호처분으로서 보호관찰을 각각 도입하였다.

2021년 4월 스토킹범죄에 대처하기 위해서 「스토킹범죄의 처벌 등에 관한 법률」을 제정하여 형의 집행을 유예하는 경우에 보호관찰을 실시할 수 있도록 하였다.

(4) 개별 보안처분에 병과

「특정 범죄자에 대한 위치추적 전자장치 부착에 관한 법률」은 2007년 4월 27일 제정되었고, 2008년 10월 28일 시행을 앞두고 있었다. 그러나 동법 시행 전에 발생한 성범죄 등의 영향으로 시행일이 2008년 9월 1일로 정해지게 되었다.

동법 시행 당시에는 전자장치부착명령과 보호관찰이 병과된 형태가 아니었으나, 2010년 4월 개정법에서 비로소 "부착명령을 선고받은 사람은 부착기간 동안 「보호관찰 등에 관한 법률」에 따른 보호관찰을 받는다"고 규정하였다.

2010년 7월 제정된 성충동약물치료법은 제정 시부터 제8조 제2항에서 약물치료명령을 선고받은 사람은 치료기간 동안 보호관찰법에 따른 보호관찰을 받도록 규정하였다.

3. 보호관찰의 장·단점[11]

1) 보호관찰의 장점

(1) 재사회화 목적을 실현하기에 보다 적합하다. ① 사회 내에서 처우한다는 점에서 시설 내 수용으로 인한 낙인효과를 차단한다. ② 가족관계의 단절 및 경제활동의 중단, 악풍감염 등 구금으로 인한 부정적 효과를 방지하여 지역사회로 재통합하는 데 보다 유리하다. ③ 범죄자의 자유를 최대한으로 존중하는 환경과 보호관찰관의 전문적인 지도·감독을 통해 범죄의 위험요소를 경감시킬 수 있다. ④ 시설 내에서는 실시하기 어려운 프로그램을 광범위하게 활용할 수 있고, 이로써 범죄원인

---

11) 보호관찰은 사회내처우의 하나이지만 가장 큰 비중을 차지하고 있다.

에 따른 처우를 다양하게 실시할 수 있으며, 범죄자의 특성에 따른 개별적인 처우가
가능하다.

(2) 시설 내 수용을 통한 처우보다는 사회 내에서 처우함으로써 교도소의 과밀
수용(過密收容)을 완화할 수 있고, 비용·편익의 관점에서 시설 내 수용되어 24시간
생활하는 것에 비해 사회 내에서 보호관찰관의 지도·감독을 받으며 비교적 자유로
운 생활을 하도록 하는 것이 국가의 재정 부담을 완화할 수 있다.

2) 보호관찰의 단점

보호관찰을 포함한 사회내처우에 대한 비판은 범죄원인과 범죄현상을 파악하
는 기본적 관점에 따라 크게 전통적 범죄학,[12] 상호작용론에 입각한 범죄학,[13] 비판
범죄학[14]으로 나눌 수 있다.[15] 다만, 사회내처우에 대한 비판은 범죄학의 입장에
국한되지는 않는다.

(1) 사회내처우가 재사회화 목적 달성에 유리하다는 점은 단순한 주장에 불과
하고, 그 사실을 증명할 확실한 증거가 없다. 즉, '사회내처우는 효율적이다'라는 사
실을 증명하지 못한다고 한다.

(2) 사회내처우가 인도적이라는 사실에 대해서도 집행방식을 살펴보면, 형벌적
요소가 강하게 내재해 있다. 즉, 보호관찰의 준수사항인 야간외출제한명령, 가택구
금, 피해자에 대한 접근금지 등과 이러한 준수사항의 이행여부를 감독하기 위한 전
자장치의 부착 등은 형벌과의 경중에서도 그 무게를 과소평가할 수 없다. 보호처분
으로서 이루어지고 있는 친권박탈이나 친권제한은 그 운용 상황에 따라서는 인도적
이지 않을 수 있다.

(3) 시설내처우에 비해서 낙인효과가 상대적으로 약할 수 있으나 사회내처우도
범죄인에 대한 낙인의 효과가 여전히 존재한다. 특히, 전자장치부착명령은 그 대상
이 특정 범죄자에서 일반 범죄자로 확대되었음에도 이미 '성범죄자=전자장치 부착'

---

12) 범죄의 원인을 범죄자의 소질(素質)적 요인과 그를 둘러싼 주변 환경과의 상호작용으로 파악하면서
   소질과 환경의 개선에 범죄대책의 초점을 맞추는 교정주의를 택한다. 교정주의는 사회내처우의 토
   대를 이루고 있다.

13) 상호작용론은 범죄를 사회현상의 산물로 이해하고 있다. 사회가 그 행위를 범죄로 규정했기 때문에
   범죄가 되는 것이라고 한다. 따라서 비범죄화 정책을 지지한다.

14) 범죄를 근본적으로 사회의 구조적인 모순과 관련시켜 이해한다. 사회의 구조적 모순 때문에 범죄가
   발생하므로 사회문제를 해결해야 범죄문제도 해결된다고 주장한다.

15) D. S. Eitzen and D. A. Timmer, Criminology: Crime and Criminal Justice, N.Y. 1985.

의 낙인이 형성돼 있다.

(4) 사회내처우는 범죄의 원인을 개인의 소질적 차원에 중점을 두고 분석하기 때문에 범죄자를 둘러싼 사회 환경에 대해서는 특별한 문제제기를 하지 않고 있어서 재사회화 목적을 달성하는 데 한계로 작용한다.

(5) 사회내처우가 국가의 재정적 측면에서 유리하다는 사실도 원호적·복지적 측면을 강조하여 교육 및 취업의 기회를 제공하거나 정신과적 치료나 상담 등의 원조를 제공하는 경우에는 실질적인 비용편익 분석의 결과는 다를 수 있다. 예컨대, 전자장치를 부착하기 위한 부대비용, 성충동 약물치료를 하기 위한 비용, 병원 등 위탁시설 이용, 정신과적 치료 및 상담에 드는 비용은 국가가 부담하거나 또는 부담할 가능성이 매우 높다. 가정폭력처벌법 제48조는 의료기관에 치료위탁이나 상담소 등에의 상담위탁 처분을 할 경우에 1차적 비용부담은 가정폭력행위자에게 지우고 있으나, 지급할 능력이 없는 경우에는 국가가 부담하도록 규정하고 있다. 이러한 규정은 개별 입법에서 자주 발견된다.16)

(6) 범죄자에 대한 응보적 감정에 충실하지 못하다. 범죄자를 너무 가볍게 처벌하는 것은 아닌가하는 의문이 있고, 보호관찰관의 지도·감독이 적절하게 이루어지지 못할 경우에는 사회 일반인이 범죄에 노출되는 위험이 증가한다. 특히, 전자장치 부착명령을 통해 24시간 이동경로를 분석한다 하더라도 24시간 감금되어 있는 것에 비해 범죄를 저지를 위험성이 월등히 높다.

3) 소결

보호관찰을 비롯한 사회내처우에 대한 그 어떠한 비판에도 불구하고 사회 내에서 비교적 자유로운 상태에서 자유를 향한 교육을 실시하기 때문에 행위자에게 유리하다는 점에 대해서는 이론을 제기하기 어렵다. 보호관찰 등 사회내처우가 사회복귀에 도움이 되지 않는다면 교정시설에 구금하는 것은 더 말할 나위가 없을 것이고, 시설 내 구금은 자유까지 박탈한다는 점을 고려한다면 보호관찰은 더욱 더 정당성을 가질 수 있을 것이다. 자유를 회복시켜 주고 사회복귀에 필요한 도움을 제공하는 것은 그 어떤 경우에도 교정시설에 수용하는 것보다 도덕적으로 더 우월할 수 있기 때문이다.17)

---

16) 아동학대처벌법 제43조, 성매매처벌법 제17조는 가정폭력처벌법 제48조 규정을 준용하고 있다.

17) 배종대, 형사정책, 2011, 382면.

II. 보호관찰의 유형과 법적 성격

형사사법 단계별로 보호관찰이 실시되고 있는 현황을 살펴보면 다음과 같다.[18]

1. 현행법상 보호관찰의 유형

1) 유예형(기소·선고·집행유예) 보호관찰

보호관찰조건부 기소유예는 「소년법」 제49조의3, 「보호관찰 등에 관한 법률」 제15조 제3호에 근거를 두고 있다. 즉, 검사는 소년범에 대하여 범죄예방 자원봉사위원의 선도 또는 소년의 교육 관련 단체에 상담 등의 조건으로 피의사건에 대하여 공소를 제기하지 않을 수 있다. 소년의 교육 관련 단체에 보호관찰기관이 포함된다.

소년사건에서 재범위험성이 높은 대상자는 1급 기소유예자로 분류하여 1년의 보호관찰을 받고, 재범위험성이 비교적 낮은 2급 기소유예자는 6개월의 보호관찰을 받는다.[19]

선고유예와 보호관찰이 병과되는 경우는 ⅰ) 「형법」 제59조의2의 보호관찰, ⅱ) 「성폭력범죄의 처벌 등에 관한 특례법」 제16조 제1항의 보호관찰, ⅲ) 「아동·청소년의 성보호에 관한 법률」 제21조 제1항의 보호관찰, ⅳ) 「치료감호 등에 관한 법률」 제44조의2 보호관찰 및 치료명령[20]을 조건으로 형의 선고유예를 선고받은 경우, ⅴ) 「마약류 관리에 관한 법률」 제40조의2 제1항의 보호관찰을 받은 경우 등이 이에 해당된다.

집행유예와 보호관찰이 병과되는 경우는 ⅰ) 「형법」 제62조의2의 보호관찰, ⅱ) 「성폭력범죄의 처벌 등에 관한 특례법」 제16조 제4항의 보호관찰, ⅲ) 「아동·청소년의 성보호에 관한 법률」 제21조 제4항의 보호관찰, ⅳ) 「아동학대범죄의 처벌 등에 관한 특례법」 제8조 제3항의 보호관찰, ⅴ) 「치료감호 등에 관한 법률」 제44조의2 보호관찰 및 치료명령을 조건으로 형의 집행유예를 선고받은 경우, ⅵ) 「가정폭력범죄의 처벌 등에 관한 특례법」 제3조의2 제3항의 보호관찰, ⅶ) 「마약류 관리에

---

18) 유형을 살펴보면서 이미 사견이 개입된 감이 없지 않으나, 비교 설명의 편의를 위함이다. 보호관찰이라는 동일한 명칭을 사용하고 있음에도 그 처분의 근거가 다르기 때문에 처우의 내용 또한 달라야 한다.

19) 보호관찰소 선도위탁 규정(법무부훈령 제1028호) 참조.

20) 성충동약물치료법의 성충동약물치료명령과 치료감호법의 치료명령은 구별을 요한다.

관한 법률」제40조의2 제4항의 보호관찰 등이 이에 해당된다.

유예형 보호관찰은 기소를 하지 않거나 형의 선고를 유예 또는 형을 집행하지 않고 보호관찰을 실시하는 것만으로도 대상자가 형법질서로 재통합될 수 있다는 긍정적 예측을 기반으로 한다. 그러나 보호관찰 준수사항을 위반하고 그 정도가 중한 경우에는 선도위탁 기간을 연장하거나 선도위탁이 취소되는 경우에는 재기수사를 하고, 유예한 형을 선고하거나 또는 집행유예의 선고를 취소하고 유예된 형을 집행할 수 있다.

2) 가석방형 보호관찰

가석방과 보호관찰이 병과되는 경우는 ⅰ)「형법」제73조의2 보호관찰을 조건으로 가석방된 경우, ⅱ)「성폭력범죄의 처벌 등에 관한 특례법」제16조 제8항 보호관찰을 조건으로 가석방된 경우 등이 있다.

성인범에 대해서는 법무부 가석방심사위원회의 심사를 통해 행정처분으로 가석방을 허가 받는 경우에 무기형은 10년, 유기형은 남은 형기 동안 보호관찰을 받게 된다.[21] 징역 또는 금고형을 선고받은 소년수형자는 무기형의 경우에는 5년, 15년의 유기형은 3년, 부정기형은 단기의 1/3이 경과하면 가석방을 허가할 수 있다.[22] 이때 보호관찰심사위원회는 성인범과 소년범에게 보호관찰의 필요성 여부를 심사하여 결정한다.[23] 수형자의 행상이 양호하다는 점에서 재사회화 목적 달성에 대한 긍정적 예측을 기반으로 특별예방적 판단을 한다. 다만, 가석방처분을 받는 자가 보호관찰 준수사항을 위반하고 그 정도가 무거운 때에는 가석방이 취소될 수 있다.

3) 보호처분형 보호관찰

보호처분으로서 보호관찰은 받는 경우는 ⅰ)「소년법」제32조 제1항 제4호의 단기보호관찰과 제5호의 장기보호관찰을 받는 경우, ⅱ)「가정폭력범죄의 처벌 등에 관한 특례법」제40조 제1항 제5호의 보호관찰, ⅲ)「성매매알선 등 행위의 처벌에 관한 법률」제14조 제1항 제2호의 보호관찰, ⅳ)「아동학대범죄의 처벌 등에 관

---

21) 형법 제73조의2 참조.
22) 소년수형자에 대한 가석방은 보호관찰심사위원회에서 결정한다.
23) 보호관찰법 제23조 참조.

한 특례법」제36조 제1항 제5호의 보호관찰, ⅴ)「아동·청소년의 성보호에 관한 법률」제40조 제1항 제1호 및 제44조 제2항 제1호의 보호관찰, ⅵ)「보호관찰 등에 관한 법률」제25조 소년법의 보호처분으로 소년원 수용처분을 받고 보호관찰을 조건으로 임시퇴원 된 경우24) 등이 이에 해당한다.

보호관찰 기간 중에 보호관찰 준수사항을 위반하고 그 정도가 무거워 보호관찰을 계속 집행하기가 적절하지 않은 경우에는 보호처분이 변경되거나 취소될 수 있다.

4) 보안처분형 보호관찰

보안처분에 해당하는 보호관찰은 ⅰ)「전자장치 부착 등에 관한 법률」제2장 전자장치부착명령과 병과된 보호관찰, ⅱ)「전자장치 부착 등에 관한 법률」제21조의3 형 집행종료 후 보호관찰, ⅲ)「성폭력범죄자의 성충동 약물치료에 관한 법률」제8조 제2항의 성충동약물치료명령과 병과된 보호관찰, ⅳ)「치료감호 등에 관한 법률」제32조 치료감호의 종료에 부과된 보호관찰과 가종료 및 치료위탁에 병과된 보호관찰, ⅴ)「(구)사회보호법」제10조 제1항 제1호 보호관찰을 조건으로 가출소 된 경우25) 등이 이에 해당한다.

전자장치부착명령이나 성충동약물치료명령과 같은 독자적인 보안처분에 병과된 보호관찰과 치료감호 또는 보호감호라는 시설 내 보안처분의 집행 중에 재범위험성이 개선되었다는 긍정적 예측을 전제로 사회 내 보안처분으로 전환하면서 실시하는 보호관찰 유형이다.

2. 보호관찰의 법적 성격

1) 일원적으로 파악하는 입장

(1) 보안처분으로 보는 견해

현행법상 보호관찰을 보안처분의 일종으로 보는 견해26)로 대법원의 태도이기

---

24) 임시퇴원에 병과된 보호관찰의 법적 성격을 보호처분으로 보는데, 이는 시설 내 보호처분이 사회 내 보호처분으로 변경된 것일 뿐 원처분의 법적 성격을 유지하고 있다고 보기 때문이다.

25) 2005년 8월 사회보호법이 폐지되었으나, 사회보호법 폐지법률 부칙 제2조 "이 법이 시행 전에 이미 확정된 보호감호 판결의 효력은 유지되고 그 확정판결에 따른 보호감호의 집행에 관하여는 종전의 사회보호법에 따른다"라는 규정에 의해 가출소자에 대한 보호관찰은 여전히 유효하다.

26) 박상기/손동권/이순래, 형사정책, 2012, 301면; 임웅, 형법총론, 2015, 625면; 이재상/장영민/강동범, 형법총론, 2017, 633면; 정성근/박광민, 형법총론(전정판), 2015, 744면.

도 하다.27) 이 견해에 따르면 행위자의 특별예방을 목적으로 하는 보안처분에는 자유박탈적인 면이 있고, 자유형의 집행이 종료된 후의 보호관찰과 같은 보안처분이 있기 때문에 보호관찰과 보안처분은 큰 차이가 없다고 한다. 그리고 보호관찰은 형의 집행유예제도의 본질적이고 불가결한 구성요소가 아니고, 오늘날 대륙법계의 조건부 판결이 집행유예와 가석방에 의한 경고와 보호관찰이 결합된 것이며, 전자를 특수한 자유형의 변형이라고 한다면 보호관찰은 보안처분의 성질을 지녔다고 해석한다.

(2) 형 집행의 변형이라는 견해

보호관찰을 자유형의 변형 또는 형 집행의 변형으로 보는 견해이다. 보안처분의 목적은 사회방위이지만 보호관찰은 범죄자의 갱생보호를 목적으로 하기 때문에 양자는 구별된다는 점, 보안처분은 시설내처우를 원칙으로 하며 장래에 범죄의 위험성이 있는 자를 대상으로 하는 반면, 보호관찰은 사회내처우를 원칙으로 하며 범죄자를 대상으로 한다는 점에서 차이가 있다고 한다. 또한 보호관찰을 집행하는 동안 주어진 준수사항을 위반하면 집행유예나 가석방을 취소하거나 다시 구금하는 한편 보호관찰 기간을 잔여 형기와 일치하게 하고 있다. 이러한 점에서 볼 때 보호관찰은 형벌과 보안처분제도와 깊은 관계가 있고, 범죄가 발생한 것을 전제로 하여 부과되므로 시설내처우와 자유로운 상태의 중간 단계의 형태로 볼 수 있다고 한다.28) 즉, 형의 선고유예·집행유예·가석방과 병과되는 보호관찰은 시설내처우를 대신하는 사회내처우이기 때문에 형벌의 집행이 변형된 것으로 보는 것이다.

2) 개별 유형으로 구분하여 파악하는 견해

보호관찰의 법적 성격을 개별 유형에 따라 다르게 파악하는 견해가 있다. 이러한 견해는 형법 외의 법률에 의해 부과되는 보호관찰에 대해서는 대부분 보안처분적 성격을 인정한다.29) 그러나 형법의 선고유예와 집행유예시 부과되는 보호관찰 및 가석방자에 대해 부과되는 보호관찰의 법적 성격에 대해서는 견해가 대립된다.

---

27) 대판 1997. 6. 13. 97도703.
28) 이재상, 보안처분의 연구, 150-151면; 차용석, 보호관찰제도의 효과적 시행방안, 청소년범죄연구 제7집, 법무부, 1989. 10면.
29) 김성돈, 보호관찰의 실효성 확보방안, 형사정책 제18권 제1호, 2006, 32면.

(1) 제3의 독립된 제재로 보는 견해

보호관찰을 독립된 제재수단으로 보는 견해이다. 구체적인 내용에서는 견해가 나뉜다.

ⅰ) 형벌이 부과되지 않은 경우에 형벌을 대체하는 제재수단만을 보안처분에 포함시키는 견해30)가 있다. 이 견해는 치료감호법의 치료감호만을 보안처분으로 보고 그 이외 형벌을 보완하는 일체의 형사제재수단은 형벌을 대체하는 수단이 아니기 때문에 보안처분이 될 수 없고, 형벌과 보안처분과는 별개인 제3의 독립된 제재로 본다.31)

ⅱ) 보안처분을 사회방위를 위하여 감호, 거세 등과 같이 피고인에 대해서 직접적인 자유의 제한을 가하는 제재수단으로 국한시키는 견해32)가 있다. 이에 따르면 형법의 보호관찰은 사회방위보다는 피고인의 개선과 교화를 통한 사회복귀라는 측면에 중점을 두고 있으므로 일반적인 보안처분과 동일시할 수 없고, 형벌과 같이 독립적으로 부과되고 자유의 박탈 내지 제한을 내용으로 하는 것도 아니라고 한다. 따라서 이 견해는 형법의 보호관찰은 형벌도 아니고 보안처분도 아닌 제3의 독자적 형사제재수단으로 이해한다.

결국, 보호관찰에 의해 자유형이 변형되는 것이 아니라 내용이 전혀 다른 제도로 대체되는 것이라고 보아야 하기 때문에 보호관찰을 형벌도 보안처분도 아닌 제3의 형법적 제재수단으로 보는 것이다. 이는 범죄인을 사회에서 처우함으로써 시설에 수용하는 경우에 나타날 수 있는 단기자유형의 폐단을 회피할 수 있고, 범죄자를 장래 재범의 위험으로부터 보호함으로써 재사회화를 실현하는 데 현실적으로 최선의 방법이라고 볼 수 있으므로 자유형을 변형한 것도 아니고, 보안처분도 아닌 제3의 제재라고 보는 것이다.

(2) 넓은 의미에서의 재판의 일종으로 보는 견해

형법의 보호관찰은 재판의 일종으로 그 내용은 법관이 다종다양하게 형성해 나

---

30) 손동권/김재윤, 새로운 형법총론, 홍문사, 2011, §41/14.

31) 이 견해는 소년법의 보호처분 일종으로 부과되는 보호관찰은 보호주의에 입각하여 소년범죄를 비범죄화, 비형사처벌화하는 특수한 처분이기 때문에 재범위험성을 전제로 하는 보안처분에 해당할 수 없다고 한다(손동권/김재윤, 앞의 책, §41/14).

32) 김혜정, 법적성질의 재고찰을 통한 보호관찰의 형사정책적 위상 정립, 형사정책 제13권 제2호, 2001, 123면.

갈 수 있다고 보는 견해이다.[33] 형법의 보호관찰은 자유형의 선고유예자 또는 집행
유예자에 대하여 그의 사회생활이 양호할 것이라는 낙관적 전망에 기초하여 범죄인
의 사회복귀를 촉진하기 위해 부과되는 것이기 때문에 소년보호처분으로서 보호관
찰에 보다 가까운 성격을 갖는다고 한다.

이 견해는 형법의 보호관찰이 범죄인에 대한 감시·감독을 내용으로 하는 점에
서 사회방위의 효과를 노리는 수단이지만 그러한 효과는 형벌의 특별예방적 목적도
추구하는 것이고 사회방위의 효과는 어디까지나 보호관찰의 부수적 기능에 불과하
기 때문에 보호관찰의 본질적 성격이 보안처분으로 바뀌는 것이 아니라고 본다.

3) 소결

유예형(기소유예 제외)의 경우, 보호관찰 조건부 집행유예를 선고받은 자가 준수
사항을 위반하고 그 정도가 무거운 때에는 집행유예의 선고를 취소할 수 있고, 보호
관찰 조건부 선고유예를 받은 자는 보호관찰 기간 중에 준수사항을 위반하고 그 정
도가 무거운 경우에는 유예한 형을 선고할 수 있다. 대상자가 보호관찰 기간을 무사
히 종료한 경우 형의 선고는 효력을 잃게 되거나 면소된 것으로 간주되므로 구금형
과 자유롭게 사회생활을 하는 상태의 중간 정도로 자유가 제약된다고 볼 수 있다.
따라서 형벌의 집행이 변형된 것으로 보는 것이 타당하다. 보안처분의 핵심적 요소
인 재범위험성에 대한 평가를 과거의 행위책임에 따른 변형된 형태의 법 집행과 동
일한 차원에서 논할 수 없기 때문이다.

가석방형의 경우, 가석방된 자는 가석방 기간 중 필요적으로 보호관찰을 받고,
가석방 기간 중에는 형의 집행이 종료된 것이 아니므로 보호관찰 기간 중 준수사항
을 위반하고 그 정도가 무거운 때에는 가석방 처분이 취소될 수 있다. 가석방이 취
소될 경우 가석방 기간 중의 일수는 형기에 산입되지 않기 때문에 가석방 당시 남아
있는 자유형의 기간 동안 형 집행을 받아야 한다. 대상자가 보호관찰 기간을 무사히
종료한 경우에는 형의 집행을 종료한 것으로 보므로 이때의 보호관찰도 구금형과
자유롭게 사회생활을 하는 상태의 중간 단계로 파악할 수 있다는 점에서 형벌의 집
행이 변형된 것으로 보는 것이 타당하다.

가종료(가출소)형의 경우에는 형벌과 보안처분을 동일하게 보지 않는 한 형 집행

---

33) 신동운, 보호관찰의 법적성질과 소급효문제, 고시연구 6월호, 1998, 164면.

의 변형으로 보는 것은 타당하지 않다. 치료감호가 종료되었을 때에는 임의적으로, 치료감호가 가종료나 치료위탁 되었을 때에는 필요적으로 보호관찰이 부과된다. 즉, 시설 내 보안처분이 종료되거나 임시로 종료되고 여기에 사회 내 보안처분으로서 보호관찰이 부과되고, 그 집행과정에서 취소될 가능성이 있다는 점을 고려한다면 보안처분의 집행형태가 변형된 것으로 보는 것이 타당하다. 집행형태만 바뀌었을 뿐 여전히 보안처분인 것이다.

　　전자장치부착명령 등과 결합한 보호관찰의 경우, 예컨대, 전자장치부착법 제5조는 형 집행 종료 후 보호관찰이 부과될 수 있는 자를 규정하고 있고, 형 집행이 종료된 이후에도 여전히 재범위험성이 있다고 판단되는 경우에 형벌과는 별개의 보호관찰이라는 사회 내 보안처분을 부과하는 것이다. 따라서 전자장치부착명령 및 성충동약물치료명령과 결합된 보호관찰은 보안처분이 중복해서 부과되는 형태라고 보아야 한다. 다만, 개별 보안처분과 결합한 보호관찰은 주된 처분에 따른 부수적 처분인지 여부에 따라 달라질 것이다. 예컨대, 가석방과 결합한 보호관찰에 전자장치부착명령이 부과된다 하더라도 보호관찰은 전자장치부착명령의 법적 성격에 따르는 것이 아니라 가석방이 주된 처분이므로 형 집행이 변형된 보호관찰이고, 이에 따른 전자장치의 부착은 보호관찰 준수사항의 이행여부를 확인하는 수단에 불과하다.

III. 보호관찰의 집행 절차

1. 보호관찰 집행 관련 규정 방식

　　소년법은 보호관찰관의 단기 보호관찰 또는 장기 보호관찰로 규정하고 그 외 집행 절차에 관해서는 소년법에 따로 규정하고 있지 않다. 치료감호법, 전자장치부착법, 성충동약물치료법 등은 「보호관찰 등에 관한 법률」에 따른 보호관찰을 받는다고 규정하여 특별한 규정이 없는 한 보호관찰법의 집행 절차에 따르고 있다. 전자장치부착법의 형종료보호관찰은 형의 집행이 종료된 후 보호관찰법에 따른 보호관찰을 받는다고 규정하고 있다.[34]

---

34) 청소년성보호법 제61조도 형종료보호관찰임에도 그 집행은 보호관찰법에 따른 보호관찰을 받도록 하고 있다.

2. 보호관찰 집행 관련 기관

1) 보호관찰기관

(1) 보호관찰심사위원회(이하 '심사위원회')

보호관찰에 관한 사항을 심사하고 결정하기 위해 법무부장관 소속으로 심사위원회를 둔다.[35] 심사위원회는 ① 가석방과 그 취소에 관한 사항, ② 임시퇴원, 임시퇴원의 취소 및 보호소년법 제43조 제3항에 따른 보호소년의 퇴원에 관한 사항, ③ 보호관찰의 임시해제와 그 취소에 관한 사항, ④ 보호관찰의 정지와 그 취소에 관한 사항, ⑤ 가석방 중인 사람의 부정기형의 종료에 관한 사항, ⑥ 보호관찰법 또는 다른 법령에서 심사위원회의 관장사무로 규정된 사항, ⑦ 제1호부터 제6호까지의 사항과 관련된 것으로 위원장이 회의에 부치는 사항 등을 관장사무로 하여 이를 심사하고 결정한다(법 제6조).

심사위원회는 위원장을 포함하여 5명 이상 9명 이하의 위원으로 구성되고, 위원장은 고등검찰청 검사장 또는 고등검찰청 소속 검사 중에서 법무부장관이 임명한다. 심사위원회 위원은 판사, 검사, 변호사, 보호관찰소장, 지방교정청장, 교도소장, 소년원장 및 보호관찰에 관한 지식과 경험이 풍부한 사람 중에서 법무부장관이 임명하거나 위촉한다(법 제7조).

심사위원회는 심사자료에 의하여 관장사무를 심사한다. 심사에 필요하다고 인정하면 보호관찰 대상자와 그 밖의 관계인을 소환하여 심문하거나 상임위원 또는 보호관찰관에게 필요한 사항을 조사하게 할 수 있고, 국·공립기관이나 그 밖의 단체에 사실을 알아보거나 관계 자료의 제출을 요청할 수 있다(법 제11조).

(2) 보호관찰소

보호관찰, 사회봉사, 수강 및 갱생보호에 관한 사무를 관장하기 위하여 법무부장관 소속으로 보호관찰소를 두고, 보호관찰소의 사무 일부를 처리하게 하기 위하여 그 관할 구역에 보호관찰지소를 둘 수 있다(법 제14조).

보호관찰소는 ① 보호관찰, 사회봉사명령 및 수강명령의 집행, ② 갱생보호, ③ 검사가 보호관찰관이 선도함을 조건으로 공소제기를 유예하고 위탁한 선도 업

---

35) 현재 서울·부산·대구·광주·대전·수원 보호관찰심사위원회가 있다.

무, ④ 범죄예방 자원봉사위원에 대한 교육훈련 및 업무지도, ⑤ 범죄예방활동, ⑥ 보호관찰법 또는 다른 법령에서 보호관찰소의 관장사무로 규정된 사항 등을 관장한 다(법 제15조).

2) 보호관찰 담당

(1) 보호관찰관

보호관찰소는 기관의 관장사무를 처리하기 위하여 형사정책학, 행형학, 범죄 학, 사회사업학, 교육학, 심리학, 그 밖에 보호관찰에 필요한 전문지식을 갖추고 있 는 보호관찰관을 두고 있다(법 제16조).

(2) 범죄예방 자원봉사위원

범죄예방활동을 하고, 보호관찰활동과 갱생보호사업을 지원하기 위하여 범죄 예방 자원봉사위원을 둘 수 있다. 법무부장관은 ① 인격 및 행동에 있어 사회적으로 신망을 받을 것, ② 사회봉사에 대한 열의를 가지고 있을 것, ③ 건강하고 활동력이 있을 것, ④ 국가공무원법 제33조 각 호의 결격사유에 해당하지 아니할 것 등의 요 건을 갖춘 자 중에서 위촉한다. 이들은 명예직으로 하지만 예산의 범위에서 직무수 행에 필요한 비용의 전부 또는 일부를 지급할 수 있다(법 제18조).

3. 보호관찰의 집행

1) 보호관찰의 시작

보호관찰은 법원의 판결이나 결정이 확정된 때, 가석방 및 임시퇴원 된 때, 보호처 분이 확정된 때, 가종료 및 가출소 된 때, 기타 다른 법률에 의하여 보호관찰법에 의한 보호관찰을 받도록 하는 판결 또는 결정이 확정된 때부터 시작된다(법 제29조 제1항).

2) 판결문 또는 결정문의 통지 및 접수

법원은 선고유예 또는 집행유예를 선고하면서 보호관찰을 명하는 판결이 확정 된 때부터 3일 이내에 판결문 등본 및 준수사항을 적은 서면을 피고인의 주거지를 관할하는 보호관찰소장에게 보내야 한다(법 제20조).

법원에서 가정보호처분을 한 경우에도 지체 없이 그 사실을 검사, 가정폭력행 위자, 피해자, 보호관찰관 및 보호처분을 위탁받아 집행하는 보호시설, 의료기관 또

는 상담소 등의 장에게 통지하여야 한다(가정폭력처벌법 제40조 제4항). 법원은 그 의견이
나 그 밖에 보호관찰에 참고가 될 수 있는 자료를 첨부할 수 있다.

　　보호관찰소에서는 접수된 판결문 또는 결정문의 내용 및 사건번호를 입력하여
원활한 집행이 이루어 질 수 있도록 한다.

　　2016년 이후 접수된 보호관찰의 유형별 현황을 살펴보면 [표 3-1]과 같다.

[표 3-1]　보호관찰 접수사건의 처분유형별 현황36)

(단위: 명)

유형/연도	2016	2017	2018	2019	2020	2021
선도위탁	3,787	3,452	2,106	1,873	1,113	949
선고유예	35	33	28	15	19	24
집행유예	20,856	21,359	18,603	18,065	18,656	16,094
가석방	5,673	6,796	7,148	8,441	7,828	9,653
소년보호처분(단기)	7,254	7,175	7,055	5,913	5,884	5,088
소년보호처분(장기)	6,405	6,446	6,461	6,161	5,724	5,217
임시퇴원	1,233	1,192	1,296	1,058	962	944
기타	6,601	6,966	6,376	6,982	5,406	6,972
계	51,844	53,419	49,073	48,508	45,592	43,992

　　최근 6년간 접수된 보호관찰 사건은 집행유예 보호관찰을 제외하고 전반적으
로 감소하고 있다. 특히, 소년 보호관찰의 감소가 눈에 띈다. 단기보호관찰은 2016년
이후 지속적으로 감소하고 있고, 장기보호관찰도 2017년 약간 증가하였으나 이후
감소폭을 넓히고 있다. 기소유예형 보호관찰도 급감하고 있다.

3) 보호관찰 신고

　　보호관찰 대상자는 판결이 확정된 때 등의 사유가 있어서 보호관찰이 시작된
경우에는 10일 이내에 주거지를 관할하는 보호관찰소에 출석하여 서면으로 신고를
해야 한다(법 제16조). 다만, 선도위탁 보호관찰은 처분을 한 날로부터 7일 이내에 신
고하도록 하고 있다.

---

36) 범죄예방정책 통계분석, 2022, 76-78면 재구성.

대상자 본인이 보호관찰소에 출석하여 서면으로 신고하고, 작성한 신고서를 기초로 초기 면담이 이루어진다. 보호관찰관은 법원 등의 처분내용, 보호관찰 절차 및 준수사항 등에 대한 설명을 하고, 작성된 대상자의 인적사항, 가족관계, 학력, 직업, 건강상태, 범행동기, 범죄경력, 향후 생활계획 등에 관하여 사실 여부를 확인한다. 특히, 준수사항에 대한 교육은 중요한 의미를 지닌다. 준수사항의 이행여부는 보호관찰의 성패를 좌우할 뿐만 아니라 준수사항 위반 시 주의 및 경고 등의 조치와 그 위반의 정도가 중할 경우에는 집행유예의 취소 내지 처분변경 등의 제재조치가 행해질 수 있기 때문이다.

4) 재범위험성 평가

신고서를 작성할 때 성인대상자는 성인 재범위험성 평가표(K-PRAI)를, 소년대상자는 소년 재비행위험성 평가표(JDRAI-D)를 함께 작성한다. 보호관찰관은 초기분류 및 처우계획을 수립하기 위해서 범죄경력 및 수사경력 조회서, 판결전조사서, 결정전조사서, 청구전조사서 등 각종 조사서, 보호관찰 경력자의 경우에는 보호관찰 이행상황표, 교도소 및 소년원 등 수용생활 경험이 있는 대상자는 동태 시찰상황, 징벌사항, 생활기록부 등을 참고하고 재범위험성 평가를 실시한다.

5) 초기분류 및 처우계획 수립

각종 자료분석 및 주거환경 점검, 심리검사 등을 토대로 재범위험성의 정도에 따라 집중, 주요, 일반으로 분류등급을 결정한다.[37)]

분류등급에서 제외되는 대상자도 있다. 즉, 수용자, 군법피적용자, 추적대상자, 단독명령 대상자, 벌금대체 사회봉사자 등에 대해서는 따로 등급을 정하지 않는다. 보호관찰 집행과정에서 임시해제되는 자도 분류등급에서 제외된다.

준수사항의 이행정도, 처우계획의 수행정도를 고려하여 재범위험성이 높아졌거나 또는 낮아졌다고 판단할 경우에는 재분류를 실시한다.

---

37) 보호관찰법 제32조의2는 분류처우에 대해서 규정하고 있다. 보호관찰소장은 범행 내용, 재범위험성 등 보호관찰 대상자의 개별적 특성을 고려하여 그에 알맞은 지도·감독의 방법과 수준에 따라 분류처우를 하여야 한다. 이러한 분류처우를 하기 위하여 보호관찰 대상자에 대한 심리검사 등을 할 수 있고, 필요한 경우 외부전문가로부터 의견을 듣거나 검사를 의뢰할 수 있다.

4. 보호관찰의 처우(處遇, treatment)

1) 보호관찰의 개별처우

보호관찰소장은 범행 내용, 재범위험성 등 보호관찰 대상자의 개별적 특성을 고려하여 그에 알맞은 지도·감독의 방법과 수준에 따라 분류처우를 하여야 한다(법 제33조의2).

분류처우를 위해서 보호관찰소장은 대상자의 재범가능성, 사회생활 적응가능성 등 필요한 사항을 조사해야 하고, 심리검사 등 필요한 검사를 할 수 있으며, 필요한 경우 외부전문가로부터 의견을 듣거나 검사를 의뢰할 수 있다(법 시행령 제19조의3).

보호관찰소장은 보호관찰을 위하여 필요하다고 인정하면 대상자나 그 밖의 관계인을 소환하여 심문하거나 소속 보호관찰관에게 필요한 사항을 조사하게 할 수 있고, 국공립기관이나 그 밖의 단체에 사실을 알아보거나 관련 자료의 열람 등 협조를 요청할 수 있다(법 제37조).

2) 보호관찰관의 지도·감독

(1) 지도·감독

보호관찰관은 보호관찰 대상자의 재범을 방지하고 건전한 사회복귀를 촉진하기 위해서 필요한 지도·감독을 한다. 그 방법은 다음과 같다(법 제33조 제2항). ① 보호관찰 대상자와 긴밀한 접촉을 하고 항상 그 행동 및 환경 등을 관찰하는 것, ② 보호관찰 대상자에게 준수사항을 이행하기에 적절한 지시를 하는 것, ③ 보호관찰 대상자의 건전한 사회복귀를 위해 필요한 조치를 하는 것이다.

보호관찰관은 대상자로부터 준수사항 이행서약서를 제출받고 보호관찰 기간 중 준수사항을 이행하도록 지시한다. 또한 직무수행에 필요한 경우에는 범죄예방위원 또는 특별범죄예방위원에게 지원을 요청할 수 있다.

분류등급별 지도·감독을 차별화하고, 분류등급도 집중·주요·일반 등급으로 구분하여 월 대면지도(출장지도 및 출석지도)의 횟수를 조정하고 기타 통신지도 등 비대면지도를 실시한다.

보호관찰관의 지도·감독 실시 유형을 살펴보면 [표 3-2]와 같다.

[표 3-2]   보호관찰 지도·감독의 실시 유형[38]

연도/지도유형	출석지도	출장지도	비대면지도[39]
2016	44.7%	21.8%	33.5%
2017	45.3%	21.4%	33.3%
2018	45.5%	20.5%	34.0%
2019	43.4%	22.9%	33.7%
2020	29.9%	21.5%	48.6%
2021	30.3%	23.3%	46.4%

최근 6년간 실시한 보호관찰 지도·감독 유형을 살펴보면, 출석지도가 39.9%, 전화, 이메일 등을 통한 비대면지도가 38.3%, 대상자의 주거지 및 학교 등을 방문하여 지도하는 출장지도는 21.9%의 평균 점유율을 보이고 있다. 2020년과 2021년에 비대면지도가 급상승한 것은 2019년 이후 covid-19 상황때문에 보호관찰기관에서 출석지도 등 대면지도보다는 비대면 방식의 지도·감독을 선호한 것으로 분석된다.

(2) 원호

보호관찰관은 대상자가 자조의 노력을 할 때에는 그의 개선과 자립을 위하여 필요하다고 인정되는 적절한 원호를 실시한다(법 제34조). 원호의 방법은 숙소의 알선, 직업훈련 기회의 제공, 환경의 개선, 대상자의 건전한 사회복귀에 필요한 원조의 제공 등이다.

보호관찰 대상자에 대한 원호지원 현황은 [표 3-3]과 같다.

최근 8년간 원호지원은 경제구호가 약 78%로 나타나 가장 큰 비율을 점하고 있고, 그 밖에 소년 보호관찰 대상자 위주로 검정고시, 복학주선 등이 이루어지고 있다.

---

38) 범죄예방정책 통계분석, 2022, 115면 재구성.
39) 비대면지도는 전화, 이메일 등을 통한 지도를 말한다.

[표 3-3] 보호관찰 대상자의 원호지원 현황[40]

(단위: %)

원호/연도	2014	2015	2016	2017	2018	2019	2020	2021
경제구호	69.7	73.5	72.6	74.2	77.1	79.9	86.5	90.4
숙소알선	0.8	0.7	0.8	0.6	1.0	0.8	0.4	0.3
취업알선	0.9	0.5	0.6	0.4	0.6	0.4	0.3	0.3
직업훈련	2.2	1.9	1.9	1.8	3.4	3.6	1.5	1.3
복학주선	7.0	5.3	4.3	3.5	1.1	0.7	0.3	0.1
검정고시	3.4	2.7	3.7	3.4	6.9	5.5	3.7	2.2
문신제거	2.6	2.4	2.6	1.8	1.1	0.5	0.1	0.1
치료지원	5.2	2.3	3.3	4.5	3.0	4.3	3.3	2.7
기타	8.3	10.7	10.1	9.7	5.8	4.1	3.9	2.6

(3) 지도·감독과 원호의 관계

보호관찰의 처우는 보호관찰관의 지도·감독 및 원호로 구성되는데, 양자의 관계가 문제된다.

ⅰ) 대상자를 통제하기 위한 보호관찰관의 접촉을 지도·감독으로 보고, 상담 및 자립서비스의 제공은 원호로 보는 견해,[41] ⅱ) 보호관찰의 기본적 수행방법은 법 제33조(지도·감독) 제2항 제3호[42]에 규정된 것이고, 제34조(원호)와 제35조(긴급구호)는 지도·감독의 구체적인 방법에 불과하다는 견해[43]가 있다.

생각건대, 보호관찰의 처우는 지도·감독과 원호로 구성된다. 견해 ⅰ)은 상담을 원호의 일종으로 보고 있으나 상담은 보호관찰관과 대상자가 교류하는 가장 기본적인 수단이라는 점에서 지도·감독으로 보아야 하고, 견해 ⅱ)는 법 제33조 제2항 제3호의 '대상자의 건전한 사회복귀를 위해 필요한 조치'는 원호를 말하는 것이 아니라 특별준수사항을 추가·변경·삭제하거나 대상자가 준수사항을 위반한 경우

---

40) 범죄예방정책 통계분석, 2022, 123면 재구성.
41) 이형섭, 효과적 보호관찰 지도감독 모델에 관한 연구: 인지행동적 개입을 중심으로, 법조 통권 제15호, 2003.
42) 보호관찰법 제33조 제2항 제3호. 보호관찰관의 지도·감독 방법은 다음 각 호와 같다. 3. 보호관찰 대상자에게 제32조의 준수사항을 이행하기에 적절한 지시를 하는 것.
43) 정동기 외, 보호관찰제도론, 2016, 304면.

에 경고 등 제재조치로 경각심을 주기 위한 조치를 말한다고 보아야 하므로 이를 원호로 보는 것은 법 제34조 및 제35조를 독립된 조문으로 규정하고 있는 취지에 반하는 점, 보호관찰의 처우는 보호관찰관의 지도·감독뿐만 아니라 원호로 구성된 다고 보아야 하므로 원호를 지도·감독에 포함시키는 것은 부적절한 점, 지도·감독 은 강제적이고 보호관찰의 필수적인 집행 절차이기 때문에 대상자의 동의 또는 신 청에 의해 이루어지는 원호와는 구별된다는 점 등을 고려하면 지도·감독과 원호를 구분하는 것이 타당하다.

5. 보호관찰 준수사항

1) 보호관찰 준수사항의 개념

보호관찰은 대상자가 정상적인 사회생활을 하는 과정에서 일정 기간 보호관찰 관의 지도·감독을 받으며 부과된 준수사항을 지키는 것을 조건으로 한다. 즉, 보호 관찰 준수사항은 보호관찰관에게는 지도·감독의 표준이 되고, 대상자에게는 생활 규범으로서 기능을 한다.

보호관찰관은 준수사항을 토대로 처우계획을 수립하고, 대상자가 준수사항을 위반할 때에는 일정한 제재조치를 하여 보호관찰의 실효성을 제고한다.

보호관찰법 제32조는 대상자 모두에게 적용되는 일반준수사항과 대상자의 개 별적 특성을 고려하여 부과하는 특별준수사항으로 구분하고 있다. 보호관찰의 유형 을 고려하지 않고 부과된다는 점, 성인범과 소년범을 구별하지 않고 모두 적용된다 는 점, 일반준수사항은 명문화되어 있지만 특별준수사항은 보호관찰법 제32조 제3 항 제10호 및 보호관찰법 시행령 제19조 제8호[44]를 고려하면 그 내용이 매우 광범 위하다는 점 등의 특색이 있다.

2) 보호관찰 준수사항의 부과

법원 및 보호관찰심사위원회는 판결의 선고 또는 결정을 고지할 때에는 일반준 수사항 외에 범죄의 내용과 종류 및 대상자의 특성 등을 고려하여 필요하면 보호관

---

44) 보호관찰법 시행령 제19조 제8호. 그 밖에 보호관찰 대상자의 생활상태, 심신의 상태, 범죄 또는 비행의 동기, 거주지의 환경 등으로 보아 보호관찰 대상자가 준수할 수 있고 자유를 부당하게 제한 하지 아니하는 범위에서 개선·자립에 도움이 된다고 인정되는 구체적인 사항을 특별준수사항으로 부과할 수 있다.

찰 기간의 범위에서 기간을 정하여 특별준수사항을 따로 과할 수 있다. 또한 대상자가 준수사항을 위반하거나 사정변경의 상당한 이유가 있는 경우에는 법원은 보호관찰소장의 신청 또는 검사의 청구에 따라, 심사위원회는 보호관찰소장의 신청에 따라 각각 준수사항의 전부 또는 일부를 추가, 변경하거나 삭제할 수 있다.

특별준수사항을 부과할 수 있는 주체로 법원 및 각종 위원회를 제외하고 보호관찰관도 법률에 근거하여 준수사항을 부과할 수 있다는 견해45)가 있다. 보호관찰관은 보호관찰 대상자의 재범을 방지하고 건전한 사회복귀를 위해 필요한 지도·감독을 하는데, 대상자에게 부과된 준수사항을 이행하기에 적절한 지시를 할 수 있다는 조항46)을 근거로 하고 있다.

생각건대, 보호관찰관의 지시는 대상자에게 이미 부과된 준수사항을 제대로 이행할 수 있도록 하는 지도·감독의 일환일 뿐 이를 새로운 준수사항을 부과할 수 있다는 것으로 해석할 수는 없다. 보호관찰관의 지시사항을 준수사항으로 이해할 경우에는 부과 범위가 매우 넓어지고 사소한 지시사항을 위반할 경우에도 준수사항 위반으로 보호관찰이 취소될 수 있으며, 대상자가 준수사항을 위반하거나 사정변경의 상당한 이유가 있는 경우에는 보호관찰소장 등의 신청으로 법원 또는 보호관찰심사위원회에서 준수사항의 전부 또는 일부를 추가하거나 변경 또는 삭제할 수 있기 때문이다.47)

3) 보호관찰 준수사항의 기능

보호관찰 준수사항은 보호관찰관과 대상자가 상호 교류할 수 있는 합법적인 행위의 기준이 된다. 즉, 일반준수사항과 특별준수사항은 대상자의 재범위험성에 기초한 범죄의 위험요인을 경감시키기 위한 구체적이고 전략적인 프로그램인 것이다.

준수사항의 부과도 대상자의 이행가능성과 인권침해의 가능성을 고려해야 하고, 보호관찰관도 준수사항을 이행하는 데 필요한 조치 이상으로 대상자에게 의무 없는 일을 강요하거나 실현 불가능한 조치를 해서는 안 된다.

보호관찰관은 준수사항을 전제로 처우계획을 수립하고 지도·감독을 실시한다. 보호관찰의 적절한 처우는 보호관찰의 유형 및 대상자에 따라 처우 내용을 다양화

---

45) 정진연, 보호관찰 준수사항의 위헌성 검토, 보호관찰 제13권 제1호, 2013, 292면.
46) 보호관찰법 제33조 제2항 제2호 참조.
47) 보호관찰법 제32조 제4항 참조.

하고 개별화하는 것이 요구된다. 다만, 처우내용의 개별화가 진전될수록 특별준수사항의 내용이 세밀해지고, 권리제한의 정도가 강해질 수 있는데 이는 대상자의 일상생활에 대한 간섭으로 이어지기 쉽다. 재사회화 목적에 충실하다보면 불평등 문제가 발생할 수 있다. 왜냐하면 특별준수사항이 대상자에 주는 자유 제한의 정도가 다를 수 있기 때문이다.

준수사항을 위반하는 경우에는 구인, 준수사항의 추가·변경 등의 제재를 가할 수 있고, 집행유예·가석방·가종료의 취소 및 보호처분이 변경될 수 있으며, 전자장치부착명령과 결합한 보호관찰48) 등의 경우에는 준수사항 위반이 곧 범죄 구성요건으로 이어질 수 있으므로 준수사항은 일정한 규범력을 가지고 있다고 볼 수 있다. 그러므로 보호관찰의 적절한 집행을 위해서 특별준수사항은 대상자의 준법의식, 자립심 등을 함양하고 개선 및 교화적 방향에 합리적으로 관련되어야 하며 자유를 과도하게 제약하여서도 안 될 것이다.

또한 준수사항은 대상자의 소질과 사회환경적 상황을 고려하여 실현가능성이 있어야 하고 그 내용은 명확해야 한다. 사회방위에 중점을 두고 준수사항을 부과할 경우에는 그러한 준수사항이 형벌적인 요소를 가지고 있다는 점을 배제할 수 없기 때문이다.

4) 보호관찰 준수사항의 법적 성격

준수사항은 재사회화 목적을 수행하기 위한 처우라는 점에서 기본적으로 보안처분으로서의 성격을 갖는다는 견해49)가 있다. 예컨대, 전자장치부착명령은 보호관찰을 선고할 때에만 부가할 수 있기 때문에 형벌과 본질적으로 차이가 있다는 점, 전자장치부착명령의 임시해제 및 전자장치의 일시분리 등을 고려할 때 준수사항은 보안처분으로서의 성격을 가진다고 한다.

생각건대, 형 집행종료 후 보호관찰 및 기타 유형과 같이 보호관찰을 선고할 때에 전자장치부착명령이 부과되는 것은 아니라는 점, 임시해제는 보안처분에만 유일한 것은 아니고 형벌의 집행 중에도 임시해제와 유사한 가석방 등이 활용되고 있다는 점, 전자장치의 일시분리는 병원 치료와 같이 일정한 사유가 발생하면 실시할

---

48) 전자장치부착법 제39조 제2항 참조.
49) 박형민/박준희/황만성, 전자감독에서의 준수사항 효과성 연구 ─ 야간외출제한명령을 중심으로 ─, 2018, 26 ─ 27면.

수 있다는 점에서 준수사항을 보안처분으로 보는 것은 무리가 있다.

보호관찰 준수사항의 법적 성격은 재판의 일종으로 보아야 한다. 선고된 형벌 또는 보안처분의 내용과 목적을 가장 잘 이해하는 주체는 법관[50]이라고 할 수 있고, 보호관찰의 집행과정에서는 보호관찰관이 개입하므로 대상자의 재사회화 목적을 위해서 양 기관이 긴밀한 협조체계를 유지해야 할 필요성이 있다. 법원의 결정으로 준수사항이 부과되고, 보호관찰 지도·감독 중에 대상자의 변화하는 재범 관련 위험 요인과 보호요인을 총체적으로 판단하여 준수사항의 추가, 변경, 삭제 등이 이루어 지고, 그 내용도 개별처우에 적합하도록 다종다양하게 형성해 갈 수 있기 때문이다.

5) 보호관찰 준수사항의 내용

(1) 일반준수사항

일반준수사항은 모든 보호관찰 대상자가 준수해야 하는 사항이다. 그 내용은 ① 주거지에 상주하고 생업에 종사할 것, ② 범죄로 이어지기 쉬운 나쁜 습관을 버리고 선행을 하며 범죄를 저지를 염려가 있는 사람들과 교제하거나 어울리지 말 것, ③ 보호관찰관의 지도·감독에 따르고 방문하면 응대할 것, ④ 주거를 이전하거나 1개월 이상 국내·외 여행을 할 때에는 미리 보호관찰관에게 신고할 것 등이다(법 제32조 제2항).

(2) 특별준수사항

법원 및 보호관찰심사위원회는 판결의 선고 또는 결정을 고지할 때에는 일반준 수사항 외에 범죄의 내용과 종류 및 본인의 특성 등을 고려하여 특별준수사항을 부 과할 수 있다.

그 내용은 ① 야간 등 재범의 기회나 충동을 줄 수 있는 특정 시간대의 외출 제한,[51] ② 재범의 기회나 충동을 줄 수 있는 특정 지역·장소의 출입금지, ③ 피해

---

50) 정승환, 형벌집행에 대한 법관의 통제와 형집행법원의 필요성, 형사법연구 제22호, 2004, 376면.
51) 소년 보호관찰 대상자의 외출제한명령 접수 현황

구분	2016년	2017년	2018년	2019년	2020년	2021년
부과/접수건수	7,684 /18,218	8,350 /17,799	8,095 /16,659	7,255 /14,439	7,258 /13,489	6,705 /11,853
부과율	42.2%	46.9%	48.6%	50.2%	53.8%	56.6%

범죄예방정책 통계분석, 2022, 89면 재구성.

자 등 재범의 대상이 될 우려가 있는 특정인에 대한 접근 금지, ④ 범죄행위로 인한 손해를 회복하기 위하여 노력할 것, ⑤ 일정한 주거가 없는 자에 대한 거주장소 제한, ⑥ 사행행위에 빠지지 아니할 것, ⑦ 일정량 이상의 음주를 하지 말 것, ⑧ 마약 등 중독성 있는 물질을 사용하지 아니할 것, ⑨ 「마약류관리에 관한 법률」상의 마약류 투약, 흡연, 섭취 여부에 관한 검사에 따를 것, ⑩ 그 밖에 보호관찰 대상자의 재범 방지를 위하여 필요하다고 인정되어 대통령령으로 정하는 사항52) 등이다.

6) 보호관찰법의 준수사항과 개별 법률의 준수사항 비교

(1) 보호관찰법의 보호관찰 준수사항을 다른 법률에서 준용하고 있다. 즉, 다른 개별 법률의 준수사항은 결국 보호관찰법의 준수사항과 차별화되지 않는다.

(2) 다른 개별법 예컨대, 전자장치부착법의 준수사항은 '특정범죄 치료 프로그램의 이수'를 제외하고, 보호관찰법의 준수사항과 대동소이하다. 보호관찰법 시행령 제19조 제8호를 범죄자에 따라 유형화시키고, 범죄원인에 따라 어떻게 구체화 시키느냐가 보호관찰의 성패를 좌우한다고 볼 수 있다.

IV. 제재조치 및 임시해제

보호관찰 준수사항을 위반하면 제재조치가 따르고, 보호관찰 이행성적이 양호한 경우에는 은전(恩典)조치로서 보호관찰관의 지도·감독이 임시로 해제될 수 있다.

---

52) 보호관찰법 시행령 제19조. 대통령령으로 정하는 사항은 다음과 같다.
  1. 운전면허를 취득할 때까지 자동차운전(원동기장치 자전거를 포함한다)을 하지 않을 것
  2. 직업훈련, 검정고시 등 학과교육 또는 성행개선을 위한 교육, 치료 및 처우 프로그램에 관한 보호관찰관의 지시에 따를 것
  3. 범죄와 관련이 있는 특정 업무에 관여하지 않을 것
  4. 성실하게 학교수업에 참석할 것
  5. 정당한 수입원에 의하여 생활하고 있음을 입증할 수 있는 자료를 정기적으로 보호관찰관에게 제출할 것
  6. 흉기나 그 밖의 위험한 물건을 소지 또는 보관하거나 사용하지 아니할 것
  7. 가족의 부양 등 가정생활에 있어서 책임을 성실히 이행할 것
  8. 그 밖에 보호관찰 대상자의 생활상태, 심신의 상태, 범죄 또는 비행의 동기, 거주지의 환경 등으로 보아 보호관찰 대상자가 준수할 수 있고 자유를 부당하게 제한하지 아니하는 범위에서 개선·자립에 도움이 된다고 인정되는 구체적인 사항

1. 제재조치

1) 경고

보호관찰 대상자가 법 제32조의 준수사항을 위반하거나 위반할 위험성이 있다고 인정할 만한 상당한 이유가 있는 경우에는 경고할 수 있다. 경고는 보호관찰관이 대상자에게 준수사항의 이행을 촉구하고 형의 집행 등 불리한 처분을 받을 수 있다는 사실을 알리는 것을 말한다.

2) 구인

보호관찰 대상자가 법 제32조의 준수사항을 위반하였거나 위반하였다고 의심할 만한 상당한 이유가 있고, ① 일정한 주거가 없는 경우, ② 보호관찰에 필요한 경우 대상자를 소환하여 심문하거나 조사할 수 있는데 이를 거부한 경우, ③ 도주하거나 도주할 염려가 있는 경우 등의 사유가 있는 때에는 보호관찰소장은 검사에게 신청하여 검사의 청구로 판사의 구인장을 발부받아 대상자를 구인할 수 있다(법 제39조). 구인장은 검사의 지휘에 따라 보호관찰관이 집행하는데 보호관찰관이 집행하기 곤란한 경우에는 사법경찰관리에게 집행하게 할 수 있다.

3) 긴급구인

보호관찰 준수사항을 위반한 대상자가 구인장 발부 사유에 해당하지만 긴급하여 구인장을 발부받을 시간적 여유가 없는 경우에는 그 사유를 대상자에게 알리고 구인장 없이 구인할 수 있다. 보호관찰소장이 긴급구인을 한 경우에는 긴급구인서를 작성하여 즉시 관할 지방검찰청 검사의 승인을 받아야 하고, 승인을 받지 못하면 즉시 석방하여야 한다(법 제40조).

4) 유치허가 및 해제

(1) 유치허가

보호관찰소장은 대상자를 구인 및 긴급구인한 경우에는 구인한 때로부터 48시간 이내에 수용기관 또는 소년분류심사원에 유치하는 것에 대한 허가를 신청하여야 한다.

보호관찰소장은 보호관찰을 조건으로 한 형(벌금형 제외)의 ① 선고유예의 실효 및 집행유예의 취소 청구의 신청, ② 가석방 및 임시퇴원의 취소 신청, ③ 보호처분의 변경 신청 등이 필요하다고 판단한 경우에는 검사에게 신청하여 검사의 청구로 판사의 허가를 받아 유치할 수 있다(법 제42조). 유치허가를 받지 못한 경우에는 대상자를 즉시 석방하여야 한다.

보호관찰소장은 유치허가를 받은 때부터 24시간 이내에 위의 ①, ②, ③ 신청을 해야 한다. 검사는 보호관찰소장으로부터 위의 신청을 받고 그 이유가 타당하다고 인정하면 48시간 이내에 관할 법원에 보호관찰을 조건으로 한 형의 선고유예의 실효 또는 집행유예의 취소를 청구하여야 한다.

유치할 수 있는 기간은 20일이다. 형(벌금형 제외)의 선고유예의 실효 및 집행유예의 취소 청구의 신청, 보호처분의 변경 신청이 있는 경우에 법원은 심리를 위하여 필요하다고 인정하면 심급마다 20일의 범위에서 한 차례만 유치기간을 연장할 수 있다. 반면, 가석방 및 임시퇴원의 취소 신청은 보호관찰심사위원회의 심사에 필요하면 검사에게 신청하여 검사의 청구로 판사의 허가를 받아 10일의 범위에서 한 차례만 유치기간을 연장할 수 있다.

(2) 유치 해제

유치를 해제할 수 있는 경우는 다음과 같다(법 제44조). ① 검사가 보호관찰소장의 선고유예의 실효 및 집행유예의 취소 신청을 기각한 경우, ② 법원이 검사의 선고유예의 실효 및 집행유예의 취소 신청을 기각한 경우, ③ 보호관찰심사위원회가 보호관찰소장의 가석방 및 임시퇴원의 취소 신청을 기각한 경우, ④ 법무부장관이 보호관찰심사위원회의 가석방 및 임시퇴원의 취소 결정을 허가하지 않은 경우, ⑤ 법원이 보호관찰소장의 보호처분 변경 신청을 기각한 경우 등의 사유가 있는 경우에는 유치를 해제하고 대상자를 석방해야 한다.

유치된 대상자에 대한 보호관찰을 조건으로 한 선고유예가 실효되거나 집행유예가 취소된 경우 또는 가석방이 취소된 경우에는 그 유치 기간을 형기에 산입한다(법 제45조).

5) 보호관찰의 정지

보호관찰심사위원회는 가석방 또는 임시퇴원된 대상자의 소재지를 알 수 없어 보호관찰을 계속할 수 없을 때에는 보호관찰소장의 신청 또는 직권으로 보호관찰을 정지하는 결정을 할 수 있다.

보호관찰의 정지를 해제할 수 있는 사유로는 대상자의 소재지를 파악한 경우, 보호관찰 정지 중인 대상자가 구인된 경우이다. 형기 또는 보호관찰의 기간은 보호관찰의 정지결정을 한 때부터 그 진행이 정지되고, 정지해제 결정을 한 날로부터 다시 진행한다.

대상자의 소재불명이 천재지변이나 그 밖의 부득이한 사정 등 그의 책임 없는 사유로 밝혀진 경우에는 그 정지결정을 취소해야 한다(법 제53조).

보호관찰의 각종 처분의 취소 및 변경 현황을 살펴보면 [표 3-4]와 같다.

[표 3-4] 보호관찰의 취소 및 변경 등 현황53)

(단위: 건)

처분유형/연도	2014	2015	2016	2017	2018	2019	2020	2021
집행유예 취소	657	744	726	791	749	694	506	541
보호처분 변경	1,821	1,812	1,780	1,576	1,217	982	965	909
임시퇴원 취소	148	126	109	118	128	122	85	77
가석방 취소	23	11	11	7	14	20	16	20
기간 연장	72	79	40	49	35	36	25	34
선도위탁 취소	481	457	553	535	402	280	224	143
보호관찰 정지	75	71	58	70	76	65	56	36

최근 8년간 보호관찰 집행 도중 재범 또는 준수사항 위반 등으로 원 처분이 변경되거나 취소되는 비율이 소폭이나마 감소하고 있다는 것은 대상자 수의 감소에도 원인이 있겠지만, 대체로 보호관찰의 집행이 안정적으로 운용되고 있다는 점에 기인하는 것으로 분석한다.

2. 임시해제

1) 임시해제 개념

보호관찰관의 지도·감독에 순응하고, 보호관찰 준수사항의 이행성적이 양호하여 재범위험성이 유의미하게 개선되었다고 판단될 경우 임시적으로 타율적인 보호관찰관의 지도·감독은 받지 않는 대신 자율적인 준수사항의 이행은 계속되게 하는

---

53) 범죄예방정책 통계분석, 2022, 132-133면 재구성.

처분을 말한다.

2) 임시해제 결정

대상자에게 임시해제를 할 수 있는 권한을 가지고 있는 기관은 보호관찰심사위원회이다. 동 심사위원회는 보호관찰소장이 대상자의 보호관찰 이행성적이 양호하다고 판단하여 임시해제를 신청하는 경우 또는 직권으로 보호관찰 임시해제를 결정할 수 있다(법 제52조).

3) 임시해제 취소

동 심사위원회는 보호관찰이 임시해제되었다 하더라도 보호관찰을 다시 집행하는 것이 적절하다고 판단될 경우에는 보호관찰소장의 신청 또는 직권으로 임시해제 결정을 취소할 수 있다.[54]

임시해제 결정이 취소된 경우에는 임시해제된 기간을 보호관찰 기간에 포함한다.

4) 임시해제 현황

근거 법률에 따른 임시해제 활용률을 살펴보면 [표 3-5]와 같다.

[표 3-5] 근거 법률별 보호관찰 임시해제 현황[55]

(단위: 명, %)

근거법률/연도	2016	2017	2018	2019	2020
형법	1,914 (73.6)	2,090 (74.4)	1,469 (67.8)	605 (70.8)	280 (61.7)
소년법	610 (23.4)	596 (21.2)	608 (28.1)	194 (22.7)	154 (33.9)
성폭력처벌법	6 (0.2)	42 (1.5)	19 (0.9)	16 (1.9)	13 (2.9)
성매매처벌법	67 (2.6)	74 (2.6)	57 (2.6)	32 (3.7)	6 (1.3)
청소년성보호법	3 (0.1)	4 (0.1)	4 (0.2)	5 (0.6)	1 (0.2)
아동학대처벌법	2 (0.1)	5 (0.2)	8 (0.4)	2 (0.2)	0 (0.0)

---

54) 보호관찰심사위원회는 보호관찰 집행과 관련하여 대상자의 준수사항 이행정도를 알 수 없으므로 직권으로 임시해제와 그 결정을 취소할 수 있다는 규정은 개정할 필요성이 있다. 따라서 보호관찰소장의 신청으로 족하다.

55) 범죄백서, 2021, 460면.

2020년 기준으로 형법범 61.7%, 소년범 33.9%를 제외하고 그 밖의 법률에 근거한 임시해제는 활용율이 낮게 나타나고 있다.

V. 보호관찰의 종료

1. 일반적인 사유

1) 보호관찰 기간의 경과
2) 대상자의 사망
3) 대상자의 특별사면
4) 피처분자가 상소한 경우

상소한 경우에는 판결이 확정되지 않았기 때문에 보호관찰 대상자는 아니므로 '상소종료'로 종료 처리한다.

2. 처분의 종료 결정

1) 부정기형의 종료 결정이 있는 경우

소년법에 따라 형을 선고받은 후 가석방된 사람이 그 형의 단기가 지나고 보호관찰의 목적을 달성하였다고 인정되면 소년법 제66조[56])에서 정한 기간 전이라도 보호관찰심사위원회는 보호관찰소장의 신청을 받거나 직권으로 형의 집행을 종료한 것으로 결정할 수 있다(법 제50조).

2) 치료감호의 종료 결정이 있는 경우

치료감호심의위원회는 피보호관찰자의 관찰성적 및 치료경과가 양호하면 보호관찰 기간이 끝나기 전에 보호관찰의 종료를 결정할 수 있다(치료감호법 제35조).

3. 처분의 실효 또는 취소

1) 보호관찰을 조건으로 한 선고유예가 실효되거나 보호관찰을 조건으로 한 집

---

56) 소년법 제66조(가석방 기간의 종료). 징역 또는 금고를 선고받은 소년이 가석방된 후 그 처분이 취소되지 아니하고 가석방 전에 집행을 받은 기간과 같은 기간이 지난 경우에는 형의 집행을 종료한 것으로 한다.

행유예가 실효되거나 취소된 경우(형법 제61조 제1항 및 제2항, 제63조, 제64조)

대법원은 보호관찰, 사회봉사명령 또는 수강명령 조건부 집행유예를 선고 받은 사람이 보호관찰 준수사항이나 명령을 위반한 경우에 그 위반사실이 범죄행위가 되더라도 재판의 확정여부 등 형사절차와는 별도로 법원이 보호관찰법에 의한 검사의 청구에 의하여 집행유예의 취소 요건에 해당하는가를 심리하여 집행유예를 취소할 수 있다는 입장이다.57)

2) 가석방 또는 임시퇴원이 취소된 경우(보호관찰법 제48조)

3) 가석방이 실효된 경우(형법 제74조)

4) 가종료·가출소의 취소 결정이 있는 경우(치료감호법 제36조)

5) 보호처분이 취소된 경우 예컨대, 소년보호처분, 가정보호처분, 성매매보호처분, 아동학대보호처분이 취소된 경우이다.

4. 처분의 변경

보호처분이 변경된 경우 예컨대, 소년보호처분, 가정보호처분, 성매매보호처분, 아동학대보호처분이 변경된 경우이다.

5. 보호관찰 종료 현황

보호관찰의 종료 현황을 살펴보면 [표 3-6]과 같다.

[표 3-6] 보호관찰 종료 현황58)

(단위: 건, %)

연도/유형	기간만료	처분변경 등	기타	계
2016	32,485(79.4)	7,735(18.9)	692(1.7)	40,912
2017	34,165(81.1)	7,244(17.2)	718(1.7)	42,127
2018	34,924(80.3)	7,785(17.9)	762(1.8)	43,471
2019	36,498(83.6)	6,394(14.6)	763(1.8)	43,655
2020	33,315(84.1)	5,578(14.1)	738(1.8)	39,631

---

57) 대결 1999. 3. 10. 99모33.

58) 범죄백서, 2021, 430면 재구성.

최근 5년간 보호관찰 종료 사유[59] 중에서 기간만료가 평균 81.7%로 나타나고 있다. 2020년 기준 기간만료로 종료한 경우는 84.1%, 처분변경 등은 14.1%로 나타나고 있는 것으로 미루어 비교적 안정적으로 보호관찰의 집행이 이루어지고 있는 것으로 분석된다.

VI. 형 집행 종료 후 보호관찰

1. '형 집행 종료 후 보호관찰'의 의의

형 집행 종료 후 보호관찰(이하 '형종료보호관찰'이라 한다)은 성폭력범죄,[60] 미성년자 대상 유괴범죄,[61] 살인범죄,[62] 강도범죄[63] 등 특정범죄를 저지른 사람이 금고

---

59) 이송은 대상자의 거주지 변경 등으로 인해서 보호관찰 관할기관이 변경되는 경우이므로 당해 처분이 종료되었다고 볼 수 없으므로 제외하였다. 기존의 기관에서는 이송으로 인해 '종료처리'하지만, 전체 대상자의 수는 변함이 없기 때문이다.

60) 전자장치부착법 제2조 제2호. 성폭력범죄는 다음 각 목의 범죄를 말한다.
  가. 형법 제2편 제32장 강간과 추행의 죄 중 제297조(강간)·제297조의2(유사강간)·제298조(강제추행)·제299조(준강간, 준강제추행)·제300조(미수범)·제301조(강간 등 상해·치상)·제301조의2(강간 등 살인·치사)·제302조(미성년자 등에 대한 간음)·제303조(업무상위력 등에 의한 간음)·제305조(미성년자에 대한 간음·추행)·제305조의2(상습범), 제2편 제38장 절도와 강도의 죄 중 제339조(강도강간)·제340조(해상강도) 제3항(사람을 강간한 죄만을 말한다) 및 제342조(미수범)의 죄(제339조 및 제340조 제3항 중 사람을 강간한 죄의 미수범만을 말한다)
  나. 「성폭력범죄의 처벌 등에 관한 특례법」제3조(특수강도강간 등)부터 제10조(업무상 위력 등에 의한 추행)까지의 죄 및 제15조(미수범)의 죄(제3조부터 제9조까지의 미수범만을 말한다)
  다. 「아동·청소년의 성보호에 관한 법률」제7조(아동·청소년에 대한 강간·강제추행 등)·제8조(장애인인 아동·청소년에 대한 간음 등)·제9조(강간 등 상해·치상) 및 제10조(강간 등 살인·치사)의 죄
  라. 가목부터 다목까지의 죄로서 다른 법률에 따라 가중 처벌되는 죄
61) 전자장치부착법 제2조 제3호. 미성년자 대상 유괴범죄는 다음 각 목의 범죄를 말한다.
  가. 미성년자에 대한 형법 제287조(미성년자의 약취·유인)부터 제292조(약취, 유인, 매매, 이송된 사람의 수수·은닉 등)까지, 제294조(미수범), 제296조(예비·음모), 제324조의2(인질강요) 및 제336조(인질강도)의 죄
  나. 미성년자에 대한 「특정범죄 가중처벌 등에 관한 법률」제5조의2(약취·유인죄의 가중처벌)의 죄
  다. 가목과 나목의 죄로서 다른 법률에 따라 가중 처벌되는 죄
62) 전자장치부착법 제2조 제3의2호. 살인범죄는 다음 각 목의 범죄를 말한다.
  가. 형법 제2편 제1장 내란의 죄 중 제88조(내란목적의 살인)·제89조(미수범)의 죄(제88조의 미수범만을 말한다), 제2편 제24장 살인의 죄 중 제250조(살인, 존속살해)·제251조(영아살해)·제252조(촉탁, 승낙에 의한 살인 등)·제254조(미수범)제255조(예비, 음모), 제2편 제32장 강간과 추행의 죄 중 제301조의2(강간 등 살인·치사) 전단, 제2편 제38장 절도와 강도의 죄 중 제338조(강도살인·치사)전단·제340조(해상강도) 제3항(사람을 살해한 죄만을 말한다) 및 제342조(미수범)의 죄(제338조 전단 및 제340조 제3항 중 사람을 살해한 죄의 미수범만을 말한다)

이상의 선고형에 해당하고, 재범위험성이 인정될 경우에 형의 집행이 종료된 때 등의 사유가 발생한 경우에 실시하는 보호관찰을 말한다.

2012년 12월 18일 개정(2013. 6. 19. 시행)된 전자장치부착법(법률 제11556호) 제2장의2에서 형종료보호관찰을 규정하여 집행유예·가석방·가종료 등과 결합된 기존의 유형과 다른 새로운 보호관찰이 시작되었다.

또한 2012년 12월 18일 개정(2012. 12. 18. 시행)된 전자장치부착법(법률 제11558호) 부칙 제6조를 통해 형종료보호관찰도 소급해서 적용될 수 있는 근거를 마련하였다.

2. 형종료보호관찰의 대상자

형종료보호관찰의 대상자는 다음과 같다. ① 성폭력범죄를 저지른 사람으로서 성폭력범죄를 다시 범할 위험성이 있다고 인정되는 사람, ② 미성년자 대상 유괴범죄를 저지른 사람으로서 미성년자 대상 유괴범죄를 다시 범할 위험성이 있다고 인정되는 사람, ③ 살인범죄를 저지른 사람으로서 살인범죄를 다시 범할 위험성이 있다고 인정되는 사람, ④ 강도범죄를 저지른 사람으로서 강도범죄를 다시 범할 위험성이 있다고 인정되는 사람이다(법 제21조의2).

나. 「성폭력범죄의 처벌 등에 관한 특례법」 제9조(강간 등 살인·치사) 제1항의 죄 및 제15조(미수범)의 죄(제9조 제1항의 미수범만을 말한다)

다. 「아동·청소년의 성보호에 관한 법률」 제10조(강간 등 살인치사) 제1항의 죄

라. 「특정범죄 가중처벌 등에 관한 법률」 제5조의2(약취유인의 가중처벌) 제2항 제2호의 죄 및 같은 조 제6항의 죄(같은 조 제2항 제2호의 미수범만을 말한다)

마. 가목부터 라목까지의 죄로서 다른 법률에 따라 가중처벌되는 죄

63) 전자장치부착법 제2조 제3의3호. 강도범죄는 다음 각 목의 범죄를 말한다.

　가. 형법 제2편 제38장 절도와 강도의 죄 중 제333조(강도)·제334조(특수강도)·제335조(준강도)·제336조(인질강도)·제337조(강도상해·치상)·제338조(강도살인·치사)·제339조(강도강간)·제340조(해상강도)·제341조(상습범)·제342조(미수범)의 죄(제333조부터 제341조까지의 미수범만을 말한다) 및 제343조(예비, 음모)의 죄

　나. 「성폭력범죄의 처벌 등에 관한 특례법」 제3조(특수강도강간 등) 제2항 및 제15조(미수범)의 죄(제3조 제2항의 미수범만을 말한다)

　다. 가목부터 나목의 죄로서 다른 법률에 따라 가중처벌되는 죄

3. 형종료보호관찰의 유형

1) 유형

형종료보호관찰은 특정범죄 사건에 대한 형의 집행이 종료되거나 면제 또는 가석방되는 날 그리고 치료감호의 집행이 종료되거나 가종료되는 날부터 집행한다. 따라서 그 유형은 형의 집행과 관련해서는 형종료형, 형집행면제형, 가석방형 그리고 치료감호의 집행과 관련해서 치료감호종료형, 치료감호가종료형으로 구분할 수 있다.

2) 유형의 문제점

형종료형과 치료감호종료형에 대해서는 재범위험성 평가시점에 대한 논의는 별론으로 하더라도 재판시에 피고인이 형 또는 치료감호의 종료시에도 여전히 재범위험성이 있을 것으로 예측하기 때문에 사회 내에서 보호관찰을 통해 개선을 위한 치료를 받게 하거나 사회방위 차원에서 보호관찰관의 지속적인 관리·감독이 필요하다고 볼 수도 있을 것이다. 그러나 형종료보호관찰의 유형을 고찰해 보면 다음과 같은 문제점을 발견할 수 있다.

(1) 형집행면제형

형집행의 면제는 재판이 확정된 후의 사유로 인해 형의 집행이 면제되는 것을 말한다. 형법 제77조의 '형의 시효의 완성'이나 '재판이 확정된 후 법률의 변경에 의하여 그 행위가 범죄를 구성하지 않게 된 경우' 그리고 사면법 제5조의 '사면'이 이에 해당한다.

① 형의 시효

형의 시효는 형의 선고를 받아 재판이 확정되었으나, 그 집행을 받지 않고 일정기간이 경과한 경우에 형의 집행이 면제되는 제도이다. 일정한 시간의 경과로 인해서 형의 선고와 집행에 대한 사회의식이 감소되고, 사회적으로 평온한 상태를 유지하고 존중할 필요가 있다는 점에 근거를 두고 있다. 형의 시효가 완성된 경우는 전자장치부착법 제21조의8에 의해 동법 제21조를 준용함으로써 특정범죄 사건의 시효가 완성되면 그 집행이 면제된다고 규정하고 있다는 점에서 상호 충돌하고 있다.

② 재판 확정 후 법률의 변경

재판이 확정된 후 법률의 변경에 의하여 그 행위가 범죄를 구성하지 않게 되었다는 것은 법률이 변경되어 처벌에 대한 근거를 상실하였기 때문에 이를 집행할 필요가 없게 된 경우이다. 따라서 이 경우에 형종료보호관찰을 집행할 수 있을지 의문이다.

③ 사면

사면의 경우에도 일반사면은 형 선고의 효력을 상실시킨다는 점에서 그리고 특별사면은 형의 집행이 면제된다는 점에서 그리고 여기서의 '刑'을 협의로 해석할 이유가 없다는 점을 고려한다면 형종료보호관찰을 집행하기 어려울 것으로 판단된다. 전자장치부착법 제21조의8에 의해 동법 제20조를 준용함으로써 제20조 제2호 '부착명령과 함께 선고한 형이 사면되어 그 선고의 효력을 상실하게 된 때'에 집행이 종료된다고 규정하고 있는 것과도 충돌하고 있다.

(2) 가석방·가종료형

성폭력범죄자가 형의 집행 중 가석방될 경우에 형종료보호관찰을 집행하는 경우이다. 가석방은 자유형을 집행 받는 자가 개전의 정이 현저하다고 인정될 때 형기만료전에 조건부로 수형자를 석방하는 것이다. 우리 형법은 가석방과 결합하는 보호관찰을 치료감호법은 가종료와 결합하는 보호관찰을 이미 시행하고 있었다.

새로 도입된 형종료보호관찰이 형법과 전자장치부착법의 관계에서 '특별법 우선'이라는 점에서, 치료감호법과 전자장치부착법은 '신법 우선'이라는 점에서 각각 전자장치부착법의 형종료보호관찰이 우선한다고 볼 수도 있다. 그러나 이는 성폭력범죄 등 특정 범죄자에 대한 가석방 또는 가종료를 형해화(形骸化) 시킬 가능성이 높다. 체계적 정합성이 떨어지는 신법을 우선시킬 경우에는 법률상의 통일을 기하기 어렵기 때문이다.

또한 형종료보호관찰 선고 시에 가석방을 인정할 정도로 피고인이 개선될 가능성을 염두해 두었는지는 불분명하다. 그러나 재범위험성 평가시점과 관련하여 가석방이나 가종료 할 당시에 판단한 재범위험성 평가결과와 형 또는 치료감호의 집행기간 만큼 차이가 나는 '오래전'의 재범위험성 평가결과 중 어느 것이 더 적절한지는 명백하다. 최근의 재범위험성 평가가 대상자의 상태를 가장 잘 파악하기 때문이다.

더구나 형종료보호관찰의 원인이 된 특정 범죄사건이 아닌 다른 범죄사건에 대한 형의 집행이 종료되거나 면제·가석방되는 날 또는 치료감호의 집행이 종료·가종료되는 날부터 집행한다는 규정[64]을 고려한다면 최근의 재범위험성 평가결과를 더욱 더 신뢰할 수밖에 없다.

3) 형종료보호관찰의 정형화 유형

형의 시효의 완성, 재판의 확정 후 법률의 변경, 사면 등의 사유로 형의 집행이 면제되었는데, 굳이 보안처분이라는 명목으로 국가의 형벌권을 부활시킬 수 있는가에 대한 의문이 있다는 점, 성폭력범죄자 등 흉악하고 강력한 특정 범죄자라 하더라도 긍정적 재범위험성에 기초하고 있기 때문에 가석방 또는 가종료와 결합하는 형종료보호관찰보다는 기존의 가석방 또는 가종료와 결합하는 보호관찰이 더 적절한 집행방법으로 사료된다.

치료감호가 종료된 경우의 보호관찰은 시설 내 보안처분이 사회 내 보안처분으로 전환하는 것이 어쩌면 처우의 일환으로 적절한 방법일 수 있다. 그러나 시설 내 수용을 통한 치료 및 개선조치에도 불구하고 대상자의 범죄성이 개선되지 않았음을 전제로 사회내처우를 통해 개선시킬 수 있다는 사고방식은 그 집행의 형태를 불문하고 대상자의 인권을 침해하는 사회방위에 경도된 제도에 불과하다. 더구나 준수사항을 위반하였을 경우에는 준수사항이 추가 또는 변경되거나 보호관찰 기간이 연장될 수 있다는 점에서 치료감호 대상자는 무기한 국가형벌권의 통제하에 있을 수 있다. 치료감호 기간의 경과에도 불구하고 보호관찰을 부과할 정도로 개선이 되지 않았다면, 범행당시부터 치료의 가능성이 없는 대상자일 수 있고, 이러한 자에게 형사제재를 집행하는 것은 이미 보안처분의 영역을 벗어날 가능성이 있다. 예컨대, 지능이 박약하여 사리분별능력이 떨어지는 경우, 치료감호 그리고 보호관찰을 집행한다고 한들 개선의 가능성이 있을 것인가에 대한 의문을 제기하는 것이다. 이런 경우는 '보충성의 관점'에서 국가형벌권보다는 사회국가적인 복지체계에 맡기는 것이 인권보장의 관점에서 더 적절할 것으로 보인다. 결국, 남는 유형은 형종료보호관찰이라는 명칭에 어울리게 '형이 종료된 경우'와 '치료감호가 종료된 경우'이다.

---

64) 전자장치부착법 제21조의5(보호관찰명령의 집행) 참조.

Ⅶ. 형종료보호관찰의 법적 성격

보호관찰의 법적 성격을 일원적으로 파악하는 견해는 형종료보호관찰도 기존의 논의에 포섭할 수 있을 것으로 판단된다. 가석방형이나 가종료형도 기존의 보호관찰 법적 성격에 관한 논의에 의해 설명이 가능하므로 여기서는 형의 집행을 종료하거나 치료감호의 집행을 종료한 경우의 '형종료보호관찰'의 법적 성격을 살펴본다.

보호관찰은 다른 종류의 형을 일부라도 집행하지 않고 남은 부분에서 보호관찰이 집행되어야 하는데 형 집행을 마친 후이기 때문에 보호관찰이라 볼 수 없다는 점, 전자장치부착법 제1조의 입법목적이 보호관찰을 통해서 범죄자에 대한 상담 및 원조의 기능과 감시 및 통제의 기능을 모두 가지고 있다 하더라도 후자에 더 중점을 두고 있다는 점을 근거로 보안처분으로 보는 견해,[65) 보호관찰이라는 명칭을 사용한다 하더라도 자유형의 집행유예 및 가석방의 조건이 되는 사회복지적 기능에 중점을 둔 연성제재로서의 보호관찰과 재범위험성에 근거하여 보안의 목적을 위해 형벌과 별도로 부과되는 경성제재로서의 보호관찰은 다르기 때문에 후자는 보안처분이라는 견해[66)가 있다.

생각건대, 형종료보호관찰은 자유형의 집행을 종료할 때까지도 재범위험성이 개선되지 않아 형벌만으로는 재사회화의 목적을 달성할 수 없다는 판단을 전제로 하고 있다는 점, 형벌 외에 추가적으로 사회의 안전을 도모하기 위해서 형벌을 보완하는 형사제재라는 점, 법률에 규정된 준수사항의 내용이 보호관찰법의 준수사항에 비해 응보적 색채가 강하다하더라도 그만큼 고위험군 대상자의 재범위험성에 따른 개별처우에 입각하고 있다는 점[67) 등으로 미루어 볼 때 보안처분으로 보는 것이 타당하다. 다만, 보안처분으로 보는 견해 중에서 보호관찰은 다른 종류의 형을 일부라도 집행하지 않고 남은 부분에서 보호관찰이 집행되어야 한다는 점에 대해서는 가

65) 박혜진, 형 집행 종료 후 보호관찰제도에 대한 비판적 검토, 형사정책 제26권 제3호, 2014, 85-86면.
66) 박학모, 다양한 보안처분의 발전과 보안처분제도의 미래, 2014 한국보호관찰학회 춘계학술대회자료집, 2014, 22면.
67) 구체적으로 비교해 보면, 전자장치부착법 제9조의2(준수사항) 제1항 제6호의 '그 밖에 부착명령을 선고받은 사람의 재범방지와 성행교정을 위하여 필요한 사항'을 준수사항으로 부과할 수 있다고 규정하고 있고, 이를 형종료보호관찰에 준용하고 있다. 또한 보호관찰법 제32조 제3항 제10호에서 '그 밖에 보호관찰 대상자의 재범방지를 위해서 필요한 경우 추가로 준수사항을 부과할 수 있음'을 규정하고 있는 상황에서 준수사항의 유형화 및 구체화가 되어 있지 아니한 관계로 개선형 준수사항이 부과되기 쉽지 않다.

석방 및 가종료형의 경우에는 타당하나, 집행유예나 선고유예 그리고 보호처분형 보호관찰의 경우에는 타당하지 않다는 반론이 가능하다.

Ⅷ. 보호관찰법의 보호관찰과 차이점

여기서는 형종료보호관찰을 '전자', 일반보호관찰은 가석방·가종료·집행유예와 병과된 보호관찰을 가르키는 것으로 이를 '후자'라 칭한다.

1. 대상범죄

전자는 성폭력범죄, 미성년자유괴범죄, 살인범죄, 강도범죄를 저지르고 금고 이상의 선고형에 해당한 경우인 반면, 후자는 일반 범죄를 대상으로 하고 선고형 등 특정한 제한은 없다.

2. 재범의 유형 및 재범위험성 예측

전자는 성폭력범죄의 경우 성폭력범죄를 다시 저지를 것으로 예상되는 '부정적' 측면의 재범위험성이 인정되는 경우로 동종 재범위험성을 말하는 반면, 후자는 재범의 유형에 제한이 없지만, 임시적으로 자유형 및 치료감호를 종료한다거나, 형의 집행을 유예하더라도 자발적인 사회복귀를 촉진할 수 있다는 '긍정적' 재범위험성 예측에 기반한다.

3. 선고기관

전자는 검사의 청구로 법원에서 '보호관찰법에 따른 보호관찰을 받을 것'을 선고한다. 전자장치부착명령의 규정이 준용됨으로써 일반보호관찰과는 경중에서 차이가 크다. 반면, 후자 중 가석방은 가석방심사위원회에서 가석방을 결정하면 가석방 기간 중 보호관찰을 받고, 가종료는 치료감호심의위원회에서 피치료감호자에 대한 치료감호가 가종료된 때, 피치료감호자가 치료감호시설 외에서 치료를 위하여 법정대리인 등에게 위탁된 때, 치료감호 기간 또는 연장된 기간이 종료했을 때 치료감호심의위원회가 필요하다고 결정한 경우에 보호관찰이 개시되며, 집행유예는 법원에서 형의 집행을 유예하면서 보호관찰 외 사회봉사명령, 수강명령을 병과할 수 있다.

4. 보호관찰 기간

전자는 2년 이상 5년 이하의 범위에서 기간을 정한다. 반면, 후자는 가석방은 가석방 기간 동안 보호관찰을 받는다. 가석방 기간 즉, 무기형은 10년, 유기형은 남은 형기로 하고 10년을 초과할 수 없다. 가종료는 3년이다. 집행유예는 유예한 기간 이지만, 법원은 유예기간의 범위에서 보호관찰 기간을 정할 수 있다.

5. 보호관찰 준수사항

전자는 전자장치부착법은 '보호관찰법에 따른 보호관찰을 받는다'라고 규정하면서도 준용규정을 통해서 준수사항에 대해서는 형종료부착명령의 준수사항 중 하나 이상을 부과할 수 있도록 하고 있다. 다만, 특정범죄 치료 프로그램의 이수는 300시간의 범위에서 그 시간을 정하고, 19세 미만자에게 성폭력범죄를 저지른 사람에 대해서는 '피해자 등 특정인에의 접근금지' 준수사항을 필요적으로 부과하도록 하고 있다. 후자는 보호관찰법의 일반준수사항과 특별준수사항을 말한다. 다만, 모든 보호관찰 대상자에게 적용되는 일반준수사항 중 '주거를 이전하거나 국내·외 여행을 할 때 보호관찰관에게 신고할 것'이 전자는 의무사항으로 되어 있고, 후자는 일반준수사항이라는 차이점이 있다.

6. 의무사항

전자는 형의 집행이 종료되는 등의 사유가 발생한 날로부터 10일 이내에 주거지 관할 보호관찰소에 출석하여 서면으로 신고하여야 한다. 주거를 이전하거나 7일 이상의 국내여행을 하거나 출국할 때에는 미리 보호관찰관에게 허가를 받아야 한다. 이 의무사항을 위반할 경우에는 보호관찰소장의 신청에 따른 검사의 청구로 법원은 보호관찰 기간의 연장이나 준수사항의 추가 또는 변경을 할 수 있다(법 제21조의7).

후자는 보호관찰 대상자는 보호관찰을 명하는 판결 또는 결정이 확정된 때, 가석방 또는 임시퇴원된 때, 보호처분이 확정된 때 등의 사유가 있는 경우에는 10일 이내에 주거지를 관할하는 보호관찰소에 출석하여 서면으로 신고를 하여야 한다(시행령 제16조). 대상자가 신고해야 할 사항으로는 주거, 직업, 생활계획, 그 밖에 필요한 사항을 관할 보호관찰소장에게 신고해야 한다. 보호관찰법의 신고의무 사항에 따르지 아니한 경우에는 바로 제재조치를 할 수 있는 규정이 없다. 다만, 신고의무를 게 을리 하는 것에 대해서 보호관찰소장이 소환하여 조사할 수 있고, 대상자가 이를 거부할 경우에는 구인장을 발부받아 구인할 수 있으며, 보호관찰관의 지도·감독에 따르지 아니한 것으로 보아 준수사항 위반으로 처리할 수도 있을 것이다.

7. 집행의 개시

전자는 형의 집행 종료, 면제, 가석방·가종료(등) 되는 날부터 집행이 개시된다. 후자도 가석방 또는 가종료된 때 개시되지만, 집행유예의 경우에는 판결이 확정되 어야 한다.

8. 준수사항 추가·변경 및 기간의 연장 절차

전자는 보호관찰 대상자가 정당한 사유 없이 형종료보호관찰의 준수사항이나 보호관찰법의 준수사항을 위반하는 경우, 개시 신고의무를 위반하는 경우, 주거이전 및 국내여행과 출국허가 그리고 의무사항을 위반하는 경우에 보호관찰소장의 신청 에 따른 검사의 청구로 법원에서 결정한다. 상기 열거한 사항 외에 '사정변경'이 있는 경우에도 보호관찰 준수사항의 추가·변경 또는 삭제할 수 있는데, '사정변경'이라는 추상적 용어보다는 '재범위험성의 개선여부에 따라'로 개정하는 것이 바람직하다.

후자의 준수사항 추가·변경 절차는 가석방보호관찰은 보호관찰소장의 신청에 따라 보호관찰심사위원회에서, 가종료보호관찰은 보호관찰소장의 신청으로 치료감 호심의위원회에서, 집행유예보호관찰은 보호관찰소장의 신청 또는 검사의 청구에 따라 법원에서 결정한다.

9. 조사제도의 활용

전자는 검사는 형종료보호관찰을 청구하기 위하여 필요할 경우에는 보호관찰 소장에게 피의자의 범죄동기, 심리상태 등에 대해 조사를 요청할 수 있다. 이를 '청 구전조사'라 한다.

후자는 가석방보호관찰은 보호관찰심사위원회에서 보호관찰의 필요성 여부를 심사하여 결정하고, 가종료보호관찰은 치료감호심의위원회에서 보호관찰의 필요성 여부를 결정한다. 집행유예보호관찰은 법원은 보호관찰소장에게 피고인의 범행동기, 생활환경 등의 사항에 대해 조사를 요청할 수 있다. 즉, 판결전조사제도를 활용한다.

IX. 형종료보호관찰의 선고 및 집행 절차

형종료보호관찰의 선고 및 집행 절차는 성폭력범죄자 위주로 살펴보기로 한다.

1. 형종료보호관찰의 청구 및 선고

1) 형종료보호관찰의 청구

형종료보호관찰의 청구대상이 되는 사람은 특정범죄, 즉 성폭력범죄, 미성년자 대상 유괴범죄, 살인범죄, 강도범죄를 범하고 각각 동종 재범위험성이 인정되는 경우이다(법 제21조의2).

검사는 성폭력범죄자에 대해서 성폭력범죄에 대한 재범위험성이 인정되는 것을 요건으로 하여 형의 집행이 종료된 때부터 보호관찰법에 따른 보호관찰을 받도록 하는 명령을 청구할 수 있다. 다만, 검사는 형종료보호관찰을 청구하기 위해서 필요하다고 인정하는 때에는 범죄의 동기, 피해자와의 관계, 심리상태, 재범위험성 등 피의자에 관하여 필요한 사항의 조사를 보호관찰소장에게 요청할 수 있다.[68] 형종료보호관찰의 청구는 공소가 제기된 특정범죄 사건의 항소심 변론종결 시까지 하여야 한다.

2) 형종료보호관찰의 선고

법원은 성폭력범죄자가 동종 재범위험성이 있다고 인정되는 것을 전제로 금고 이상의 선고형에 해당하고 보호관찰의 필요성을 인정한 경우에는 형종료보호관찰을 선고해야 한다. 해당 성폭력범죄 사건의 판결과 동시에 하여야 하며, 형종료보호관찰을 선고했더라도 양형에 유리하게 참작해서는 안 된다(법 제9조 제5항 및 제7항).

법원은 특정범죄사건에 대하여 부착명령의 청구가 이유 없다고 인정하는 때에는 판결로 이를 기각하는데(법 제9조 제4항 제1호), 이 경우에 특정범죄 및 특정범죄의

---

68) 전자장치부착법 제6조 참조. 다만, 동 조항에 나열되어 있는 사유들 간의 관계를 살펴볼 필요가 있다. 범죄의 동기, 피해자와의 관계, 심리상태는 재범위험성을 판단하기 위한 자료인데 굳이 동렬에 배치할 이유는 없다고 본다.

재범위험성 그리고 보호관찰의 필요성이 인정될 경우에는 직권으로 형종료보호관찰을 명할 수 있다(법 제21조의3 제2항).

형종료부착명령 청구를 기각할 경우에 형종료보호관찰을 부과할 수 있다는 것은 부착명령 또는 형종료보호관찰의 고유한 재범위험성을 평가해야 하는데 그러한 평가절차가 없는 것으로 볼 수 있다. 예컨대, 사회봉사명령을 청구했는데 이유 없이 기각할 경우에 수강명령만 부과한다거나, 치료감호를 청구했는데 성충동약물치료명령을 명할 수 있다는 사고방식과 유사하다. 이는 재범위험성의 정도에 따른 차별화된 처분이 아니라는 방증이다.

청구자의 입장에서는 어떤 보안처분을 청구한 것인지를 분명히 하고 판단자의 입장에서는 그 청구한 내용이 피고인의 재범위험성에 적절한 처분인지를 판단해야 한다.

법원은 검사가 청구한 내용을 심리한 후 해당 처분이 적절치 않다고 판단했을 때에는 다른 보안처분의 청구를 요구할 수 있다고 해야 한다. 법원에서 직권으로 다른 보안처분을 부과하는 것은 검사의 청구권한을 침해한 것으로 볼 수 있기 때문이다.

전자장치부착법을 근거로 한 보호관찰의 연도별 실시 현황을 살펴보면 [표 3-7]과 같다.

[표 3-7] 전자장치부착법의 보호관찰 연도별 실시 현황[69]

연도	2014	2015	2016	2017	2018	2019	2020	2021
사건 수	2,228	2,532	2,844	2,907	3,220	3,183	3,319	4,005

최근 8년간 전자장치부착법을 근거로 한 보호관찰은 2019년 약간 감소하였을 뿐 지속적으로 증가하고 있다. 전체 보호관찰 사건 중에서는 8년 평균 약 3%의 점유율을 보이고 있다.

3) 형종료보호관찰의 준수사항 부과

형종료보호관찰의 준수사항은 형종료부착명령의 준수사항 중 하나 이상을 부과할 수 있다.[70] 다만, 준수사항 중 특정범죄 치료 프로그램의 이수는 형종료부착명

---

69) 범죄예방정책 통계분석, 2022, 100-101면 재구성.
70) 전자장치부착법 제9조의2(형종료부착명령의 준수사항). 법원은 형종료부착명령을 선고하는 경우 부

령의 500시간 보다 적은 300시간의 범위에서 정할 수 있다는 차이점이 있다.

법원은 19세 미만의 사람에 대하여 성폭력범죄를 저지른 사람에 대해서 형종료 보호관찰을 선고하는 경우에는 '피해자 등 특정인에의 접근금지'를 반드시 포함하여 준수사항을 부과하도록 하고 있다(법 제21조의4 제2항).

2. 형종료보호관찰의 집행

1) 집행 지휘

형종료보호관찰은 검사의 지휘를 받아 보호관찰관이 집행한다.

2) 집행의 시작

특정범죄사건에 대한 형의 집행이 종료되거나 면제·가석방되는 날 또는 치료 감호의 집행이 종료·가종료되는 날부터 집행이 시작된다. 다만, 형종료보호관찰의 원인이 된 특정 범죄사건이 아닌 다른 범죄사건으로 형이나 치료감호의 집행이 계속될 경우에는 다른 범죄사건에 대한 형의 집행이 종료되거나 면제·가석방되는 날 또는 치료감호의 집행이 종료·가종료되는 날부터 집행한다.

3) 집행의 정지 및 순서

형종료보호관찰의 집행 중 다른 범죄로 '금고 이상의 형의 집행을 받게 되는 등의 사유'가 발생한 경우에는 형종료보호관찰의 집행이 정지되고 구금이 해제되는 사유가 발생한 때부터 잔여기간 동안 집행한다(법 제13조 제6항).

형종료보호관찰이 다수 부과된 경우에는 확정된 순서에 따라 집행한다.[71] 이는 형종료보호관찰의 법적 성격을 보안처분으로 보는 경우에는 개정되어야 한다. 예컨대, 수십 년 전에 부과된 형종료보호관찰을 현재에 집행한다는 것은 재범위험성에 기반한 처분이 아니고 행위책임에 입각해 있다는 방증으로 볼 수 있기 때문이다.

착기간의 범위에서 준수기간을 정해 다음 각 호의 준수사항 중 하나 이상을 부과할 수 있다. 다만, 제4호의 준수사항은 500시간의 범위에서 그 기간을 정해야 한다. 1. 야간 등 특정 시간대의 외출제한 2. 특정지역·장소에의 출입금지 2의2. 주거지역의 제한 3. 피해자 등 특정인에의 접근금지 4. 특정범죄 치료프로그램의 이수 5. 그 밖에 부착명령을 선고받는 사람의 재범방지와 성행교정을 위하여 필요한 사항

71) 전자장치부착법 제21조의8에서 동법 제13조 제5항 준용.

4) 제재조치

형종료보호관찰의 집행 중에 대상자가 정당한 사유 없이 ⅰ) 형종료보호관찰의 준수사항을 위반하였거나 보호관찰법 제32조의 준수사항을 위반한 경우, ⅱ) 보호관찰 신고의무를 위반한 경우, ⅲ) 주거이전시 보호관찰관의 허가를 받지 않은 경우, ⅳ) 7일 이상의 국내여행 및 출국할 때 사전에 보호관찰관의 허가를 받지 아니한 경우에는 1년의 범위에서 보호관찰 및 부착기간의 연장, 형종료보호관찰 준수사항의 추가 또는 변경을 할 수 있다.[72]

기간의 연장과 준수사항 추가 및 변경은 병과할 수 있고, 법원은 기간 연장 등의 사유가 아닌 사정변경을 이유로도 준수사항의 추가, 변경 또는 삭제하는 결정을 할 수 있다(법 제21조의7).

5) 지도·감독의 방법

형종료보호관찰의 집행은 대상자의 재범방지와 건전한 사회복귀를 위하여 필요한 지도·감독과 원호를 실시한다.

보호관찰관은 대상자와 대면지도 및 상담, 가정과 생활근거지 방문 등의 방법으로 긴밀한 접촉을 통해 행동 및 환경 등을 관찰하고, 대상자에게 부과된 준수사항을 이행할 수 있도록 적절한 지시를 하며, 그 밖에 재사회화 목적을 실현하기에 필요한 조치를 한다. 뿐만 아니라 보호관찰관은 대상자 스스로 사회적응을 위해 노력하는 경우에는 숙소 및 취업의 알선, 직업훈련 기회의 제공, 거주환경의 개선 등의 방법으로 적절한 원호지원을 한다.

6) 준수사항 이행여부 점검

형종료보호관찰이 기타 보호관찰 유형과 달리 대상자가 성폭력범죄 등 특정 범죄자라는 점, 형종료보호관찰의 준수사항이 보호관찰법의 보호관찰 준수사항보다 더 강도가 높고, 집중적인 처우가 실시되도록 운용할 수도 있으나, 준수사항의 내용이 사실상 동일하고 전반적인 집행방법에 있어서는 차이가 없다.

---

72) 기간의 연장 및 준수사항의 추가·변경·삭제 결정은 보호관찰소장의 신청과 검사의 청구로 법원에서 결정하게 된다.

X. 형종료보호관찰의 임시해제 및 종료

1. 형종료보호관찰의 임시해제

1) 임시해제의 결정

보호관찰에서 임시해제는 동 처분의 집행 중에 보호관찰관의 지도·감독에 순응하고 준수사항을 성실히 이행하는 등 재범위험성이 개선되어 건전한 사회복귀라는 보호관찰의 목적을 달성하였다고 판단되는 대상자에게 준수사항 및 의무사항을 면제해주는 조치를 말한다.

보호관찰소장 또는 피부착자 및 그 법정대리인은 보호관찰심사위원회에 부착명령의 임시해제를 신청할 수 있다. 보호관찰심사위원회는 보호관찰소장의 신청을 받아 대상자의 준수사항 이행정도 등 재범위험성이 개선되었다고 판단될 경우에는 임시해제를 결정할 수 있다.[73] 임시해제를 심사할 때에는 대상자의 인격, 생활태도, 보호관찰의 이행상황 등 재범위험성에 대하여 보호관찰관, 정신건강의학과 의사, 정신보건 임상심리사 등 관련 전문가의 의견을 고려해서 결정해야 한다.

형종료보호관찰의 집행 중에 대상자의 재범위험성을 개선하기 위한 노력을 평가하고, 보호관찰관의 지도·감독의 효율성을 제고하며, 재사회화 목적의 달성가능성에 대해서 동기를 부여하는 차원에서 임시해제를 실시하는 것이다.

2) 임시해제의 취소

보호관찰소장은 임시해제된 대상자가 특정범죄를 저지르거나 주거이전 상황 등의 보고에 불응하는 등 재범위험성이 있다고 판단할 경우에는 보호관찰심사위원회에 임시해제의 취소를 신청할 수 있고, 동 심사위원회는 임시해제된 자의 재범위험성이 현저하다고 인정될 때에는 임시해제를 취소하여야 한다(법 제19조).

2. 보호관찰법의 임시해제와 차이점[74]

1) 대상자 선정기준

전자는 가장 낮은 분류등급이거나 보호관찰 성적이 양호하여 재범위험성이 개

---

73) 전자장치부착법 제21조의8(준용규정). 형종료부착명령의 임시해제 규정을 준용하고 있다.
74) 보호관찰법의 임시해제를 '전자', 전자장치부착법의 임시해제를 '후자'라 한다.

선된 경우이고, 후자는 형종료보호관찰을 집행할 필요가 없을 정도로 재범위험성이 낮아야 한다. 양자 모두 재범위험성이 개선되었다는 점에 공통점이 있다.

2) 신청절차 및 결정

전자는 보호관찰심사위원회가 보호관찰소장의 신청을 받거나 직권으로 결정한다. 보호관찰소장은 범죄경력조회서, 보호관찰 이행상황 등을 첨부하여 보호관찰심사위원회에 신청한다. 보호관찰심사위원회는 매월 정기회의를 통해 대상자의 준수사항 이행정도, 개선가능성, 보호자의 보호의지, 기간 경과율 등을 종합적으로 고려하여 임시해제의 적격여부를 결정한다.

후자는 보호관찰소장은 형종료보호관찰의 집행 개시 후 3개월이 경과한 후에 심사위원회에 신청이 가능하다. 피부착자 또는 그의 법정대리인도 집행 개시 3개월 후에 신청할 수 있다.75) 보호관찰심사위원회는 임시해제를 심사할 때 정신건강의학과 의사 등 전문가의 의견을 고려하고(법 시행령 제17조 제1항), 대상자의 연령, 건강상태, 가족관계, 가정환경, 범죄경력, 집행기간, 준수사항의 이행정도, 재범위험성 평가결과 등을 고려해야 한다. 대상자가 형종료보호관찰의 집행을 계속할 필요가 없을 정도로 개선되어 재범위험성이 없다고 인정하는 때에는 임시해제를 결정한다.76)

3) 사후관리

전자는 임시해제가 인용되면 보호관찰관의 지도·감독은 실시하지 않지만, 준수사항의 이행은 계속 유지된다. 재범 등 준수사항 위반 사실이 발각된 경우에는 임시해제 취소신청, 구인·유치 또는 처분변경 등의 제재조치가 이어질 수 있다. 후

---

75) 다만. 한영수 외, 앞의 책, 172면은 "보호관찰소장은 피부착자의 부착기간이 1/3이상 경과하고, 부착명령(형종료보호관찰) 이행상황 등에 비추어 재범위험성이 현저히 낮다고 판단되는 때에는 보호관찰심사위원회에 부착명령(형종료보호관찰)의 가해제를 신청할 수 있다. 이때의 신청은 부착명령의 집행개시 후 3개월이 경과하여야 가능하다"라고 서술하고 있다. 이는 부착기간(형종료보호관찰의 기간)이 1/3이상 경과와 집행 개시 후 3개월이 경과해야 한다는 점을 동시에 요구함으로써 극소수가 이 요건을 충족하는 경우가 있을 수 있지만, 1/3이상 기간의 경과를 강조한다면, 사실상 3개월의 기간 경과 규정은 사문화되었다고 볼 수 있다. 예컨대, 3년의 형종료보호관찰을 부과 받았다면 1년 이상의 기간이 경과해야 하는데 3개월의 기간 경과는 무의미하다는 것이다.

76) 전자장치부착법 시행규칙 제12조의2 참조. 다만, 여기에서 재범위험성평가 결과를 연령, 가정환경, 범죄경력 등의 사항과 대등한 요소로 평가하는 것은 문제가 있다. 재범위험성 평가결과는 앞의 요소를 모두 포함한 보안처분의 본질적 요소이자 피처분자의 보호요인과 위험요인을 망라한 종합적인 평가의 결과이기 때문에 이 규정은 "연령, 가정환경, 범죄경력, 준수사항의 이행정도 등 재범위험성 평가결과를 반영하여야 한다"로 개정될 필요가 있다.

자는 보호관찰과 그에 따른 준수사항 그리고 청소년성보호법 제61조 제3항에 따른 보호관찰이 임시해제된 것으로 본다.

4) 임시해제의 취소

전자는 임시해제 결정을 받은 사람이 다시 보호관찰을 받는 것이 적절하다고 인정할 때에는 보호관찰소장의 신청 또는 보호관찰심사위원회의 직권으로 임시해제를 취소할 수 있다. 후자는 보호관찰소장은 형종료보호관찰이 임시해제된 자가 특정범죄를 저지르거나 주거이전 상황 등의 보고에 불응하는 등 재범위험성이 있다고 판단하는 경우에는 보호관찰심사위원회에 임시해제의 취소를 신청할 수 있다. 임시해제된 자의 재범위험성이 현저하다고 인정할 경우에는 이를 취소하여야 한다.

다만, 보호관찰의 임시해제 절차에서 보호관찰심사위원회에서 직권으로 임시해제를 결정하고 취소할 수 있다는 규정은 개정을 요한다. 보호관찰심사위원회는 직권으로 대상자의 재범위험성을 판단할 위치에 있지도 않고, 보호관찰 대상자의 지도·감독 과정에 개입할 수 없으므로 임시해제와 관련된 그 어떠한 인상도 가질 수 없기 때문이다.

3. 형종료보호관찰의 종료

형종료보호관찰은 보호관찰 기간이 경과한 때, 보호관찰과 함께 선고된 형이 사면되어 그 선고의 효력을 상실한 때, 보호관찰이 임시해제된 대상자가 그 임시해제가 취소됨이 없이 잔여기간을 경과한 때에 그 집행이 종료된다.[77]

XI. 형종료보호관찰의 형종료부착명령의 규정 준용

형종료보호관찰에서 형종료부착명령의 규정을 준용하는 내용은 다음과 같다.

1. 제5조 제5항. 형종료보호관찰의 청구는 공소가 제기된 특정 범죄사건의 항소심 변론종결 시까지 하여야 함.
2. 제5조 제7항. 특정 범죄사건에 대하여 판결의 확정 없이 공소가 제기된 때부

---

77) 전자장치부착법 제21조의8(준용규정) 참조.

터 15년이 경과한 경우에는 형종료보호관찰을 청구할 수 없음.

3. 제6조. 청구전조사.

4. 제7조. 형종료보호관찰 청구사건의 관할.

5. 제8조. 형종료보호관찰 청구서의 기재사항 등.

6. 제9조 제2항. 여러 개의 특정범죄에 대하여 동시에 부착명령을 선고할 때에
   는 법정형이 가장 중한 죄의 보호관찰 기간 상한의 2분의 1까지 가중하되
   각 죄의 보호관찰 기간의 상한을 합산한 기간을 초과할 수 없음.

7. 제9조 제3항. 형종료보호관찰을 선고받은 사람은 보호관찰 기간 동안 「보호
   관찰 등에 관한 법률」에 따른 보호관찰을 받음.

8. 제9조 제4항. 형종료보호관찰 청구 기각.

9. 제9조 제5항. 형종료보호관찰 청구사건의 판결은 특정 범죄사건과 동시에
   선고.

10. 제9조 제6항. 형종료보호관찰의 판결이유에 적용법조 등 명시.

11. 제9조 제7항. 형종료보호관찰의 선고는 특정 범죄사건의 양형에 유리하게
    참작되어서는 안 됨.

12. 제9조 제8항. 특정 범죄사건에 대하여 상소 등이 있는 경우에는 형종료보호
    관찰의 상소 등에도 동일한 영향이 있는 것으로 봄.

13. 제9조 제9항. 검사 또는 형종료보호관찰 대상자는 형종료보호관찰에 대하
    여 독립하여 상소 등을 할 수 있음.

14. 제9조의2. 형종료보호관찰의 준수사항. 형종료부착명령과 형종료보호관찰
    의 준수사항은 대동소이 함.

15. 제10조. 형종료보호관찰의 판결 등에 따른 조치로 판결문 송부, 석방 관련
    사실의 통보.

16. 제11조. 국선변호인 선임.

17. 제12조. 형종료보호관찰 관련 검사의 지휘, 보호관찰관의 집행.

18. 제13조 제5항. 형종료보호관찰이 여러 개인 경우 확정된 순서에 따라 집행.

19. 제13조 제6항. 형종료보호관찰의 집행 중에 다른 죄를 범하여 구금된 때
    등의 사유로 형종료보호관찰의 정지.

20. 제13조 제7항. 구금된 후 법원의 무죄, 공소기각 판결 등의 경우에 그 구금

기간에 형종료보호관찰이 집행된 것으로 봄.

21. 제13조 제8항. 정지된 형종료보호관찰의 잔여기간의 집행.

22. 제13조 제9항. 제1항부터 제8항까지 규정된 사항 외에 형종료보호관찰의 집행 및 정지에 관하여 필요한 사항은 대통령령으로 정함.

23. 제15조. 보호관찰관의 임무.

24. 제17조. 형종료보호관찰의 임시해제.

25. 제18조. 형종료보호관찰의 임시해제의 심사 및 결정.

26. 제19조. 임시해제의 취소 등.

27. 제20조. 형종료보호관찰 집행의 종료.

28. 제21조. 형종료보호관찰의 시효.

제2절 사회봉사명령

I. 사회봉사명령의 의의

1. 사회봉사명령의 개념

법원에서 유죄가 인정되거나 보호처분의 필요성이 인정되어 무보수 근로활동에 종사하게 하는 명령을 말한다.

2. 사회봉사명령의 연혁

1) 보호관찰의 부수처분으로서 사회봉사명령

우리나라 사회봉사명령은 소년법 제3차 개정(법률 제4057호)을 통해 보호관찰을 부과할 때 부수처분으로 사회봉사명령을 규정하여 1989년 7월 1일부터 시행하였다. 그러나 소년법에서는 사회봉사명령에 관하여 제도의 개념이나 성격에 관한 자세한 설명 없이 단지 소년법 제32조 제3항과 제33조 제4항에서 사회봉사명령에 대해 간략하게 규정하였을 뿐 구체적인 집행 절차는 마련하지 않았다. 이에 따라 대법원은 1989년 7월 4일 소년심판규칙(대법원규칙 제1079호)을 전면 개정하여 사회봉사명령의 선고 및 집행 절차에 관련된 3개 조항을 규정하였다.

2) 집행유예의 조건으로서 사회봉사명령

1995년 12월 형법이 개정되어 사회봉사명령이 1997년 1월 1일부터 성인범에게도 확대 적용되었다. 즉, 사회봉사명령과 수강명령 조건부 집행유예제도를 도입한 것이다.

1996년 12월 12일 개정(1997. 1. 1. 시행)된 보호관찰법 제3조는 대상자에 형법 제62조의2 형의 집행유예를 선고할 때 조건으로 부과하는 사회봉사명령 또는 수강명령을 받은 사람, 소년법 제32조 제3항에 의하여 사회봉사명령 또는 수강명령을 받은 사람을 포함하였다.

동 개정법에서는 형법의 사회봉사명령은 500시간, 수강명령은 200시간의 범위 내에서 그 '기간'을 정하도록 하고 있고, 법원은 사회봉사·수강명령 대상자가 사회봉사를 하거나 수강할 분야와 장소 등을 지정할 수 있었다.

2016년 1월 개정된(2018. 1. 7. 시행) 형법은 500만원 이하의 벌금형의 집행유예를 선고할 때 사회봉사명령을 부과할 수 있도록 하였다.

3) 특별법을 통한 사회봉사명령의 확대

1995년 12월 형법 개정 이후 연이은 특별법의 제·개정으로 사회봉사명령 대상이 지속적으로 확대되었다.

(1) 1997년 8월 22일 개정(1998. 1. 1. 시행)된 「성폭력범죄의 처벌 및 피해자보호 등에 관한 법률」은 성폭력범죄를 범한 사람에 대하여 형의 집행을 유예할 경우에는 그 집행유예 기간 내에서 일정 기간 동안 사회봉사를 명할 수 있었다. 보호관찰과 사회봉사명령 및 수강명령을 병과할 수 있었고, 성폭력범죄를 범한 사람이 소년인 경우에는 필요적으로 보호관찰, 사회봉사 또는 수강을 부과했다.

(2) 1997년 12월 13일 제정(1998. 7. 1. 시행)된 「가정폭력범죄의 처벌 등에 관한 특례법」에서 법원은 가정폭력사범에 대한 보호처분으로 단독 사회봉사명령을 100시간의 범위 내에서 부과할 수 있게 되었다.

(3) 2007년 12월 21일 개정(2008. 6. 22. 시행) 소년법에 개별 소년보호처분으로 사회봉사명령이 규정되었다. 다만, 동 명령은 14세 이상의 소년에게 부과할 수 있었다.

(4) 2004년 3월 22일 제정(2004. 9. 23. 시행)된 「성매매알선 등 행위의 처벌에 관한 법률」은 성매매행위자에 대한 보호처분의 하나로 100시간 이내의 사회봉사명령을 부과할 수 있도록 하였다.

(5) 2012년 12월 18일 개정(2013. 6. 19. 시행)된 「아동·청소년의 성보호에 관한 법률」은 보호관찰 및 사회봉사 부과 규정이 신설되었다. 집행유예 시 사회봉사명령의 병과가 가능하도록 하였고, 14세 이상 16세 미만의 아동·청소년에게 소년법 제32조 제1항에 따른 보호처분으로서 사회봉사명령을 부과할 수 있었다.

(6) 2014년 1월 28일 제정(2014. 9. 29. 시행)된 「아동학대범죄의 처벌 등에 관한 특례법」은 보호관찰, 사회봉사명령, 수강명령 부과 규정을 두고 있는데, 집행유예 시 사회봉사명령의 병과가 가능하고 보호처분의 하나로서 사회봉사명령을 부과할 수 있도록 하였다.

4) 벌금대체 사회봉사제도

2009년 3월 25일 제정(2009. 9. 26. 시행)된 「벌금 미납자의 사회봉사 집행에 관한 특례법」에 의하여 300만 원 이하 벌금형 확정자 중 납부능력이 없는 사람이 미납벌금을 사회봉사로 대체할 수 있는 길이 열렸다. 이 법에 의한 사회봉사는 기존의 보호처분이나 집행유예의 조건인 사회봉사명령과는 달리 환형처분의 하나라는 점에서 그 제도적 의의가 크다.

3. 사회봉사명령의 기능

보호관찰에서 설명한 것처럼 사회봉사명령도 사회내처우의 일종이다. 따라서 보호관찰에서 논의한 것과 동일한 내용의 서술이 가능하다. 다만, 그 내용의 강약이 다를 뿐이다. 여기에서는 사회봉사명령에 보다 특화된 내용을 살펴보면 다음과 같다.

첫째, 처벌적 기능이다. 근로에 대한 대가가 없는 봉사활동을 통하여 범죄자의 여가시간을 박탈하고, 무보수 근로의 강제는 형사제재로서의 처벌적 기능이 있다.

둘째, 배상 기능이다. 대상자의 범죄행위로 인해서 침해받은 지역사회에 무보수 근로를 통해서 기여한다. 사회봉사활동의 분야를 자연보호 활동, 취약계층을 위한 활동, 농촌봉사활동, 주거환경 개선사업 등으로 다양화함으로써 지역사회에 실질적으로 기여할 수 있는 방안을 마련하고 있다.

셋째, 속죄 기능이다. 범죄자의 무책임한 행동에 대한 대응으로 지역사회에 유익한 활동을 통해서 스스로를 돌아보게 하고, 무보수 근로를 통해 죄책감을 완화하며, 손상된 자존감을 회복하고 열등감을 극복하도록 한다.

넷째, 사회재통합 기능이다. 지역사회에 유익한 봉사활동을 통하여 사회와 다시 통합함으로써 재범을 방지하고 사회복귀를 용이하게 한다.

다섯째, 벌금대체적 기능이 있다. 벌금대체 사회봉사의 경우에는 벌금형을 대체한다.

II. 사회봉사명령의 유형과 법적 성격

1. 사회봉사명령의 유형

1) 유예형(기소·집행유예) 사회봉사명령

기소유예형은 「소년법」 제49조의3, 「보호관찰법」 제15조 제3호에 근거를 두고 있다. 보호관찰과 달리 선고유예를 할 때 사회봉사명령을 부과하는 규정은 없다. 집행유예형은 형법 제62조의2, 성폭력처벌법 제16조 제4항, 가정폭력처벌법 제32조의2 제3항, 아동학대처벌법 제8조 제3항, 청소년성보호법 제21조 제4항, 마약류관리법 제40조의2 제2항에 각각 근거를 두고 있다.

2) 보호처분형 사회봉사명령

보호처분형은 소년법 제32조 제3호, 가정폭력처벌법 제40조 제4호, 성매매처벌법 제14조 제3호, 아동학대처벌법 제36조 제4호, 청소년성보호법 제44조 제2항에 각각 근거를 두고 있다.

3) 보안처분형 사회봉사(명령)

보안처분형은 「벌금미납자의 사회봉사 집행에 관한 특례법」에 근거하고 있다. 법원으로부터 벌금형을 선고받아 그 형이 확정되었음에도 경제적 이유로 벌금을 납부하지 않아서 노역장에 유치하는 대신 사회봉사 전부 또는 일부를 이행한 경우에 그 시간에 상응하는 벌금액을 낸 것으로 본다. 즉, 벌금형을 사회봉사로 대체하는 것이다. 다른 유형과 비교해 볼 때, '명령'이라는 단어를 자제하는 것은 벌금대체 사회봉사를 신청해서 허가를 받았다 하더라도 그 이행 완료 전에 언제든지 상응하는 벌금액을 납부하고 사회봉사를 종료시킬 수 있다는 점에 그 원인이 있다고 분석된다.

2. 사회봉사명령의 법적 성격

사회봉사명령을 일원적으로 파악하여 형벌에 준해서 보는 견해,[78] 보안처분으로 보는 견해, 형 집행의 변경으로 보는 견해 등으로 구분해 볼 수 있다.

대법원은 가정폭력처벌법이 정한 사회봉사명령은 보안처분의 성격을 갖지만, 실질적으로 신체의 자유를 제한한다는 점에서 형벌불소급원칙이 적용된다고 판시[79]하였다.

생각건대, 보호관찰에서 유형별로 살펴본 것처럼 사회봉사명령도 개별적으로 고찰하여 기소유예형은 다이버젼의 일환이고, 집행유예형은 형 집행이 변형된 것으로, 보안처분형은 보안처분으로 보는 것이 타당하다.[80]

III. 사회봉사명령의 집행 절차

보호관찰, 사회봉사명령 및 수강명령의 기본법이라고 할 수 있는 보호관찰법은 보호관찰 외의 처분에 대해서는 집행과 관련하여 구체적인 규정을 두고 있지 않고, 시행령 및 시행규칙에도 특별한 규정을 마련하고 있지 않다. 보호관찰법에서 사회봉사·수강명령의 범위 즉, 부과 시간의 범위, 사회봉사·수강명령의 담당자, 사회봉사·수강명령 대상자의 준수사항, 사회봉사·수강의 종료 그리고 보호관찰에서 규정하고 있는 원호, 직무상의 비밀, 제재조치 등을 준용하고 있을 뿐이다.

헌법재판소는 형의 집행을 유예하면서 사회봉사를 명할 수 있도록 한 형법 제62조의2 제1항 중 사회봉사명령에 관한 부분이 사회봉사의 의의, 부과요건, 부과대상자를 구체적으로 규정하지 아니하였다고 하더라도 명확성원칙에 반하는 것은 아

78) 이재상, 형법총론, 박영사, 2011, 19면; 신동운, 형법총론, 법문사, 2021, 911면.
79) 대결 2008. 7. 24. 2008어4.
80) 자세한 내용은 보호관찰의 법적 성격을 참조하기 바란다.

니라고 하였고, 범죄자의 일반적 행동의 자유를 과도하게 제한하여 과잉금지원칙에
위배되는 것도 아니라고 판시81)하였다. 다만, 사회봉사 및 수강명령 지침에 의거해
서 집행하고는 있으나, 보안처분 법률주의에 반할 수 있음은 이미 살펴본 바와 같다.

1. 사회봉사명령의 개시

1) 사회봉사명령에 적합한 대상자

사회봉사명령에 적합한 소년대상자는 ⅰ) 부모의 과잉보호로 인하여 자기중심
적이고 배타적인 성격을 가진 경우, ⅱ) 생활궁핍의 경험이 없는 경우, ⅲ) 근로정
신이 희박하고 무위도식을 하는 경우, ⅳ) 퇴폐향락과 과소비에 물든 경우, ⅴ) 경
미한 비행을 반복하여 범함으로써 가정에서 소외된 경우, ⅵ) 기타 사회봉사명령을
부과하는 것이 적절하다고 판단되는 경우 등이다.

사회봉사명령에 적합한 성인대상자는 ⅰ) 자신을 비하하거나 목적 없이 생활
하면서 자신의 능력을 모르고 있는 경우, ⅱ) 사회적으로 고립되어 있거나 단편적인
행동양식을 가지고 있는 경우, ⅲ) 근로정신이 희박하고 다른 사람의 재산을 탐내거
나 직무와 관련하여 부당한 대가를 받은 경우, ⅳ) 음주운전, 무면허운전 등 중대한
교통법규위반죄를 범한 경우, ⅴ) 기타 사회봉사명령을 부과하는 것이 적절하다고
판단되는 경우 등이다.82)

2) 개시 시기

판결 또는 결정이 확정된 때에 사회봉사명령을 집행할 수 있다. 따라서 상소를
제기한 경우에는 집행할 수 없다. 즉, 피고인이 형사처분에 불복하여 항소한 경우,
보호처분 결정에 불복하여 항고를 제기한 경우에는 집행을 할 수 없고 '상소종료'
처리한다.

2. 사회봉사명령 판결문 또는 결정문의 접수

법원은 집행유예에 따른 사회봉사명령을 부과하는 판결이 확정된 때부터 3일
이내에 판결문 등본 및 준수사항을 적은 서면을 보호관찰소장에게 보내야 한다(법

---

81) 헌재결 2012. 3. 29. 2010헌바100(전원재판부).
82) 보호관찰 및 사회봉사명령 등에 관한 예규(재판예규 제1777호, 2021. 8. 2. 시행) 제5조 제3호.

제60조). 법원은 그 의견이나 그 밖에 사회봉사명령의 집행에 참고가 될 만한 자료를 첨부할 수 있다.

사회봉사명령의 근거법률별 접수 현황을 살펴보면 [표 3-8]과 같다.

[표 3-8] 사회봉사명령의 근거법률별 접수 현황[83]

(단위: 명, %)

처분법률/연도	2014	2015	2016	2017	2018	2019	2020
형법	27,298 (62.3)	28,420 (60.9)	32,117 (64.3)	33,956 (64.5)	32,964 (66.1)	32,288 (67.7)	34,175 (67.0)
소년법	6,107 (13.9)	6,128 (13.1)	5,459 (10.9)	5,923 (11.3)	5,650 (11.3)	4,805 (10.1)	4,746 (9.3)
보호관찰소 선도위탁규정	2,016 (4.6)	1,304 (2.8)	1,071 (2.1)	1,237 (2.3)	973 (2.0)	733 (1.5)	339 (0.7)
기타 법률	1,664 (3.8)	2,301 (4.9)	2,788 (5.6)	3,270 (6.2)	2,662 (5.3)	2,453 (5.2)	2,686 (5.3)
벌금미납자법	6,758 (15.4)	8,554 (18.3)	8,530 (17.1)	8,282 (15.7)	7,624 (15.3)	7,413 (15.5)	9,097 (17.8)

최근 7년간 근거법률별 사회봉사명령의 평균 접수율은 형법 64.7%, 벌금미납자법 16.4%, 소년법 11.4% 순으로 나타나고 있다. 소년법의 사회봉사명령이 다소 감소하고 있다.

3. 사회봉사명령의 신고

1) 신고기간

사회봉사명령 대상자는 판결 또는 결정이 확정되었을 때 10일 이내에 주거지를 관할하는 보호관찰소에 출석하여 주거, 직업, 그 밖에 필요한 사항을 서면으로 신고해야 한다.

2) 신고의무

보호관찰관은 판결 또는 결정이 확정된 후 10일 이내에 대상자가 신고의무를 이행하지 않는 경우에 출석요구서를 발송하고, 미신고나 소재불명 상태가 지속될

---

83) 범죄백서, 2021, 434면.

경우에는 구인 등 제재조치를 실시한다.

3) 준수사항 교육

보호관찰관은 대상자에게 사회봉사명령의 취지, 안전사고의 예방, 1일 이행 시간을 초과하여 사회봉사 하기를 희망하는지 여부 등 사회봉사 전반에 대한 교육을 실시한다. 특히, 준수사항을 이행할 것과 사회봉사의 집행에 관한 보호관찰관의 지시에 따를 것 등을 교육해야 한다. 이를 위반할 경우에는 구인·유치·집행유예의 취소 등 제재조치가 따르기 때문이다.

사회봉사명령 대상자는 ⅰ) 보호관찰관의 집행에 관한 지시에 따를 것, ⅱ) 주거를 이전하거나 1개월 이상 국내·외 여행을 할 때에는 미리 보호관찰관에게 신고할 것과 같은 사항을 준수해야 한다. 다만, 법원은 판결을 선고할 때 위의 준수사항 외에 보호관찰법 시행령 제19조[84)]에서 정하고 있는 범위에서 대상자의 특성을 고려하여 특별히 지켜야 할 사항을 따로 과할 수 있으며 이를 서면으로 고지해야 한다.[85)]

4. 사회봉사명령의 집행

1) 집행원칙

사회봉사명령은 대상자가 개시신고를 하고 확정된 판결문 또는 결정문의 접수 등 집행의 요건이 갖추어진 때로부터 1개월 이내에 집행에 착수함을 원칙으로 한다. 법원에서 집행분야와 장소를 정한 경우 외에는 보호관찰관이 대상자의 특기와 적성 그리고 자격증 소지 여부 등을 파악하여 지역사회에서 필요한 곳에 배치한다. 일단

---

84) 보호관찰법 시행령 제19조. 보호관찰법 제32조 제3항 제10호에서 "대통령령으로 정하는 사항"을 열거하고 있다.

85) 사회봉사명령과 수강명령에 대해서는 보호관찰 준수사항을 그대로 적용할 수 없다는 것이 판례의 태도이다. 대판 2020. 11. 5. 2017도18291. 보호관찰법 제32조 제3항에서 보호관찰 대상자에게 과할 수 있는 특별준수사항으로 정한 '범죄행위로 인한 손해를 회복하기 위하여 노력할 것' 등 같은 준수사항 제1호부터 제9호까지는 보호관찰 대상자에 한하여 부과할 수 있는지에 대해서 적극적으로 판단하여 사회봉사·수강명령 대상자에 대해서는 부과할 수 없다는 점을 명확히 하였다. 그러나 보호관찰법 제62조 제2항은 사회봉사·수강명령 대상자가 일반적으로 준수해야 할 사항을 규정하는 한편, 제3항에서 "법원은 판결의 선고를 할 때 제2항의 준수사항 외에 대통령령으로 정하는 범위에서 본인의 특성 등을 고려하여 특별히 지켜야 할 사항을 따로 과할 수 있다."라고 규정하고 있다. 이와 함께 법 시행령 제39조 제1항도 사회봉사·수강명령 대상자에 대한 특별준수사항으로 시행령 제19조를 준용하고 있다. 따라서 사회봉사명령이나 수강명령을 단독으로 부과 받은 경우뿐만 아니라 이러한 처분과 보호관찰이 병과된 경우에도 '범죄행위로 인한 손해를 회복하기 위하여 노력할 것' 등과 같은 준수사항이 부과될 수 있다고 본다.

집행에 착수하면 시작부터 종료시점까지 연속해서 집행함을 원칙으로 한다.

　　대상자의 생계유지의 곤란, 직업 및 학업의 계속, 질병, 기타 집행이 곤란한 사유가 있는 경우에는 담당관이 집행의 착수시기를 조정하거나 주말 또는 야간에 집행할 수도 있다.

2) 집행시간 및 집행분야

(1) 집행시간

　　법원은 집행유예에 따른 사회봉사를 명할 때에는 500시간의 범위에서 그 기간을 정하여야 한다. 다만, 다른 법률에 특별한 규정이 있는 경우에는 그 법률에서 정하는 바에 따른다.[86]

　　법원은 사회봉사명령을 이행할 분야와 장소 등을 지정할 수 있다.

　　사회봉사명령의 명령시간별 현황을 살펴보면 [표 3-9]와 같다.

[표 3-9] 사회봉사명령의 명령시간별 현황[87]

(단위: 명, %)

시간/연도	2014	2015	2016	2017	2018	2019	2020
50시간 이하	7,518 (20.3)	8,243 (21.6)	8,614 (20.8)	9,259 (20.9)	7,728 (18.3)	6,198 (15.4)	6,893 (16.4)
51-100시간	13,738 (37.1)	14,462 (37.9)	16,006 (38.6)	16,593 (37.4)	15,418 (36.5)	14,890 (37.0)	15,527 (37.0)
101-200시간	15,130 (40.8)	14,672 (38.5)	16,026 (38.7)	17,580 (39.6)	17,866 (42.3)	18,061 (44.8)	18,234 (43.5)
201-300시간	564 (1.5)	658 (1.7)	657 (1.6)	823 (1.8)	1,002 (2.4)	920 (2.3)	1,029 (2.5)
301-400시간	112 (0.3)	108 (0.3)	126 (0.3)	124 (0.3)	221 (0.5)	189 (0.5)	228 (0.5)
401-500시간	11 (0.0)	8 (0.0)	4 (0.0)	5 (0.0)	13 (0.0)	21 (0.0)	35 (0.1)

---

86) 보호관찰법 제59조 제1항. 다만, 동 조항에서 500시간의 범위에서 그 '기간'을 정하여야 한다고 규정하고 있는 점은 개정을 요한다. 형법 제62조의2 제3항에서 사회봉사명령 또는 수강명령은 집행유예기간 내에 이를 집행한다고 규정하고 있기 때문에 사회봉사명령을 집행할 수 있는 기간은 이미 정해져 있다. 따라서 법원은 사회봉사명령의 '시간'을 정하는 것이지 기간을 정하는 것이 아니다. 입법적 오류다.

87) 범죄백서, 2021, 434면.

최근 7년간 사회봉사명령(벌금대체 사회봉사 건 제외)의 평균 부과시간을 살펴보면, 101－200시간의 비율이 41.2%, 51－100시간의 비율은 37.4%, 50시간 이하의 비율은 19.1%로 나타나고 있다. 2020년 기준 200시간 이하의 비율이 96.9%로 대부분을 차지하고 있다.

(2) 집행분야

판사는 사회봉사명령의 취지, 범죄의 내용, 대상자의 연령과 직업 및 소질 등 개인적 특성, 집행시설 및 장소의 여건 등 제반사정을 고려하여 사회봉사명령의 집행분야를 지정할 수 있다. 즉, 자연보호활동, 복지시설 및 단체 봉사활동, 대민지원 봉사활동, 기타 지역사회에 유익한 공공분야 봉사활동을 지정할 수 있다.[88]

사회봉사명령의 집행분야를 살펴보면 [표 3－10]과 같다.

[표 3-10] 사회봉사명령의 집행분야 현황[89]

(단위: 명, %)

유형/연도	2016	2017	2018	2019	2020	2021
자연보호	100 (0.2)	89 (0.2)	59 (0.1)	59 (0.1)	26 (0.1)	204 (0.5)
사회복지	30,698 (69.4)	36,064 (74.5)	35,217 (77.4)	34,612 (79.4)	12,749 (54.3)	13,586 (34.2)
공공시설	841 (1.9)	1,113 (2.3)	1,282 (2.8)	1,020 (2.3)	1,247 (5.3)	3,405 (8.6)
대민지원	10,792 (24.4)	9,646 (19.9)	7,682 (16.9)	6,610 (15.2)	7,255 (30.9)	15,755 (39.7)
기타	1,818 (4.1)	1,491 (3.1)	1,235 (2.7)	1,311 (3.0)	2,209 (9.4)	6,759 (17.0)

최근 6년간 사회봉사명령은 사회복지분야에서 평균 64.9% 집행이 이루어졌다. 이는 사회복지기관을 협력집행기관으로 지정하여 운영하고 있기 때문이다. 다만, 2020년 54.3%, 2021년 34.2%로 점유율이 급감한 것은 COVID－19로 인해 협력집행이 원활히 운용되지 않았다는 점에 기인하는 것으로 분석된다. 그 밖에 농촌지역 일손돕기와 같은 대민지원이 6년간 24.5%의 평균 점유율을 보이고 있다.

---

88) 보호관찰 및 사회봉사명령 등에 관한 예규(재판예규 제1777호, 2021. 8. 2. 시행) 제7조 제1항 제1호.
89) 범죄예방정책 통계분석, 2022, 239－240면 재구성.

3) 집행 담당자

사회봉사명령은 보호관찰관이 집행한다. 다만, 보호관찰관은 국·공립기관이나 그 밖의 단체에 그 집행의 전부 또는 일부를 위탁할 수 있다. 법원은 법원 소속 공무원으로 하여금 사회봉사 또는 수강할 시설 또는 강의가 사회봉사·수강명령 대상자의 교화·개선에 적당한지 여부와 그 운용 실태를 조사하여 보고하도록 하고 있다. 사회봉사 또는 수강할 시설 또는 강의가 부적당하다고 인정하면 그 집행의 위탁을 취소할 수 있다(법 제61조 제3항).

이러한 법원의 관여에 대해서 비판적인 견해[90]가 있다. 즉, 이런 규정은 사회봉사명령 및 수강명령의 집행과정에서 법원의 간섭으로 집행체계를 혼란스럽게 만든다는 비판이다.

생각건대, 사회봉사명령과 수강명령의 집행은 법무부의 지침에 의거해서 이루어지고 있다. 그러한 집행 절차에 대해서 통제할 수 있는 방법이 없다는 것은 오히려 집행체계를 정형화하기 어렵고, 동 명령의 집행과정에서 준수사항 추가·변경·삭제가 이루어질 수 있는 데 법원에서 집행현장에 대한 이해가 없다면 적절한 대상자를 선별해 낼 수 없을 것이다. 보호관찰뿐만 아니라 사회봉사·수강명령의 준수사항의 법적 성격을 재판의 일종으로 본다면 법원과 보호관찰소 간의 긴밀한 협력관계가 조성될 필요가 있고, 그 사전 절차로 법원의 실태조사는 의미가 있다고 볼 수 있다.

4) 집행방식

사회봉사명령의 집행방식은 직접집행과 협력집행으로 구분할 수 있다.

직접집행은 사회봉사명령 집행서 또는 집행개시 통지서의 교부부터 대상자의 배치, 작업지시 등 집행의 전 과정을 보호관찰관이 직접 관리하는 방식이다.

협력집행은 사회봉사명령 이행상황에 대해서 보호관찰관이 감독을 하는 것을 조건으로 집행의 전부 또는 일부를 협력기관의 장에게 위탁하는 방식이다. 사회봉사명령의 효과적인 집행을 위해서 협력기관 소속 직원 중에서 현장책임자를 선정할 수 있다. 다만, 협력기관의 책임자가 선정되었다 하더라도 보호관찰관은 집행상황을 확인하고 감독해야 한다. 협력기관의 장 또는 책임자는 대상자의 집행상황에서 발생할 수 있는 무단불참, 작업지시 거부, 작업태만 등의 사유로 집행이 불가능하거나

---

90) 정동기 외, 보호관찰제도론, 2016, 359면.

다른 대상자에게 악영향을 끼칠 우려가 있다고 판단할 경우에는 즉시 담당 보호관 찰관에게 그 사실을 통보해야 한다.

사회봉사명령 집행방식의 현황을 살펴보면 [표 3-11]과 같다.

[표 3-11] 사회봉사명령 집행방식 현황91)

(단위: 건, %)

연도/유형	직접집행	협력집행
2016	9,236(24.9)	27,762(75.1)
2017	8,538(20.7)	32,759(79.3)
2018	6,521(16.7)	32,486(83.3)
2019	5,775((15.4)	31,678(84.6)
2020	6,501(35.2)	11,949(64.8)
2021	10,690(32.7)	21,971(67.3)

최근 6년간 사회봉사명령의 집행방식은 직접집행이 24.3%, 협력집행이 75.7%로 나타나고 있다. 이는 보호관찰기관의 인력여건을 고려할 때 협력기관을 지정하여 동 명령을 집행하는 것이 보다 더 적절하다는 점을 시사한다. 다만, 2020년 64.8%, 2021년 67.3%로 그 비율이 감소한 것은 covid-19 상황에서 협력기관에 대상자를 투입하기 어려웠을 것으로 분석된다.

5) 제재조치

사회봉사명령 대상자의 준수사항 위반이나 명령 위반에 따른 경고, 구인, 유치, 집행유예의 취소 및 보호처분 변경 등에 관해서는 보호관찰 관련 규정이 준용되고 있다. 뿐만 아니라 구인 및 유치집행에 관해서는 형사소송법이 준용되고 있다.

5. 사회봉사명령의 종료

1) 사회봉사명령은 대상자가 다음 각 호의 어느 하나에 해당하는 때에는 종료 한다(법 제63조 제1항).

(1) 사회봉사명령의 집행을 완료한 때

(2) 집행유예의 기간이 지난 때

---

91) 범죄예방정책 통계분석, 2022, 235면 재구성.

(3) 사회봉사명령을 조건으로 한 집행유예가 실효되거나 취소된 때

(4) 다른 법률에 따라 사회봉사명령이 변경되거나 취소·종료된 때

(5) 대상자가 사면된 경우

(6) 대상자가 사망한 경우

2) 사회봉사명령 대상자가 사회봉사명령 집행 중 금고 이상의 형의 집행을 받게 된 때에는 해당 형의 집행이 종료 또는 면제되거나, 사회봉사명령 대상자가 가석방된 경우에 잔여 사회봉사명령을 집행한다(법 제63조 제2항). 이 규정은 사회봉사명령 집행 중에 금고 이상의 형을 받으면 집행유예의 취소 등이 가능하므로 여죄 사건으로 형의 집행을 받게 된 것으로 해석해야 한다. 즉, 사회봉사명령이 종료되는 것이 아니다.

사회봉사명령의 종료 현황은 [표 3-12]와 같다.

[표 3-12] 사회봉사명령(벌금대체 사회봉사 제외) 종료 현황[92]

(단위: 건, %)

연도/유형	집행완료	부분집행	처분변경 등	계
2016	36,426(96.6)	572(1.5)	709(1.9)	37,707
2017	40,653(96.6)	644(1.5)	799(1.9)	42,096
2018	38,447(96.5)	609(1.5)	774(2.0)	39,830
2019	36,918(96.9)	607(1.6)	588(1.5)	38,113
2020	17,821(93.2)	629(3.3)	675(3.5)	19,125
2021	31,831(94.4)	830(2.5)	1,051(3.1)	33,712

최근 6년간 사회봉사명령이 종료된 경우로 집행완료가 95.7%로 나타나고 있어 안정적으로 사회봉사명령의 집행이 이루어지는 것으로 분석된다.

3) 보호처분형 사회봉사명령의 종료사유로 다음과 같은 것이 있다. 법원은 가정폭력행위자의 성행이 교정되어 정상적인 가정생활이 유지될 수 있다고 판단되거나 그 밖에 보호처분을 계속할 필요가 없다고 인정하는 경우에는 직권으로 또는 검사, 피해자, 보호관찰관 또는 수탁기관의 장의 청구에 의하여 결정으로 보호처분의 전부 또는 일부를 종료할 수 있다(가정폭력처벌법 제47조).[93]

---

92) 범죄예방정책 통계분석, 2022, 249면 재구성.

93) 아동학대처벌법 제42조에도 대동소이한 규정이 있고, 성매매처벌법 제17조는 가정폭력처벌법 제47조를 준용하고 있다.

IV. 벌금대체 사회봉사제도

1. 벌금대체 사회봉사제도의 개념

2009년 3월 「벌금 미납자의 사회봉사 집행에 관한 특례법」이 제정되어 동년 9월 시행되었다. 기존의 사회봉사명령과 다른 새로운 처분으로 도입한 벌금대체 사회봉사제도는 경제적 무능력을 이유로 벌금을 납입하지 못한 사람에 대하여 '노역장 유치'라는 환형처분에 앞서 미납한 벌금을 사회봉사로 대체하여 집행할 수 있도록 한 것이다.

벌금미납자법에 따르면 벌금대체 사회봉사제도는 법원으로부터 벌금형[94]을 선고받아 그 형이 확정된 자가 경제적인 이유로 벌금을 미납한 경우에 검사에게 신청하고 법원의 허가를 받아 보호관찰관이 지정한 일시, 장소에서 공익을 위하여 무보수 근로에 종사하는 것을 말한다.

2. 벌금대체 사회봉사제도의 도입 취지

벌금대체 사회봉사제도는 인권 지향적이면서 친서민적인 형사정책의 일환으로 도입된 대표적인 제도이다. 이 제도는 벌금형을 선고받았으나 생계곤란으로 벌금을 납부하지 못하는 사람을 노역장에 유치하는 대신 정상적인 사회생활을 허용하면서 일손이 필요한 장애인 및 노인복지시설 또는 농촌에서 봉사활동을 하게 한다.

형법 제69조 제2항[95]에 대한 특례를 마련함으로써 노역장 유치에 따른 범죄의 악풍감염 폐해를 방지하고, 가족관계가 단절되는 것을 예방하며, 과잉구금의 문제점을 최소화하는 동시에 벌금 미납자에 대한 편익을 도모하기 위해서 도입하였다.

벌금대체 사회봉사제도를 시행함에 따라 최종적으로 법원의 허가가 있으면 보

---

94) 벌금형은 19세기 후반부터 자본주의 경제질서가 확립되어 감에 따라 재산의 박탈을 통한 응보와 일반예방의 효과를 발휘하고 있었다. 또한 범죄인을 교정시설에 구금하지 않기 때문에 사회복귀가 용이하고, 시설 내 악풍감염의 폐해도 차단될 뿐만 아니라 관리경비가 비교적 적게 드는 장점을 가지고 있어서 단기자유형의 대안으로 가장 많이 활용되었다. 반면, 벌금형의 집행으로 가족의 생계에 지장을 주게 되어 실질적으로 형벌의 일신전속적 성질에 반하고, 범죄자의 재력에 따라 형벌로서의 효과가 다르게 나타나며, 벌금을 납입하지 못해 노역장에 유치된다면 단기 자유형의 폐해가 고스란히 나타난다는 단점을 가지고 있다. 단기자유형의 폐해를 방지하기 위하여 도입된 벌금형제도가 오히려 벌금을 미납할 때에 다시 노역장유치로 환형되는 결과를 초래하였기 때문이다.

95) 형법 제69조 제2항. 벌금을 납입하지 아니한 자는 1일 이상 3년 이하, 과료를 납입하지 아니한 자는 1일 이상 30일 미만의 기간 동안 노역장에 유치하여 작업에 복무하게 된다.

호관찰관이 집행하는 사회봉사를 이행함으로써 벌금을 상쇄할 수 있게 된 것이다. 경제적 무능력자에게는 벌금형이 사실상 자유형을 선고받은 것과 동일한 효과를 지니게 됨으로써 일각에서는 오히려 자유형의 집행유예를 선고받는 것을 원하는 형벌의 역전(逆轉)현상을 초래하여 경제적 불평등이 형벌의 불평등으로 이어졌다. 이러한 현상에 대한 반성으로 노역장유치 이외에 벌금납입을 대체할 방안이 모색되었고, 그 중 하나가 벌금대체 사회봉사제도이다.

벌금대체 사회봉사제도는 미납한 벌금을 봉사적 성격을 가지는 노동으로 대체한다는 점에서 노역과 다르고, 일수벌금제도 및 벌금분납제도와도 성격이 다른 독창적인 제도라고 볼 수 있다.

3. 벌금대체 사회봉사의 허가 절차

1) 사회봉사의 신청

500만원 범위 내의 벌금형이 확정된 벌금 미납자는 경제적인 이유로 벌금을 낼 수 없는 경우에 검사의 납부명령일부터 30일 이내에 주거지를 관할하는 지방검찰청의 검사에게 벌금대체 사회봉사를 신청할 수 있다. 다만, 검사로부터 벌금의 일부납부 또는 납부연기를 허가받은 사람은 그 허가기한 내에 사회봉사를 신청할 수 있다(법 제4조).

대법원은 '납부명령일부터 30일 이내'가 벌금미납자의 사회봉사 신청기간의 종기만을 규정한 것인지에 대해서 벌금 미납자가 사회봉사의 대체집행 신청을 할 수 있는 시기를 특별히 제한하여 해석할 이유는 없으므로, 신청은 벌금형이 확정된 때부터 가능하므로 종기만을 규정한 것으로 보는 것이 타당하다. 따라서 그 종기는 검사의 납부명령일이 아니라 납부명령이 벌금 미납자에게 '고지된 날'로부터 30일이 되는 날이라고 판시[96]하였다.

2) 사회봉사를 신청할 수 없는 사람

500만원 범위 내의 벌금을 부과 받았다 하더라도 ⅰ) 징역 또는 금고와 동시에 벌금을 선고받은 사람, ⅱ) 법원으로부터 벌금 선고와 동시에 벌금을 완납할 때까지 노역장에 유치할 것을 명 받은 사람, ⅲ) 다른 사건으로 형 또는 구속영장이 집행되

---

96) 대결 2013. 1. 16. 자 2011모16.

거나 노역장에 유치되어 구금 중인 사람, ⅳ) 사회봉사를 신청하는 해당 벌금에 대하여 법원으로부터 사회봉사를 허가받지 못하거나 취소당한 사람 등은 사회봉사를 신청할 수 없다.

동법 부칙 제2조 제2항에는 이 법 시행 당시 벌금 미납으로 지명수배 중이거나 노역장에 유치 중인 사람도 신청할 수 있도록 하고 있다. 즉, 소급효를 인정하고 있는 것이다. 보안처분의 소급효와 관련하여 소급효금지의 원칙은 행위자에게 불리한 사후법을 금지하는 것이므로 벌금대체 사회봉사와 같은 유리한 처분의 소급효를 인정하고 있는 것이므로 보안처분 법정주의에 반하지 않는다고 본다.

3) 사회봉사의 청구

사회봉사를 신청 받은 검사는 사회봉사 신청인이 사회봉사가 불허되는 사유에 해당하지 아니하는 때에는 법원에 사회봉사의 허가를 청구하여야 하고, 신청일로부터 7일 이내에 사회봉사의 청구 여부를 결정하여야 한다. 사회봉사의 신청을 기각하는 검사의 처분에 대해서는 검사의 처분이 부당함을 이유로 재판을 선고한 법원에 이의신청을 할 수 있다(법 제5조).

4) 사회봉사의 허가

법원은 검사로부터 사회봉사 허가 청구를 받은 날부터 14일 이내에 벌금 미납자의 경제적 능력, 사회봉사 이행에 필요한 신체적 능력, 주거의 안정성 등을 고려하여 사회봉사 허가 여부를 결정한다. 다만, ⅰ) 벌금액의 범위를 초과하거나 신청기간이 지난 사람이 신청한 경우, ⅱ) 사회봉사를 신청할 수 없는 사람이 신청을 한 경우, ⅲ) 정당한 사유 없이 사회봉사 허가 여부를 결정하기 위한 법원의 출석요구나 자료제출 요구를 거부한 경우, ⅳ) 신청인이 일정한 수입원이나 재산이 있어 벌금을 낼 수 있다고 판단되는 경우, ⅴ) 질병이나 그 밖의 사유로 사회봉사를 이행하기에 부적당하다고 판단되는 경우에는 사회봉사를 허가하지 아니한다(법 제6조).

법원은 사회봉사 허가 여부를 결정하기 위하여 필요한 경우에는 신청인에게 출석 또는 자료의 제출을 요구하거나 신청인의 동의를 받아 공공기관, 민간단체 등에 벌금 납입능력을 확인하는 데에 필요한 자료의 제출을 요구할 수 있다. 또한 사회봉사를 허가하는 경우에는 벌금 미납액에 의하여 계산된 노역장 유치 기간에 상응하는 사회봉사 시간을 산정하여야 한다(법 제6조 제3항).

사회봉사를 허가받지 못한 벌금 미납자는 그 결정을 통지 받은 날부터 15일 이내에 벌금을 납부하여야 하고, 이 기간 내에 벌금을 내지 아니할 경우에는 노역장에 유치된다(법 제6조 제5항).

법원은 사회봉사 허가 여부 결정을 검사와 신청인에게 서면으로 알려야 하고, 사회봉사를 허가한 경우에는 그 확정일로부터 3일 이내에 사회봉사 대상자의 주거지를 관할하는 보호관찰소장에게 사회봉사 허가서, 판결문 등본, 약식명령 등본 등 사회봉사에 필요한 서류를 송부하여야 한다(법 제7조).

벌금대체 사회봉사의 사범별 현황을 살펴보면 [표 3−13]과 같다.

[표 3-13] 벌금대체 사회봉사의 사범별 현황[97]

(단위: 명, %)

사범/연도	2016	2017	2018	2019	2020	2021
폭력	1,617 (19.0)	1,484 (17.9)	1,572 (20.6)	1,636 (22.1)	2,031 (22.4)	1,617 (22.4)
교통	2,579 (30.2)	2,378 (28.7)	1,800 (23.6)	1,438 (19.4)	1,433 (15.8)	1,179 (16.4)
절도	456 (5.4)	500 (6.1	560 (7.4)	580 (7.8)	683 (7.5)	618 (8.6)
사기/횡령	783 (9.2)	810 (9.8)	761 (10.0)	784 (10.6)	1,204 (13.2)	914 (12.7)
강력	3 (0.0)	1 (0.0)	2 (0.0)	6 (0.1)	6 (0.1)	5 (0.1)
마약	3 (0.0)	19 (0.2)	9 (0.1)	8 (0.1)	11 (0.1)	16 (0.2)
풍속	344 (4.0)	338 (4.1)	251 (3.3)	181 (2.4)	231 (2.5)	194 (2.7)
경제	311 (3.7)	374 (4.5)	435 (5.7)	516 (7.0)	650 (7.1)	311 (4.3)
기타	2,434 (28.5)	2,378 (28.7)	2,234 (29.3)	2,264 (30.5)	2,848 (31.3)	2,353 (32.6)

최근 6년간 벌금대체 사회봉사의 평균 접수율은 교통사범이 22.4%, 폭력사범이 20.7%, 사기·횡령범이 10.9%, 경제사범이 5.4% 순으로 나타나고 있다.

97) 범죄예방정책 통계분석, 2022, 226면 재구성.

4. 벌금대체 사회봉사의 집행 절차

1) 사회봉사의 신고

사회봉사를 허가 받는 사람은 법원으로부터 사회봉사 허가의 고지를 받은 날부터 10일 이내에 자신의 주거지를 관할하는 보호관찰소장에게 주거, 직업 등을 신고하여야 한다(법 시행령 제6조).[98)]

2) 사회봉사의 집행

벌금미납자법이 사회봉사에 대한 상세한 집행 절차를 규정하고 있다. 보호관찰법도 사회봉사·수강명령의 일반법으로서 이에 대한 집행 절차를 규정할 필요성 있고, 벌금미납자법의 사회봉사를 특이하게 집행하는 것이 아니라면 '보호관찰법에 따른 사회봉사를 집행한다'는 규정을 두는 방식이 더 적절하다. 즉, 보호관찰법의 사회봉사명령처럼 법률에 규정하는 방식이 아니라 지침에 의거해서 집행하는 방식은 제고할 필요성이 있다.

사회봉사의 집행은 사회봉사명령에서 설명한 것과 대동소이하다. 다만, 사회봉사의 집행시간은 사회봉사 기간 동안의 집행시간을 합산하여 시간 단위로 인정하고, 집행시간을 합산한 결과 1시간 미만이면 1시간으로 인정한다(법 제10조).

사회봉사의 집행 기간은 사회봉사가 허가된 날부터 6개월 이내에 마쳐야 하지만 보호관찰관은 특별한 사정이 있으면 검사의 허가를 받아 6개월의 범위에서 한 번 그 기간을 연장하여 집행할 수 있다(법 제11조).

벌금대체 사회봉사의 명령시간대별 현황을 살펴보면 [표 3-14]와 같다.

최근 6년간 벌금대체 사회봉사의 평균 명령시간은 101-200시간이 28.4%, 51-100시간이 26.4%, 201-300시간이 23.2%의 점유율을 보이고 있다. 2020년 이후 301-400시간의 비율이 늘어난 것은 2020년 1월 벌금미납자 법 시행령 제2조에서 미납 벌금액이 500만원 범위 내로 확대되면서 시간도 늘어난 것으로 분석된다.

---

98) 사회봉사 대상자는 주거, 직업 외에 다음의 사항을 신고하여야 한다. 1. 성명 및 주민등록번호 2. 가족 관계 또는 교우 관계 3. 최종 학력 4. 특기, 특정 분야 근무경력 및 자격증 5. 사회봉사 허가 결정 내용 6. 운전면허증에 관한 사항

[표 3-14] 벌금대체 사회봉사의 명령시간별 현황[99)]

(단위: 명, %)

시간/연도	2016	2017	2018	2019	2020	2021
50시간 이하	1,433 (16.8)	1,429 (17.3)	1,290 (16.9)	1,388 (18.7)	1,539 (16.9)	1,226 (17.0)
51-100시간	2,351 (27.6)	2,262 (27.3)	2,126 (27.9)	1,979 (26.7)	2,194 (24.1)	1,780 (24.7)
101-200시간	2,766 (32.4)	2,556 (30.9)	2,307 (30.3)	2,129 (28.7)	2,310 (25.4)	1,650 (22.9)
201-300시간	1,967 (23.1)	2,033 (24.5)	1,898 (24.9)	1,916 (25.8)	1,946 (21.4)	1,403 (19.5)
301-400시간	9 (0.1)	1 (0.0)	1 (0.0)	1 (0.0)	1,107 (12.2)	1,148 (15.9)
401-500시간	4 (0.0)	1 (0.0)	2 (0.0)	0 (0.0)	1 (0.0)	0 (0.0)

3) 사회봉사의 종료

(1) 사회봉사의 이행

사회봉사를 전부 이행한 경우에는 사회봉사 시간에 상응하는 벌금액을 납부한 것으로 보고, 사회봉사는 종료한다.

(2) 벌금의 납입

사회봉사 대상자는 사회봉사의 이행을 마치기 전에 벌금의 전부 또는 일부를 납부할 수 있다. 사회봉사 집행 중에 벌금을 내려는 대상자는 보호관찰소장으로부터 사회봉사 집행확인서를 발급받아 주거지를 관할하는 지방검찰청 검사에게 제출하면 검사는 이미 이행한 사회봉사 시간에 상응하는 금액을 공제하는 방법으로 남은 벌금액을 산정하여 대상자에게 고지한다(법 제12조). 벌금을 전부 납부하거나 사회봉사를 일부 이행하였더라도 남은 벌금을 낸 경우에 사회봉사는 종료한다.

(3) 사회봉사 허가의 취소

사회봉사의 허가가 취소된 경우에는 사회봉사는 종료한다.

검사는 사회봉사 허가를 취소해야 할 사유가 있는 경우에는 보호관찰소장의 신

---

99) 범죄예방정책 통계분석, 2022, 230면 재구성.

청을 받아 법원에 사회봉사 허가의 취소를 청구한다.

사회봉사 대상자가 ⅰ) 정당한 사유 없이 신고를 하지 아니하는 경우, ⅱ) 사회봉사가 허가된 날부터 6개월 이내에 사회봉사를 마치지 아니한 경우, ⅲ) 정당한 사유 없이 준수사항을 위반하거나 구금 등의 사유로 사회봉사를 계속 집행하기에 적당하지 아니하다고 판단되는 경우에는 사회봉사의 허가가 취소된다(법 제14조 제1항).

사회봉사의 허가가 취소된 경우에는 취소통지를 받은 날부터 7일 이내에 남은 사회봉사 시간에 해당하는 미납한 벌금을 납부해야 하고, 그 기간 내에 이를 이행하지 아니하면 노역장에 유치된다(제14조 제7항).

(4) 대상자의 사망

대상자의 사망으로 사회봉사는 종료된다.

5. 사회봉사명령과 벌금대체 사회봉사의 차이점

사회봉사명령과 벌금대체 사회봉사의 주요한 차이점은 [표 3-15]와 같다.

[표 3-15] 사회봉사명령과 벌금대체 사회봉사의 차이점

구분	사회봉사명령	벌금대체 사회봉사
선고와 신청	조건부 집행유예이므로 법원에서 선고	벌금미납자가 검사에게 신청하고, 법원이 이를 허가
집행 시간	선고 시에 부과된 시간	벌금액에 상응하는 시간
집행 기간	집행유예 기간 내	사회봉사가 허가된 날부터 6개월 이내에 마쳐야 함
이행의 효과	선고가 실효 또는 취소됨이 없이 유예기간을 경과한 때에는 형의 선고는 효력을 잃음	벌금을 납입한 것으로 봄
집행 불응시 조치	사회봉사명령 대상자가 미신고 또는 정당한 사유 없이 집행에 불응하는 경우 경고,집행유예 취소, 보호처분 변경 등의 제재조치	경고 외 좌측의 제재조치 수단이 없음
개별 종료 사유	집행유예 실효 또는 취소	벌금 완납, 사회봉사 허가의 취소
불복절차	판결에 대한 불복	허가여부 및 취소여부 결정에 대한 즉시항고

제3절 수강명령(이수명령)

I. 수강명령의 의의

1. 수강명령의 개념

법원에서 유죄가 인정되거나 보호처분의 필요성이 인정되어 교육을 받게 하는 명령이고, 이수명령은 법원에서 성범죄자, 아동학대 행위자, 산업안전보건 범죄자, 스토킹 범죄자 등을 대상으로 유죄판결을 선고하면서 교육 또는 치료 프로그램을 이수하도록 하는 명령을 말한다.

2. 수강명령의 기능

보호관찰에서 설명한 것처럼 수강명령도 사회내처우의 일종이다. 따라서 사회 내처우의 장·단점과 관련하여 보호관찰에서 논의한 것과 동일한 내용의 서술이 가능하다. 다만, 그 내용의 강약이 다를 뿐이다.

여기에서는 수강명령(이수명령)에 보다 특화된 내용을 기술하면 다음과 같다.[100]

첫째, 처벌적 기능이다. 강제적으로 부과된 시간동안 교육을 받도록 함으로써 범죄자의 여가시간을 박탈하거나 제한한다. 형사제재로서의 처벌적 기능이 있다.

둘째, 속죄 기능이다. 범죄자의 무책임한 행동에 대해서 의무적으로 교육 또는 치료 프로그램에 참가하도록 함으로써 대상자 스스로 범죄의 원인을 파악하고 이를 통해 죄책감을 완화한다.

셋째, 사회재통합 기능이다. 범죄의 원인을 개선하여 재범을 억제함으로써 사회통합과 사회복귀를 용이하게 한다.

넷째, 치료적 기능이다. 범죄자의 개별적 특성 및 범죄원인에 따른 특화된 교육 프로그램을 수강함으로써 개선을 위한 치료적 기능을 수행한다. 보호관찰, 사회봉사 명령과 비교해서 치료적 기능이 제일 강하다고 볼 수 있다.

---

100) 이수명령은 개별 법률에서 수강명령과 명칭은 다르지만 동일한 기능을 가지고 있다. 다만, 징역형 수형자에 대한 이수명령은 교육장소가 시설 내이므로 사회 내에서 이루어지는 이수명령과 동일한 효과를 가진다고 보기는 어려울 것이다.

3. 우리나라 수강명령과 이수명령의 연혁

1) 수강명령

소년법의 보호처분은 제정 당시부터 보호자 또는 소년원 등 특정시설에 감호위탁 위주로 구성되었다. 이에 대한 성찰을 통해 1963년 7월 소년법 개정을 통해서 사회 내에서 처우할 수 있는 보호관찰이 도입되었음에도 이를 집행할 인적 물적 여건이 구비되지 않았다는 당시의 상황은 이미 살펴본 바와 같다.

(1) 보호관찰의 부수처분으로서 수강명령

소년보호처분을 도입하였지만 시설내처우 위주로 운용되는 현실에 대한 반성적 고려는 새로운 사회내처우의 필요성과 이러한 처분들을 개발해야 할 분위기를 고조시켰다. 이에 법무부는 1985년 6월 소년법의 보호처분을 다양화하기 위한 방안으로 사회봉사명령과 수강명령을 도입하는 내용의 소년법 개정요강을 확정하였다.

1988년 12월 소년법이 개정되면서 보호관찰의 부수처분으로 수강명령이 도입되었다. 개정 소년법 제32조는 '보호관찰관의 단기보호관찰을 받게 하는 것', '보호관찰관의 보호관찰을 받게 하는 것'의 처분을 할 때에 처분 당시 소년이 16세 이상인 경우에 수강명령을 병과할 수 있도록 하였다. 부수처분이라는 규정 외에 동법 제33조 제4항에서 사회봉사명령과 수강명령의 부과시간을 규정한 것이 전부였다.

1989년 7월 개정 소년법이 시행되면서 수강명령의 집행을 보호관찰소에서 담당하였지만, 여전히 이를 집행할 절차가 완비되지 아니하였다. 동법 제15조 제3호에 보호관찰소의 관장사무로 "기타 이 법 또는 다른 법률에 의하여 보호관찰소의 권한에 속한 사무"라는 규정과 보호관찰의 부수처분으로 보는 규정을 근거로 동 명령을 집행하였다고 볼 여지도 있으나, 수강명령의 집행 절차로 보기에는 무리가 있고, 보안처분 법률주의 관점에서는 비판의 여지가 있다.

소년법 개정에 발맞추어 소년심판규칙의 개정(1989. 7. 4.)이 있었다. 동 규칙 제31조 제2항은 수강명령을 부과할 경우에 결정의 고지, 부과할 처분의 시간, 수강할 강의의 종류나 방법, 그 대상이 될 시설의 지정 등을 규정하였고, 동 규칙 제34조 제2항을 근거로 법원장은 소년이 수강할 장소 또는 시설을 지정할 수 있었다.

(2) 집행유예의 조건으로서 수강명령

1995년 12월 형법 개정(1996. 7. 1. 시행)이 있었다. 성인 형사범에게는 보호관찰, 사회봉사명령, 수강명령이 새롭게 도입되어 1997년 1월 1일 시행되었다. 동법 제62조의2 제1항에서 "형의 집행을 유예하는 경우에는 보호관찰을 받을 것을 명하거나 사회봉사 또는 수강을 명할 수 있다"고 규정하여 각 처분이 개별적임을 분명히 하였다. 수강명령은 집행유예기간 내에 집행해야 했고, 준수사항이나 명령을 위반하고 그 정도가 무거운 때에는 집행유예를 취소할 수 있었다.[101]

보호관찰, 사회봉사명령, 수강명령의 집행법이라고 할 수 있는 보호관찰법이 1996년 12월 개정되었다. 동 법 제3조는 사회봉사·수강명령 대상자, 제59조에서 사회봉사·수강명령의 부과 시간의 범위, 제62조에서 사회봉사·수강명령 대상자의 준수사항, 제63조에서 사회봉사·수강의 종료, 제64조에서 보호관찰에 적용되는 원호 및 제재조치 규정이 준용한다는 규정을 두었다.

수강명령의 충실한 집행을 위해서 준칙 내지 지침 제정의 필요성이 있었고, 1996년 12월 법무부는 사회봉사명령과 수강명령의 집행을 위해서 '사회봉사·수강명령 집행준칙'을 제정하여 구체적인 절차를 마련하였다.

2016년 1월 개정된(2018. 1. 7. 시행) 형법은 500만원 이하의 벌금형의 집행유예를 선고할 때 수강명령을 부과할 수 있도록 하였다.

(3) 특별법을 통한 수강명령의 확대

1995년 12월 형법 개정 이후 연이은 특별법의 제·개정으로 수강명령의 대상이 지속적으로 확대되었다.

① 1997년 8월 22일 개정(1998. 1. 1. 시행)된 「성폭력범죄의 처벌 및 피해자보호 등에 관한 법률」은 성폭력범죄를 범한 사람에 대하여 형의 집행을 유예할 경우에 그 집행유예 기간 내에서 일정 기간 동안 보호관찰을 받을 것을 명하거나 사회봉사 또는 수강을 명할 수 있었다. 보호관찰과 사회봉사명령 및 수강명령을 병과할 수 있었고, 성폭력범죄를 범한 사람이 소년인 경우에는 필요적으로 보호관찰, 사회봉사 또는 수강을 명해야 했었다.

---

101) 보호관찰과 사회봉사명령 그리고 수강명령이 개별 처분임에도 불구하고 보호관찰을 제외한 처분에 대해서 구체적인 집행 절차를 규정하지 않았다는 점은 입법적으로 정비해야 할 부분이었다.

② 1997년 12월 13일 제정(1998. 7. 1. 시행)된 가정폭력처벌법은 보호처분으로서 보호관찰, 사회봉사명령, 수강명령을 도입하였다.

③ 2000년 2월 3일 제정(2000. 7. 1. 시행)된 청소년성보호법은 '청소년의 성을 사는 행위' 등의 죄의 대상(對象)이 된 청소년에 대하여는 선도보호 및 재활을 위하여 「윤락행위 등 방지법」을 적용하지 아니하고, 소년법의 보호사건에 관한 규정을 적용하였다. 따라서 소년보호처분으로서 보호관찰, 사회봉사명령, 수강명령을 부과할 수 있었다. 다만, 사회봉사명령과 수강명령은 보호관찰을 부과할 때 동시에 부과할 수 있는 보호관찰의 부수적 처분이었다.

④ 2004년 3월 22일 제정(2004. 9. 23. 시행)된 성매매처벌법은 보호처분으로서 보호관찰법에 의한 보호관찰, 보호관찰법에 의한 사회봉사명령과 수강명령의 처분을 할 수 있었다.

⑤ 2007년 12월 21일 개정(2008. 6. 22. 시행)된 소년법은 소년보호처분으로서 보호관찰 외 사회봉사명령, 수강명령을 각각 독립적인 보호처분으로 규정하였다. 이에 따라 2008년 12월 수강명령 주부부서인 법무부에서도 '수강명령 집행준칙'을 개별적으로 마련하여 운용하면서 독자적인 처분임을 분명히 하였다.

⑥ 2014년 1월 28일 제정(2014. 9. 29. 시행)된 아동학대처벌법은 아동학대 행위자에 대해서 유죄판결(선고유예 제외)을 선고하면서 200시간의 범위에서 보호관찰법에 따른 수강명령 또는 아동학대 치료프로그램의 이수명령을 병과할 수 있었다.

아동학대 행위자에 대한 수강명령은 형의 집행을 유예할 경우에 그 집행유예 기간 내에서 병과하고, 이수명령은 벌금형 또는 징역형의 실형을 선고할 경우에 병과하였다. 또한 아동학대 행위자에게 형의 집행을 유예하는 경우에는 수강명령 외에 보호관찰 또는 사회봉사명령 중 하나 이상의 처분을 병과할 수 있었다.

⑦ 2019년 1월 「산업안전보건법」을 개정하여 산업안전 보건범죄를 범하여 유죄판결(선고유예는 제외)을 선고하거나 약식명령을 고지하는 경우에 200시간의 범위에서 수강명령을 병과할 수 있었다. 2020년 3월 개정 산업안전보건법에서는 산업안전보건범죄에 대해서 수강명령 또는 이수명령을 병과할 수 있도록 하였고, 수강명령 및 이수명령에 관해서 동법에서 규정한 사항 외의 사항에 대해서는 보호관찰법을 준용하도록 하였다.

⑧ 2021년 4월 「스토킹범죄의 처벌 등에 관한 법률」을 제정하여 스토킹범죄를

저지른 사람에 대하여 유죄판결(선고유예는 제외)을 선고하거나 약식명령을 고지하는 경우에는 수강명령 또는 스토킹 치료 프로그램의 이수명령을 병과할 수 있도록 하였고, 형의 집행을 유예하는 경우에는 집행유예 기간 내에 수강명령 외에 보호관찰 또는 사회봉사명령 중 하나 이상의 처분을 병과할 수 있었다.

2) 이수명령

범죄인의 재범예방에 교육과 치료가 중요하다는 인식에 따라 2010년에 이수명령이 도입되었다. 이 당시 수강명령은 형의 집행을 유예하는 경우에만 부과할 수 있었는데, 이수명령은 특정한 범죄자에게 벌금형 또는 징역형의 실형을 선고할 경우에 치료 프로그램을 이수하도록 한 것이다.

이수명령은 2010년 4월 시행된 청소년성보호법에 근거하였다. 동법은 아동·청소년 대상 성범죄자에게 형의 집행을 유예할 경우에 수강명령을 병과하고 벌금형 이상의 형을 선고할 경우에는 성폭력 치료 프로그램의 이수명령을 병과하였다.

2011년 10월 시행된 개정 성폭력처벌법은 성폭력범죄로 벌금형 이상의 형을 선고할 때에 성폭력 치료 프로그램의 이수명령을 부과할 수 있도록 하였다.

2014년 9월 시행된 아동학대처벌법도 형의 집행을 유예하는 경우 수강명령을, 벌금형 또는 징역형을 선고할 경우에는 아동학대 치료 프로그램 이수명령을 병과할 수 있었다.

2016년 12월 시행된 성폭력처벌법과 2018년 7월 시행된 청소년성보호법은 약식명령을 고지하는 경우에도 성폭력 치료 프로그램의 이수명령을 병과할 수 있도록 하였다.

2020년 1월 시행된 개정 산업안전보건법은 벌금형, 집행유예 또는 징역형 이상의 실형을 선고할 때 수강명령을 부과할 수 있도록 하였고, 2020년 10월 시행된 산업안전보건법 제174조는 일정한 산업안전보건범죄에 대해서 유죄판결(선고유예 제외)을 선고하거나 약식명령을 고지하는 경우에는 수강명령 또는 산업안전보건 프로그램의 이수명령을 병과할 수 있도록 하였다.

2021년 10월 시행(2021. 4. 20. 제정)된 「스토킹범죄의 처벌 등에 관한 법률」은 유죄판결(선고유예 제외)을 선고하거나 약식명령을 고지하는 경우에 수강명령 또는 스토킹 치료프로그램의 이수명령을 병과할 수 있도록 하였다. 집행을 유예할 경우에는 그 집행유예기간 내, 벌금형을 선고하거나 약식명령을 고지할 경우에는 형 확정일로부터 6개월 이내, 징역형의 실형을 선고할 경우에는 형기 내에 각각 집행한다.

3) 교육조건부 기소유예

교육조건부 기소유예는 1995년부터 소년범을 대상으로 시행되었다.

1995년 1월 5일 개정(1995. 1. 5. 시행)된 보호관찰법 제15조 제3호에 의해 보호관찰소의 관장사무에 '검사가 보호관찰관이 선도함으로 조건으로 공소제기를 유예하고 위탁한 선도 업무'가 추가되었다.

제도적으로 정비된 교육조건부 기소유예는 2005년부터 성구매자를 대상으로 실시된 교육, 즉 '존스쿨(John School)'제도에서 시작되었다.

2012년 12월에는 '보호관찰소 선도위탁 규정'이 개정되어 교육조건부 기소유예의 실효성을 강화하기 위해 20시간의 범위에서 상담, 교육, 봉사활동 등을 독립적인 처분으로 활용할 수 있도록 하였다. 이후 소년범과 더불어 성인 기소유예자를 대상으로 한 다양한 내용의 교육이 확대 실시되고 있다.

교육조건부 기소유예의 유형을 살펴보면 [표 3-16]과 같다.

[표 3-16] 교육조건부 기소유예 프로그램의 유형[102]

유형	시행	교육시간
성구매자 재범방지 교육	2005년	16시간
음란물사범 재범방지 교육	2012년	5시간
가정폭력 재범방지 교육	2013년	8시간 또는 16시간
성폭력 재범방지 교육	2013년	20시간 이내
아동학대 재범방지 교육	2014년	8시간 또는 16시간
인터넷 악성댓글 재범방지 교육	2015년	4시간
도박 재범방지 교육	2016년	8시간

교육조건부 기소유예는 2005년 성구매자 교육을 시작으로 음란물사범, 가정폭력 및 성폭력, 아동학대 재범방지 교육 등으로 확대 시행되고 있다.

---

102) 범죄예방정책 통계분석, 2022, 275면 재구성.

4. 수강명령과 이수명령의 차이점

수강명령과 이수명령은 부과된 시간 동안 교육 또는 치료 프로그램을 수강하도록 한다는 점에서 유사점이 많다. 그럼에도 세부적인 차이점을 살펴보면 [표 3-17]과 같다.

[표 3-17] 수강명령과 이수명령의 차이점

구분	수강명령	이수명령
판결문 접수	보호관찰기관	보호관찰기관, 교정기관(징역형 이수명령)
집행주체	보호관찰기관	보호관찰기관, 교정기관(징역형 이수명령을 교정기관에서 집행하지 못할 경우에는 보호관찰기관)
미이행 효과	수강명령조건부 집행유예 취소	집행유예 이수명령은 좌동. 벌금형 또는 징역형 이수명령은 수사의뢰

II. 수강명령(이수명령)의 유형과 법적 성격

1. 현행법상 수강명령의 유형[103]

1) 유예형(기소·집행유예) 수강명령

기소유예형은 「소년법」 제49조의3, 「보호관찰법」 제15조 제3호에 근거를 두고 있다.

보호관찰과 달리 선고유예를 할 때 수강명령을 부과하는 경우는 없다.

집행유예형은 형법 제62조의2, 성폭력처벌법 제16조 제2항, 가정폭력처벌법 제3조의2 제3항, 아동학대처벌법 제8조 제2항, 청소년성보호법 제21조 제3항, 마약류관리법 제40조의2 제3항, 산업안전보건법 제174조 제2항에 각각 근거를 두고 있다.

---

103) 이수명령의 법적 근거
   1. 성폭력처벌법 제16조 제2항.
   2. 청소년성보호법 제21조 제2항.
   3. 전자장치부착법 제9조의2.
   4. 아동학대처벌법 제8조 제1항.
   5. 마약류관리법 제40조의2 제2항.
   6. 산업안전보건법 제174조 제1항.

2) 보호처분형 수강명령

보호처분형은 소년법 제32조 제2호, 가정폭력처벌법 제40조 제4호, 성매매처벌법 제14조 제3호, 아동학대처벌법 제36조 제4호, 청소년성보호법 제44조 제2항 제1호에 각각 근거를 두고 있다.

3) 보안처분형 수강명령

보안처분형은 성폭력처벌법 제16조 제1항, 가정폭력처벌법 제3조의2 제1항, 아동학대처벌법 제8조 제1항, 청소년성보호법 제21조 제2항, 마약류관리법 제40조의2 제2항, 산업안전보건법 제174조 제1항에 각각 근거를 두고 있다.

2. 수강명령의 법적 성격

수강명령을 일원적으로 파악하여 형벌에 준해서 보는 견해, 보안처분으로 보는 견해, 형벌 집행의 변경으로 보는 견해 등으로 구분해 볼 수 있겠으나, 개별적으로 고찰하여 기소유예형은 다이버젼의 일환이고, 집행유예형은 형 집행이 변형된 것으로, 보안처분형은 보안처분으로 보는 것이 타당하다.[104]

Ⅲ. 수강명령의 집행 절차

보호관찰, 사회봉사명령 및 수강명령의 기본법이라고 할 수 있는 보호관찰법은 보호관찰 외의 처분의 집행 절차에 대해서는 구체적인 규정을 두고 있지 않으며, 시행령 및 시행규칙도 동일하다. 보호관찰법에서 수강명령의 범위 즉, 부과 시간의 범위, 수강명령의 담당자, 수강명령 대상자의 준수사항, 수강명령의 종료, 그리고 보호관찰에서 규정하고 있는 원호, 직무상의 비밀, 제재조치 등을 준용하고 있을 뿐이다.[105]

헌법재판소는 형의 집행을 유예하면서 사회봉사를 명할 수 있도록 한 형법 제62조의2 제1항 중 사회봉사명령에 관한 부분이 사회봉사의 의의, 부과요건, 부과대

---

104) 자세한 내용은 보호관찰의 법적 성격을 참조하기 바란다.
105) 사회봉사명령 및 수강명령 지침에 따라서 집행하고 있으나, 보안처분 법률주의에 반할 수 있음은 이미 살펴본 바와 같다.

상자를 구체적으로 규정하지 아니하였다고 하더라도 명확성원칙에 반하는 것은 아니라고 하였고, 범죄자의 일반적 행동의 자유를 과도하게 제한하여 과잉금지원칙에 위배되는 것도 아니라고 판시[106]하였다. 수강명령에도 동일하게 적용이 가능하다고 본다.

보호관찰기관의 이수명령은 수강명령과 집행이 대동소이하므로 수강명령의 집행 절차를 살펴본다.

1. 수강명령의 개시

1) 수강명령의 선고

법원에서는 다음과 같은 대상자에게 수강명령을 부과하는 것이 적절하다고 보아 동 명령을 부과한다. 다만, 이러한 대상자라 하더라도 보호관찰기관 및 협력기관 그리고 교육 프로그램의 여건과 내용 등을 고려하여 수강명령을 부과하지 않을 수 있으므로 이러한 대상자 선정은 단지 예시일 뿐이다. ⅰ) 본드, 부탄가스를 흡입하는 등 약물남용범죄를 저지른 경우 또는 마약범죄를 범한 경우, ⅱ) 알코올 중독으로 인해서 범죄를 범한 경우, ⅲ) 심리·정서상의 특이한 문제와 결합된 범죄(성범죄 등)를 범한 자로서 적절한 프로그램을 통하여 치료를 받을 필요가 있는 경우, ⅳ) 기타 수강명령을 부과하는 것이 적절하다고 판단되는 경우 등이다.[107]

2) 수강명령의 시작

판결 또는 결정이 확정된 때에 수강명령을 집행할 수 있다. 따라서 상소를 제기한 경우에는 집행할 수 없다. 즉, 피고인이 형사처분에 불복하여 항소한 경우, 보호처분 결정에 불복하여 항고를 제기한 경우에는 집행을 할 수 없고, '상소종료' 처리한다.

2. 수강명령 판결문 또는 결정문의 접수

법원은 집행유예에 따른 수강명령을 부과하는 판결이 확정된 때부터 3일 이내에 판결문 등본 및 준수사항을 적은 서면을 보호관찰소장에게 보내야 한다(법 제60조

---

106) 헌재결 2012. 3. 29. 2010헌바100(전원재판부).
107) 보호관찰 및 사회봉사명령 등에 관한 예규(재판예규 제1777호, 2021. 8. 2. 시행) 제5조 제3호.

제1항). 법원은 그 의견이나 그 밖에 수강명령의 집행에 참고가 될 만한 자료를 첨부할 수 있다.

수강명령 및 이수명령 그리고 기소유예교육의 접수 현황을 살펴보면 [표 3-18]과 같다.

[표 3-18] 수강명령 등 관련 접수 현황[108]

(단위: 명, %)

구분/연도	2016	2017	2018	2019	2020	2021
수강명령	31,971 (51.0)	36,657 (58.8)	33,306 (59.2)	34,518 (61.9)	41,672 (68.9)	40,453 (68.9)
이수명령	4,078 (6.5)	5,362 (8.6)	6,578 (11.7)	6,403 (11.5)	6,647 (11.0)	6,751 (11.5)
기소유예교육 등	26,653 (42.5)	20,296 (32.6)	16,407 (29.1)	14,840 (26.6)	12,155 (20.1)	11,492 (19.6)

기소유예 교육 등은 소년법에 따른 보호자교육과 조건부 기소유예 교육을 포함한다. 기소유예교육은 성폭력 재범방지교육, 가정폭력 재범방지교육, 성구매자 재범방지교육, 음란물소지자 재범방지교육, 아동학대 재범방지교육, 인터넷댓글 재범방지교육, 정신건강상담 등을 말한다. 최근 6년간 수강명령이 61.5%, 이수명령이 10.1%, 기소유예 교육 등이 28.4%의 평균 점유율을 보이고 있다.

3. 수강명령 대상자의 신고

수강명령 대상자는 판결 또는 결정이 확정되었을 때 10일 이내에 주거지를 관할하는 보호관찰소에 출석하여 주거, 직업, 그 밖에 필요한 사항을 서면으로 신고해야 한다.

보호관찰관은 판결 또는 결정이 확정된 후 10일 이내에 대상자가 신고의무를 이행하지 않는 경우에 출석요구서를 발송하고, 미신고나 소재불명 상태가 지속될 경우에는 구인 등 제재조치를 실시한다.

수강명령 대상자는 ⅰ) 보호관찰관의 집행에 관한 지시에 따를 것, ⅱ) 주거를 이전하거나 1개월 이상 국내·외 여행을 할 때에는 미리 보호관찰관에게 신고할 것

---

108) 범죄예방정책 통계분석, 2022, 254면 재구성.

과 같은 사항을 준수하여야 한다. 다만, 법원은 판결을 선고할 때 위의 준수사항 외에 보호관찰법 시행령 제19조[109]에서 정하고 있는 범위에서 대상자의 특성을 고려하여 특별히 지켜야 할 사항을 따로 과할 수 있으며 이를 서면으로 고지해야 한다.

4. 수강명령의 집행

1) 집행의 개시

수강명령은 대상자가 개시신고를 하고 확정된 판결문 또는 결정문의 접수 등 집행의 요건이 갖추어진 때로부터 1개월 이내에 집행에 착수함을 원칙으로 한다. 일단 집행에 착수하면 시작부터 종료시점까지 연속해서 집행함을 원칙으로 한다. 다만, 대상자의 생계유지의 곤란, 직업 및 학업의 계속, 질병, 기타 집행이 곤란한 사유가 있는 경우에는 보호관찰관이 집행의 착수시기를 조정하거나 주말 또는 야간에 집행할 수도 있다.

2) 집행시간 및 집행분야

(1) 집행시간

법원은 집행유예에 따른 수강을 명할 때에는 200시간의 범위에서 그 '시간'을 정하여야 한다. 다만, 다른 법률에 특별한 규정이 있는 경우에는 그 법률에서 정하는 바에 따른다.[110] 법원은 전자장치부착명령을 선고하는 경우 500시간의 범위에서 그 '기간'을 정하여 특정범죄 치료프로그램의 이수를 준수사항으로 부과할 수 있다(전자장치부착법 제9조의2 제1항 제4호). 성충동약물치료법 또한 동일하다. 즉, 약물치료명령을 부과 받은 사람은 치료기간 동안 보호관찰관의 지시에 따라 인지행동치료 등 심리치료 프로그램을 성실히 이수할 것의 준수사항을 이행하여야 한다(성충동약물치료법 제10조). 사실상 약물치료명령과 보호관찰 그리고 이수명령이 강제되고 있는 것이다.

수강명령의 집행 시간대별 접수 현황은 [표 3-19]와 같다.

최근 5년간 수강명령은 50시간 이하로 부과한 비율이 평균 94.9%로 나타나고 있다. 그 외 시간대의 비율이 낮은 것은 프로그램의 내용을 보다 다양화 할 필요성

---

109) 보호관찰법 시행령 제19조. 보호관찰법 제32조 제3항 제10호에서 "대통령령으로 정하는 사항"을 열거하고 있다.
110) 보호관찰법 제59조 제1항. 다만, 동 조항에서 500시간의 범위에서 그 '기간'을 정하여야 한다고 규정하고 있다. '시간'의 오기로 보인다는 점은 이미 살펴보았다.

이 있는 것으로 분석된다. 2018년, 2019년에 301－400시간대의 수강명령이 예외적
으로 1건과 2건이 부과되었는데, 장시간 동안 집행할 만한 프로그램이 구비되어 있
는지 의문이다.

[표 3-19] 수강명령의 시간대별 접수 현황[111]

(단위: 명, %)

시간/연도	2016	2017	2018	2019	2020
50시간 이하	29,885 (93.5)	34,516 (94.2)	31,418 (94.3)	33,102 (95.9)	40,316 (96.7)
51-100시간	1,955 (6.1)	2,051 (5.6)	1,773 (5.3)	1,318 (3.8)	1,283 (3.1)
101-200시간	128 (0.4)	90 (0.2)	114 (0.4)	96 (0.3)	73 (0.2)
201-300시간	3 (0.0)	0 (0.0)	0 (0.0)	0 (0.0)	0 (0.0)
301-400시간	0 (0.0)	0 (0.0)	1 (0.0)	2 (0.0)	0 (0.0)

(2) 집행분야

법원은 수강명령을 이행할 분야와 장소 등을 지정할 수 있다. 판사는 수강명령
의 취지, 범죄의 내용, 대상자의 연령과 직업, 소질 등 개인적 특성, 집행시설 등 제
반 사정을 고려하여 수강명령 강의 내용의 유형을 지정할 수 있다.[112] 즉, 약물·마
약·알코올 치료강의, 준법운전강의, 정신·심리치료강의, 성폭력·가정폭력치료강의
등을 지정할 수 있다.

최근 7년간 수강명령의 분야별 집행 현황을 살펴보면 [표 3－20]과 같다.

최근 7년간 수강명령의 집행분야는 준법운전교육이 46.9%의 평균 점유율을
보이고 있다. 성폭력수강은 16.4%, 가정폭력수강은 10.7%로 나타나고 있다. 기타
분야가 15.5%의 비율을 보이고 있어 대상자의 특성과 범죄원인에 따라 '기타 분
야'도 구체화하고, 관련 수강 프로그램의 내용을 보다 다양화해야 할 필요성이 제
기된다.

---

111) 범죄백서, 2021, 435면.
112) 보호관찰 및 사회봉사명령 등에 관한 예규(재판예규 제1777호, 2021. 8. 2. 시행) 제7조 제2호.

[표 3-20] 수강명령 분야별 집행 현황113)

(단위: 명, %)

분야/연도	2014	2015	2016	2017	2018	2019	2020
준법운전	9,739 (44.0)	10,671 (44.5)	13,165 (47.1)	16,545 (48.1)	15,292 (48.3)	16,129 (51.2)	8,744 (45.1)
성폭력	4,060 (18.3)	4,452 (18.5)	4,688 (16.8)	5,251 (15.3)	5,046 (15.9)	4,857 (15.4)	2,848 (14.7)
심리치료	1,622 (7.3)	1,258 (5.2)	680 (2.4)	462 (1.3)	532 (1.7)	299 (1.0)	269 (1.4)
가정폭력	1,492 (6.7)	1,896 (7.9)	3,282 (11.7)	4,120 (12.0)	3,482 (11.0)	3,676 (11.7)	2,701 (13.9)
소년심리	0 (0.0)	63 (0.3)	406 (1.5)	591 (1.7)	772 (2.4)	714 (2.3)	457 (2.4)
약물	421 (1.9)	403 (1.7)	413 (1.5)	581 (1.7)	586 (1.9)	534 (1.7)	310 (1.6)
알코올	0 (0.0)	784 (3.3)	1,266 (4.5)	1,537 (4.5)	1,094 (3.5)	1,005 (3.2)	552 (2.9)
성매매	0 (0.0)	245 (1.0)	425 (1.5)	890 (2.6)	537 (1.7)	354 (1.1)	174 (0.9)
기타	4,811 (21.7)	4,231 (17.6)	3,633 (13.0)	4,434 (12.9)	4,305 (13.6)	3,904 (12.4)	3,318 (17.1)

3) 집행 담당자

수강명령은 보호관찰관이 집행한다. 다만, 보호관찰관은 국·공립기관이나 그 밖의 단체에 그 집행의 전부 또는 일부를 위탁할 수 있다. 법원은 법원 소속 공무원으로 하여금 수강할 시설 또는 강의가 대상자의 교화·개선에 적당한지 여부와 그 운용실태를 조사하여 보고하도록 할 수 있고, 부적당하다고 인정하면 그 집행의 위탁을 취소할 수 있다(법 제61조).

4) 집행방식

직접집행은 수강명령 집행서 또는 집행개시 통지서의 교부부터 대상자의 배치, 작업지시 등 집행의 전 과정을 담당 보호관찰관이 직접 관리하는 방식이다. 다만,

---

113) 범죄백서, 2021, 436면.

보호관찰소는 자체강사뿐만 아니라 외부강사도 활용할 수 있다.

협력집행은 수강명령 이행상황에 대해서 보호관찰관이 감독하는 것을 조건으로 집행의 전부 또는 일부를 협력기관의 장에게 위탁하는 방식이다. 수강명령의 효과적인 집행을 위해서 협력기관 소속 직원 중에서 현장책임자를 선정할 수 있다. 다만, 협력기관의 책임자가 선정되었다 하더라도 보호관찰관은 집행상황을 확인하고 감독해야 한다. 협력기관의 장 또는 책임자는 대상자에게 집행상황에서 발생할 수 있는 무단불참, 지시불응, 지시거부 등의 사유로 집행이 불가능하거나 다른 대상자에게 악영향을 끼칠 우려가 있다고 판단될 경우에는 즉시 담당 보호관찰관에게 그 사실을 통보해야 한다.

수강명령의 집행방식과 관련된 현황은 [표 3-21]과 같다.

[표 3-21] 수강명령(이수명령 제외) 집행방식 현황[114]

(단위: 건, %)

연도/유형	직접집행	협력집행	계
2016	27,386(98.0)	572(2.0)	27,958
2017	33,845(98.4)	566(1.6)	34,411
2018	30,800(97.3)	846(2.7)	31,646
2019	29,977(95.3)	1,495(4.7)	31,472
2020	18,811(97.1)	562(2.9)	19,373
2021	31,483(94.4)	1,855(5.6)	33,338

최근 6년간 수강명령의 집행방식으로 직접집행은 96.8%, 협력집행은 3.2%의 평균 점유율을 보이고 있다. 보호관찰소에서 다양한 분야의 전문강사를 확보하여 적극적으로 수강명령의 집행에 임하고 있는 것으로 분석된다.

5) 제재조치

수강명령 대상자의 준수사항 위반이나 명령 위반에 따른 경고, 구인, 유치, 집행유예의 취소 및 보호처분 변경 등에 관해서는 보호관찰 관련 규정이 준용된다. 뿐만 아니라 구인 및 유치집행에 관해서는 형사소송법 규정이 준용되고 있다.

---

114) 범죄예방정책 통계분석, 2022, 279면 재구성.

5. 수강명령의 종료

1) 수강명령은 대상자가 다음 어느 하나에 해당하는 사유가 있는 때에는 종료된다(법 제63조 제1항).

(1) 수강명령의 이행 시간을 완료한 때

(2) 집행유예의 기간이 경과한 때 즉, 수강명령 대상자가 명령을 이행하지 못한 상태로 집행유예의 기간이 경과한 경우를 말한다. 이 경우는 집행을 하지 못한 채로 종료하게 된다.

(3) 집행유예의 취소 또는 실효

(4) 사면, 대상자의 사망

2) 수강명령 대상자가 수강명령 집행 중 금고 이상의 형의 집행을 받게 된 때에는 해당 형의 집행이 종료 또는 면제되거나, 수강명령 대상자가 가석방된 경우에 잔여 수강명령을 집행한다(법 제63조 제2항). 이 규정은 수강명령 집행 중에 금고 이상의 형을 받으면 집행유예의 취소 등이 가능하므로 해당 처분이 부과된 사건과 다른 여죄(餘罪) 사건으로 형의 집행을 받게 된 것으로 해석해야 한다. 즉, 수강명령이 종료되는 것이 아니다.

3) 보호처분형 수강명령이 종료되는 사유로 다음과 같은 것이 있다. 법원은 가정폭력행위자의 성행이 교정되어 정상적인 가정생활이 유지될 수 있다고 판단되거나 그 밖에 보호처분을 계속할 필요가 없다고 인정하는 경우에는 직권 또는 검사, 피해자, 보호관찰관 또는 수탁기관의 장의 청구에 의하여 결정으로 보호처분의 전부 또는 일부를 종료할 수 있다(가정폭력처벌법 제47조).[115]

4) 수강명령의 종료 현황

수강명령의 종료 현황을 살펴보면 [표 3-22]와 같다.

최근 5년간 수강명령의 종료 사유 중 집행완료가 차지하고 있는 비율은 평균 95.9%로 나타나고 있다. 집행불능은 1시간도 집행하지 못한 것을 말하는데, 집행불능이 2019년 2.6%에서 2020년 4.8%로 늘어난 이유는 COVID-19 상황에서 집단교육을 실시하기 어려웠던 상황에 기인하는 것으로 분석된다.

---

115) 보호처분형 수강강명령과 관련하여 동일한 내용의 규정이 아동학대처벌법 제42조와 성매매처벌법 제17조가 있다. 성매매처벌법은 가정폭력처벌법 제47조를 준용하고 있다.

[표 3-22] 수강명령 집행 현황[116]

(단위: 건, %)

연도/유형	집행완료	부분집행	집행불능	계
2016	27,674(96.2)	284(1.0)	819(2.8)	28,777
2017	34,100(96.3)	311(0.9)	996(2.8)	35,407
2018	31,353(96.2)	293(0.9)	961(2.9)	32,607
2019	31,199(96.6)	273(0.8)	841(2.6)	32,313
2020	19,045(93.6)	328(1.6)	974(4.8)	20,347

제4절 전자장치부착명령

전자장치부착명령[117]은 성폭력범죄자뿐만 아니라 미성년자 유괴, 살인, 강도죄를 대상으로 시행되어 왔으나, 일반범죄의 가석방자, 보석조건부로도 전자장치를 부착하고 있어 여기서는 성폭력범죄자를 중심으로 살펴본다.

---

116) 법무연감, 2021, 621면.
117) 전자장치부착명령은 전자발찌, 전자감독, 전자감시(Electronic Monitoring) 또는 위치추적 전자감시 등의 이름으로 사용돼 오고 있다.
　　전자발찌(Electronic Tagging System)는 위치추적 전자장치의 일종인 부착장치를 신체의 일부인 발목에 착용한다는 점을 강조하면서 일견 이 제도의 내용을 파악하기에 수월하다는 장점이 있다. 반면, 전자발찌라는 부착장치는 휴대용추적장치, 재택감독장치 등으로 구성된 위치추적 전자장치의 일부분을 구성하고 있다는 점, 부착장치를 반드시 발목에만 착용하는 것이 아니라 손목이나 기타 다른 신체 부위에도 착용이 가능하다는 점, 전자발찌라는 부분은 대상자에게 심리적 압박감을 주는 것 외에 이 제도의 핵심적인 기능을 담고 있지 않다는 점에서 적절한 용어로 보기 어렵다.
　　전자감독(Electronic Supervision System)은 '감시'라는 용어가 주는 억압적이고 통제 내지 압박을 가한다는 부정적인 느낌에서 탈피하여 사회내처우의 실시방법으로서 상담 및 치료 프로그램 그리고 원조활동에 보다 부합한다는 점, 관리 및 감독에 원격 알코올 탐지장치나 무인전자보고단말기 등과 같은 새로운 형태의 전자적 기술을 사용할 수 있다는 점에서 보다 선호하는 견해도 있다. '감독'이라는 용어를 사용하여 전자장치의 부착과 더불어 필요적으로 보호관찰이 병과되기 때문에 '사회내처우'로서 보호관찰의 본질적인 면을 부각시킬 수 있다는 점, 각종 처우 프로그램과 결합하여 보호관찰관의 지도·감독의 질적 수준을 제고할 수 있다는 점 등의 장점이 있다. 그러나 특정 제도는 그 자체로 평가되어야 하고 다른 제도 또는 그 처분과 결합하는 경우 복합적으로 그 특성을 파악하는 것은 제도의 본질을 흐린다는 점, 24시간 실시간으로 대상자의 위치 및 이동경로가 추적되고 있다는 사실에 대해서도 은폐할 가능성이 있다는 단점이 있다.

Ⅰ. 전자장치부착명령의 의의

1. 전자장치부착명령의 개념

전자장치부착명령은 전자파를 발신하고 추적하는 원리를 이용하여 위치를 확인하거나 이동경로를 탐지하는 일련의 기계적 설비[118] — 휴대용추적장치, 재택감독장치, 부착장치 — 를 휴대하거나 설치 또는 신체에 부착하여 위치를 추적하는 새로운 형사제재의 하나이다.

피부착자의 행적을 추적하여 위치를 확인할 수 있는 전자장치를 신체에 부착하게 하는 조치를 통해 성폭력범죄를 예방할 수 있다는 것이다. 이러한 사고는 2007년 4월 27일 제정된「특정 성폭력범죄자에 대한 위치추적 전자장치 부착에 관한 법률」로 결실을 맺게 되었다. 우리나라 전자장치부착명령은 재범위험성이 높은 '성폭력범죄자'를 대상으로 전자장치를 부착하여 이동경로를 탐색하거나 그 자료를 보존함으로써 범죄를 예방하여 사회를 보호한다는 데 그 목적이 있었다.

전자장치부착법 제정 시부터 전자장치부착명령의 집행은 보호관찰관이 담당하였고, 피부착자의 재범방지와 건전한 사회복귀를 위하여 필요한 지도와 원호를 하고 의료기관에서 치료 및 상담 등의 조치를 할 수 있었다(법 제15조). 이 규정을 통해 보호관찰관이 직접 보호관찰을 실시할 수 있다고 해석할 수도 있겠으나, 2010. 4. 15. 동법 개정을 통해 비로소 "부착명령을 선고 받은 사람은 부착기간 동안 보호관

전자감시는 특정범죄 대상자를 전자적 기술을 활용해 실시간 위치추적이 가능하다는 점을 부각하면서 대상자의 이동경로를 확인하고, 거주지 제한이나 피해자에 대한 접근금지 등의 준수사항이 부과된 경우에 그 준수사항의 이행여부 확인을 위해서 대상자의 위치 및 이동경로의 분석을 용이하게 한다는 점에서 제도의 특성을 잘 보여주는 장점이 있다. 그러나 전자감시는 다른 전자적 기기를 활용한 프로그램을 모두 포함할 수 있다는 점에서 전자장치를 부착하는 것이 '전자적 감시'의 대표성을 갖는다고 보기 어렵다.

따라서 본고에서는「전자장치 부착 등에 관한 법률」에서 '전자장치를 부착하도록 하는 명령'을 할 수 있다고 규정하고 있어서 법률의 명칭에 따른 상징성을 함축하고 있다는 점, 전자장치부착명령은 독자적으로 운영되는 것보다 보호관찰의 준수사항 즉, 대상자의 이동경로를 확인하고, 특정 장소에 소재를 한정할 필요성이 있는 경우, 외출을 제한하거나 피해자에 대한 보복범죄를 차단하기 위해 접근을 금지하는 경우, 아동·청소년이 생활하고 있는 시설에 접근을 금지하는 경우 등의 준수사항이 부과된 경우에 그 위치 및 이동경로의 분석을 통해 보호관찰의 실효성을 제고할 수 있는 수단의 하나라는 점에서 '전자장치부착명령'이라는 용어를 사용하기로 한다.

118) 기계적 설비는 반드시 모두 구비해야 하는 것이 아니다. 재택장치는 선택적으로 운영될 수도 있기 때문이다. 즉, 휴대용 추적장치와 재택장치를 통합하여 운영할 수도 있고, 발목이나 팔목 등 신체에 부착시키는 위치가 다를 수도 있다.

찰법에 따른 보호관찰을 받는다"고 규정하였다는 점에서 명문의 규정 없이 보호관찰을 실시해 오고 있었던 실무적 관행에 대한 반성적 고려가 있었던 것으로 보인다. 이는 초창기 부착명령이 법적 체계를 무시하고 얼마나 '즉흥적'으로 운용되었는지 가늠할 수 있을 것으로 보인다.

현재 각국에서 시행되고 있는 부착명령은 형사소송절차에서 유·무죄 확정 전에 재판이 진행 중에 있는 자에게 미결구금에 대신하여 사회 내에서 일정한 조건 아래 실시되거나, 법원의 판결에 따른 유죄확정 후 형벌의 집행단계에서 집중감독 보호관찰 프로그램 또는 가택구금 등 다양한 프로그램과 결합하여 시행되고 있다.119) 그러나 아동·청소년대상 성폭력범죄 및 연쇄살인 등의 강력범죄가 잇따르자 부착명령도 더욱 더 강성화 경향을 보이고 있다. 이러한 경향은 우리나라의 경우도 예외는 아니어서 부착명령 대상범죄의 확대, 부착기간의 연장, 필요적 보호관찰의 병과, 형벌뿐만 아니라 치료감호 및 성충동약물치료명령 등과 중복부과, 특정범죄자 외 가석방자에게 부과, 보석조건부 전자장치의 부착 등을 통해 지속적으로 그 영역을 확대해 가고 있다.

2. 전자장치부착법의 제·개정 과정

2000년대 들어 우리사회에 성범죄가 심각한 사회문제로 대두되었다. 기존에 있었던 성범죄가 그러한 경향을 보인 것인지, 언론의 영향으로 사회적 분위기가 성범죄를 엄단해야 할 대상으로 선정된 것인지는 차치하더라도 당시의 격앙된 여론은 성범죄에 대한 강경처벌로 이어졌다고 평가할 수 있다. 즉, 이러한 국민적 공분은 곧바로 입법에 반영되었다.

1) 성폭력범죄 예방을 위한 전자위치확인장치 부착명령에 관한 법률안 마련

2005년 5월 한나라당에서 주최한 공청회에서 가칭 성폭력범죄 예방을 위한 전자위치확인장치 부착명령에 관한 법률안이 마련되었다. 동 법률안에서는 부착명령의 종류로 형종료부착명령과 집행유예부착명령이 있었다. 형종료부착명령의 기간은 5년이었고, 그 대상자는 성폭력범죄로 2회 이상 금고 이상의 실형을 받고 형기합계 3년 이상인 사람이 최종형의 전부 또는 일부의 집행을 받거나 면제를 받은 후 다시

---

119) 조규범, "전자감시에 대한 헌법적 소고", 성균관법학 제19권 제3호, 성균관대학교 법학연구소, 2007, 83면.

성폭력범죄를 범한 때 등의 사유[120)와 재범위험성을 요건으로 하고 있었다.

2) 특정 성폭력범죄자에 대한 위치추적 전자장치 부착에 관한 법률안

2005년 7월 의원입법 형태로 국회에 제안된 법률안은 법률 명칭을 특정 성폭력 범죄자에 대한 위치추적 전자장치 부착에 관한 법률로 정했고, 형종료부착명령만 규정하였다.[121) 부착명령 대상자의 요건으로 ① 성폭력범죄로 2회 이상 징역형을 선고받아 그 형기의 합계가 3년 이상인 사람이 그 집행을 종료한 후 또는 집행이 면제된 후로부터 5년 이내에 성폭력범죄를 저지른 때, ② 성폭력범죄를 수회 범하여 상습성이 인정된 때, ③ 19세 미만의 피해자에 대하여 성폭력범죄를 저지른 때, ⑤ 심신상실자로서 형법 제10조 제1항에 의하여 벌할 수 없는 사람이 징역 이상의 형에 해당하는 성폭력범죄를 범한 때 등이 있었다. 다만, 부착명령의 선고요건에서 재범위험성을 제외한 것은 비판의 여지가 있다.

3) 「특정 성폭력범죄자에 대한 위치추적 전자장치 부착에 관한 법률」 제정

전자장치부착법은 2007년 4월 27일 제정되어 2008년 10월 28일 시행을 앞두고 있었다.

상습 성폭력범죄자에 대해서 전자장치를 부착함으로써 재범을 예방할 목적으로 전자장치부착명령을 도입하였다. 대상범죄는 성폭력범죄이고, 미성년자에게는 적용하지 않았다.

부착명령의 유형으로 형종료부착명령, 가석방·가종료부착명령, 집행유예부착 명령이 있었다. 형종료부착명령의 기간은 5년이었고, 부착명령 대상자의 요건으로 피해자의 연령은 13세 미만이었으며, 19세 미만자에 대해서는 전자장치를 부착할 수 없도록 하였다. 부착명령 집행 중에 보호관찰심사위원회에 가해제(임시해제)를 신청할 수 있었다.

무엇보다 의원입법 형태의 법률안에서 빠졌던 '재범위험성' 요건이 추가되었다.

---

120) 다른 사유로는 성폭력범죄를 수회 범하여 상습성이 인정될 때, 15세 이하의 피해자를 대상으로 성폭 력범죄를 범한 때, 전자위치확인명령의 선고를 받은 자가 그 전부 또는 일부의 집행을 받거나 면제를 받은 후 다시 성폭력범죄를 범한 때 등이 있었다.

121) 집행유예부착명령이 빠진 것은 동 유형의 재범위험성은 긍정적 평가를 전제하고 있다는 점에서 형종 료부착명령의 부정적 재범위험성 평가결과와 상반되기 때문에 적절한 입법으로 평가할 수 있겠다.

4) 개정 법률 주요 내용

(1) 2008년 6월 13일 개정(2008. 9. 1. 시행)

전자장치부착법의 시행일이 2008년 10월 28일에서 9월 1일로 앞당겨졌다. 전자장치부착법 제정 이후 발생한 아동·청소년을 대상으로 하는 강력범죄의 발생으로 악화된 여론을 달래기 위한 대책으로 볼 수 있겠다.

법률의 내용은 부착명령의 기간을 5년에서 10년으로 상향 조정하였고, 특별준수사항의 도입과 이러한 준수사항을 위반할 경우에는 형벌을 부과하는 규정이 새로 도입되었다.

(2) 2009년 5월 8일 개정(2009. 8. 9. 시행)

법률 명칭이 「특정 범죄자에 대한 위치추적 전자장치 부착 등에 관한 법률」로 변경되었고, 입법 목적도 '성폭력범죄자의 재사회화'에서 '특정 범죄자의 재사회화'로 개정하였다.

부착명령의 대상범죄에 미성년자 유괴범죄가 추가되었고, '19세 미만자에게 전자장치를 부착할 수 없다'는 조문도 '만 19세 미만의 자에게 부착명령을 선고한 때에는 19세에 이르기까지 전자장치를 부착할 수 없다'고 개정하였다.

(3) 2010년 4월 15일(2010. 4. 15. 시행)

부착명령의 소급적용의 근거를 마련하였다. 즉, 성폭력범죄를 저질렀으나 2008년 9월 1일 이전에 제1심 판결을 선고받았지만, 이 법 시행 당시 형 집행 중이거나 '형 집행의 종료 등'[122])된 후 3년이 경과하지 아니한 대상자에게는 전자장치를 부착할 수 있도록 하였다,

부착명령의 기간은 10년에서 30년으로 상향조정되었고, 하나의 특정범죄로 인한 최대 부착기간은 30년이며, 여러 개의 특정범죄를 저질러 동시에 부착명령을 선고할 경우에는 최대 부착기간이 45년이다. 다만, 부착명령이 여러 개인 경우에는 확정된 순서에 따라 집행하기 때문에 사실상 그 집행기간에는 제한이 없다.

대상범죄에 살인죄가 추가되었고, 전자장치 부착기간 동안 의무적으로 보호관찰을 실시하는 규정이 도입되었다.

---

122) 부착명령 유형 중 소급적용되는 경우 참조하기 바란다.

(4) 2012년 12월 18일 개정(2012. 12. 18. 시행)

형종료보호관찰이 신설되었다. 법률 명칭도 「특정 범죄자에 대한 보호관찰 및 전자장치 부착 등에 관한 법률」로 변경되었다. 입법 목적도 특정범죄자가 형기를 마친 뒤에도 형종료부착명령과 보호관찰을 통해서 재사회화를 달성하는 데 두었다. 대상범죄에 강도죄가 추가되었다. 다만, 그 시행은 2014년 6월 19일로 하였다.

(5) 2020년 2월 4일 개정(2020. 8. 5. 시행)

형사소송법 제98조 제9호에 따른 보석의 조건으로 피고인에게 전자장치를 부착할 수 있도록 하였다. 이에 따라 입법 목적도 "이 법은 수사·재판·집행 등 형사사법 절차에서 전자장치를 효율적으로 활용하여 불구속 재판을 확대하고, 범죄인의 사회복귀를 촉진하며, 범죄로부터 국민을 보호함을 목적으로 한다"고 개정하였다. 성폭력범죄자를 위해 도입한 전자장치부착명령이 재판의 확정 단계를 지나 재판절차까지 확대된 것이다.[123]

또한 도입 당시의 대상범죄인 성폭력범죄에서 더 나아가 그 영역을 확장하면서 가석방부착명령은 그 대상범죄를 일반범죄로 확대하였다. 즉, 특정범죄 이외의 범죄로 가석방되어 보호관찰을 받게 되는 경우에는 준수사항의 이행여부를 확인하기 위해서 전자장치를 부착할 수 있도록 하였다.

3. 전자장치부착명령의 대상범죄

부착명령의 대상자는 다음의 특정범죄를 범하고 일정한 요건을 충족해야 한다.[124]

1) 성폭력범죄(법 제5조 제1항)

성폭력범죄와 관련해서는 ⅰ) 성폭력범죄로 징역형의 실형을 선고받은 사람이 그 집행을 종료한 후 또는 집행이 면제된 후 10년 이내에 성폭력범죄를 저지른 때, ⅱ) 성폭력범죄로 전자장치부착법에 따른 전자장치를 부착받은 전력이 있는 사람이 다시 성폭력범죄를 저지른 때, ⅲ) 성폭력범죄를 2회 이상 범하여(유죄의 확정판결을 받

---

123) "전자발찌는 성폭력범죄자의 재사회화를 위한 특화된 처분"이라는 전자장치부착법 도입 당시의 취지는 어디로 갔는가 하는 의문을 제기하지 않을 수 없다.

124) 2020년 2월 전자장치부착법 개정을 통해서 가석방부착명령의 경우 그 대상이 특정 범죄자뿐만 아니라 일반 범죄자에게 확대되었다.

은 경우를 포함한다) 그 습벽이 인정된 때, iv) 19세 미만의 사람에 대하여 성폭력범죄를 저지른 때, ⅴ) 신체적 또는 정신적 장애가 있는 사람에 대하여 성폭력범죄를 저지른 때 등의 어느 하나의 사유에 해당하고, 성폭력범죄를 다시 범할 위험성이 있다고 인정되는 사람이 그 대상이 된다. 부착명령의 청구는 임의적이다.

2) 미성년자 유괴범죄(법 제5조 제2항)

미성년자 대상 유괴범죄를 저지른 사람으로서 미성년자 대상 유괴범죄를 다시 범할 위험성이 있다고 인정되는 사람에 대하여 전자장치부착명령을 청구할 수 있다. 다만, 유괴범죄로 징역형의 실형 이상의 형을 선고받아 그 집행이 종료 또는 면제된 후 다시 유괴범죄를 저지른 경우에는 부착명령을 청구해야 한다.

3) 살인범죄(법 제5조 제3항)

살인범죄를 저지른 사람으로서 살인범죄를 다시 범할 위험성이 있다고 인정되는 사람에 대하여 부착명령을 청구할 수 있다. 다만, 살인범죄로 징역형의 실형 이상의 형을 선고받아 그 집행이 종료 또는 면제된 후 다시 살인범죄를 저지른 경우에는 부착명령을 청구해야 한다.

4) 강도범죄(법 제5조 제4항)

강도범죄와 관련해서는 ⅰ) 강도범죄로 징역형의 실형을 선고받은 사람이 그 집행을 종료한 후 또는 집행이 면제된 후 10년 이내에 다시 강도범죄를 저지른 때, ⅱ) 강도범죄로 전자장치부착법에 따른 전자장치를 부착하였던 전력이 있는 사람이 다시 강도범죄를 저지른 때, ⅲ) 강도범죄를 2회 이상 범하여(유죄의 확정판결을 받은 경우를 포함한다) 그 습벽이 인정된 때 등의 어느 하나의 사유에 해당하고, 강도범죄를 다시 범할 위험성이 인정되는 사람에 대하여 전자장치부착명령을 청구할 수 있다. 부착명령의 청구가 임의적이다.

전자장치부착명령 대상자의 범죄유형별 현황은 [표 3-23]과 같다.

최근 8년간 성폭력범죄 37.3%, 미성년자유괴 0.2%, 살인 28.5%, 강도 15.4%의 점유율을 보였다. 특정범죄와 일반범죄의 비율도 2020년 36% : 64%, 2021년 15% : 85%로 나타나 전자장치부착명령이 일반범죄자에게 더 많이 부과되는 경향을 보였다. 다만, 성폭력범죄로 부착명령을 부과 받지 아니하였으나 가석방되면서 전자장치

[표 3-23] 전자장치부착명령의 범죄유형별 접수 현황[125]

(단위: 명, %)

범죄유형/연도	2014	2015	2016	2017	2018	2019	2020	2021
성폭력	570 (60.0)	390 (46.7)	435 (38.4)	504 (43.7)	392 (42.2)	368 (44.3)	417 (17.5)	321 (5.7)
미성년자유괴	2 (0.2)	2 (0.2)	2 (0.2)	5 (0.4)	2 (0.2)	2 (0.2)	2 (0.1)	1 (0.0)
살인	229 (24.1)	244 (29.2)	451 (39.8)	417 (36.1)	397 (42.7)	302 (36.4)	311 (13.0)	373 (6.7)
강도	149 (15.7)	200 (23.9)	245 (21.6)	228 (19.8)	138 (14.9)	158 (19.1)	128 (5.4)	147 (2.6)
일반범죄	-	-	-	-	-	-	1,525 (64.0)	4,757 (85.0)

를 부착하는 경우와 같이 일반범죄자에 성폭력범죄 등 특정범죄자가 포함될 수는 있다.

이는 전자장치의 부착이 특정범죄로 특화되는 처분이 아니라 대상자의 특성에 따라 부과해야 하는 처분이라는 점을 극명하게 보여준다. 또한 특정범죄자에 대한 전자장치부착명령의 틀을 변환하지 않고 오히려 일반범죄자를 대상으로 확대하고 있는 모습에서 보안처분을 곡해하고 있다는 인상을 받는다. 이는 전자장치부착명령의 도입취지를 근본적으로 재검토해야 하는 단계에 이른 것이라고 판단된다.

4. 전자장치부착명령의 유형

현행 전자장치부착법에 의하면, 부착명령은 다음과 같은 5가지 유형으로 구분될 수 있다.

1) 형 집행 종료 이후에 부과되는 유형(이하 '형종료부착명령'이라 한다)

법원에서 형의 선고단계에서 징역형 또는 치료감호와 함께 부과하는 것이다. 즉, 법원에서 성폭력범죄자 등 특정범죄자에게 징역형 또는 치료감호를 선고할 때 그러한 처분의 집행이 종료되었음에도 불구하고 여전히 재범위험성이 있다고 예측하면서 부착명령을 부과하는 것이다.

---

125) 범죄예방정책 통계분석, 2022, 190면 재구성.

2) 가석방의 조건으로 부과되는 유형(이하 '가석방부착명령'이라 한다)

판결 선고 시에는 전자장치부착명령을 부과 받지 않았으나, 가석방심사위원회 등126)의 결정으로 가석방이 허가된 경우에 보호관찰 준수사항의 이행여부를 확인하기 위해서 필요적으로 전자장치를 부착하게 된다. 다만, 보호관찰심사위원회가 전자장치의 부착이 필요하지 않다고 결정한 경우에는 예외로 한다(법 제22조 제1항).

가석방부착명령은 특정 범죄자를 대상으로 하다가 2020년 2월 전자장치부착법 개정을 통해 일반 범죄자로 그 대상이 확대되었다. 즉, 보호관찰심사위원회는 특정 범죄 이외의 범죄로 형의 집행 중에 가석방되어 보호관찰을 받는 사람의 준수사항 이행여부 확인을 위해서 가석방 기간의 전부 또는 일부의 기간을 정하여 전자장치를 부착하게 할 수 있다(법 제22조 제2항).

3) 가종료 등의 조건으로 부과되는 유형(이하 '가종료등부착명령'이라 한다)

형종료부착명령을 선고받지 아니한 특정 범죄자로서 치료감호의 집행 중 가종료 또는 치료위탁되는 피치료감호자나 보호감호의 집행 중 가출소되는 피보호감호자에 대하여 치료감호법 또는 사회보호법(법률 제7656호로 폐지되기 전의 법률을 말한다)에 따른 준수사항의 이행여부 확인을 위하여 보호관찰 기간의 범위에서 기간을 정하여 전자장치를 부착하게 할 수 있다(법 제23조 제1항).

4) 집행유예의 조건으로 부과되는 유형(이하 '집행유예부착명령'이라 한다)

법원은 특정범죄를 범한 사람에 대하여 형의 집행을 유예하면서 보호관찰을 받을 것을 명할 때에는 보호관찰 기간의 범위 내에서 기간을 정하여 준수사항의 이행여부 확인 등을 위하여 전자장치를 부착할 것을 명할 수 있다(법 제28조).

집행유예부착명령은 특정 범죄자이지만 검사가 형종료부착명령을 청구하지 아니한 경우이다. 검사가 형종료부착명령을 청구한 경우에 법원에서 집행유예를 선고하는 때에는 부착명령의 청구를 기각하기 때문이다.

5) 소급해서 적용되는 유형(이하 '소급부착명령'이라 한다)

2008년 9월 1일 시행 전자장치부착법(법률 제9112호)은 부칙 제2조에서 제1심 판

---

126) 성인범에 대해서는 가석방심사위원회, 소년범에 대해서는 보호관찰심사위원회가 그 허가여부를 심사한다. 가석방 대상자는 형법 제73조의2에 의거 보호관찰을 받게 된다.

결 후의 부착명령 청구 등에 관한 경과조치 및 적용 특례를 규정하고 있다. 즉, 성폭력범죄를 저질러 2008년 9월 1일 이전에 제1심 판결을 선고받아 이 법(법률 제10257호) 시행 당시 징역형 이상의 형, 치료감호 또는 보호감호의 집행 종료일까지 6개월 이상이 남은 사람, 징역형 등의 집행 종료일까지 6개월 미만이 남은 사람 및 징역형 등의 집행이 종료, 가종료·가출소·가석방 또는 면제된 후 3년이 경과되지 아니한 사람으로서 종전 법(법률 제9112호)의 부착명령 청구 요건에 해당할 경우에 제1심 판결을 한 법원 또는 출소예정자, 출소임박자, 출소자의 주거지 또는 현재지를 관할하는 지방법원에 부착명령을 청구할 수 있다(법률 제9112호 부칙 제2조 제1항). 이와 같은 내용은 2010년 4월 15일 개정(2010년 7월 16일 시행)된 전자장치부착법 부칙에 규정되어 있다. 동 법률의 시행일은 소급적용 관련 기간 계산에 있어서 기준이 되었다.[127]

6) 보석조건부 전자장치의 부착

법원은 피고인에게 보석을 허가하면서 보석의 조건으로 전자장치의 부착을 명할 수 있다. 범죄나 범죄자가 특정되지 않는다.

5. 형종료부착명령 유형의 문제점

1) 가석방형, 가종료형 그리고 집행유예형

성폭력범죄자 등 강력범죄자를 대상으로 하기 때문에 판결 선고 시에 가석방과 가종료를 예측하지 못하고 징역형과 치료감호를 종료할 경우에 전자장치를 부착한다는 것이었다. 그런데 교도소 또는 치료감호 시설 수용 중에 실시되는 교정교육 과정에서 재범위험성이 개선되었다고 판단되어 가석방 내지 가종료를 하면서 재판 시에 재범위험성이 높다고 판단하여 부과한 그 전자장치부착명령을 집행하겠다는 것이다. 설사 부착명령 선고 시에 형 또는 치료감호의 집행 중에 재범위험성이 개선되어 가석방 또는 가종료가 예측될 수 있다 하더라도 성폭력범죄자 등 특정 범죄자는 여전히 사회 일반인에 위험한 존재들이므로 동 명령을 집행해야 한다는 강력한 '집행의지(執行意志)'를 반영하고 있다. 이는 보안처분의 본질적인 요소라고 할 수 있

---

127) 소급부착명령 대상자 유형을 다시 정리하면, 동 개정법 시행일인 2010년 7월 16일 기준 집행 종료일까지 6개월 이상이 남은 사람은 '출소예정자', 2010년 7월 16일 기준 집행 종료일까지 6개월 미만이 남은 사람은 '출소임박자', 2010년 7월 16일 기준으로 출소 후 3년이 경과하지 아니한 사람은 '출소자'로 구분된다.

는 재범위험성이 개선되었음에도 불구하고 부착명령을 반드시 집행하겠다는 의지를 고려한다면 사회방위만을 목적으로 하는 처분이라는 오해를 사기에 충분하다.

형종료형과 다르게 가석방형 및 가종료형 그리고 집행유예형은 재범위험성에 대한 평가결과의 방향이 상반된다. 즉, 형종료형 외의 유형은 재범위험성에 대한 긍정적 예측을 기반으로 하고 있는 반면, 형종료부착명령은 부정적 예측을 가정하고 있다는 점에서 차이가 있는 것이다. 그럼에도 기타의 유형은 형종료형의 집행과 관련된 여러 내용을 준용함으로써 처우 내용에서 차이를 발견하기 어렵기 때문에 부착명령이 재사회화 목적을 지향하고 있지 않음을 알 수 있다. 이러한 점을 보완하기 위해 전자장치부착명령에 필수적으로 보호관찰을 결합하여 운용함으로써 제도의 결함을 보완하고 있는 것이다. 그럼에도 가석방형과 가종료형은 보안처분의 본질에 반하는 것이다.

2) 형집행면제형

형 집행의 면제는 재판이 확정된 후의 사유로 인해 형의 집행이 면제되는 것을 말한다. 형법 제77조의 '형의 시효의 완성'이나 '재판이 확정된 후 법률의 변경에 의하여 그 행위가 범죄를 구성하지 않게 된 경우' 그리고 사면법 제5조의 '사면'이 이에 해당한다.

(1) 형의 시효

형의 시효는 형의 선고를 받아 재판이 확정되었으나, 그 집행을 받지 않고 일정기간이 경과한 경우에 형의 집행이 면제되는 제도이다. 일정한 시간의 경과로 인해서 형의 선고와 집행에 대한 사회의식이 감소되고, 지속적으로 이어져 온 사회적으로 평온한 상태를 유지하고 존중할 필요가 있다는 점에 근거를 두고 있다. 형의 시효가 완성된 경우는 전자장치부착법 제21조에서 특정 범죄사건의 시효가 완성되면 그 집행이 면제된다고 규정하고 있다는 점에서 상호 충돌하고 있다.

(2) 재판 확정 후 법률의 변경

재판이 확정된 후 법률의 변경에 의하여 그 행위가 범죄를 구성하지 않게 되었다는 것은 법률이 변경되어 처벌에 대한 근거를 상실하여 이를 집행할 필요가 없게 된 경우이다. 따라서 이 경우에 전자장치부착명령을 집행할 수 있을지 의문이다.

(3) 사면

사면의 경우에도 일반사면은 형 선고의 효력을 상실시킨다는 점에서 그리고 특별사면은 형의 집행이 면제된다는 점에서 그리고 여기서의 '刑'을 협의로 해석할 이유가 없다는 점을 고려한다면 전자장치부착명령을 집행하기 어려울 것으로 본다. 다만, 전자장치부착법 제20조 제2호에서 부착명령의 집행 종료사유로 '부착명령과 함께 선고한 형이 사면되어 그 선고의 효력을 상실하게 된 때'를 규정하고 있다.

(4) 형종료부착명령의 정형화된 유형

형의 시효의 완성, 재판의 확정 후 법률의 변경, 사면 등의 사유로 형의 집행이 면제되었는데, 굳이 보안처분이라는 명목으로 국가의 형벌권을 부활시킬 수 있는가 하는 점에 대한 의문이다

결국, 형종료부착명령에 해당하는 것은 징역형이 종료된 경우와 치료감호가 종료된 경우라고 보아야 한다.

전자장치부착명령의 처분 유형별 접수 현황을 살펴보면 [표 3-24]와 같다.

[표 3-24] 전자장치부착명령의 처분유형별 접수 현황[128]

(단위: 명, %)

처분유형/연도	2014	2015	2016	2017	2018	2019	2020	2021
가석방	347 (36.5)	403 (48.2)	599 (52.9)	560 (48.5)	535 (57.6)	410 (49.4)	1,895 (79.5)	5,186 (92.6)
가종료	24 (2.5)	44 (5.3)	100 (8.8)	91 (7.9)	41 (4.4)	41 (4.9)	49 (2.1)	40 (0.7)
가출소	23 (2.4)	17 (2.0)	26 (2.3)	30 (2.6)	13 (1.4)	7 (0.9)	5 (0.2)	2 (0.1)
집행유예	17 (1.8)	5 (0.6)	7 (0.6)	12 (1.0)	9 (1.0)	11 (1.3)	6 (0.3)	6 (0.1)
형종료(일반)	241 (25.4)	263 (31.5)	333 (29.4)	382 (33.1)	301 (32.4)	340 (41.0)	392 (16.4)	349 (6.2)
형종료(소급)	298 (31.4)	104 (12.4)	68 (6.0)	79 (6.8)	30 (3.2)	21 (2.5)	36 (1.5)	16 (0.3)

128) 범죄예방정책 통계분석, 2022, 191면 재구성.

최근 8년간 가석방형이 58.2%, 형종료(일반)형 26.2%, 형종료(소급)형 8.0%, 가종료형 4.6% 순으로 나타났다. 특히, 일반범죄자가 포함된 가석방형이 2020년 79.5%, 2021년 92.6%로 폭발적으로 증가한 것은 강력범죄자를 대상으로 동 명령을 도입한 입법 취지가 무색해지고 있다. 현재와 같이 강력한 부착명령 집행방법으로 초점을 맞추어야 할 대상은 징역형 또는 치료감호가 종료된 형종료부착명령의 피부착자이기 때문이다.

II. 전자장치부착명령의 법적 성격

형종료부착명령·형종료보호관찰·보호관찰의 법적 성격을 살펴볼 때, 공통적 요소는 보호관찰이다.[129] 부착명령의 유형에 형종료부착명령, 가석방부착명령, 가종료부착명령, 집행유예부착명령이 있음을 살펴보았다. 형종료부착명령 외의 유형이 준용규정을 통해 보호관찰보다 부착명령을 주처분으로 운용할 가능성이 있다하더라도 명문 규정을 통해 보호관찰이 주처분이라고 밝히고 있기 때문에 여기서는 형종료부착명령의 법적 성격을 살펴본다. 그 외의 유형은 보호관찰의 법적 성격에 관한 논의에 흡수될 수 있을 것으로 보기 때문이다.

1. 유형에 상관없이 단일한 제도로 이해하는 견해

전자장치부착명령의 유형과 상관없이 독자적인 처분으로 파악하는 견해이다. 즉, 보안처분으로 이해하는 견해와 형벌로 이해하는 견해 그리고 양자의 성격을 모두 가지고 있다는 견해로 구분할 수 있다.

---

129) 이를 도표로 정리하면 다음과 같다.

부착명령 유형	형종료보호관찰 유형	기존 보호관찰 유형
형(또는치료감호)종료(+보호관찰)형	형(또는치료감호)종료형	-
가석방(+보호관찰)형	가석방형보호관찰	가석방형
가종료·가출소(+보호관찰)형	가종료형보호관찰	가종료·가출소형
집행유예(+보호관찰)형	-	집행유예형
특정범죄 외 가석방(+보호관찰)형	-	가석방형
소급(+보호관찰)형	소급형종료형	
보석(조건부)형	-	

＊기존의 보호관찰 유형에는 상기 유형 외에 기소유예형, 선고유예형, 보호처분형이 있다

1) 보안처분으로 이해하는 견해

보안처분으로 이해하는 견해는 동 명령은 재범위험성을 고려한 처분의 성격을 가지고, 국가가 강제로 전자장치를 부착할 의무를 부과하여 형벌 이외에 추가적으로 자유를 침해하는 제재[130]이기 때문에 형벌강화적 관점에서 부과하는 자유제한적 보안처분[131]이라고 한다.

2) 형벌로 이해하는 견해

형벌로 이해하는 견해는 형벌처럼 자유를 박탈하는 것은 아니지만 실질적으로 그보다 더 자유를 박탈하는 처분[132]이라는 점, 외출제한명령이나 특정 지역·장소에의 출입금지, 피해자 등 특정인에의 접근금지 등의 준수사항 중 하나 이상을 부과할 수 있도록 규정하고 있어서 징벌적·규제적 성격이 강한 '전자적 형벌'[133]이라고 할 수 있는 점, 사회복귀의 수단이 아니라 범죄행위에 상응하는 제재 내지 형벌의 일종[134]이라는 점을 그 근거로 한다.

3) 형벌과 보안처분의 성격을 모두 가지고 있다는 견해

형벌과 보안처분의 성격을 모두 가지고 있다는 견해는 형사사법 절차의 어느 단계에서 적용되느냐에 따라 그 성격이 달라질 수 있으므로 형사제재 자체가 될 수 있을 뿐만 아니라 그것을 유지하는 수단이 될 수 있는 양면성을 가진다는 점,[135] 전자장치부착법의 입법목적이 형 집행 후 재범위험성이 높은 범죄자에게 추가적으로 부과되는 제재라는 점, 자유를 제한하고 인격권의 침해를 그 본질적 속성으로

---

130) 문정민, 성범죄자 전자감시제도에 관한 고찰, 법학연구 제29집, 한국법학회, 2008, 235면; 정현미, 성폭력범죄대책과 전자감시: '특정범죄자에 대한 위치추적 전자장치 부착에 관한 법률'의 검토를 중심으로, 형사정책 제21권 제1호, 2009. 6., 334면

131) 김혜정, 성폭력범죄자에 대한 전자발찌 적용가능성에 관한 검토: '특정성폭력범죄자에대한위치추적전자장치부착에관한법률안'을 중심으로, 형사정책연구 제16권 제3호, 2005, 252 – 253면; 이춘화, 위치추적 전자장치 부착명령의 위헌성 유무, 형사판례연구[18], 2010, 620면; 정신교, 특정성범죄자 전자감시제도에 대한 쟁점, 형사정책 제20권 제2호, 2008, 289면.

132) 윤상민, 형사제재와 소급효금지의 원칙, 법학연구 제38집, 한국법학회, 2010, 211면.

133) 윤영철, 우리나라의 전자감시제도에 관한 비판적 소고 – '특정 성폭력범죄자에 대한 위치추적 전자장치 부착에 관한 법률을 중심으로' –, 형사정책연구 제19권 제3호, 2008, 205면.

134) 최정학, 전자감시제도(Electronic Monitoring)의 도입에 관한 연구: '특정 성폭력범죄자에 대한 위치추적 전자장치 부착에 관한 법률'의 비판적 분석, 형사정책 제19권 제2호, 2007, 366면

135) 박상열, 전자감시제도의 입법과 적용방안, 교정연구 제35호, 2007, 92면.

하고 있기 때문에 실질적으로 형벌과 같은 것으로 볼 수 있다는 점,136) 형벌 이외에 전자장치의 부착을 통해 위치추적이라는 추가적인 제재를 함으로써 범죄자에 대한 응보와 특별예방적 관점을 관철함과 동시에 일반예방적 기능을 포함하고 있다는 점137) 등을 근거로 하고 있다.

대법원은 전자장치부착명령은 성폭력범죄자의 재범방지와 성행교정을 통한 재사회화를 통해 국민을 보호함을 목적으로 하여 징역형을 종료한 이후에도 성폭력범죄의 재범위험성이 있다고 인정될 경우에 선고되므로 사후적으로 책임을 추궁하는 형벌과는 본질적으로 다른 보안처분이라고 일관되게 판시138)하고 있다. 형종료 부착명령과 기타 유형을 구분하지 않고 모두 보안처분으로 보고 있는 것으로 판단된다.

2. 개별적으로 이해하는 견해

형의 집행을 종료한 후에 실시하는 부착명령은 그 형의 집행을 종료한 다음에도 여전히 재범위험성이 존재하고 있을 것이라는 가정적 판단에 기초하여 성폭력범죄자 등의 재범위험성에 기인한 감시의 필요성139) 때문에 고안되었다고 한다. 형종료부착명령은 재범방지를 통해 재사회화 목적 달성에 긍정적이라는 입장과 구금형의 대체수단이 아니라 형의 집행을 종료한 자를 대상으로 제재가 강화되었다는 입장으로 구분될 수 있음은 그 법적 성격에서도 견해가 나뉜다.

1) 유형별로 구분하는 견해

전자장치부착명령의 각 유형을 구별하고 각각에 대해서 법적 성격을 논하는 견해140)이다.

(1) 형종료부착명령은 징역형이 집행된 이후 장기간 부착명령을 집행한다는 점, 준수사항을 위반하였을 경우에 형벌이 부과된다는 점, 부착기간의 결정에서 여

---

136) 박혜진, "소위 전자장치부착법에 대한 비판적 고찰", 형사정책 제20권 제2호, 2008, 234－235면.
137) 박찬걸, 소년보호처분의 전력을 전자장치부착명령의 요건으로 할 수 있는지 여부에 대한 검토, 소년보호연구 제28호, 2015, 137－138면.
138) 대판 2012. 3. 22. 2011도15057, 2011전도249(전원합의체); 대판 2011. 7. 28. 2011도5813, 2011전도99; 대판 2011. 4. 14. 2010도16939, 2010전도159; 대판 2009. 5. 14. 2009도1947, 2009전도5.
139) 대판 2009. 9. 10. 2009도6061, 2009전도13.
140) 장연화, 위치추적 전자장치 부착제도의 법적 성격과 소급효금지원칙의 적용에 관한 연구, 보호관찰 제10권 제2호, 한국보호관찰학회, 2010, 148－150면.

러 개의 특정범죄에 대하여 동시에 부착명령을 선고할 때 가중규정을 두고 있는 점, 특정범죄 사건에 대하여 상소 및 상소의 포기 등이 있는 때에는 부착명령에 대해서도 동일하게 본다는 점, 부착명령에 대해서 독립하여 상소, 상소의 포기 등을 할 수 있다는 점 등을 근거로 자유제한의 정도가 크고 일반인의 입장에서는 범죄에 대한 응보로 볼 수 있기 때문에 형벌에 해당한다고 한다.

(2) 가석방 및 가종료부착명령은 법원의 판결로 부착기간을 정하는 것이 아니라 행정기관에 의해 정해지고, 보호관찰 준수사항의 이행 여부 확인을 위해서 부과된다는 점에서 보호관찰의 법적 성격과 유사하다고 하면서 가석방자 등에 대한 보호관찰을 장래의 재범을 예방하기 위해서 사회적 위험성을 전제로 부과하기 때문에 보안처분으로 보고 있다.

(3) 집행유예부착명령은 집행유예와 보호관찰을 병과하면서 보호관찰의 실효성을 높이기 위한 보조적인 조치로써 부착명령을 부과하는 것이므로 결국 보호관찰의 법적 성격과 동일하다고 한다. 집행유예시 병과하는 보호관찰은 형벌의 유예와 결합하기 때문에 형벌적 요소가 내재되어 있으나, 처벌이라 보기 어렵다는 점, 재범위험성이 있는 범죄인으로부터 사회를 방위하기 위한 보안처분과는 성격이 다르므로 제3의 독립된 제재라고 한다. 따라서 집행유예부착명령은 제3의 독립된 제재라는 것이다.

2) 보호관찰을 주처분으로 보는 견해

전자장치부착명령의 독립제재성을 부인하고 보호관찰을 주처분으로 보는 견해[141]이다. 가석방·가종료부착명령은 주처분이 전자장치부착명령에 병과되는 보호관찰이라고 하면서 보호관찰의 법적 성격으로 의율하면 된다고 한다.

전자장치부착명령의 유형을 형종료형과 가석방·가종료 및 집행유예형으로 나누어 법적 성격을 고찰한다. 2010년 4월 15일 개정된 전자장치부착법의 형종료형부착명령에 부착기간 동안 보호관찰을 받는다는 규정이 신설되었음을 근거로 부착명령의 독립적인 재제로서의 기능을 부인한다. 부착명령이 보호관찰의 감독기능을 수행한다는 점에서 다른 유형과 동일하게 보호관찰의 부수적 처분으로 준수사항의 이행여부 확인을 위한 감독수단에 불과하다고 한다. 따라서 부착명령은 보호관찰의

---

141) 김혜정, 전자장치부착명령의 법적 성격과 제 문제, 법조 제660호, 2011, 304−313면.

법적 성격에 관한 논의에 포섭된다고 한다.

3) 소결

형종료형 외의 부착명령 유형은 준용규정을 두고 사실상 동일하게 운용하는 측면을 고려하여 유형에 상관없이 단일한 제도로 이해하는 견해도 충분히 설득력이 있다고 볼 수 있다. 그러나 처분의 형태가 다름에도 하나의 제도로 파악하는 것은 무리가 있다고 생각한다. 부착기간이 법정형에 따라 다르게 규정되어 있어 부착명령이 재범위험성이 아니라 선행 위법행위의 책임에 의해 부과되는 측면이 있는 점, 전자장치부착법 제9조 제2항의 여러 개의 특정범죄에 대해서 동시에 부착명령을 선고할 때에는 법정형이 가장 중한 죄의 부착기간 상한의 1/2까지 가중하도록 하는 규정이 형법 제38조 제2항의 경합범 가중규정과 유사하다는 점, 특정범죄사건의 판결에 대하여 상소 등이 있는 때에는 부착명령 청구사건의 판결에 대해서도 상소가 있는 것으로 보는 점 등을 고려하면 형벌적 성격이 있음을 부인하기 어렵다. 그러나 전자장치부착법의 입법 목적이 성폭력범죄자 등 특정범죄자의 재사회화를 통한 사회방위를 추구하고 있어서 사회복귀를 주요한 목적으로 제시하고 있는 점, 형벌과 보안처분을 일원적으로 파악하지 않는 한 형벌의 집행이 종료된 후 부과되는 부착명령은 책임과 구별되는 성폭력범죄 등의 재범위험성을 전제로 하고 있다는 점, 전자장치부착법 제9조 제7항에서 부착명령을 선고하더라도 특정범죄 사건의 양형에서 유리하게 참작할 수 없게 하여 형벌과 보안처분의 이원론을 명백히 하고 있는 점, 특정범죄 치료 프로그램의 이수 등의 준수사항을 통해 성행개선을 도모하고 있는 점 등을 고려하면 보안처분으로 보는 것이 타당하다.

형종료형 외의 유형은 가석방 및 가종료 그리고 집행유예와 결합한 보호관찰을 부과할 때 보호관찰의 준수사항 이행여부를 확인하기 위한 도구에 불과하다고 볼 수 있다. 따라서 보호관찰이 부착명령에 대해서 주처분적 지위를 차지하고 있기 때문에 이들의 법적 성격은 주처분 즉, 보호관찰의 법적 성격에 대한 논의와 동일하다고 볼 수 있다.

Ⅲ. 전자장치부착명령의 선고 및 집행

위에서 살펴본 대로 전자장치부착명령은 여러 유형이 있으나, 형종료부착명령을 중심으로 선고 및 집행 절차를 살펴보기로 한다.

1. 부착명령의 청구 및 판결

1) 부착명령의 청구

부착명령의 청구대상이 되는 성폭력범죄자는 ① 성폭력범죄로 징역형의 실형을 선고받은 사람이 그 집행을 종료한 후 또는 집행이 면제된 후 10년 이내에 성폭력범죄를 저지른 때, ② 성폭력범죄로 전자장치부착법에 따른 전자장치를 부착 받은 전력이 있는 사람이 다시 성폭력범죄를 저지른 때, ③ 성폭력범죄를 2회 이상 범하여(유죄의 확정판결을 받은 경우를 포함한다) 그 습벽이 인정된 때, ④ 19세 미만의 사람에 대하여 성폭력범죄를 저지른 때, ⑤ 신체적 또는 정신적 장애가 있는 사람에 대하여 성폭력범죄를 저지른 때 등의 어느 하나의 사유가 있고, 성폭력범죄의 재범위험성이 있는 사람이다(법 제5조 제1항).

청구사유 중 ①은 집행이 면제되는 경우에도 적용하고 있는데 그 사유를 보다 구체화 할 필요가 있다. 형 집행이 면제되는 경우 중 재판이 확정된 후 법률이 변경된 경우 등에도 적용될 수 있을지 의문이 있기 때문이다.

청구사유 ②는 전자장치 부착의 전력이 있는 경우에는 재범의 속도 즉, 얼마의 기간이 지난 후 동종재범을 저질렀다는 규정이 없다. 전자장치부착명령이라는 제도를 입법자가 얼마나 소중하게 다루는지 단적으로 보여주는 규정이라 할만하다. 다른 그 어떤 요건보다도 강력하여 전자장치 부착전력은 성폭력범죄 등 강력범죄의 재범위험성 평가에서 가장 중요한 요인으로 작용할 가능성이 높다.

청구사유 ③의 '성폭력범죄를 2회 이상 범하여(유죄의 확정판결을 받은 경우를 포함한다) 그 습벽이 인정된 때'의 요건에 대해서는 좀 더 검토를 요한다.

성폭력범죄를 2회 이상 범하여와 습벽이 인정될 것이라는 2개의 요건을 충족해야 한다.

성폭력범죄 2회 이상에 소년보호처분이 포함될 것인가가 문제된다. 이와 관련하여 대법원은 소년보호처분은 유죄의 확정판결에 해당하지 아니함이 명백하다고 판시[142]하였다.

소년이 심판의 당사자가 아니라 심리의 객체에 불과하기 때문에 소년보호처분은 전자장치부착법 소정의 성폭력범죄를 범한 때에 해당하지 않는다는 점, 원래 '성폭력범죄를 2회 이상 범하여'라는 조문이 개정되어 괄호 안의 '유죄의 확정판결을 받은 경우를 포함한다'라는 부분이 추가되었기 때문에 유죄의 확정판결을 받은 전과 사실을 포함하여 성폭력범죄를 2회 이상 범한 경우를 의미한다는 점, 형사제재를 부과하는 법률의 해석은 기본권 침해를 최소화하는 방향으로 엄격히 해석하여야 한다는 점 등을 근거로 하고 있다.

생각건대, 본 규정의 '성폭력범죄 2회 이상'은 이어지는 '습벽'의 판단에 중요한 역할을 한다는 점에서 소년법 제32조 제6항 '소년의 보호처분은 그 소년의 장래 신상에 어떠한 영향도 미치지 아니한다'라고 규정한 조문의 취지와 어긋날 수 있어서 문제의 소지가 있다. 대법원[143]은 소년보호처분을 받은 전력도 상습성 내지 습벽을 인정하는 자료로 활용해 왔기 때문이다. 더구나 성폭력범죄 2회 이상과 습벽이 있다는 판단에 더해 동종의 재범위험성을 요구하고 있는데, '습벽'과 '재범위험성'을 어떻게 구분할 것인지가 더 의문이다. 따라서 본 조문의 '습벽'을 삭제하고, 소년법 제32조 제6항의 취지에 부응한다는 측면에서 소년보호처분은 성폭력범죄를 범한 경우에서 제외하지만 성폭력범죄를 저지른 범죄소년은 포함하는 것이 타당하다.[144]

청구사유 ④는 19세 미만의 미성년자를 대상으로 하는 성폭력범죄의 요건은 이전까지는 '13세 미만'의 아동을 대상으로 하였으나, 그 요건을 완화하고 있다.

청구사유 ⑤는 성폭력범죄의 피해자가 19세 미만인 경우, 신체적 또는 정신적 장애가 있는 경우는 실질적으로 'One Strike Out'이 가능하다는 점에서 형벌에서도 이러한 경향이 반영되어야 하는데 현실은 그렇지 않다. 즉, 상기 범죄에 대해 형벌은 벌금형이 가능하여 '형종료부착명령'의 형종료 즉, 징역형의 종료 등의 사유가 발생해야 하기 때문에 형종료부착명령의 'One Strike Out'이 가능할지라도 사각지대가 발생할 가능성이 있다. 특정 범죄사건에서 벌금형을 선고하는 때에는 부착명령

---

142) 대판 2012. 3. 22. 2011도15057, 2011전도249(전원합의체).
143) 대판 1990. 6. 26. 90도887; 대판 1973. 7. 24. 73도1255(전원합의체).
144) 자세한 사항은 제1장의 유추적용금지원칙 참조하기 바란다.

의 청구를 기각해야 하기 때문이다(법 제9조 제4항 제3호).

　검사는 성폭력범죄자에 대한 부착명령 청구요건을 충족한 경우 법원에 부착명령을 청구할 수 있다. 다만, 검사는 부착명령을 청구하기 위해서 필요하다고 인정하는 때에는 범죄의 동기, 피해자와의 관계, 심리상태, 재범위험성 등145) 피의자에 관하여 필요한 사항의 조사를 보호관찰소장에게 요청할 수 있다.

　검사의 청구전조사 접수 현황은 [표 3-25]와 같다.

[표 3-25] 검사의 청구전조사 접수 현황146)

(단위: 건)

유형/연도	2016	2017	2018	2019	2020
전자장치 부착명령(일반)	2,613	1,783	1,543	1,362	1,388
전자장치 부착명령(소급)	84	86	37	48	37
형집행종료 보호관찰	0	0	56	104	65
성충동약물치료명령	1	0	2	6	3
계	2,698	1,869	1,638	1,520	1,493

　검사의 청구전조사는 전자장치부착명령의 청구를 위한 사전절차로서 활용하는 비율이 2020년 기준 약 93%로 나타나고 있다. 2018년부터 형종료보호관찰을 청구하기 위해서 사전절차로서 청구전조사를 활용하는 것은 바람직하다고 분석된다.

　부착명령의 청구는 공소가 제기된 특정범죄 사건의 항소심 변론종결 시까지 하여야 한다. 그러나 이는 제1심 판결의 결과에 대해서 불복하는 사람에게 오히려 불리할 가능성이 있다. 설사 부착명령이 재사회화 목적과 사회방위 목적이 조화를 이루고 있다고 가정하더라도 부담적 성격을 배제할 수 없기 때문에 형사소송법의 불이익변경금지원칙에 반할 소지가 있다.

　법원은 공소가 제기된 특정범죄 사건을 심리한 결과 부착명령을 선고할 필요가

---

145) 전자장치부착법 제6조 참조. 다만, 동 조항에 나열되어 있는 사유들 간의 관계를 살펴볼 필요가 있다. 범죄의 동기, 피해자와의 관계, 심리상태는 재범위험성을 판단하기 위한 자료인데 굳이 동렬에 배치할 이유가 없다.

146) 범죄백서, 2021, 458면 재구성.

[표 3-26] 전자장치부착명령 청구 및 선고 현황[147]

(단위: 명, %)

연도/구분	부착명령 청구	처리					재판중
		선고(인용)	인용률	기각	기타	계	
2016	992	303	29.3	709	21	1,033	276
2017	857	302	36.8	499	20	821	301
2018	966	318	34.8	577	18	913	352
2019	886	330	37.1	541	18	889	349
2020	900	272	30.7	594	20	886	354

있다고 인정하는 때에는 부착명령의 청구를 요구할 수 있다(법 제5조 제6항).

전자장치부착명령 청구 및 선고 현황을 살펴보면 [표 3-26]과 같다.

전자장치부착명령 관련 1심 사건을 기준으로 하여 부착명령의 청구는 2016년 992건에서 증감변동을 거듭했지만 감소 추세에 있다고 볼 수 있다. 인용율은 2019년 37.1%를 최고로 5년 평균 33.7%에 불과하다. 검사가 부착명령을 청구하기 위해서 사전절차로 청구전조사나 전문가의 의견을 조회하는 방법 등을 적극적으로 고려해 볼 필요가 있다. 무엇보다도 검사의 재범위험성 평가와 법원의 그것이 다를 가능성 또한 배제할 수 없으므로 보안처분에서 '재범위험성 평가'가 갖는 중요성에 비추어 관계 기관의 실무 책임자와 학계의 협업으로 객관적으로 사용될 수 있는 평가도구를 마련하는 것도 필요해 보인다.

2) 부착명령의 판결

(1) 부착명령의 선고

법원은 부착명령의 청구가 이유 있다고 인정하는 때에는 판결로 부착명령을 선고하여야 하고, 해당 특정범죄 사건의 판결과 동시에 하여야 하며, 부착명령을 선고했더라도 양형에 유리하게 참작해서는 안 된다(법 제9조 제7항).

법원은 특정범죄 사건에 대하여 전자장치부착명령의 청구가 이유 없다고 인정하는 때, 무죄(심신상실을 이유로 무죄가 선고된 경우는 제외)·면소·공소기각의 판결 또는 결정을 하는 때, 벌금형을 선고하거나 선고유예 또는 집행유예를 선고하는 때 등의

---

147) 대검찰청 범죄분석, 2021, 252면.

어느 하나의 사유가 있는 경우에는 판결로 부착명령의 청구를 기각하여야 한다(법 제9조 제4항).

(2) 부착기간 및 준수사항

법원은 부착명령의 청구가 이유가 있다고 인정하는 때에는 다음 구분에 따른 기간의 범위 내에서 부착기간을 정하여 판결로 부착명령을 선고하여야 한다. 다만, 19세 미만의 사람에 대하여 특정범죄를 저지른 경우에는 부착기간의 하한을 다음 구분에 따른 부착기간 하한의 2배로 한다(법 제9조). 그 구분은 다음과 같다. ⅰ) 법정 형의 상한이 사형 또는 무기징역인 특정범죄는 10년 이상 30년 이하, ⅱ) 법정형 중 징역형의 하한이 3년 이상의 유기징역인 특정범죄(제1호에 해당하는 특정범죄는 제외한 다)는 1년 이상 10년 이하, ⅲ) 법정형 중 징역형의 하한이 3년 미만의 유기징역인 특정범죄(제1호 또는 제2호에 해당하는 특정범죄는 제외한다)는 1년 이상 10년 이하다.

[표 3-27] 전자장치부착명령의 부착기간별 접수 현황[148]

(단위: 명, %)

부착기간/연도	2016	2017	2018	2019	2020	2021
3월 미만	90 (7.9)	84 (7.3)	60 (6.5)	42 (5.1)	1,137 (47.7)	2,763 (49.4)
3월 이상 6월 미만	188 (16.6)	181 (15.7)	140 (15.1)	93 (11.2)	422 (17.7)	1,361 (24.3)
6월 이상 1년 미만	237 (20.9)	151 (13.1)	159 (17.1)	138 (16.6)	218 (9.1)	792 (14.1)
1년 이상 5년 미만	282 (24.9)	345 (29.9)	243 (26.2)	219 (26.4)	218 (9.1)	322 (5.8)
5년 이상 10년 미만	184 (16.3)	176 (15.2)	90 (9.7)	133 (16.0)	107 (4.5)	107 (1.9)
10년 이상 20년 미만	141 (12.4)	194 (16.8)	216 (23.2)	181 (21.8)	247 (10.4)	221 (3.9)
20년 이상 30년 미만	11 (1.0)	23 (2.0)	21 (2.2)	24 (2.9)	34 (1.5)	33 (0.6)
30년 이상	0 (0.0)	0 (0.0)	0 (0.0)	0 (0.0)	0 (0.0)	0 (0.0)

---

148) 범죄예방정책 통계분석, 2022, 194면 재구성.

전자장치부착명령의 부착기간별 접수 현황을 살펴보면 [표 3−27]과 같다.

2021년 기준 전자장치부착명령 대상자 중 6개월 미만의 비율이 73.7%를 차지하고 있다. 특히, 3개월 미만자가 2020년 47.7%, 2021년 49.4%로 급격하게 증가한 것은 일반범죄자에 대한 가석방부착명령에 기인한 것으로 판단된다.

재범위험성이 양호한 가석방 대상자에게 굳이 단기간의 전자장치를 부착할 필요가 있는 것인지 의문이다. 전자장치의 부착 그리고 이에 대한 준수사항의 교육, 전자장치의 교체 등으로 인한 적응기간 등이 요구되는 상황이라면 3개월의 기간은 너무 단기로 보이기 때문이다.

형종료부착명령을 선고하는 경우에는 부착기간의 범위에서 기간을 정하여 준수사항 중 하나 이상을 부과할 수 있다(법 제9조의2).

대법원은 전자장치부착법 제9조의2 제1항은 부착명령을 선고하는 경우에 준수사항을 부과하려면 부착기간의 범위에서 준수기간을 정하여 부과하도록 규정하고 있음에도 '피해자에 대한 100m 이내 접근금지'와 '과도한 주류 음용금지'를 준수사항으로 부과하면서 그 기간을 정하지 아니한 조치는 위법하다고 보았다.[149]

형종료부착명령의 준수사항은 ⅰ) 야간 등 특정 시간대의 외출제한, ⅱ) 특정지역·장소에의 출입금지, ⅱ)의2. 주거지역의 제한, ⅲ) 피해자 등 특정인에의 접근금지, ⅳ) 특정범죄 치료 프로그램의 이수, ⅴ) 그 밖에 부착명령을 선고받는 사람의 재범방지와 성행교정을 위하여 필요한 사항 등이다. 다만, 특정범죄 치료 프로그램의 이수는 500시간의 범위에서 그 '기간'을 정해야 한다.

형종료부착명령의 준수사항 부과 현황을 살펴보면 [표 3−28]과 같다.

[표 3-28] 형종료부착명령의 준수사항 부과 현황[150]

(단위: 건)

연도/구분	연도별 개시자	준수사항 총계	출입금지	접근금지	주거지역 등 제한	외출제한	이수명령
2015	836	700	78	175	40	124	283
2016	1,133	822	106	223	43	177	273
2017	1,154	852	81	230	60	182	299

149) 대판 2012. 5. 24. 2012도1047, 2012전도26.
150) 법무부 한국 전자감독 10년사, 2018, 178−179면.

전자장치부착법에 규정된 형종료부착명령의 준수사항이 주로 부과되는 경향을
보였다. 예외적으로 전자장치부착법 제9조의2 제5호에 따른 준수사항이 부과되는 경
우도 있었다.[151] 다만, 준수사항의 내용이 보호관찰법의 준수사항과 대동소이(大同小
異)하기 때문에 재범위험성에 대한 긍정적 예측을 기반으로 하는 일반 보호관찰 유형
과 재범위험성이 높다는 부정적 예측을 전제로 하는 형종료보호관찰 등 보안처분형
보호관찰은 처우방법의 다양화를 통해서 그 차이점을 부각해야 할 필요성이 있다.

(3) 의무사항

전자장치부착명령 피부착자의 의무사항으로는 다음과 같다(법 제14조). 피부착자
는 ⅰ) 전자장치의 부착기간 중 전자장치를 신체에서 임의로 분리하거나 손상, 전파
방해 또는 수신자료의 변조 그 밖의 방법으로 그 효용을 해하여서는 아니 된다. ⅱ)
특정범죄 사건에 대한 형의 집행이 종료되거나 면제 또는 가석방되는 날부터 10일
이내에 주거지를 관할하는 보호관찰소에 출석하여 신상정보 등을 서면으로 신고하
여야 한다. ⅲ) 주거를 이전하거나 7일 이상의 국내여행을 하거나 출국할 때에는
미리 보호관찰관의 허가를 받아야 한다.

ⅰ)의 효용유지 의무와 관련하여 피부착자는 전자장치의 부착기간 중 법 제14
조 제1항에 따라 전자장치의 효용을 유지하기 위하여 전자장치의 기능이 정상적으
로 유지될 수 있도록 전자장치를 충전, 휴대 또는 관리할 것, 전자장치가 정상적으
로 작동하지 아니하는 경우 지체 없이 그 사실을 보호관찰관에게 알릴 것, 전자장치
의 기능 유지를 위한 보호관찰관의 정당한 지시에 따를 것 등의 사항을 준수하여야
한다(법 시행령 제11조).

대법원은 위의 의무사항 ⅰ)의 효용을 해하는 행위에 대해서 '효용을 해하는
행위'는 전자장치를 부착하게 하여 위치를 추적하도록 한 전자장치의 실질적인 효용
을 해하는 행위라고 보고, 전자장치 자체의 기능을 직접적으로 해하는 행위뿐만 아
니라 전자장치의 효용이 정상적으로 발휘될 수 없도록 하는 행위도 포함하며, 부작
위라고 하더라도 고의적으로 그 효용이 정상적으로 발휘될 수 없도록 한 경우에는
처벌의 대상이 된다고 하였다.[152]

---

151) 예외적이지만, 개별 준수사항으로 'pc방에 출입하지 말 것', '음란물을 소지하거나 시청하지 말고,
보호관찰관의 불시점검에 순응할 것', '유흥업소에 출입하지 말 것' 등이 있었다.
152) 대판 2017. 3. 15. 2016도17719. 피부착자가 재택 감독장치가 설치되어 있는 자신의 독립된 주거공

2. 부착명령의 집행

1) 집행 주체

전자장치부착명령은 검사의 지휘를 받아 보호관찰관이 집행한다(법 제12조 제1항).

2) 집행의 개시

부착명령은 특정범죄 사건에 대한 형의 집행이 종료되거나 면제·가석방되는 날 또는 치료감호의 집행이 종료·가종료되는 날 석방 직전에 피부착명령자의 신체에 전자장치를 부착함으로써 집행이 시작된다. 부착명령의 원인이 된 특정범죄 사건이 아닌 다른 범죄사건으로 형이나 치료감호의 집행이 계속될 경우에는 동 명령의 원인이 된 특정범죄 사건이 아닌 다른 범죄사건에 대한 형의 집행이 종료되거나 면제·가석방되는 날 또는 치료감호의 집행이 종료·가종료되는 날부터 집행한다. 부착명령을 선고받은 사람이 판결이 확정될 때에 석방된 상태이고 미결구금일수 산입 등의 사유로 이미 형의 집행이 종료된 경우에는 부착명령 판결 확정일부터 집행한다(법 제13조 제1항).

부착명령이 다수 부과된 경우에는 확정된 순서에 따라 집행한다(법 제13조 제5항).

3) 처우 내용

부착명령의 집행 담당자로서 보호관찰관은 피부착자의 재범방지와 건전한 사회복귀를 위하여 필요한 지도·감독과 원호를 실시한다. 보호관찰관은 부착명령의 집행 중에 의료기관에서의 치료 및 상담시설에서의 상담치료 등 피부착자의 재범방지 및 수치심 방지를 위한 조치를 할 수 있다.[153]

간이나 가족 등과 공동 주거공간을 떠나 타인의 생활공간 또는 타인이 공동으로 이용하는 공간을 출입하고자 하는 경우에는 휴대용 추적장치를 휴대하여야 하고, 이러한 장치를 휴대하지 아니하고 위와 같은 장소에 출입함으로써 전자파를 추적하지 못하게 하는 경우에는 효용을 해한 경우에 해당한다고 보았다.

153) 전자장치부착법 제15조 참조. 부착명령의 집행과 관련하여 대상자가 수치심을 느낀다는 점을 인정하고 있다. 수치심을 방지하기 위해서는 '전자발찌'의 수치심을 경감해 줄 수 있는 다른 수단으로 대체하는 것이 바람직하다. 현행 전자장치부착법과 같이 부착명령에 보호관찰이 병과된 형태가 아닌 부착명령만 부과된 경우라면 보호관찰관의 지도·감독이 가능하겠는가 하는 의문이 생긴다. 전자장치부착법 제정 당시에는 전자장치의 부착과 준수사항 외에 어떠한 행위의 통제도 금지하고 있었지만 실질적으로 보호관찰관의 지도·감독이 병행되고 있었다. 2010년 4월 15일 법률 개정으로 전자장치부착명령은 보호관찰이 병과되어 집행이 이루어지게 되었다. 이는 전자장치부착명령에 보호관찰이 병과되는 형태가 아닌 집행유예·가석방·가종료부착명령 유형처럼 보호관찰 준수사항의 이행 확보를 위해 부착명령이 병과되는 형태 또는 다른 준수사항의 이행여부를 확인하기 위해서 부과되

[표 3-29] 전자장치부착명령 대상자의 처우프로그램 실시 현황154)

(단위: 명, %)

프로그램/연도	2016	2017	2018	2019	2020	2021
심리치료 프로그램	6,967 (79.1)	9,316 (82.9)	10,620 (77.2)	10,144 (70.3)	6,763 (69.4)	8,640 (60.1)
체험형 프로그램	1,842 (20.9)	1,925 (17.1)	3,136 (22.8)	4,283 (29.7)	2,977 (30.6)	5,741 (39.9)

전자장치부착명령 대상자에 대한 처우 프로그램의 실시 현황은 [표 3-29]와 같다.

부착명령 대상자에 대한 처우 프로그램은 크게 심리치료 프로그램과 체험형 프로그램으로 나눌 수 있다. 최근 6년간 심리치료 프로그램이 73.2%의 평균 점유율은 보이고 있어서 이에 대한 의존도가 너무 높고, 체험형 프로그램의 구체적 기준이나 지침을 개발하여 그 내용을 보다 다양화 할 필요가 있다고 분석된다.

4) 집행의 정지

형종료부착명령의 집행 중 ① 다른 죄를 범하여 구속영장의 집행을 받아 구금된 때, ② 다른 죄를 범하여 금고 이상의 형의 집행을 받게 된 때, ③ 가석방 또는 가종료 부착명령 기간 동안 가석방 또는 가종료가 취소되거나 실효된 때 등의 사유가 발생한 경우에는 동 명령의 집행이 정지되고, 잔여기간은 구금이 해제되거나 금고 이상의 형의 집행을 받지 아니하게 확정된 때 등의 사유가 발생하면 다시 집행하게 된다(법 제13조 제6항).

위의 사유 중 ③은 형종료형의 세부유형 중 가석방과 가종료된 경우이므로 다시 집행이 가능한 것이다. 그러나 전자장치부착법 제3장의 가석방과 가종료형은 가석방과 가종료가 취소되면 부착명령도 종료된다는 점에서 차이가 있다.

5) 제재조치

부착명령 집행 중 ① 피부착자가 정당한 사유 없이 보호관찰법에 따른 준수사항을 위반한 경우, ② 신고의무를 위반한 경우, ③ 허가를 받지 않고 주거이전, 국내여행 및 출국을 하거나 거짓으로 허가를 받은 경우, ④ 출국허가 기간까지 입국하지

어야 한다는 방증으로 볼 수도 있을 것이다.

154) 범죄예방정책 통계분석, 2022, 202면 재구성.

아니한 경우 등의 사유가 발생한 경우에 법원은 보호관찰소장의 신청에 따른 검사의 청구로 1년의 범위에서 부착기간을 연장하거나 형종료부착명령의 준수사항을 추가하거나 변경할 수 있다(법 제14조의2 제1항).

또한 상기 사유 외에도 형종료부착명령의 집행 중 사정변경이 있는 경우155)에 법원은 상당한 이유가 있다고 인정되면 보호관찰소장의 신청에 따른 검사의 청구로 형종료부착명령의 준수사항을 부과하거나 추가, 변경 또는 삭제하는 결정을 할 수 있다(법 제14조의2).

Ⅳ. 전자장치부착명령의 임시해제 및 종료

1. 부착명령의 임시해제

1) 임시해제의 개념

부착명령 집행 중에 피부착자의 재범위험성 개선을 위한 노력 및 보호관찰 지도·감독의 효율성을 제고하고, 재사회화 목적 달성에 대한 동기부여를 위해서 임시적으로 전자장치의 부착을 해제하는 제도를 말한다. 부착명령이 임시해제되면 보호관찰 및 보호관찰의 준수사항도 해제된다.

2) 임시해제의 신청

보호관찰소장 또는 피부착자 및 그 법정대리인은 보호관찰심사위원회에 부착명령의 임시해제를 신청할 수 있다. 이 신청은 부착명령의 집행이 개시된 날로부터 3개월이 경과한 후에 해야 하고, 신청이 기각된 경우에는 기각된 날로부터 3개월 후에 다시 신청이 가능하다(법 제17조). 임시해제 결정권한은 법무부 소속 보호관찰심사위원회에 있다.156)

3) 임시해제의 심사 및 결정

보호관찰심사위원회는 임시해제를 심사할 때에는 피부착자의 인격, 생활태도,

---

155) 여기의 '사정변경'은 결국 재범위험성의 변화일 것이다. 그러나 명확성원칙과 관련하여 이러한 변화에 중점을 둔 사정변경의 구체화가 요구된다.
156) 전자장치부착법 제12조 참조. 부착명령의 선고는 법원이 하지만, 명령의 집행 과정에서 사법부의 관여 없이 임시로 해제되는 것이어서 보안처분의 선고 및 집행과정에서 결정 등에 관한 관할의 문제가 발생할 수 있다.

부착명령의 이행상황 및 재범위험성에 대하여 보호관찰관, 정신건강의학과 의사, 정신보건 임상심리사 등 관련 전문가의 의견을 고려해야 한다(법 제18조 제1항). 임시해제의 심사를 위하여 필요한 때에는 보호관찰소장으로 하여금 필요한 사항을 조사하게 하거나 피부착자나 그 밖의 관계인을 직접 소환하거나 심문 또는 조사할 수 있다(법 제18조 제2항).

보호관찰심사위원회는 피부착자가 부착명령을 계속 집행할 필요가 없을 정도로 개선되어 재범위험성이 없다고 인정하는 때에는 임시해제를 결정할 수 있고, 피부착자에게 주거이전 상황 등을 보호관찰소장에게 정기적으로 보고하도록 할 수 있다(법 제18조 제3항).

부착명령 임시해제의 인용률은 2011년 34.3%에서 2013년에는 78.8%까지 상승하였다. 2014년부터 2016년까지는 감소하였다가 2017년 57.2%로 다소 증가하였고,[157] 전제적인 인용율은 약 61.5%로 나타나고 있다.

부착명령 유형별 임시해제의 현황은 [표 3－30]과 같다.

[표 3-30] 부착명령 유형별 임시해제 현황[158]

(단위: 건)

구분/연도	2011	2012	2013	2014	2015	2016	2017	계
가석방	37	142	154	167	136	81	141	858
형종료 (일반)	0	0	0	1	5	2	6	14
형종료 (소급)	0	0	1	2	14	2	16	35
집행유예/ 가종료/가출소	0	0	1	2	6	0	4	13

---

157) 부착명령 임시해제 신청 및 인용 그리고 인용률은 다음과 같다.

구분	2011년	2012년	2013년	2014년	2015년	2016년	2017년	계
신청(건)	108	236	198	237	223	203	292	1,497
인용(건)	37	142	156	172	161	85	167	920
인용률(%)	34.3	60.2	78.8	72.6	72.2	41.9	57.2	61.5

한국 전자감독 10년사, 2018, 207면.
158) 한국 전자감독 10년사, 2018, 207면.

2011년부터 2017년까지 실시한 부착명령의 유형별 임시해제는 가석방형이 93.3%를 차지하고 있다. 특정 범죄자에 대한 가석방부착명령이 일반 범죄자로 확대되면서 그 비율은 더 확대될 것으로 예측된다.

4) 임시해제의 취소

보호관찰소장은 부착명령이 임시해제된 사람이 특정범죄를 저지르거나 주거이전 상황 등의 보고에 불응하는 등 재범위험성이 있다고 판단되는 때에는 보호관찰심사위원회에 임시해제의 취소를 신청할 수 있다. 동 심사위원회는 임시해제된 사람의 재범위험성이 현저하다고 인정될 때에는 임시해제를 취소하여야 한다.

임시해제가 취소되면 잔여 부착명령 기간 동안 전자장치를 부착하여야 하고, 병과된 보호관찰을 받아야 하며, 부과된 준수사항도 이행해야 한다. 임시해제 기간은 부착명령의 기간에 산입하지 아니한다(법 제19조).

전자장치부착명령제도가 도입된 이후 2017년까지 임시해제가 취소된 경우는 1건 있었다.[159]

5) 입법 오류

부착명령이 임시해제된 경우에는 부착명령에 병과된 보호관찰과 형종료부착명령의 준수사항 및 「아동·청소년의 성보호에 관한 법률」의 형종료보호관찰이 임시해제된 것으로 본다.[160]

다만, 여기에서 입법적 오류가 발견된다. 형종료부착명령에 병과된 보호관찰과 형종료보호관찰은 구별되어야 한다. 형의 집행이 종료된 다음에 실시된다는 공통점이 있으나, 전자의 보호관찰은 형종료부착명령의 부수적 처분이고, 후자의 보호관찰은 형의 집행이 종료된 후에 집행되는 보호관찰이라는 독자적인 제도라는 점, 전자는 부착명령이 주처분이고 후자는 보호관찰이 주처분이라는 점에서 구분된다.

동일한 오류가 발견된다. 전자장치부착법 제18조 제6항에서 전자장치부착명령

---

159) 한국 전자감독 10년사, 2018, 208면.
160) 전자장치부착법 제18조 제6항 참조. 부착명령이 임시해제 되었다 하더라도 부착명령에 병과된 준수사항과 보호관찰법의 준수사항은 계속 유지되는 것이 바람직하다. 보호관찰법의 보호관찰이 준수사항과 함께 부과된 경우에 비록 보호관찰이 임시해제 되었다 하더라도 준수사항은 유지되는 것처럼 부착명령도 동일하게 규정하는 것이 바람직하다. 특정범죄를 저지르거나 주거이전 상황 등의 보고에 불응하는 등 재범위험성이 있다고 판단될 때에는 임시해제를 취소할 수 있는 절차를 마련하고 있으면서 준수사항까지 임시해제하는 것은 체계적 정합성이 떨어지기 때문이다.

이 임시해제된 경우에는 전자장치부착법 제9조 제3항에 따른 보호관찰과 같은 법 제9조의2에 따른 준수사항이 임시해제된 것으로 본다는 규정을 언급하면서 전자장 치부착법 제33조의 보호관찰이 임시해제된 경우에는 전자장치의 부착도 임시해제 된 것으로 본다는 견해가 있다.161) 특히, 가석방, 가종료, 집행유예의 경우에 전자장 치의 부착은 보호관찰의 부수처분이고, 보호관찰 준수사항 이행 여부를 확인하기 위한 것이라고 하면서도 형종료부착명령162)과 동일하게 해석하고 있다. 생각건대, 동법 제33조는 가석방·가종료·집행유예와 결합된 보호관찰 및 부착명령(전자장치의 부착)을 의미한다 할 것이므로 재고할 필요성이 있다.

2. 부착명령의 종료

부착명령은 부착기간이 경과한 때, 부착명령과 함께 선고한 형이 사면되어 그 선고의 효력을 상실하게 된 때, 부착명령이 임시해제된 자가 그 임시해제가 취소됨 이 없이 잔여 부착명령 기간을 경과한 때 등의 사유가 있는 경우에는 부착명령의 집행이 종료된다(법 제20조).

V. 기타 유형

1. 가석방부착명령

1) 전자장치 부착의 결정

(1) 특정 범죄자의 가석방

해당 사건으로 재판시에 형종료부착명령을 선고받지 아니하였으나, 특정 범죄 자로서 형의 집행중에 가석방되어 보호관찰을 받게 되는 사람은 그 준수사항의 이 행여부 확인 등을 위하여 가석방 기간 동안 전자장치를 부착하여야 한다. 가석방자 에 대한 보호관찰(형법 제72조의2)과 보호관찰을 받는 사람에 대한 전자장치의 부착은 필요적이다. 다만, 보호관찰심사위원회가 전자장치의 부착이 필요하지 아니하다고

---

161) 한영수 외, 한국의 전자감독제도론, 박영사, 2013, 174면.
162) 부착명령의 임시해제 신청은 보호관찰의 임시해제를 신청하는 것이 아닌 부착명령의 임시해제를 신 청하는 것이라는 점, 부착명령을 선고받은 사람은 부착기간 동안 보호관찰법의 보호관찰을 받는다 는 점 등을 고려하면, 보호관찰이 아닌 부착명령이 주처분임을 명시하고 있다.

결정한 경우에는 예외로 한다(법 제22조 제1항). 성인에 대한 가석방심사는 가석방심사
위원회가 담당하고, 소년에 대한 가석방심사는 보호관찰심사위원회가 담당한다. 이
러한 가석방자에 대한 보호관찰 및 전자장치 부착의 필요성에 대한 심사 및 결정은
보호관찰심사위원회가 담당한다.[163]

　가석방부착명령 관련 보호관찰심사위원회의 부착결정과 불요결정 현황을 살펴
보면 [표 3-31]과 같다.

[표 3-31] 가석방부착명령 관련 보호관찰심사위원회 결정 현황[164]

(단위: 명)

구분/연도	2011	2012	2013	2014	2015	2016	2017	계
가석방자	398	296	304	348	408	599	563	2,916
부착결정	397	295	302	347	403	599	560	2,903
불요결정	1	1	2	1	5	0	3	13

　2011년부터 2017년까지 선고 시에 부착명령 판결을 받지 않은 특정 범죄자로
서 형의 집행 중에 가석방되어 보호관찰을 받게 되어 준수사항 이행여부 확인을 위
해 전자장치를 부착한 경우이다. 보호관찰심사위원회에서 가석방자 중에 부착명령
을 결정한 비율을 살펴보면, 99.6%에 이른다. 2016년의 경우 599명 중 부착명령 불
요결정을 받은 사람은 1명도 없다.

　가석방자에게 필요적으로 전자장치를 부착한다는 점을 고려하더라도 형 집행
도 특별예방을 지향하고 그에 따른 프로그램을 실시하고 있다는 점을 감안하면, 가
히 놀라운 수치다. 전자장치 부착을 통해 이행여부의 확인이 용이하지만, '야간외출
제한명령', '피해자에 대한 접근금지' 등의 준수사항을 부과 받을 정도의 재범위험성
을 가진 대상자라면 가석방 요건을 충족했다고 볼 수 있을지 의문이 있기 때문이다.
또한 가석방자에게 전자장치를 부착하여 이행여부의 확인이 가능한 준수사항을 부
과하고 있는가에 대해서도 의문이 있다. 예컨대, 가석방자에게 전자장치의 부착을
명령하면서 '정당한 수입원에 의해 생활하고 있음을 증명할 수 있는 자료를 보호관
찰관에게 제출할 것', '0.05% 이상 음주하지 말 것' 등의 특별준수사항이 부과된다면

---

163) 심사체계가 정형화되어 있지 않음은 이미 지적하였다.
164) 한국 전자감독 10년사, 2018, 138면.

동 명령은 준수사항 이행여부의 확인에 그다지 효과가 없기 때문이다.

(2) 특정 범죄자 외의 가석방

특정 범죄 이외의 범죄로 형의 집행 중에 가석방되어 보호관찰을 받는 사람의 준수사항 이행여부 확인 등을 위하여 가석방 기간의 전부 또는 일부의 기간을 정하여 전자장치를 부착하게 할 수 있다(법 제22조 제2항). 특정범죄 외의 범죄를 저지른 가석방자에게 보호관찰은 필요적이나 전자장치의 부착은 임의적이다. 가석방 절차와 가석방자에 대한 보호관찰 및 전자장치 부착의 필요성에 대한 심사 및 결정은 위의 (1)과 같다.

2) 조사(재범위험성 평가)

보호관찰심사위원회는 가석방 예정자에 대한 전자장치 부착의 필요성과 적합성 여부 등을 조사하여야 한다(법 제22조 제3항). 이에 대한 사전절차로서 교도소·소년교도소·구치소의 장은 가석방 예정자에 대한 보호관찰심사위원회의 전자장치 부착의 필요성과 적합성 여부 등의 조사를 위해서 가석방 적격심사 신청 대상자가 선정되면 지체 없이 해당 대상자의 성명, 주민등록번호, 죄명, 전체 형명 및 형기 등을 관할 보호관찰심사위원회에 보내야 한다(법 시행령 제19조 제1항).

보호관찰심사위원회는 가석방 예정자에 대한 자료를 받은 경우에는 직접 전자장치 부착의 필요성과 적합성 조사를 하거나, 가석방 예정자의 거주예정지 관할 보호관찰소장에게 관련 조사를 의뢰할 수 있다(법 시행령 제19조 제2항).

전자장치 부착의 적합성 조사의 내용에는 가석방 예정자의 범죄경력, 범죄내용, 직업, 경제력, 생활환경 등 개별적 특성에 관한 사항이 포함되어야 한다(법 시행령 제19조 제6항).

3) 통보

보호관찰심사위원회는 가석방자 중 전자장치를 부착하게 되는 사람의 주거지를 관할하는 보호관찰소장에게 가석방자의 인적사항 등 전자장치 부착에 필요한 사항을 즉시 통보해야 하고(법 제22조 제4항), 교도소·소년교도소·구치소의 장도 가석방 예정자가 석방되기 5일 전까지 그의 주거지를 관할하는 보호관찰소장에게 그 사실을 통보해야 한다(법 제22조 제5항).

4) 전자장치의 부착

전자장치의 부착은 보호관찰관이 집행하고, 가석방되는 날 석방되기 직전에 부착한다(법 제24조).

5) 전자장치 부착의 정지

전자장치부착명령 집행 중에 보호관찰 준수사항 위반으로 유치허가장의 집행을 받아 유치된 때에는 부착명령의 집행이 정지된다. 보호관찰심사위원회가 보호관찰소장의 가석방 취소신청을 기각한 날 또는 법무부장관이 보호관찰심사위원회의 허가신청을 불허한 날로부터 잔여기간을 집행한다(법 제24조 제3항).

6) 전자장치 부착의 종료

전자장치의 부착은 가석방 기간이 경과하거나 보호관찰 준수사항 위반이나 재범 등으로 가석방이 실효되거나 취소된 때에 종료한다(법 제25조 제1호). 또한 가석방된 형이 사면되어 형의 선고가 효력을 상실한 때에 종료한다(법 제25조 제3호).

7) 형종료부착명령 규정의 준용

가석방부착명령은 형종료부착명령의 규정을 광범위하게 준용하고 있다. 특히, 아래 ④의 준용은 가석방과 '가종료 등'의 본질적인 부분을 제외하면 형종료부착명령과 거의 동일하게 집행되고 있다는 것을 의미하므로 재고의 여지가 있다.

① 제13조 제4항. 부착명령의 집행은 신체의 완전성을 해하지 아니하는 범위 내에서 이루어져야 함.

② 제13조 제6항 제1호. 부착명령의 집행 정지와 관련하여 부착명령의 집행 중 다른 죄를 범하여 구속영장의 집행을 받아 구금된 때.

③ 제13조 제8항 제1호. 제6항 제1호의 경우에는 구금이 해제되거나 금고 이상의 형의 집행을 받지 아니하게 확정된 때부터 그 잔여기간을 집행함.

④ 제13조 제9항(제1항부터 제8항까지 규정된 사항 외에 부착명령의 집행 및 정지에 관하여 필요한 사항은 대통령령으로 정한다). 제13조의 부착명령의 집행과 관련된 규정 중에서 준용되지 않은 사항 외에 집행과 정지에 관한 사항은 모두 동일하다는 것을 의미한다.

⑤ 제14조. 피부착자의 의무.

⑥ 제15조. 보호관찰관의 임무.

⑦ 제16조. 수신자료의 보존·사용·폐기 등.

⑧ 제16조의2. 피부착자의 신상정보 제공 등.

⑩ 제17조. 부착명령의 임시해제 신청 등.

⑪ 제18조. 부착명령의 임시해제의 심사 및 결정.

⑫ 제19조. 임시해제의 취소 등.

2. 가종료부착명령

1) 전자장치 부착의 결정

치료감호심의위원회는 해당 사건의 재판시에 형종료부착명령을 선고받지 아니한 특정 범죄자로서 치료감호의 집행 중 가종료 또는 치료위탁되는 피치료감호자나 보호감호의 집행 중 가출소되는 피보호감호자에 대하여 치료감호법 또는 사회보호법(법률 제7656호로 폐지되기 전의 법률을 말한다)에 따른 준수사항 이행여부 확인 등을 위하여 보호관찰 기간의 범위에서 기간을 정하여 전자장치를 부착하게 할 수 있다(법 제23조).

피치료감호자는 치료감호가 종료된 경우 및 연장된 기간이 만료되는 경우에는 치료감호심의위원회가 보호관찰의 필요성을 심사하고 결정하기 때문에 임의적으로 보호관찰을 받지만, '가종료 등'은 필요적으로 보호관찰을 받는다(치료감호법 제32조). 또한 치료감호심의위원회는 '가종료 등'의 경우에 '가종료 등'의 심사와 전자장치 부착의 필요성과 적합성 심사를 동시에 담당하고 있다. 즉, 가석방부착명령의 절차와 다르다.

가종료·가출소부착명령과 관련한 치료감호심의위원회의 허가결정 및 부착결정 현황을 살펴보면 [표 3-32]와 같다.

[표 3-32] 가종료(가출소)부착명령 관련 치료감호심의위원회 결정 현황[165]

(단위: 명)

구분/연도	2011	2012	2013	2014	2015	2016	2017	계
가종료(가출소) 허가결정	69(13)	58(8)	50(28)	78(24)	55(17)	145(45)	125(38)	753
부착결정	11	30	27	47	61	126	121	423

---

165) 한국 전자감독 10년사, 2018, 139면.

치료감호의 가종료와 보호감호의 가출소자 중 선고 당시에 전자장치부착명령을 부과 받지 않았으나, 가종료·가출소시 부착명령을 결정 받은 경우이다. 가종료와 가출소가 허가되면서 전자장치부착명령 결정을 받은 비율은 56.2%로 나타나고 있다.

2) 조사(재범위험성 평가)

치료감호심의위원회에서 보호관찰의 필요성을 심사하고, '가종료 등'의 경우에 전자장치 부착의 필요성과 적합성 심사를 하므로 이러한 과정에서 재범위험성 평가가 이루어질 것이다.

3) 통보

치료감호심의위원회는 '가종료자 등'에게 전자장치의 부착을 결정한 때에는 즉시 피부착결정자의 주거지를 관할하는 보호관찰소장에게 통보해야 하고(법 제23조 제2항), 치료감호시설·보호감호시설의 장 또는 교도소의 장은 '가종료자 등'이 가종료 또는 치료위탁되거나 가출소되기 5일 전까지 '가종료자 등'의 주거지를 관할하는 보호관찰소장에게 그 사실을 통보해야 한다(법 제23조 제3항).

4) 전자장치의 부착

전자장치의 부착은 보호관찰관이 집행하고, 가종료 또는 치료위탁되거나 가출소되는 날 석방되기 직전에 부착한다(법 제24조). 다만, 피치료감호자에게 치료감호와 병과된 형의 잔여 형기가 있거나 치료감호의 원인이 된 특정 범죄사건이 아닌 다른 범죄사건으로 인하여 집행할 형이 있는 경우에는 해당 형의 집행이 종료·면제되거나 가석방되는 날 부착한다(법 제24조 제2호).

5) 전자장치 부착의 종료

전자장치를 부착한 후 '가종료자 등'의 부착기간이나 보호관찰의 기간이 경과한 때에 종료한다(법 제25조 제2호).

6) 형종료부착명령 규정의 준용

가석방부착명령 7)에서 설명한 내용과 대동소이하다.

3. 집행유예부착명령

1) 부착명령의 선고

법원은 특정범죄를 범한 사람에 대하여 형의 집행을 유예하면서 보호관찰을 받을 것을 명할 때에는 보호관찰 기간의 범위 내에서 기간을 정하여 준수사항의 이행 여부 확인 등을 위해서 전자장치 부착을 명할 수 있다(법 제28조 제1항). 검사가 형종료 부착명령을 청구하였으나, 법원에서 집행유예를 선고하는 경우에는 필요적으로 부착명령을 기각한다. 따라서 특정 범죄자이지만 해당 사건의 재판에서 형종료부착명령이 청구되지 아니한 경우에 법원에서 보호관찰 조건부 집행유예를 부과할 때 전자장치 부착을 명하는 것이다.

대법원은 집행유예부착명령의 경우 집행유예를 선고할 때에도 전자장치의 부착을 명할 수 있는데 이러한 부착명령은 법원이 형의 집행을 유예하면서 보호관찰을 받을 것을 명하는 때에만 가능하다는 입장이다.[166]

법원은 집행유예부착명령을 부과할 때 부착명령 기간 중 소재지 인근 의료기관에서의 치료, 지정 상담시설에서의 상담치료 등 대상자의 재범방지를 위하여 필요한 조치들을 과할 수 있다(법 제28조 제2항). 다만, 이러한 규정을 둔 것을 문제 삼을 수는 없겠으나, '인근 의료기관에서의 치료' 등은 대상자의 개별적 특성을 고려하여 보호관찰 준수사항으로 얼마든지 설정이 가능하므로 '사족'에 해당하는 규정으로 볼 수 있다.

2) 집행유예부착명령과 형종료부착명령을 기각하는 경우의 구별

집행유예부착명령과 형종료부착명령은 그 법적 성격과 요건이 다르다. 구별해야 하는 유형으로 다음과 같은 사례가 있다.

첫째, 특정 범죄사건에 대하여 형종료부착명령을 청구하였지만, 법원에서 이를 기각하면서 집행유예를 선고하는 경우이다. 둘째, 특정 범죄사건에 대하여 형종료부착명령을 청구하지 않았지만, 법원에서 보호관찰조건부 집행유예를 선고하면서 부착명령을 선고하는 경우이다.

결과적으로 첫 번째 사례는 집행유예만 선고되고 경우에 따라서는 보호관찰이

---

166) 대판 2014. 7. 24. 2014오1.

부과될 수도 있다. 두 번째 사례는 전자장치부착법에서 규정하고 있는 집행유예부
착명령이다.

집행유예부착명령이 특정 범죄자에게 부착명령을 부과했기 때문에 형종료부착
명령과 대동소이하게 운용될 수 있다는 우려는 법적 성격과 요건이 다름에도 형종
료부착명령의 규정을 광범위하게 준용하는 점에서 나타난다. 첨언하자면, 전자장치
부착법 제9조의 '집행유예'는 검사가 청구전조사를 거쳐 법원에 형종료부착명령을
청구하였지만, 법원에서 집행유예의 요건을 갖췄다고 판단할 경우에 형종료부착명
령을 기각하도록 한 것이다. 반면, 전자장치부착법 제4장의 집행유예부착명령은 검
사의 형종료부착명령의 청구가 없는 경우에 법원에서 특정범죄자라 하더라도 집행
유예를 선고하면서 −이때 보호관찰을 병과하지 않을 경우에는 부착명령 또한 선고
할 수 없다− 보호관찰을 부과할 때 준수사항의 이행여부 확인을 위해 전자장치의
부착을 명하는 것이다.

형종료부착명령은 부착명령이 주처분이지만, 집행유예부착명령에서 전자장치
의 부착은 보호관찰 준수사항의 이행여부를 확인하기 위한 도구에 불과하다는 점을
상기할 필요가 있다.

3) 조사(재범위험성 평가)

법원은 집행유예부착명령을 부과하기 위해 필요하다고 인정하는 때에는 보호
관찰소장에게 범죄의 동기, 피해자와의 관계, 심리상태, 재범위험성 등 피고인에 관
하여 필요한 사항의 조사를 요청할 수 있다(법 제28조 제3항). 즉, 판결전조사를 규정한
것이다.

법원은 판결전조사제도를 활용하여 집행유예를 선고하기 때문에 검사가 부착
명령을 청구하기 위해 활용하는 청구전조사제도를 준용할 수는 없다. 따라서 보호
관찰법 제19조의 판결전조사 규정을 적용해야 한다.

4) 통보

통보에 대해서는 '법원은 형종료부착명령을 선고한 때에는 그 판결이 확정된
날부터 3일 이내에 보호관찰소장에게 판결문의 등본을 송부하여야 함'을 규정한 제
10조를 준용하고 있다. 다만, 이에 대해서는 보호관찰법이 더 상세히 규정하고 있
다. 동법 제20조는 판결문등본 외에 준수사항을 적은 서면을 부가하고 있는데, 집행

유예부착명령은 집행유예 시 보호관찰을 선고할 경우에만 부과할 수 있다는 점에서
보호관찰 준수사항을 적은 서면을 생략해서는 안 된다고 판단된다.

5) 전자장치의 부착

전자장치는 법원의 판결이 확정된 때부터 부착한다.

6) 전자장치 부착의 정지

전자장치를 부착한 후 집행 중에 보호관찰 준수사항 위반으로 유치허가장의 집
행을 받아 유치된 때에는 그 집행이 정지된다. 다만, 보호관찰소장의 집행유예 취소
신청을 검사가 기각한 날 또는 검사의 집행유예 취소청구를 법원이 기각한 날부터
그 잔여기간을 집행한다(법 제29조).

7) 전자장치 부착의 종료

집행유예부착명령은 부착명령의 기간이 경과한 때, 집행유예가 실효 또는 취소
된 때, 집행유예된 형이 사면되어 형의 선고의 효력을 상실하게 된 때 등의 사유가
있는 경우에는 종료된다(법 제30조).

8) 형종료부착명령 규정의 준용

① 제6조(조사). 다만, 집행유예부착명령은 검사가 형종료부착명령을 청구하지
아니한 경우이다. 제6조는 검사의 '청구전조사'를 규정한 것으로, 집행유예부착명령
을 선고하기 위한 법원의 조사는 '판결전조사' 형식을 취해야 한다는 점에서 문제가
있는 조항이다.

② 제9조 제5항. 부착명령 청구사건의 판결은 특정 범죄사건의 판결과 동시에
선고하여야 함.

③ 제9조 제6항. 부착명령 선고의 판결이유에는 요건으로 되는 사실, 증거의
요지 및 적용법조를 명시하여야 함.

④ 제9조 제7항. 부착명령의 선고는 특정 범죄사건의 양형에 유리하게 참작되
어서는 안 됨. 이는 형벌과 보안처분의 관계에서 이원론적인 시각에 입각해 있는
대표적인 조항이다. 그러나 집행유예를 선고하면서 보호관찰을 부과할 때 보호관찰
의 준수사항 이행여부를 확인하기 위한 도구에 불과한 '전자장치의 부착'이 독립된
보안처분으로 해석될 수 있기 때문에 준용에 신중을 기해야 할 것으로 보인다.

⑤ 제10조 제1항(부착명령 판결 등에 따른 조치). 집행유예보호관찰에서 보호관찰 준수사항이 차지하는 비중이 상당히 크기 때문에 '보호관찰 준수사항을 적은 서면'을 생략해서는 안 된다는 점은 이미 지적한 바와 같다.

⑥ 제12조(집행지휘). 부착명령은 검사의 지휘를 받아 보호관찰관이 집행하고, 이러한 지휘는 판결문 등본을 첨부한 서면으로 함. 집행유예부착명령의 장에서만 준용함으로써 가석방·가종료부착명령의 경우에는 집행주체는 있으나, 누가 지휘를 하는가에 대해서는 규정이 없다.

⑦ 제13조 제4항. 부착명령의 집행은 신체의 완전성을 해하지 아니하는 범위 내에서 이루어져야 함.

⑧ 제13조 제6항 제1호. 부착명령의 집행 정지와 관련하여 부착명령의 집행 중 다른 죄를 범하여 구속영장의 집행을 받아 구금된 때 집행이 정지됨.

⑨ 제13조 제8항 제1호. 제6항 제1호의 경우에는 구금이 해제되거나 금고 이상의 형의 집행을 받지 아니하게 확정된 때부터 그 잔여기간을 집행함.

⑩ 제13조 제9항(제1항부터 제8항까지 규정된 사항 외에 부착명령의 집행 및 정지에 관하여 필요한 사항은 대통령령을 정한다). 제13조의 부착명령의 집행과 관련된 규정 중에서 준용되지 않은 사항 외에 '부착명령의 집행과 정지에 관한 사항'은 모두 동일하다는 것을 의미한다.

⑪ 제14조(피부착자의 의무).

⑫ 제15조 제1항(보호관찰관의 임무).

⑬ 제16조(수신자료의 보존·사용·폐기 등).

⑭ 제16조의2(피부착자의 신상정보 제공 등).

⑮ 제16조의3(위치추적 관제센터의 설치·운영).

⑯ 제17조(부착명령의 임시해제 신청 등).

⑰ 제18조(부착명령의 임시해제의 심사 및 결정).

⑱ 제19조(임시해제의 취소 등).

⑲ 제26조(수신자료의 활용). 가석방·가종료부착명령에서 규정한 수신자료의 활용 관련 조항을 준용하고 있다. 다만, 법 제16조의 '수신자료의 보존·사용·폐기 등'을 준용하면서 다시 제26조의 '수신자료의 활용'을 준용하는 이유가 명확하지 않다.

4. 소급 형종료부착명령

소급 형종료부착명령은 형종료부착명령과 대동소이하다.

5. 보석과 전자장치의 부착

1) 전자장치 부착의 결정

법원은 보석을 허가하는 경우에 필요하고 상당한 범위 내에서 피고인의 출석을 보증하기 위하여 보석의 조건을 정해야 한다(형사소송법 제98조). 형사소송법 제98조 제9호 '그 밖에 피고인의 출석을 보증하기 위하여 법원이 정하는 적당한 조건을 이행할 것'에 따라 피고인에게 보석조건으로 전자장치의 부착을 명할 수 있게 되었다(법 제31조의2 제1항).

2020년 2월 전자장치부착법 개정을 통해 일명 '전자보석제도'를 도입하였다. 피고인에게 보석을 허가하면서 그 조건으로 전자장치를 부착하는 것이다.

2) 조사(재범위험성 평가)

법원은 보석조건으로 전자장치의 부착을 명하기 위하여 필요하다고 인정하면 보호관찰소장에게 피고인의 직업, 경제력, 가족상황, 주거상태, 생활환경 및 피해회복 여부 등 피고인에 관한 사항의 조사를 의뢰할 수 있다(법 제31조의2 제2항).

3) 통보

법원은 보석조건으로 전자장치의 부착을 명한 경우에는 지체 없이 그 결정문의 등본을 보호관찰소장에게 송부하여야 한다(법 제31조의3 제1항).

4) 전자장치의 부착

보석조건 전자장치의 부착은 보석으로 석방된 피고인이 법원이 지정한 일시까지 관할 보호관찰소에 출석하여 신고한 후 전자장치를 부착한다(법 제31조의3 제2항). 보호관찰소장은 피고인의 보석조건 이행여부의 확인을 위해 적절한 조치를 하여야 한다. 다만, 그 '적절한 조치'가 보호관찰 지도·감독과 차별성 유무, 보석조건부 전자장치 부착의 집행 절차와 방법이 다른 유형의 부착명령과 어떤 차별성이 있는지 의문이다.

5) 보석조건 이행상황 등 통지

보호관찰소장은 피고인의 보석조건 이행상황을 법원에 정기적으로 통지하여야 하고(법 제31조의4), 피고인이 전자장치부착명령을 위반한 경우, 주거의 제한 등 형사소송법에 따른 다른 보석조건을 위반한 경우에는 지체 없이 법원과 검사에게 통지하여야 한다(법 제31조의 4제2항).

6) 전자장치 부착의 종료

보석조건 전자장치의 부착은 ① 구속영장의 효력이 소멸한 경우, ② 보석이 취소된 경우, ③ 보석조건의 변경으로 전자장치를 부착할 필요가 없게 된 경우 등의 사유가 발생하면 종료된다(법 제31조의5).

[제5절] 성충동약물치료명령

Ⅰ. 성충동약물치료명령의 개요

1. 성충동약물치료명령의 개념

성충동약물치료란 비정상적인 성적 충동이나 욕구를 억제하기 위한 조치로서 성도착증 환자[167]에게 약물 투여 및 심리치료 등의 방법으로 도착적인 성기능을 일정기간 동안 약화 또는 정상화하는 치료를 말한다(법 제2조 제3호).

법원은 성폭력범죄[168]를 저지른 성도착증 환자에 대해서 검사의 청구가 이유

---

167) 성충동약물치료법 제2조 제1호. 성도착증 환자란 치료감호법의 치료감호 대상자 중 소아성기호증 (小兒性嗜好症), 성적가학증(性的加虐症) 등 성적 성벽이 있는 정신성적 장애인으로서 금고 이상의 형에 해당하는 성폭력범죄를 저지른 자를 말한다.

168) 성충동약물치료법 제2조 제2호. 성폭력범죄란 다음 각 목의 범죄를 말한다.
　　가. 「아동·청소년의 성보호에 관한 법률」 제7조(아동·청소년에 대한 강간, 강제추행)부터 제10조 (강간 등 살인치사)까지의 죄
　　나. 「성폭력범죄의 처벌 등에 관한 특례법」 제3조(특수강도강간 등)부터 제13조(통신매체를 이용한 음란행위)까지의 죄 및 제15조(미수범)의 죄(제3조부터 제9조까지의 미수범만을 말한다)
　　다. 형법 제297조(강간)·제297조의2(유사강간)·제298조(강제추행)·제299조(준강간, 준강제추행)· 제300조(미수범)·제301조(강간 등 상해·치상)·제301조의2(강간 등 살인치사)·제302조(미성년자 등에 대한 간음)·제303조(업무상위력 등에 의한 간음)·제305조(미성년자에 대한 간음, 추

있다고 인정한 때에는 판결로 약물치료명령을 선고하는데 이를 성충동약물치료명
령169)이라 한다.

2. 약물치료명령의 종류 및 약물치료의 전제조건

1) 약물치료명령의 종류

성범죄자에 대해서 실시되는 거세(castration)170)의 방법은 외과적 거세(surgical
castration)와 화학적 거세(chemical castration) 두 가지가 있다. 전자는 성적충동과 관련이
있는 호르몬인 '테스토스테론(testosterone)'을 생성하는 고환을 '불가역적으로(不可逆的,
irreversible)'으로 제거하는 시술을 말하고, 후자는 테스토스테론의 분비를 억제하는
호르몬제를 주사하는 방법으로 생식기능을 저하시킴과 동시에 성적 충동을 완화시키
는 비외과적(non-surgical)이고 가역적인(可逆的, reversible) 시술이라고 할 수 있다.171)

대법원은 심신장애의 인정여부에 대해서 소아성기호증의 정도, 범행의 동기 및
원인, 범행의 경위 및 수단과 태양, 범행 전후(前後)의 피고인의 행동, 증거인멸의 유
무, 범행 및 그 전후의 상황에 관한 기억의 유무 및 정도, 반성의 빛의 유무, 소아성

행)·제339조(강도강간), 제340조(해상강도) 제3항(사람을 강간한 죄만을 말한다) 및 제342조
　　(미수범)의 죄(제339조 및 제340조 제3항 중 사람을 강간한 죄의 미수범만을 말한다)
　　라. 가목부터 다목까지의 죄로서 다른 법률에 따라 가중처벌 되는 죄

169) 이하 '약물치료명령'이라 한다. 치료감호법에 통원치료의 필요성이 있고, 재범위험성이 있는 정신질
　　환자, 알코올중독자, 마약·약물중독자로 금고 이상의 형에 해당하는 죄를 지은 사람을 대상으로 하
　　는 치료명령이 실시되고 있으므로 이와 구별하기 위함이다. 치료감호법 제2조의3은 치료명령대상자
　　를 다음과 같이 규정하고 있다. 이 법에서 "치료명령대상자"란 다음 각 호의 어느 하나에 해당하는
　　자로서 통원치료를 받을 필요가 있고 재범위험성이 있는 자를 말한다.
　　1. 형법 제10조 제2항에 따라 형이 감경되는 심신장애인으로서 금고 이상의 형에 해당하는 죄를 지
　　　은 자
　　2. 알코올을 식음하는 습벽이 있거나 그에 중독된 자로서 금고 이상의 형에 해당하는 죄를 지은 자
　　3. 마약·향정신성의약품·대마, 그 밖에 대통령령으로 정하는 남용되거나 해독을 끼칠 우려가 있는
　　　물질을 식음·섭취·흡입·흡연 또는 주입받는 습벽이 있거나 그에 중독된 자로서 금고 이상의 형
　　　에 해당하는 죄를 지은 자

170) 거세를 목적에 따라 구분하면 사법적 거세와 치료적 거세로 나눌 수 있다. 전자는 형벌의 수단으로
　　행해지는 것이고, 후자는 치료의 목적으로 시술되는 것이므로 비정상적인 성적 충동이 어떤 질병과
　　관련이 있을 때에 그 치료적 수단으로 행해지는 것을 말한다. Alison G. Carpenter, "Belgium,
　　Germany, England,, Denmark and the United States: The Implementation of Registration and
　　Castration Laws as Protection Against Habitual Sex Offenders", 16 *Dickinson Journal of
　　International Law* 435, 1998, p.439.

171) Kris W. Druhm, "A Welcome Return To Draconia: California Penal Law §645, The Castration
　　of Sex Offenders and the Constitution", 61 Albany Law Review 285, 1997, pp.293-300.

기호증 발병 전의 피치료자의 성격과 그 범죄와의 관련성 유무 및 정도 등을 종합하여 독자적으로 판단할 수 있다는 입장이다.[172] 반면, 의학계에서는 피치료자의 자발성이 결여된 상태에서 의사의 진단에 따라 바로 피치료자의 치료와 처벌을 결정지을 수 있다는 점, 성충동약물치료의 필요성을 입증해야 하는 근거가 많지 않다는 점 등으로 약물치료명령 부과에 대한 의견을 제시하는 데 어려움이 있다고 한다.[173]

2) 약물치료의 전제조건

이러한 어려움을 반영하여 성충동약물치료법은 약물치료의 전제조건으로 다음의 요건을 모두 갖추어야 한다고 명시하고 있다(법 제3조). 즉, ① 비정상적 성적 충동이나 욕구를 억제하거나 완화하기 위한 것으로서 의학적으로 알려진 것일 것, ② 과도한 신체적 부작용을 초래하지 아니할 것, ③ 의학적으로 알려진 방법대로 시행될 것 등이다. 약물치료를 통해서 비정상적인 성적 충동이나 욕구가 억제되거나 완화되고, 신체적 부작용이 발생하지 않을 것을 요구하고 있다. 보안처분으로서의 논의를 시작하기 전에 반드시 갖추어야 하는 약물치료의 조건이다.

①~③의 요건을 모두 갖추어야 한다고 명시함으로써 치료가 성적 충동을 억제하거나 완화한다는 것이 의학적으로 알려져야 하고, 과도한 신체적 부작용이 없어야 하며, 의학적 방법에 따라야 하는 것이다.

보호관찰관은 약물치료명령을 집행하는 경우에 치료기관의 의사로 하여금 부작용에 대한 검사 및 치료도 함께 실시하게 함으로써 부작용에 따른 신체적 훼손을 사전에 예방할 수 있도록 조치해야 한다. 다만, 약물치료의 조건에서 '과도한' 신체적 부작용이 의미하는 바에 대해서는 합의된 기준은 존재하지 않는다.

3. 성충동약물치료법의 제·개정 과정

1) 성충동약물치료법의 제정

2008년 9월 1일 성폭력범죄자의 처벌 및 재사회화에 대한 가장 '유효적절한' 대책의 하나로 도입된 전자장치부착명령의 시행에도 불구하고 여전히 아동·청소년 대상 성폭력 등 강력범죄는 빈발하였고, 강경처벌에도 한계가 있음을 감지하는 변

---

172) 대판 1994. 5. 13. 94도581.

173) 문수진/민정원/반건호, 미성년자 대상 성범죄자의 화학적 거세에 대한 임상적 고찰, 대한정신약물학회지, 제22호, 2011, 124면.

화가 있었다. 특히, 아동을 대상으로 한 상습적인 성폭력범죄자에 대해서는 처벌보다는 치료적 접근의 처우가 필요하다는 주장이 설득력을 얻게 되었다.

이러한 치료적 접근의 시각이 반영되어 16세 미만의 사람에 대하여 성폭력범죄를 저지른 성도착증 환자를 대상으로 성폭력범죄를 다시 저지를 위험성이 있다고 인정되는 사람에 대해서 성충동약물치료를 통해서 재사회화를 달성하려는 목적으로 갖고 2010년 7월 23일 「성폭력범죄자의 성충동 약물치료에 관한 법률」이 제정(2011. 7. 24. 시행)되었다.

2) 성충동약물치료법의 개정 과정

(1) 2012년 12월 18일 개정(2013. 3. 19. 시행)

사람에 대하여 성폭력범죄를 저지른 성도착증 환자가 성폭력범죄의 재범위험성이 인정되는 경우에 19세 이상의 사람에 대하여 약물치료명령을 청구할 수 있도록 개정하였다. 즉, 피해자의 연령이 16세 미만의 사람에서 연령 제한이 없어지면서 약물치료명령의 대상자가 확대된 것이다. 또한 동 법률 부칙 제2조는 약물치료명령의 소급효를 규정하고 있다.

(2) 2016년 1월 19일 개정(2016. 1. 19. 시행)

형법이 개정(2012년 12월)되어 유사강간죄를 신설하고, 성범죄의 객체도 부녀에서 사람으로 확대되어 2013년 6월부터 시행되고 있었음에도 성충동약물치료법에서는 이와 같은 내용이 반영되지 않고 있었다. 개정 형법의 내용을 반영하여 성폭력범죄에 유사강간죄를 추가하고, 해상강도죄 중 강간의 객체를 부녀에서 사람으로 확대하였다.

(3) 2017년 10월 31일 개정(2017. 10. 31. 시행)

청소년성보호법이 개정(2011년 9월)되어 장애인인 아동·청소년을 대상으로 하는 간음 등에 대해서 처벌을 강화하여 2012년 3월부터 시행 중이었으나, 성충동약물치료법에서 이러한 내용이 반영되지 않고 있었다. 이러한 내용을 반영하여 아동·청소년 간음·추행죄도 약물치료명령의 대상으로 추가하였다.

(4) 2017년 12월 19일 개정(2018. 1. 1. 시행)

헌법재판소는 2015년 12월 약물치료명령과 정기형이 선고된 경우에 약물치료명령의 선고시점과 집행시점에 시간적 간격이 있음에도 피치료자가 (약물치료명령의) 집행시점에서 치료의 필요성에 대해 이의를 제기하는 절차를 마련하지 않은 것은 과잉금지원칙에 반한다는 헌법불합치 결정이 있었다. 이를 반영하여 약물치료명령의 집행면제제도를 도입하였다.

개정된 형법 및 특별법의 내용을 반영하여 대상범죄를 추가하였고, 약물치료명령을 부과 받은 사람은 주거 이전 또는 7일 이상의 국내여행을 하거나 출국할 때 미리 보호관찰관의 허가를 받아야 하는 데, 거짓으로 허가를 받은 경우에 치료기간을 연장할 수 있도록 하였다.

II. 약물치료명령의 유형 및 법적 성격

1. 약물치료명령의 유형

약물치료명령은 다음과 같은 3가지 유형이 있다.

1) 형종료약물치료명령

징역형 등 종료 후 약물치료명령으로 법원에서 성범죄자의 피고사건을 판결하면서 징역형이나 치료감호의 종료 이후에 약물치료를 받을 것을 선고한 경우이다. 법원은 검사의 약물치료명령의 청구가 이유 있다고 인정하는 때에는 15년의 범위에서 치료기간을 정하여 판결로 약물치료명령을 선고하여야 한다(법 제8조 제1항).

법원에서 징역형 또는 치료감호 종료 이후에 약물치료명령을 집행하도록 선고한 경우이지만, 그 유형을 보다 세분화 시켜볼 수 있다. 형종료약물치료명령을 선고받았다 하더라도 형의 집행이 면제 또는 가석방되거나 치료감호의 집행이 가종료 또는 치료위탁될 수 있기 때문이다.

형종료약물치료명령의 세부유형은 형종료형, 형집행면제형, 가석방형, 가종료형으로 나눌 수있다.

형종료형은 형의 집행이 종료되거나 치료감호가 종료되는 사유가 있어 실시하는 약물치료명령이고, 형집행면제형은 형의 집행이 면제되었음에도 동 명령을 집행할 수 있을 것인가 하는 문제와 가석방·가종료형의 경우에는 재범위험성 평가결과가 상반되고 있는 문제 등은 전자장치부착명령에서 서술한 것과 동일하다.

약물치료명령은 사면과 형의 시효가 완성된 경우에는 집행이 면제된다고 규정하고 있어서 충돌되는 해당 규정을 정비해야 할 것이다. 특히, 현재의 운용방식에서 형 집행이 면제되는 '재판이 확정된 후 법률이 변경된 경우'에는 어떻게 처리할지 분명하지 않다.

2) 가석방약물치료명령

판결 선고 시에 약물치료명령이 부과되지 않았으나 형 집행 중에 가석방요건을 갖추고 약물치료에 동의한 경우이다. 검사는 성범죄 수형자에 대하여 약물치료의 내용 등을 설명하고 동의를 얻은 후 정신건강의학과 전문의의 진단이나 감정을 받아 법원에 약물치료명령을 청구할 수 있고, 치료기간은 15년을 초과할 수 없도록 하였다(법 제22조 제5항).

3) 가종료약물치료명령

치료감호심의위원회가 치료감호의 집행 중 가종료 또는 치료위탁되는 피치료감호자나 보호감호의 집행 중 가출소되는 피보호감호자에 대하여 보호관찰 기간의 범위에서 약물치료명령을 부과한 경우이다(법 제25조 제1항). 가종료·치료위탁 등이 되었을 때 보호관찰 기간은 3년이므로 약물치료명령도 그 기간의 범위에서 부과할 수 있다.

2. 약물치료명령의 법적 성격

약물치료명령의 법적 성격에 대해서는 보안처분으로 보는 견해, 형벌로 보는 견해, 보안처분과 형벌의 성격을 모두 가지고 있다는 견해로 나뉜다. 그 세부적인 내용을 살펴보면 다음과 같다.

1) 보안처분으로 보는 견해[174]

이 견해는 약물치료명령이 행위자의 책임에 근거하여 부과되는 것이 아니라 성

---

174) 김희균, 상습적 아동 성폭력범에 대한 화학적 거세 도입 가능성에 대한 연구, 형사법연구 제21권 제4호, 한국형사법학회, 2009, 279면; 박상기, 소위 화학적 거세와 성폭력범죄자의 성충동약물치료에 관한 법률의 문제점, 형사정책연구 제21권 제3호, 한국형사정책연구원, 2010, 218면; 선종수, 성폭력범죄자의 성충동 약물치료에 관한 법률에 대한 비판적 검토, 법학논총 제23권 제2호, 국민대학교 법학연구소, 2011, 70면; 송광섭, 최근 형사제재입법의 동향과 그 효용성, 그리고 형법의 본질, 동아법학 제49호, 동아대학교 법학연구소, 2010, 234면; 정지훈, 성충동 약물치료법의 위헌성, 형

범죄의 재범위험성에 근거하여 부과된다는 점, 치료를 통해 사회복귀를 도모하기 위해 부과한다는 점 등을 근거로 제시하고 있다. 특히, 성충동약물치료법 제1조175) 는 약물치료명령의 보안처분으로서의 성격을 분명히 하고 있다고 한다.

대법원176)은 약물치료명령은 사람에 대하여 성폭력범죄를 저지른 성도착증 환 자로서 성폭력범죄를 다시 범할 위험성이 있다고 인정되는 19세 이상의 사람에 대 하여 약물투여 및 심리치료 등의 방법으로 도착적인 성기능을 일정 기간 동안 약화 또는 정상화하는 치료를 실시하는 보안처분으로 파악하고 있다.

헌법재판소177) 또한 약물치료명령을 보안처분으로 파악하고 있다. 즉, 형벌과 보안처분은 모두 형사제재에 해당되지만 형벌은 책임의 한계 내에서 과거 불법에 대한 응보를 주된 목적으로 하는 제재이고, 보안처분은 장래 재범위험성을 전제로 범죄를 예방하기 위한 제재라고 하면서, 성충동약물치료법의 입법 목적이 재사회화 를 지향하고 있다는 점, 성도착증환자가 다시 성범죄를 저지를 재범위험성이 인정 되어야 한다는 점, 약물치료명령의 선고가 피고사건의 양형에 유리하게 참작되어서 는 안 된다고 규정하여 행위자의 불법에 대한 책임과 무관하게 이루어지고 있는 점 등을 근거로 하고 있다.

2) 신체형으로서 성격을 가지고 있다고 보는 견해178)

약물치료명령이 대상자의 동의 없이 강제로 실시된다는 점에서 형벌의 비례성 원칙에 반하고, 형벌의 집행을 종료한 사람에게도 동 명령이 적용되기 때문에 이중 처벌이 될 수 있다는 점을 그 근거로 하여 신체형으로서의 성격을 가진다고 한다.

사정책연구 제27권 제1호, 2016, 141면; 황성기, 상습적 성범죄 예방수단으로서의 거세에 관한 헌법 적 고찰, 공법학연구 제9권 제3호, 한국비교공법학회, 133면; 황일호, 성충동 약물치료의 재범억지 효과성에 관한 연구, 교정연구 제56호, 2012, 57면.

175) 성충동약물치료법 제1조. 이 법은 사람에 대하여 성폭력범죄를 저지른 성도착증 환자로서 성폭력범 죄를 다시 범할 위험성이 있다고 인정되는 사람에 대하여 성충동 약물치료를 실시하여 성폭력범죄 의 재범을 방지하고 사회복귀를 촉진하는 것을 목적으로 한다.

176) 대판 2014. 2. 27. 2013도12301.

177) 헌재결 2015. 12. 23. 2013헌가9.

178) 류병관, 성충동약물치료법에 관한 비교법적 고찰, 법학논총 제32권 제2호, 전남대학교 법학연구소, 2012, 436면; 신동일, 성폭력범죄자의 성충동약물치료에 관한 법률의 평가, 형사정책 제23권 제1호, 한국형사정책학회, 2011, 265면; 이현정/박병주, 재범방지대책에 대한 비판적 검토-성폭력범죄를 중심으로-, 한국경찰학회보 제14권 제3호, 한국경찰학회, 2012, 174면.

3) 형벌과 보안처분으로서의 성격을 모두 갖고 있다는 견해[179)]

성충동약물치료명령의 목적과 의도는 단순히 재범위험성이 있는 사람의 재범 방지뿐만 아니라 중대한 범죄를 저지른 사람에 대하여 책임에 상응하는 처벌이고, 약물치료명령이 신체에 직접 가해지고 신체의 자유를 박탈하는 정도가 형벌에 버금 갈 정도이므로 형벌로서의 성격을 부인할 수 없다고 한다. 징역형 외에 성충동약물 치료라는 추가적인 제재를 부과하여 범죄자에게 더 강한 책임을 부담하게 함으로써 일방예방적 효과를 달성할 수 있으므로 형벌적 성격을 갖는 보안처분이라고 한다.

4) 소결

약물치료명령은 형종료형과 가석방형 및 가종료형이 있음을 살펴보았다. 유형 에 따른 법적 성격의 차이는 주처분이 무엇인지에 따라 판명될 것으로 본다.

가석방형은 형의 집행이 변형되었다는 점, 가종료형은 치료감호의 집행이 사회 내 보안처분으로 바뀌었을 뿐 그 법적 성격에는 변함이 없다. 따라서 주처분에 따른 부수적 처분은 주처분의 법적 성격을 고찰하면 족하다. 다만, 가석방형과 가종료형 에서 약물치료명령을 이행하지 아니하는 경우에는 기간이 연장된다거나 취소 등의 사유가 있다 하더라도 잔여기간 동안 약물치료명령을 집행한다는 특징이 있으나, 이는 새로운 처분으로 보는 것보다는 오히려 가석방이나 가종료를 운용함에 있어서 정형화 과정을 벗어나 있다는 점을 지적해야 할 것이다.

형종료약물치료명령은 피치료자를 위해서는 치료 내지 개선을 위한 재범방지 를 목적으로 하고 있고, 궁극적으로는 상습적 성범죄자로부터 사회를 보호하기 위 한 목적을 가지고 있다. 즉, 약물치료명령은 피치료자의 재사회화 목적과 사회방위 의 목적을 위한 수단으로 작용하는 것이다.[180)] 따라서 보안처분으로 보는 것이 적절 하다. 다만, 약물치료명령의 법적 성격을 보안처분이나 형벌로 파악하는가에 상관없 이 그 집행방법 또는 운용방법이 비례성원칙에 반하는가는 별개의 문제이다. 사실

---

179) 박찬걸, 성충동 약물치료제도의 시행과 향후 과제, 형사정책연구 제24권 제1호, 한국형사정책연구 원, 2013, 272면 이하 참조.

180) 미국에서 시행되고 있는 성범죄자등록법(sex offender registration law)이 지역사회 전체를 위한 성 범죄 예방수단으로서 기능하는 것과 차이가 있다. Alison G. Carpenter, "Belgium, Germany, England,, Denmark and the United States: The Implementation of Registration and Castration Laws as Protection Against Habitual Sex Offenders", 16 Dickinson Journal of International Law 435, 1998, pp.436-437.

상 실효성이 없는 약물치료를 통해 치료적 효과를 빙자(憑藉)해 신체적 기능을 영구적 내지 반영구적으로 상실케 하는 치료라고 하면 이는 신체형에 가깝다고 판단되므로 약물치료명령의 운용절차를 재검토할 필요성이 있다.

Ⅲ. 형종료약물치료명령의 선고 및 집행 절차

1. 약물치료명령의 청구 및 선고

1) 약물치료명령의 청구

검사는 사람에 대하여 성폭력범죄를 저지른 성도착증 환자로서 성폭력범죄의 재범위험성이 있다고 인정되는 19세 이상의 사람에 대하여 약물치료명령을 법원에 청구할 수 있다.

성충동약물치료명령 대상자의 죄명 현황은 [표 3-33]과 같다.

[표 3-33] 성충동약물치료명령 대상자의 죄명 현황[181]

(단위: 명)

연도/구분	강간 등				강제추행				합계
	성폭력	형법	청소년	소계	성폭법	형법	청소년	소계	
2016	6	1	0	7	1	1	0	2	9
2017	4	0	0	4	1	1	0	2	6
2018	3	3	1	7	0	0	1	1	8
2019	13	1	0	14	3	1	0	4	18
2020	49	8	4	61	6	4	2	12	73

성폭력은 성폭력처벌법위반, 형법은 형법범, 청소년은 청소년성보호법 위반 사범을 말한다. 2020년의 경우 강간 등이 83.6%를 차지하고 있고, 그 중 성폭력처벌법위반 사범이 80.3%를 차지하고 있다.

약물치료명령을 청구할 때 검사는 약물치료명령 피청구자에 대하여 정신건강의학과 전문의의 진단이나 감정을 받은 후 약물치료명령을 청구하여야 한다. 약물

---

181) 범죄백서 2021, 448-449면 재구성.

치료명령의 청구는 공소가 제기되거나 치료감호가 독립적으로 청구된 피고사건의 항소심 변론종결 시까지 해야 한다.

법원은 피고사건의 심리결과 약물치료명령을 할 필요가 있다고 인정하는 때에는 검사에게 약물치료명령의 청구를 요구할 수 있다(법 제4조). 또한 약물치료명령을 청구하기 위하여 필요하다고 인정하는 때에는 약물치료명령 피청구자의 주거지 또는 소속 검찰청 소재지를 관할하는 보호관찰소장에게 범죄의 동기, 피해자와의 관계, 심리상태, 재범위험성 등 치료명령 피청구자에 관하여 필요한 사항의 조사를 요청할 수 있다(법 제5조 제1항).

2) 약물치료명령의 선고

법원은 약물치료명령의 청구가 이유 있다고 인정하는 때에는 15년의 범위에서 치료기간을 정하여 판결로 약물치료명령을 선고하여야 한다. 약물치료명령의 선고는 피고사건의 양형에 유리하게 참작되어서는 아니 되며, 피치료명령자는 치료기간 동안 보호관찰법에 따른 보호관찰을 받게 된다(법 제8조 제2항).

성충동약물치료명령의 선고 현황은 [표 3-34]와 같다.

[표 3-34] 성충동약물치료명령의 선고 현황[182]

(단위: 건)

처분기관/연도	2014	2015	2016	2017	2018	2019	2020	2021
법원	6	6	4	1	1	2	2	1
치료감호심의위원회	5	0	5	6	7	16	4	12
계	11	6	9	7	8	18	6	13

약물치료명령의 부과는 2014년 이후 2021년까지 법원에서 선고한 경우가 23건, 치료감호심의위원회에서 결정한 경우가 55건이다. 총 78건 중 치료감호심의위원의 결정에 의한 경우가 70.5%를 차지하고 있다. 2021년 기준으로 약물치료명령 집행은 형종료자 2명, 가종료자 32명으로 나타나고 있다.

치료감호라는 시설 내 보안처분의 집행에서는 약물치료를 실시하지 않는 것인지, 설사 그러한 약물치료를 실시한다고 하더라도 치료기간이 지나면 약물의 효과

---

182) 범죄예방정책 통계분석, 2022, 155면 재구성.

가 사라져버리는 '일시적 효과'에 불과한 것인지 여부에 대한 진지한 검토가 필요하다고 본다.

대법원은 성폭력범죄를 저지른 정신성적 장애인에 대하여 치료감호와 약물치료명령이 함께 청구된 경우에 두 처분을 모두 선고하기 위한 요건에 대해서 판시한 바 있다.[183] 즉, 장기간의 형의 집행이 예정된 사람에 대해서는 그 형의 집행에도 불구하고 재범의 방지, 사회복귀의 촉진과 국민의 보호를 위한 추가적인 조치를 취할 필요성이 인정되는 불가피한 경우에만 이를 부과하여야 한다. 치료감호를 통한 치료에도 불구하고 약물치료명령의 집행시점에도 여전히 약물치료가 필요할 만큼 피청구자에게 성폭력범죄를 다시 범할 위험성이 있고, 피청구자의 동의를 대체할 수 있을 정도의 상당한 필요성이 인정되는 경우에 한하여 치료감호와 함께 약물치료명령을 선고할 수 있다고 하였다.

3) 약물치료명령의 기간

약물치료의 경과 등에 비추어 피치료명령자에 대한 약물치료를 계속해야 할 상당한 이유가 있거나 피치료명령자가 준수사항을 위반한 때에는 보호관찰소장의 신청에 따라 검사가 치료기간의 연장을 법원에 청구할 수 있다. 이에 법원은 결정으로 치료기간을 연장할 수 있으나, 종전 치료기간과 합산하여 15년을 초과할 수 없다(법 제16조).

성충동약물치료명령 부과자의 기간별 현황은 [표 3-35]와 같다.

[표 3-35] 성충동약물치료명령 부과자의 기간별 현황[184]

(단위: 명)

연도/구분	법원 판결							가출소/가종료	합계
	1년	2년	3년	5년	7년	10년	소계	3년	
2016	0	0	1	3	0	0	4	5	9
2017	0	0	0	0	0	0	0	6	6
2018	0	0	0	1	0	0	1	7	8
2019	0	0	0	1	0	1	2	16	18
2020	0	0	0	1	0	1	2	4	6

---

183) 대판 2015. 3. 12. 2014도17853, 2014감도45, 2014전도286, 2014치도6.

2016년 이후 최근 5년간 피치료명령자의 치료기간을 살펴보면, 형종료자에 대한 약물치료의 기간은 총 9건 중 3년 1건, 5년 6건, 10년 2건이고, 치료감호 가종료자 및 보호감호 가출소자는 총 38건이다. 가종료·가출소자가 80.9%의 점유율을 보이고 있고, 이들에 대한 약물치료의 기간은 3년이었다.

2. 약물치료명령의 집행면제

(1) 헌법재판소의 결정

성충동약물치료법은 2011년 7월 시행된 이래 제8조에서 "법원은 약물치료명령 청구가 이유 있다고 인정하는 때에는 15년의 범위에서 치료기간을 정하여 판결로 치료명령을 선고하여야 한다."고 규정하고 있었다. 즉, 약물치료명령을 피고사건 선고와 동시에 하도록 하여 피치료자가 장기간 수용될 경우에는 선고시점과 집행시점 간에 시간적 간격이 있었다.

헌법재판소[185]는 상기 조항에 대해서 장기형이 선고되는 경우 약물치료명령의 선고시점과 집행시점 사이에 상당한 시간적 간극이 있어 집행시점에서 발생할 수 있는 불필요한 치료와 관련된 부분에 대해서는 침해의 최소성과 법익균형성을 인정하기 어렵다고 하였다. 또한 이 조항은 집행시점에서 불필요한 치료를 막을 수 있는 절차가 마련되어 있지 않은 점으로 인하여 과잉금지원칙에 위배되어 피치료자의 신체의 자유 등 기본권을 침해한다고 하였지만, 불필요한 치료가 이루어질 가능성을 배제할 수 있는 구체적인 방법과 절차의 형성은 입법자의 재량이라고 판시하였다.

(2) 집행면제제도의 도입

이 결정의 취지를 반영하여 2017년 12월 성충동약물치료법을 개정하여 약물치료명령의 집행면제 절차를 마련하였다. 징역형과 약물치료명령을 함께 선고받은 사람은 징역형의 집행이 종료되기 12개월부터 9개월 전까지의 기간에 법원에 약물치료명령의 집행면제를 신청할 수 있다. 법원은 집행면제 신청을 받은 경우 보호관찰소장에게 피치료자의 교정성적, 심리상태, 재범위험성 등 필요한 사항의 조사 및 정신건강의학과 전문의의 진단이나 감정 결과를 근거로 약물치료의 필요성 여부를 심

---

184) 범죄백서, 2021, 448면.
185) 헌재결 2015. 12. 23. 2013헌가9.

사하여 형 집행 종료 3개월 전까지 약물치료명령의 집행면제 여부를 결정한다(법 제8
조의2).

피치료감호자 중 약물치료명령을 받은 사람에 대하여 치료감호의 종료·가종료
또는 치료위탁 결정을 하는 경우에 약물치료명령의 집행이 필요하지 아니하다고 인
정되면 동 명령의 집행을 면제하는 결정을 하여야 한다. 이 결정을 하기 위하여 필
요한 경우에는 피약물치료명령자에 대하여 정신건강의학과 전문의의 진단이나 감
정을 받게 할 수 있다(법 제8조의3).

(3) 집행면제 결정의 통지

법원 또는 치료감호심의위원회는 약물치료명령의 집행면제에 관한 결정을 한
때에는 지체 없이 신청인 등의 관할 보호관찰소장, 교도소 등 수용시설의 장에게
결정문 등본을 송부하여야 한다(법 제8조의4).

3. 약물치료명령 판결 등의 통지

법원은 형종료약물치료명령을 선고한 때에는 그 판결이 확정된 날부터 3일 이
내에 피치료명령자의 관할 보호관찰소장에게 판결문의 등본과 준수사항을 적은 서
면을 송부하여야 하고, 교도소 등 수용시설의 장도 약물치료명령을 받은 사람이 석
방되기 3개월 전까지 피약물치료명령자의 관할 보호관찰소장에게 그 사실을 통보하
여야 한다(법 제11조).

4. 약물치료명령의 집행 개시

약물치료명령의 유형에서 형종료약물치료명령과 가석방약물치료명령은 형의
집행이 종료되거나 면제·가석방 또는 치료감호의 집행이 종료·가종료 또는 치료위
탁으로 석방되는 경우에 보호관찰관은 석방되기 2개월 이내에 약물치료명령을 받은
사람에게 동 명령을 집행하여야 한다(법 제14조 제3항).

가종료약물치료명령은 가종료·치료위탁 또는 가출소되기 전 2개월 이내에 약
물치료명령을 집행하여야 한다. 다만, 치료감호와 형이 병과된 가종료자의 경우 집
행할 잔여 형기가 있는 때에는 그 형의 집행이 종료되거나 면제되어 석방되기 전
2개월 이내에 약물치료명령을 집행하여야 한다(법 제27조).

5. 약물치료명령의 집행방법

1) 약물투여 및 인지행동 심리치료

약물치료명령은 의료법에 따른 의사의 진단과 처방에 의한 약물 투여 및 정신보건전문요원 등 전문가에 의한 인지행동치료 등 심리치료 프로그램의 실시 등의 방법으로 집행한다(법 제14조). 보호관찰소장은 전담 보호관찰관을 지정하여 약물치료명령을 받은 피약물치료자에게 집행 전에 약물치료의 효과, 부작용 및 약물치료의 방법·주기·절차 등에 관하여 충분히 설명하여야 한다(법 제31조).

2) 치료약물 및 투여 방법

약물치료명령에 사용되는 치료약물은 성호르몬의 생성을 억제·감소시키는 약물(법 시행령 제8조 제1항 제1호)로 메드록시프로게스테론 아세테이드(MPA, Medroxyprogesterone acetate), 류프롤리드 아세테이트(Leuprolide acetate), 고세렐린 아세테이드(Goserelin ace-tate), 트립토렐린 아세테이트(Triptorelin acetate) 등이 고시되어 있고, 성호르몬이 수용체에 결합하는 것을 방해하는 약물(법 시행령 제8조 제1항 제2호)은 사이프로테론 아세테이트(CPA, Cyproterone acetate)가 지정되어 있다.

보호관찰관이 약물을 투여하는 방법으로 약물치료명령을 집행할 경우에는 약물투여와 함께 호르몬 수치 검사를 실시하여야 한다(시행령 제7조 제3항). 심리치료 프로그램에는 피해자에 대상 공감능력 증진, 사회적응능력 배양, 일탈적 성행동의 재발 방지 등 성폭력범죄의 재범방지를 위하여 필요한 사항이 포함되어야 한다. 이러한 프로그램은 약물치료기간 동안 월 1회 이상 실시하여야 한다(법 시행령 제5조 제1항, 제2항).

3) 약물치료의 부작용 및 중단

보호관찰관은 약물 투여의 방법으로 약물치료명령을 집행하는 경우에는 치료기관의 의사로 하여금 부작용에 대한 검사 및 치료도 함께 실시하게 하여야 한다. 이와 같은 검사 결과 피치료명령자의 신체에 회복하기 어려운 손상이 발생할 수 있다는 의사의 소견이 있거나 그 밖에 약물 투여에 따른 부작용이 크다고 인정되는 경우에는 약물 투여를 일시 중단할 수 있다(법 시행령 제11조 제1항, 제2항).

약물치료의 부작용과 관련하여 고시된 치료약물인 메드록시프로게스테론 아세테이드, 사이프로테론 아세테이트, 트립토렐린 아세테이트, 류프롤리드 아세테이트를 이용한 상당히 많은 피치료자들에게 골밀도 감소, 남성유방, 무력감, 얼굴홍조, 주사부위 통증, 체중증가, 하지 혈전형성, 탈모, 근육통, 우울증, 간 손상 등의 부작용이 발생하였다. 뿐만 아니라 치료 6-12개월 후에 발기부전, 성욕감소, 성생활 불능 등의 부작용이 있었다고 한다.[186]

우리나라에서도 동일한 내용의 연구결과가 있다. 국립 법무병원에 성범죄로 입원하여 류프롤리드 아세테이트로 치료받은 총 38명을 대상으로 한 연구에서 대상자들은 평균 약 9.3개월의 치료기간 동안 68%가 부작용을 호소하였고, 얼굴홍조, 체중증가, 고환크기 감소 등의 경한 부작용 외에도 골밀도 감소(11%), 우울감(21%) 등의 중증도 및 고도의 부작용을 경험하였다. 기존에 골다공증을 가진 7명 중 4명은 3개월의 약물치료 후 골다공증의 악화소견을 보여 치료를 중단하였다고 한다.[187]

약물 투여를 일시적으로 중단한 경우에 보호관찰소장은 즉시 보호관찰심사위원회에 약물 투여 일시 중단의 승인을 신청하고, 동 심사위원회는 약물 투여 일시 중단의 승인 여부를 결정하여야 한다. 이 경우에 동 심사위원회는 의료기관에 약물치료명령을 받은 사람에 대한 약물치료 부작용과 관련된 진단을 의뢰할 수 있다. 약물 투여가 일시 중단된 경우에 보호관찰관은 그 승인일부터 1개월마다 약물치료명령을 받은 사람의 부작용과 관련된 치료 내용, 신체상태의 변화, 약물 투여의 적합 여부 등에 대한 의사의 진단과 처방 결과를 동 심사위원회에 보고하여야 한다(법 시행령 제11조 제4항, 제5항).

4) 약물치료의 재개

보호관찰심사위원회는 보호관찰관의 보고에 따라 약물 투여 재개 여부를 심사하여 결정하고, 약물 투여 재개를 결정하였을 때에는 보호관찰관은 지체 없이 약물치료명령을 다시 집행해야 한다(법 시행령 제11조 제6항, 제7항).

---

186) Florence Thibaut/Flora De La Barra/Gordon, Harvey/Cosyns, Paul/Bradford, John M, W./WFSBP Task Force on Sexual Disorders, "The World Federation of Societies of Biological Psychiatry (WFSBP) guidelines for the biological treatment of paraphilias",The World Journal of Biological Psychiatry 11(4), 2010, pp.641-642.

187) Kyo Chul Koo/Shim, Geum Sook/Park, Hyoun Hee/Lee, Jae Woo, "Treatment outcomes of chemical castration on Korean sex offenders", Journal of Forensic and Legal Medicine 20(6), 2013, pp.563-566.

6. 피약물치료자의 의무사항 및 준수사항[188]

1) 피약물치료자의 의무사항

약물치료명령을 받은 사람은 치료기간 중 상쇄약물을 투약하는 방법으로 치료의 효과를 해하여서는 안 된다. 형의 집행이 종료되거나 면제·가석방 또는 치료감호의 집행이 종료·가종료 또는 치료위탁되는 날부터 10일 이내에 주거지 관할 보호관찰소에 출석하여 서면으로 신고하여야 한다. 주거를 이전 또는 7일 이상의 국내여행을 하거나 출국할 때에는 미리 보호관찰관의 허가를 받아야 한다(법 제15조).

2) 피약물치료자의 준수사항

일반준수사항으로 보호관찰법 제32조의 제2항(제4호 제외)의 일반준수사항과 보호관찰관의 지시에 따라 성실히 약물치료에 응할 것, 정기적으로 호르몬 수치 검사를 받을 것, 인지행동치료 등 심리치료 프로그램을 이수할 것 등을 이행하여야 한다. 또한 '징역형 등 종료 후 피약물치료자'와 '가석방 피약물치료자'에게 보호관찰법 제32조 제3항의 특별준수사항을 부과할 수 있다(법 제10조 제2항).

대법원은 피고인이 헌법불합치결정에 따른 개선입법에서 규정하고 있는 집행면제 신청을 할 수 없어 집행의 필요성에 대한 법원의 판단을 받지 못한 채 이루어진 성충동약물치료명령의 집행에 따른 준수사항을 위반한 사건에서 피고인은 약물치료명령 집행시도 당시에 집행의 필요성에 대한 법원의 판단을 받을 필요가 있었음에도 그 기회를 얻지 못한 상황에서 약물치료 지시에 불응한 것으로 볼 수 있어 피고인의 준수사항 위반행위는 정당한 사유가 있다고 보았다.[189]

7. 약물치료명령의 임시해제 및 종료

1) 약물치료명령의 임시해제

보호관찰소장 또는 약물치료명령을 받은 사람 및 그 법정대리인은 해당 보호관

---

188) 성충동약물치료법 제10조 제1항 및 보호관찰법 제32조 제2항(제4호는 제외).
189) 대판 2021. 8. 19. 2020도16111. 피고인이 성폭력범죄를 저질러 성폭력범죄자의 성충동약물치료법에 따른 1년간의 약물치료명령을 선고받아 확정되었는데, 보호관찰관의 집행에 불응하여 동법 위반죄로 징역 1년 6월을 복역하다가 징역형 집행종료 2개월 전 재개된 약물치료명령의 집행시도에서 약물치료 부작용의 우려 등을 이유로 또다시 불응함으로써 '정당한 사유' 없이 준수사항을 위반하였다는 내용으로 기소된 사안이다.

찰소를 관할하는 보호관찰심사위원회에 동 명령의 임시해제를 신청할 수 있다. 이 신청은 약물치료명령의 집행이 개시된 날부터 6개월이 지난 후에 하여야 한다(법 제17조). 보호관찰심사위원회는 피약물치료자가 동 명령이 계속 집행될 필요가 없을 정도로 개선되어 재범위험성이 없다고 인정하는 때에는 약물치료명령의 임시해제를 결정할 수 있으며, 이 경우에는 준수사항도 임시해제 된 것으로 본다(법 제18조).

2) 약물치료명령의 종료

약물치료명령은 피치료자가 동 명령의 집행 중 구속영장의 집행을 받아 구금되거나 금고 이상의 형의 집행을 받게 되는 사유 등으로 집행이 정지되거나, 정당한 사유 없이 준수사항을 위반하거나 신고의무를 위반하여 기간이 연장되는 경우를 제외하고, 치료기간이 지난 때, 약물치료명령과 함께 선고한 형이 사면되어 그 선고의 효력이 상실하게 된 때, 약물치료명령이 임시해제된 경우 그 임시해제가 취소됨이 없이 잔여기간을 지난 때에 그 집행이 종료된다.[190]

Ⅳ. 가석방·가종료 약물치료명령 결정 및 집행 절차

1. 가석방약물치료명령

1) 청구

검사는 사람에 대하여 성폭력범죄를 저질러 징역형 이상의 형이 확정되었으나, 형종료약물치료명령을 선고받지 아니한 수형자 중에 성도착증 환자로서 성폭력범죄의 재범위험성이 인정되고 약물치료를 받는 것을 동의하는 사람에 대해서 법원에 약물치료명령을 청구할 수 있다(법 제22조 제1항).

2) 검사의 청구 전 사전절차

(1) 가석방요건을 갖춘 성폭력수형자에게 동의 확인

교도소 등 수용시설의 장은 가석방 요건을 갖춘 성폭력 수형자에 대하여 약물치료의 내용, 방법, 절차, 효과, 부작용, 비용부담 등에 관하여 충분히 설명하고 동의 여부를 확인하여야 한다. 성폭력수형자가 약물치료에 동의한 경우에 교도소 등 수

---

190) 성충동약물치료법 제20조 및 제22조 참조.

용시설의 장은 지체 없이 검사에게 인적사항과 교정성적 등 필요한 사항을 통보하여야 한다(법 제22조 제2항).

본 규정과 법 제23조의 내용은 상호 부정합(不整合)되는 면이 있다. 즉, 법 제23조는 가석방 요건을 갖춘 수형자가 약물치료명령의 결정이 확정되면 가석방심사위원회에 가석방 적격심사를 신청하도록 하고 있고, 동 심사위원회에서는 가석방 적격심사를 할 때 약물치료명령이 결정된 사실을 고려하도록 하고 있기 때문이다. 가석방 적격심사에서 약물치료명령의 동의가 결정적 요인으로 작용할 가능성이 크다.

(2) 재범위험성 평가

성폭력수형자에 대해서 약물치료명령을 청구하기 위해서 검사는 형종료약물치료명령을 청구하기 전에 실시하는 '청구전조사'를 통해 재범위험성을 평가한다(법 제22조 제2항 제3호). 즉, 피치료명령청구자의 주거지 또는 소재지를 관할하는 보호관찰소장에게 범죄의 동기, 피해자와의 관계, 심리상태, 재범위험성 등 피치료명령청구자에 관하여 필요한 사항의 조사를 요청할 수 있다.

(3) 검사의 피치료명령청구자의 동의 확인

검사는 성폭력수형자에 대하여 약물치료의 내용, 방법, 절차, 효과, 부작용, 비용부담 등에 관하여 설명하고 동의를 확인한 후 정신건강의학과 전문의의 진단이나 감정을 받아 법원에 약물치료명령을 청구할 수 있고, 치료명령청구서에는 피치료명령청구자의 동의사실을 반드시 기재하여야 한다(법 제22조 제2항 제5호).

3) 법원의 결정 및 통보

법원은 검사의 성폭력수형자에 대한 약물치료명령의 청구가 이유 있다고 인정하는 때에는 결정으로 약물치료명령을 고지하고 피약물치료명령자에게 준수사항을 기재한 서면을 송부하여야 한다(법 제22조 제2항 제6호). 이러한 결정에 따른 치료기간은 15년을 초과할 수 없다.

4) 불복 절차

법원의 결정이 ① 해당 결정에 영향을 미친 법령위반이 있거나 중대한 사실오인이 있는 경우, ② 처분이 현저히 부당한 경우에 해당하면 결정을 고지 받은 날부

터 7일 이내에 검사, 성폭력수형자 또는 그 법정대리인은 고등법원에 항고할 수 있
다(법 제22조 제5항).

항고를 제기할 때에는 항고장을 원심법원에 제출하여야 하며, 항고장을 제출받
은 법원은 3일 이내에 의견서를 첨부하여 기록을 항고법원에 송부한다. 결정이 법령
에 위반된 때에는 대법원에 재항고를 제기할 수 있고, 그 기간은 항고기각 결정을
고지받은 날로부터 7일로 하며, 항고와 재항고는 결정의 집행을 정지하는 효력이
없다(법 제22조).

5) 비용의 부담

가석방약물치료명령의 결정을 받은 사람은 치료기간 동안 치료비용을 부담함
을 원칙으로 한다. 다만, 비용을 부담할 경제력이 없는 사람은 국가가 비용을 부담
할 수 있다(법 제24조).

6) 준용규정

(1) 제6조 제2항. 약물치료명령 청구 사건의 제1심 관할.

(2) 제7조. 약물치료명령 청구서의 기재사항.

(3) 제8조 제2항. 치료기간 동안 보호관찰법에 의한 보호관찰을 받음.

(4) 제8조 제5항. 판결이유에 증거의 요지, 적용법조 등 명시.

(5) 제9조. 전문가의 감정 등.

(6) 제10조 제1항. 준수사항.

(7) 제10조 제2항. 약물치료명령을 선고하는 경우 보호관찰법에 따른 준수사항
    의 부과가 가능함.

(8) 제10조 제4항. 인지행동 치료 등 심리치료 프로그램에 관하여 필요한 사항
    은 대통령령으로 정함.

(9) 제11조 제1항. 법원의 판결 통지.

(10) 제12조. 국선변호인 등.

(11) 제13조. 검사의 집행지휘.

(12) 제14조 제1항. 약물치료명령의 집행방법.

(13) 제14조 제2항. 보호관찰관의 필요적 사전 설명의무.

(14) 제14조 제3항. 약물치료명령의 집행시기.

(15) 제14조 제4항 제1호. 구속영장 집행으로 구금되어 약물치료명령의 집행정지.

(16) 제14조 제4항 제2호. 금고 이상의 형의 집행을 받게 되어 약물치료명령이 집행정지.

(17) 제14조 제4항 제3호. 약물치료명령의 집행정지. 가석방 또는 가종료·가출 소된 자에 대하여 치료기간 동안 가석방 또는 가종료·가출소가 취소되거 나 실효된 때를 약물치료명령의 집행정지 사유로 규정하고 있다. 가석방 또는 가종료 등으로 출소하여 보호관찰 집행 중에 준수사항을 위반하여 가석방 또는 가종료 등이 취소되는 경우에 보호관찰은 종료되고 잔여 징 역형 또는 치료감호를 집행한다는 점에서 왜 약물치료명령은 종료되지 않 고 집행이 정지되는지 의문이다.

(18) 제14조 제5항 제1호. 구금 해제 등으로 인한 약물치료명령의 잔여기간 집행.

(19) 제14조 제5항 제2호. 형의 집행 종료 등으로 인한 약물치료명령의 잔여기 간 집행.

(20) 제14조 제5항 제3호. 가석방 등이 취소된 경우에 잔여 형의 집행이 종료된 후 남아 있는 약물치료명령 기간 동안 집행을 재개. 예컨대, 약물치료 받 는 것을 동의하여 가석방된 사람은 가석방이 취소될 경우 잔여 형의 집행 과 약물치료를 또 받아야 하는데 그 근거가 어디에 있는지 의문이다.

(21) 제15조. 피치료명령자의 의무사항.

(22) 제16조. 치료기간의 연장.

(23) 제17조. 임시해제 신청.

(24) 제18조. 임시해제의 심사 및 결정.

(25) 제19조. 임시해제의 취소.

(26) 제20조 제1호. 치료기간이 지난 때 종료.

(27) 제20조 제3호. 임시해제가 취소됨이 없이 잔여 치료기간이 지난 때 종료.

(28) 제21조 제2항. 약물치료명령의 시효가 완성되면 집행이 면제됨.

가석방에 따른 심사기관이나 심사절차 등에서 기인하는 차이를 제외하고 형종 료약물치료명령과 대동소이하게 집행이 이루어진다.

2. 가종료약물치료명령

1) 치료감호심의위원회의 결정

치료감호심의위원회는 형종료약물치료명령을 부과 받지 아니한 성폭력범죄자 중 성도착증환자로서 치료감호의 집행 중 가종료 또는 치료위탁되는 피치료감호자나 보호감호의 집행 중 가출소되는 피보호감호자에 대하여 보호관찰 기간의 범위에서 약물치료명령을 부과할 수 있다(법 제25조 제1항). 또한 치료기간의 범위에서 준수기간을 정하여 보호관찰법의 보호관찰 특별준수사항 중 하나 이상을 부과할 수 있다(법 제26조).

2) 치료감호심의위원회의 재범위험성 평가

치료감호심의위원회는 약물치료명령을 부과하는 결정을 할 경우에는 결정일 전 6개월 이내에 실시한 정신건강의학과 전문의의 진단 또는 감정결과를 반드시 참작하여야 한다(법 제25조 제2항).

3) 결정의 통보

치료감호심의위원회가 약물치료명령을 부과하는 결정을 한 경우에는 즉시 관할 보호관찰소장에게 통보하여야 한다(법 제25조 제3항).

4) 약물치료명령의 집행

보호관찰관은 가종료자 등이 가종료·치료위탁 또는 가출소되기 전 2개월 이내에 약물치료명령을 집행해야 한다. 다만, 치료감호와 형이 병과된 가종료자의 경우 집행할 잔여 형기가 있는 때에는 그 형의 집행이 종료되거나 면제되어 석방되기 전 2개월 이내에 집행해야 한다(법 제27조).

5) 약물치료명령의 종료

약물치료명령은 치료기간이 지난 때, 가종료·가출소·치료위탁으로 인한 보호관찰의 기간이 경과하거나 보호관찰이 종료된 때 등의 사유가 있는 경우에 종료한다(법 제28조).

6) 준용규정

① 제10조 제1항. 준수사항.

② 제10조 제4항. 인지행동 치료 등 심리치료 프로그램에 관하여 필요한 사항은 대통령령으로 정함.

③ 제14조 제1항. 약물치료명령의 집행방법.

④ 제14조 제2항. 보호관찰관의 필요적 사전 설명의무.

⑤ 제14조 제4항 제1호. 구속영장 집행으로 구금되어 약물치료명령의 집행정지.

⑥ 제14조 제4항 제2호. 금고 이상의 형의 집행을 받게 되어 약물치료명령이 집행정지.

⑦ 제14조 제5항 제1호. 구금 해제 등으로 인한 약물치료명령의 잔여기간 집행.

⑧ 제14조 제5항 제2호. 형의 집행 종료 등으로 인한 약물치료명령의 잔여기간 집행.

⑨ 제15조. 피치료명령자의 의무사항.

⑩ 제17조. 임시해제 신청.

⑪ 제18조. 임시해제의 심사 및 결정.

⑫ 제19조. 임시해제의 취소.

⑬ 제20조 제3호. 임시해제가 취소됨이 없이 잔여 치료기간이 지난 때 종료.

가종료에 따른 심사기관, 심사절차 등에서 기인하는 차이를 제외하고 형종료약물치료명령과 대동소이하게 집행이 이루어지고 있다.

제6절 치료명령

I. 치료명령의 개념

치료명령이란 치료명령 대상자가 선고유예 또는 집행유예를 선고받은 경우에 치료기간을 정하여 약물투여, 상담 및 인지행동치료 등을 받도록 하는 처분을 말한다.

2015년 12월 치료감호법 개정(2016. 12. 2. 시행)을 통해 도입되었다.

치료명령은 감호수용보다는 통원치료를 받을 필요가 있는 사회내처우라는 점, 형법 제10조 제1항의 심신상실자 및 정신성적 장애인은 그 대상이 아니라는 점, 시설내처우와 사회내처우 간의 재범위험성의 정도가 다르다는 점 등에서 치료감호와 차이가 있다.

II. 치료명령 대상자

「치료감호법」은 치료명령 대상자를 ⅰ) 형법 제10조 제2항에 따라 형을 감경할 수 있는 심신장애인으로서 금고 이상의 형에 해당하는 죄를 지은 자, ⅱ) 알코올을 식음하는 습벽이 있거나 그에 중독된 자로서 금고 이상의 형에 해당하는 죄를 지은 자, ⅲ) 마약·향정신성의약품·대마, 그 밖에 대통령령으로 정하는 남용되거나 해독을 끼칠 우려가 있는 물질을 식음·섭취·흡입·흡연 또는 주입받는 습벽이 있거나 그에 중독된 자로서 금고 이상의 형에 해당하는 죄를 지은 자 등의 어느 하나에 해당하는 사람으로서 통원치료를 받을 필요가 있고 재범위험성이 있는 자로 규정하고 있다(법 제2조의3).

치료명령 대상자의 범죄원인별 접수 현황을 살펴보면 [표 3-36]과 같다.

[표 3-36] 치료명령의 범죄원인별 접수 현황[191]

(단위: 건)

연도/유형	정신질환		알코올중독		마약중독		계
	집행유예	선고유예	집행유예	선고유예	집행유예	선고유예	
2016	4	0	1	0	–	–	5
2017	245	7	170	0	–	–	422
2018	259	4	179	1	8	0	451
2019	317	6	184	0	83	0	590
2020	265	0	133	0	75	0	473
2021	245	8	65	0	29	0	347

---

191) 범죄예방정책 통계분석, 2022, 143면 재구성.

2021년을 기준으로 정신질환 72.9%, 알코올중독 18.7%, 마약중독 8.4%로 정신 질환이 대부분을 차지하고 있다. 선고유예는 정신질환을 이유로 부과되는 경우가 2.3%였고, 알코올중독과 마약중독은 통계에 산출되지 않았다. 집행유예를 선고할 때가 97.7%를 차지하고 있어서 치료명령은 대부분 정신질환을 이유로 집행유예를 선고할 때 부과되고 있었다.

Ⅲ. 치료명령의 유형

1. 선고·집행유예 치료명령

법원은 치료명령 대상자에 대하여 형의 선고 또는 집행을 유예하는 경우에는 치료기간을 정하여 치료를 받을 것을 명할 수 있고, 치료명령을 선고할 때에는 보호 관찰을 필요적으로 병과하여야 하며, 치료의 기간은 병과된 보호관찰 기간을 초과할 수 없다(법 제44조의2).

보호관찰의 기간은 선고유예는 1년, 집행유예는 그 유예기간으로 한다. 다만, 법원은 집행유예 기간의 범위에서 보호관찰 기간을 정할 수 있다.

치료명령의 유형별 접수 현황을 살펴보면 [표 3-37]과 같다.

[표 3-37] 치료명령 유형별 접수 현황[192]

(단위: 명, %)

연도/구분	치료명령			정신건강 상담치료 조건부 기소유예	합계
	집행유예	선고유예	계		
2016	5	0	5	11(68.7)	16
2017	415	7	422	184(30.4)	606
2018	446	5	451	121(21.2)	572
2019	584	6	590	160(21.3)	750
2020	473	0	473	99(17.3)	572
2021	339	8	347	107(23.6)	454

---

192) 범죄예방정책 통계분석, 2022, 141면 재구성.

치료명령은 2016년부터 집행유예자 위주로 선고되고 있고, 2021년 기준으로 전체 해당자 중 74.7%를 차지하고 있다. 정신건강 상담치료조건부 기소유예자의 비율은 2016년 68.7%에서 2021년 23.6%로 대폭 감소하였다.

2. 정신건강 상담·치료 조건부 기소유예 치료명령(대검예규)

정신건강 상담·치료조건부 기소유예 처리지침(대검예규 제1039호)에 의거하여 실시하고 있는 기소유예 치료명령을 살펴보면 다음과 같다.

1) 개념

상담·치료조건부 기소유예는 정신적 장애 또는 정신질환이 있는 사람이 강도·폭력범죄 행위를 한 경우에 재사회화 목적을 위하여 상담·치료[193]를 받는 조건으로 기소를 유예하는 것이다. 상담·치료기관은 보호관찰소에서 지정한 정신건강의학과 전문의가 진료하는 기관 또는 단체를 말한다.

2) 요건

상담·치료조건부 기소유예를 할 때에는 다음과 같은 요건을 갖추어야 한다.

(1) 선행 위법행위

상담·치료조건부 기소유예는 정신적 장애인 또는 정신질환이 있는 사람[194]이 금고 이상의 형에 해당하는 대검예규 별표의 죄[195]를 저지른 경우에 그 대상이 된

---

193) 프로그램의 형태는 상담을 받는 경우와 치료를 받는 경우 그리고 상담과 치료를 동시에 받는 경우로 구분할 수 있다.

194) 정신적 장애 또는 정신질환자는 장애인복지법 제2조 제2항 제2호에 따른 발달장애 또는 정신질환으로 발생하는 장애를 말하고, 정신질환자는 「정신건강증진 및 정신질환자 복지서비스 지원에 관한 법률」 제3조 제1호에 따른 망상, 환각, 사고나 기분장애 등으로 인하여 독립적으로 일상생활을 영위하는 데 중대한 제약이 있는 사람을 말한다.

195) 대검예규 별표의 죄는 다음과 같다.

형법	상해(257①), 존속상해(257②), 중상해(258①, ②), 존속중상해(258③), 특수상해·존속중상해(257의2①), 특수중상해·존속중상해(257의2②), 상해치사(259①), 존속상해치사(259②)
	폭행(260①), 존속폭행(260②), 특수폭행·존속폭행(261), 폭행치상·존속폭행치상·특수폭행치상, 폭행치사·존속폭행치사·특수폭행치사(262)
	상습상해·존속상해, 상습중상해·존속중상해, 상습특수상해·특수존속상해, 상습폭행·존속폭행, 상습특수폭행(264)

다. 즉, 선행 위법행위는 대검예규 별표의 죄를 말한다.

정신건강 상담치료 조건부 기소유예의 범죄 원인별 접수 현황을 살펴보면 [표 3-38]과 같다.

[표 3-38] 정신건강 상담치료 조건부 기소유예 범죄 원인별 접수 현황[196]

(단위: 명, %)

연도/범죄원인	정신질환	알코올중독	마약중독	계
2016	10(90.9)	1(9.1)	–	11
2017	156(84.8)	28(15.2)	–	184
2018	106(87.6)	15(12.4)	–	121
2019	142(88.7)	15(9.4)	3(1.9)	160
2020	96(97.0)	3(3.0)	0(0.0)	99
2021	104(97.2)	3(2.8)	0(0.0)	107

	협박(283①), 존속협박(283②), 특수협박·존속협박(284)
	상습협박, 상습존속협박, 상습특수협박·특수존속협박(285)
	주거침입(319①), 퇴거불응(319②), 특수주거침입(320)
	재물손괴(366), 중손괴, 중손괴치상(368), 특수손괴(369)
폭처법	공동폭행·협박(2②1호), 공동존속폭행·협박(2②제2호)
	공동상해·존속상해(2②제3호)
	상습폭행·협박(2③제1호), 상습존속폭행·협박(2③제2호)
	상습상해·존속상해(2③제3호)
	상습특수폭행·협박3④제1호), 상습특수존속폭행·협박(3④제2호)
특가법	상습특수상해·존속상해(3④제3호)
	공동주거침입·퇴거불응·재물손괴 등(2②제1호)
	상습주거침입·퇴거불응·재물손괴 등(2③제1호)
	보복목적상해·폭행·협박(5의9②)
	보복목적상해치사·폭행치사(5조의9③)
	운전자폭행·협박(5의10①)
	운전자폭행치상·치사. 운전자협박치상·치사(5의10②)

196) 범죄예방정책 통계분석, 2022, 150면 재구성.

최근 6년간 범죄원인으로 정신질환이 91.0%를 차지하고 있다. 알코올중독자의 비율은 2017년 15.2%를 정점으로 감소하는 추세에 있고, 2021년에는 2.8%로 나타나고 있다. 마약중독자는 2019년부터 대상자에 포함되어 3명이 접수되었으나 이후 접수된 내역이 없다.

(2) 재범위험성 평가

검사는 범죄자의 범행 경위, 수단, 범행 전·후의 행동 등 제반사정, 정신질환 치료전력, 정신건강의학과 전문의 또는 의료자문위원의 진단 등을 참고하여 정신적 장애 또는 정신질환 여부와 상담·치료의 필요성을 판단한다.

정신건강의학과 전문의 등의 진단을 통해서도 정신적 장애 또는 정신질환 여부와 상담·치료의 필요성에 대한 판단이 곤란한 경우에는 보호관찰소에 결정전조사를 의뢰하여 그 의견을 고려할 수 있다(대검예규 제4조).

검사가 상담조건부 기소유예를 할 때에는 정신과 전문의 등과 보호관찰소의 결정전조사 등을 종합하여 공소제기를 하지 않더라도 상담과 치료를 받으면 재범방지와 사회복귀가 가능하다고 판단한 것으로 볼 수 있다.

생각건대, 위와 같은 절차는 문제가 있다. 보호관찰소의 결정전조사는 정신심리적 판단과정을 거치고 있다고 하더라도 정신건강의학과 전문의 수준은 아니다. 따라서 보호관찰소의 결정전조사를 통해서도 정신적 장애 등에 대한 판단과 상담·치료의 필요성 여부를 결정하기 어려울 경우에는 정신건강의학과 전문의의 보다 더 체계적인 진단을 받는 것이 합리적이라고 판단된다.

검사는 정신장애가 있는 범죄자가 해당 사건 이전부터 정신건강 치료를 받고 있었던 경우에도 지속적인 치료를 위하여 보호관찰관의 선도·감독이 필요하다고 판단하면 상담·치료를 조건으로 기소유예를 할 수 있다.

(3) 대상자 또는 법정대리인의 동의

검사가 상담·치료조건부 기소유예를 할 경우에는 대상자에게 처분의 내용 및 취지 등을 설명하고, 대상자 또는 법정대리인에게 상담·치료에 참여한다는 내용의 동의서를 받아야 한다. 또한 상담치료 기간 동안 부과된 준수사항을 이행하지 않은 경우에는 사건을 재기하여 다시 처분할 수 있음을 고지해야 한다.

3) 집행 절차

(1) 위탁 보호관찰소의 지정

검사가 상담·치료조건부 기소유예를 할 경우에는 대상자의 주거지 관할 보호관찰소에 선도를 위탁한다. 다만, 대상자의 주거지 관할에 상담·치료 기관이 없거나 대상자가 타 지역 보호관찰소로 위탁을 희망하는 경우에는 예외로 한다(대검예규 제7조).

상담·치료기관은 보호관찰소에서 선정한 전문의가 진료하는 기관 또는 단체로 하지만, 대상자가 이미 정신건강치료를 받고 있는 경우에는 기존 의료기관에서 실시할 수 있다.

(2) 보호관찰관의 집행

보호관찰소장은 검사로부터 위탁받은 대상자를 전문의가 진료하는 국·공립 또는 민간 정신건강 의료기관, 보건소 또는 국·공립 정신의료기관에 설치된 정신건강복지센터를 상담치료 기관으로 지정한다(대검예규 제9조).

보호관찰관은 검사로부터 위탁받은 대상자가 상담·치료를 받을 수 있도록 선도하는데, 월 1회 이상 정신건강 상담·치료 기관의 방문 또는 전화 등으로 대상자가 프로그램을 성실히 이행하고 있는지 여부를 확인한다(대검예규 제10조).

보호관찰소장은 상담치료 대상자의 주거지 이전 등의 사유로 보호관찰소의 변경이 필요한 경우에 검사에게 그 사실을 고지하고, 검사는 그 대상자에게 적합한 보호관찰소의 변경이 이루어질 수 있도록 조치한다(대검예규 제11조).

(3) 집행기간

상담·치료조건부 기소유예에 따른 보호관찰관의 선도기간은 6개월로 한다. 보호관찰소로부터 상담·치료를 의뢰받은 전문의는 대상자를 진료한 후 6개월 이내의 범위에서 상담·치료의 종류 및 기간을 결정한다.

(4) 상담·치료의 비용

상담치료의 비용은 대상자 본인 부담을 원칙으로 한다.

4) 상담·치료의 불이행

보호관찰소장은 대상자가 소재불명이거나 출석불응 등의 사유로 상담·치료를 집행할 수 없는 경우, 준수사항 위반이 있는 경우에는 상담·치료 불이행자 통보서를 작성하여 위탁한 검찰청으로 송부한다. 검사는 상담·치료조건부 기소유예의 취지에 반하는 경우에 사건을 재기하여 특별한 사정이 없는 한 공소를 제기한다. 또한 특별한 사정이 없는 한 상담·치료 불이행자는 다시 기소유예 처분을 할 수 없다(대검예규 제13조).

5) 종료

기소유예치료명령은 상담·치료기간의 경과, 기소유예의 취소로 사건을 재기한 경우 등의 사유가 발생하면 종료한다.

Ⅳ. 치료명령의 재범위험성 판단[197)]

1. 판결전조사

법원은 치료명령을 선고하기 위하여 필요하다고 인정하면 피고인의 주거지 또는 그 법원의 소재지를 관할하는 보호관찰소장에게 범죄의 동기, 피고인의 신체적·심리적 특성 및 상태, 가정환경, 직업, 생활환경, 병력, 치료비용 부담능력, 재범위험성 등 피고인에 관한 사항의 조사를 요구할 수 있다(법 제44조의3).

2. 전문가의 진단 등

법원은 치료명령을 부과하기 위하여 필요하다고 인정하는 때에는 정신건강의학과 전문의에게 피고인의 정신적 상태, 알코올 의존도 등에 대한 진단을 요구할 수 있다(법 제44조의4).

Ⅴ. 치료명령의 선고 및 집행

1. 선고

법원은 피고인에 대하여 형의 선고 또는 집행을 유예하는 경우에 치료기간을

---

197) 이하는 선고·집행유예 치료명령과 관련된 내용이다.

정하여 치료명령을 부과할 수 있다. 치료명령을 부과할 경우에는 보호관찰이 필요적으로 병과된다. 보호관찰 기간은 선고유예는 1년, 집행유예는 그 유예기간으로 하지만 법원은 유예기간의 범위에서 보호관찰 기간을 정할 수 있다. 즉, 집행유예는 1년 이상 5년 이하의 범위에서 결정된다. 치료기간은 보호관찰 기간을 초과할 수 없다(법 제44조의2).

2021년 기준으로 접수사건의 기간은 2년 이상 3년 미만이 66.6%, 3년 이상 4년 미만이 17.3%로 나타나고 있다.[198]

2. 집행지휘

치료명령은 검사의 지휘를 받아 보호관찰관이 집행한다(법 제44조의6 제1항).

3. 치료명령 대상자의 준수사항 및 의무사항

1) 치료감호법의 준수사항

치료명령을 받은 사람은 ⅰ) 보호관찰관의 지시에 따라 성실히 치료에 응하고, ⅱ) 보호관찰관의 지시에 따라 인지행동 치료 등 심리치료 프로그램을 성실히 이수하여야 한다(법 제44조의5).

2) 보호관찰법의 준수사항 및 의무사항

치료명령을 받은 사람은 필요적으로 보호관찰이 병과된다. 따라서 보호관찰법 제32조의 준수사항과 제29조 제2항의 의무사항이 적용된다. 즉, 보호관찰법의 일반준수사항과 특별준수사항을 지켜야 하고, 판결이 확정된 때부터 10일 이내에 주거지를 관할하는 보호관찰소에 출석하여 서면으로 신고해야 한다.

4. 집행방법

치료명령은 정신건강의학과 전문의의 진단과 약물 투여, 상담 등 치료 및 「정신건강증진 및 정신질환자 복지서비스 지원에 관한 법률」에 따른 정신건강전문요원 등 전문가에 의한 인지행동 치료 등 심리치료 프로그램의 실시 등의 방법으로 집행한다(법 제44조의6 제2항).

---

198) 범죄예방정책 통계분석, 2022, 148면 참조.

보호관찰소장은 치료명령의 집행에 관하여 집행방법, 치료기관 간의 업무 협조에 관한 사항, 집행계획의 수립에 관한 사항 등을 협의하기 위하여 필요하다고 인정하는 경우에는 보호관찰관, 정신건강의학과 전문의, 정신건강복지법에 따른 정신건강전문요원 등으로 구성된 치료명령 집행 협의체를 운영할 수 있다(법 시행령 제31조).

약물치료 또는 심리치료 그리고 약물치료와 심리치료가 병행되는 경우가 있다.

5. 보호관찰관의 사전 설명의무

보호관찰관은 치료명령을 받은 사람에게 치료명령을 집행하기 전에 치료기관, 치료의 방법·내용 등에 관하여 충분히 설명하여야 한다(법 제44조의6 제3항).

6. 치료명령의 집행에 필요한 사항

1) 집행계획 수립

보호관찰관은 치료명령을 집행하기 전에 피치료자에 대한 집행방법, 그의 신체적·심리적 특성과 상태, 직업, 생활환경, 치료비용 부담능력 등을 종합적으로 고려하여 치료명령 집행계획을 수립해야 한다(법 시행령 제28조).

2) 심리치료 프로그램 내용

인지행동치료 등 심리치료 프로그램에는 인지왜곡의 수정 및 이상 행동의 수정, 치료 동기의 고취, 치료원인의 재발방지, 피치료자의 사회적응능력 배양, 그 밖에 재범방지를 위하여 필요한 사항 등의 내용이 포함되어야 한다(법 시행령 제29조).

3) 치료기관 지정

법무부장관은 치료명령을 받은 사람의 치료를 위하여 치료기관을 지정할 수 있다. 그 기준은 법부부령으로 정한다(법 제44조의7).

2021년을 기준으로 치료명령의 치료기관 현황을 살펴보면, 병원, 의원과 같은 정신의료기관 78.9%, 중독관리통합센터 9.6%, 정신건강증진센터 8.0%의 비율을 보이고 있다.[199) 치료명령 대상자 중에 정신질환자가 대부분을 차지하고 있기 때문에 정신의료기관을 중심으로 치료기관을 지정하고 있는 것으로 분석된다.

---

199) 범죄예방정책 통계분석, 2022, 155면 참조.

Ⅵ. 제재조치

치료명령 대상자에 대한 경고, 구인, 긴급구인, 유치, 선고유예의 실효 및 집행유예의 취소 등에 대하여는 보호관찰법 관련 규정을 준용한다.

Ⅶ. 치료명령의 종료

치료명령은 다음과 같은 사유가 있으면 종료한다. 다만, 치료명령이 종료되었음에도 보호관찰 기간이 남아 있는 경우에는 여전히 보호관찰 대상자가 된다.

1. 기간의 경과

치료기간이 경과하면 치료명령은 종료된다.

2. 선고유예의 실효, 집행유예의 취소

선고유예 치료명령 대상자가 치료기간 중에 정당한 사유 없이 준수사항을 위반하고 그 정도가 무거운 경우에는 유예한 형을 선고할 수 있고, 집행유예 치료명령 대상자가 준수사항을 위반하고 그 정도가 무거운 때에는 집행유예의 선고를 취소할 수 있다(법 제44조의8). 따라서 선고유예가 실효되거나 집행유예가 취소되는 경우에는 치료명령도 종료된다.

3. 사망

치료명령 대상자의 사망으로 치료명령은 당연히 종료된다.

Ⅷ. 비용부담

치료명령을 받은 사람은 치료기간 동안 치료비용을 부담하여야 한다. 다만, 치료비용을 부담할 경제력이 없는 사람의 경우에는 국가가 비용을 부담할 수 있다(법 제44조의9).

[제7절] 유사(類似) 보안처분으로서 보안관찰

I. 보안관찰[200]의 의의

1. 개념

보안관찰은 보안관찰처분 대상자 중 형법 및 군형법, 국가보안법의 특정범죄를

---

200) 유사 보안처분으로서 왜 보안관찰 만을 다루었는가? 신상정보 등록·공개·고지제도, 취업제한명령
등은 자체적으로 보안처분의 개선 목적을 수행할 수 없으므로 '실질적 형벌'이기 때문이다. 다음은
간략하게 신상정보등록·공개·고지제도를 살펴본다.
1. 신상정보등록 대상자(성폭력처벌법 제42조)
성범죄로 유죄판결이나 약식명령이 확정된 자 또는 공개명령이 확정된 자는 신상정보등록 대상
자가 된다. 법원은 등록대상 성범죄로 유죄판결을 선고하거나 약식명령을 고지하는 경우에는 등
록대상자라는 사실과 신상정보 제출의무가 있음을 등록대상자에게 알려주어야 한다.
2. 등록정보의 관리(성폭력처벌법 제45조)
법무부장관은 기본 신상정보를 최초로 등록한 날부터 예컨대, 신상정보 등록의 원인이 된 성범
죄로 사형, 무기형, 무기금고형 또는 10년 초과의 징역·금고형을 선고받은 경우에는 30년간 보
존·관리하여야 한다.
3. 신상정보 등록의 면제(성폭력처벌법 제45조의2)
선고유예는 선고유예를 받은 날로부터 2년이 경과하여 면소된 것으로 간주되면 신성정보 등록을
면제한다. 등록대상자는 교정시설 또는 치료감호시설에 수용된 기간을 제외하고 예컨대, 30년
등록대상자는 최초 등록일부터 20년이 경과하면 등록의 면제를 신청할 수 있다.
등록면제의 요건으로 등록기간 중 ① 등록대상 성범죄를 저질러 유죄판결이 확정된 사실이 없을
것, ② 원인 성범죄로 선고받은 징역형 또는 금고형의 집행을 종료하거나 벌금을 완납하였을 것,
③ 청소년성보호법에 따른 공개명령, 고지명령, 전자장치부착법에 따른 부착명령, 성충동약물치
료법에 따른 약물치료명령의 집행을 모두 종료하였을 것, ④ 원인 성범죄로 부과받은 보호관찰
명령, 사회봉사명령, 수강명령 또는 이수명령의 집행을 완료하였을 것, ⑤ 개별 보안처분의 이행
중에 정당한 사유 없이 준수사항 등을 위반하여 유죄판결을 받아 그 판결이 확정된 사실이 없을
것 등의 요건을 갖추어야 한다.
4. 신상정보의 공개(청소년성보호법 제49조)
법원은 ① 아동·청소년 대상 성범죄를 저지른 경우, ② 성폭력처벌법의 일정 범죄를 저지른 경
우, ③ 형법의 심신상실자가 다시 ① 또는 ②죄를 다시 범할 위험성이 있다고 인정된 경우 중
어느 하나에 해당하는 때에는 등록정보를 공개한다.
5. 신상정보의 고지(청소년성보호법 제50조)
법원은 신상정보 공개대상자 중 위의 4의 ①, ②, ③ 중 어느 하나에 해당하는 자에 대하여 공개
명령 기간 동안 일정한 사람에 대하여 고지하는 명령을 말한다.
6. 보안처분으로 볼 수 없는 이유
신상정보 등록·공개·고지명령은 전적으로 행위책임에 입각해 있다. 보안처분의 핵심적 요소로
서 재범위험성을 평가하는 절차가 생략되어 있어서 보안처분으로서의 성격을 발견할 수 없다.
이는 취업제한이나 친권상실 등의 처분에도 동일한 논리의 전개가 가능하다. 보안관찰은 그나마
보안처분의 '외피'를 두르고 있기 때문에 유사 보안처분으로서 살펴보는 것이다.

다시 범할 위험성이 있다고 인정할 충분한 이유가 있어 재범을 방지하고 건전한 사회복귀를 도모하기 위해서 검사의 청구로 보안관찰처분심의위원회의 의결을 거쳐 법무부장관이 결정하는 행정처분이다.

2. 연혁

사상범으로부터 사회의 안전을 추구하고자 한 입법은 역사를 거슬러 올라갈 필요가 있다. 일본은 1925년 4월 반정부 및 반체제운동 등 일체의 사회운동을 부정하는 치안유지법을 제정하였고, 조선에도 그대로 적용하여 독립운동을 탄압하는 데에 활용하였다. 또한 치안유지법을 위반한 사상범에 대해서 보호관찰을 실시할 목적으로 1936년 5월 사상범보호관찰법을 제정하고, 동년 12월 조선에도 조선사상범보호관찰령을 시행하여 강제적인 사상전향의 입법체계를 갖추게 되었다.

1975년 7월 제정(1975. 7. 16 시행)된 사회안전법(법률 제2769호)은 1975년 5월 긴급조치 제9호를 발동한 비상전시체제에서 제정된 입법으로 사회주의와 자본주의 진영 간의 냉전체제(The Cold War System)의 대결상황에서 반공이데올로기를 기반으로 하였다.

사회안전법은 보안처분의 종류로 보호관찰 외 주거제한과 보안감호를 규정하여 사상범의 재범을 방지하고 국가의 안전과 사회의 안녕을 유지함을 목적으로 하고 있었다. 이는 유신체제를 유지하기 위한 긴요한 도구로 활용되었으나, 적법절차원리, 비례성원칙, 무죄추정의 원칙 등에 위반된다는 비판이 지속적으로 제기되면서 1989년 9월 시행된 보안관찰법(법률 제4132호)으로 대체되었다. 이로써 보안감호와 주거제한처분이 폐지되고, 보호관찰이 보안관찰로 명칭이 변경되었다.

3. 법적 성격

헌법재판소는 보안관찰법의 보안관찰처분을 사회보호법의 보호감호, 치료감호, 보호관찰 그리고 보호관찰법의 보호관찰과 비교하면서 대상자의 '사회적 위험성'을 그 처분의 본질적 요건으로 하고 있는 점, 피보안관찰자의 교육 및 개선 그리고 국가의 안전과 사회의 안녕을 목적으로 하고 있다는 점에서 보안관찰처분을 자유제한적 보안처분[197]으로 보고 있다.

197) 헌재결 1997. 11. 27. 92헌바 28(전원재판부).

대법원은 보안관찰처분은 피처분자가 이미 실행한 행위에 대한 책임을 물어 과하는 제재조치가 아니라 장래에 보안관찰법 소정의 특정범죄를 범할 위험성을 미리 예방하여 국가의 안전과 사회의 안녕을 유지하는 한편 처분 대상자의 건전한 사회복귀를 촉진토록 하는 것을 본질로 하는 예방조치로서의 행정작용인 점에서 형벌과는 그 본질을 달리한다고 판시198)하였다.

형벌이 아니기 때문에 일단 보안처분으로 보는 것이 타당할 것이다. 다만, 재사회화 목적을 달성하기 위해서 집행기관은 어떠한 프로그램을 가지고 집행을 하고 있는지, 재범위험성평가 절차를 구체적으로 마련하고 있는지, 다른 사상 그리고 그러한 신념과 양심에 대한 개선이 가능한가에 대한 의문점 등에 관한 면밀한 검토가 선행되어야 할 것이다.

4. 보안관찰과 보호관찰의 차이

보안관찰은 형벌로는 행위자의 사회복귀와 범죄의 예방이 불가능하거나 행위자의 특수한 위험성으로 인하여 형벌의 목적을 달성할 수 없는 경우에 형벌을 대체하거나 보완하는 것으로 사전예방적인 특성을 지닌다.

보호관찰은 그 유형에 따라 차이가 있겠지만, 집행유예형과 가석방형은 책임주의를 전제로 형벌, 특히 자유형의 집행이 변형되어 보호관찰을 실시하는 것으로 사후교정적인 특성을 지닌다. 유죄가 인정된 범죄인이나 비행소년에 대해서 교도소·소년원 등 시설에 구금하는 대신 일정한 기간 동안 사회 내에서 비교적 자유로운 생활을 허용하면서도 보호관찰관의 전문적인 지도·감독을 받게 한다는 점에서 보안관찰과 차이가 있다.

형종료보호관찰은 보안관찰과 유사한 점이 있다. 대상범죄가 형종료보호관찰은 성폭력 등 특정범죄이고 보안관찰은 보안관찰 해당범죄라는 기본적인 차이가 있지만, 집행과정에서는 집행주체의 지도·감독을 통한 재범방지와 사회복귀를 강조한다는 점에서 유사한 측면이 있다.

(집행유예·가석방형)보호관찰과 보안관찰의 개략적인 차이점은 [표 3 − 39]와 같다.

---

198) 대판 2002. 8. 23. 2002두911.

[표 3-39] 보호관찰과 보안관찰의 차이점

구분	보호관찰	보안관찰
처분의 개시	판결 또는 결정이 확정된 때	법무부장관의 결정
처분 관련 조사	보호관찰관	검사 또는 사법경찰관
심의·의결기관	보호관찰심사위원회	보안관찰처분심의위원회
분류 및 처우계획	보호관찰의 방향을 설정함	특별한 규정이 없음
지도·감독의 주체	보호관찰관	사법경찰관
지도·감독의 객체	대상자. 단, 필요시 가족, 학교관계자 등	피보안관찰자, 가족 및 그 관계인, 거소 제공된 사회복지시설의 장 및 관계기관과의 협조를 받음
임시해제	있음	없음
집행면제	없음	있음
종료 후 피처분자의 지위	강제적 관계 단절	보안관찰처분 대상자의 지위 유지

II. 보안관찰처분 대상자

1. 보안관찰 해당범죄를 범했을 것

보안관찰처분 대상자는 선행 위법행위로 보안관찰 해당범죄 또는 이와 경합된 범죄를 범해야 한다. 보안관찰 해당범죄는 형법의 내란의 죄 등과 군형법의 반란의 죄 등 그리고 국가보안법의 특정범죄를 범할 것이 요구된다.[199]

2. 형기 합계가 3년 이상일 것

보안관찰 해당범죄 또는 이와 경합된 범죄로 금고 이상의 형의 선고를 받고 그 형기 합계가 3년 이상이어야 한다. 여기서 경합범은 형법 제37조의 사전적·사후적

---

[199] 보안관찰법 제2조(보안관찰 해당범죄). 이 법에서 "보안관찰 해당범죄"라 함은 다음 각 호의 1에 해당하는 죄를 말한다.
  1. 형법 제88조·제89조(제87조의 미수범을 제외한다)·제90조(제87조에 해당하는 죄를 제외한다)·제92조 내지 제98조·제100조(제99조의 미수범을 제외한다) 및 제101조(제99조에 해당하는 죄를 제외 한다)
  2. 군형법 제5조 내지 제8조·제9조제2항 및 제11조 내지 제16조
  3. 국가보안법 제4조, 제5조(제1항 중 제4조 제1항 제6호에 해당하는 행위를 제외한다), 제6조, 제9조제1항·제3항(제2항의 미수범을 제외한다)·제4항

경합범을 모두 포함한다.

3. 형의 전부 또는 일부를 집행 받았을 것

형의 전부 또는 일부의 집행을 받은 사실이 있어야 한다. 형의 일부라도 집행을 받아야 하므로 집행유예자, 선고유예자, 집행을 면제 받아서 일부의 집행도 받은 적이 없는 사람은 보안관찰처분 대상자에 포함되지 않는다고 볼 수 있다.

Ⅲ. 보안관찰처분의 결정 절차

1. 청구

보안관찰처분의 청구권자는 검사이다. 청구는 피청구자의 성명 기타 그를 특정할 수 있는 사항 및 청구의 원인이 되는 사실 등을 기재한 보안관찰처분 청구서를 법무부장관에게 제출하면 된다(법 제8조).

검사가 보안관찰처분을 청구할 때에는 청구의 원인이 되는 사실을 기재하여야 하고, 이러한 사실을 증명할 수 있는 자료[200]와 의견서[201]를 첨부하여야 한다(법 제8조). 또한 동 처분을 청구하기 위해 필요하다고 판단한 때에는 직접 또는 사법경찰관리 등을 지휘하여 필요한 자료를 조사하게 할 수 있다(법 제9조). 검사 또는 사법경찰관리는 조사를 위해서 필요한 경우에는 ① 보안관찰처분 대상자 또는 그 관계인에 대한 출석요구, 자료제출 요구, ② 감정·통역이나 번역의 위촉, ③ 공무소 기타 공·사 단체에 대한 조회와 자료 제출 요구 등을 할 수 있다(법 시행령 제13조).

2. 결정

보안관찰처분의 심사는 법무부장관이 한다. 법무부장관은 심사를 위해 필요한 때에는 법무부 소속 공무원으로 하여금 조사하게 할 수 있다(법 제10조). 보안관찰처분에 관한 사안의 심의·의결은 법무부에 설치된 보안관찰처분심의위원회에서 하고,

---

200) 청구의 원인이 되는 사실을 증명할 수 있는 자료에는 사안조사기록, 주민등록표등본, 범죄경력조회서, 행형기록 사본, 보안관찰 해당범죄에 대한 판결문 등본, 보안관찰처분 대상자 관리부등본, 기타 재범위험성 유무를 판단할 수 있는 자료 등을 말한다.
201) 보안관찰법 시행령 제12조 제2항. 의견서에는 청구취지와 적용법조에 관한 의견을 기재하여야 한다. 실무상으로는 피청구자의 인적사항, 청구취지, 적용법조, 검사의 의견 등을 기재하도록 하고 있다.

이러한 의결을 거쳐 법무부장관이 결정한다.

보안관찰을 보안처분으로 볼 경우에 동 처분의 청구와 결정은 재범위험성 평가를 기초로 해야 하지만, 위와 같은 절차가 신뢰도와 타당도를 가지고 있는 평가도구 및 평가절차를 통해서 이루어지는지는 점검이 필요하다.

대법원은 이러한 절차에 대해서 별 의문을 제기하고 있지 않다. 보안관찰처분 대상자의 재범위험성이 없다고 본 사례[202]를 살펴보면, 재범위험성 평가에서 '보호요인'으로 보안관찰처분 대상자가 수감생활을 하는 중에 행형법상의 징벌을 받은 사실이 없는 점, 사상전향서를 제출한 뒤 인쇄기능사 자격을 취득한 점, 가석방 출소 후 인쇄업 및 출판업을 경영하면서 상당한 수입을 얻고 있는 점, 결혼 후 아들 둘을 낳고 안정된 생활을 하고 있는 점, 이미 보안관찰 해당 범죄에 대하여 사면을 받았고 종전의 보안관찰처분 기간 동안에도 신고의무를 모두 이행한 점을 들었다. 위험요인으로 보안관찰 해당범죄와 수감생활 중의 일부 과격한 주장 및 행동을 한 점, 관련 범죄자가 재범을 한 점을 들었다. 이러한 요인들을 종합하여 재범위험성이 없다고 판단하였다. 사상전향서의 제출을 재범위험성이 개선되었다는 가장 중요한 징표로 평가한 것으로 보인다.

3. 기간 및 갱신

보안관찰의 기간은 2년이다(법 제5조). 다만, 법무부장관은 검사의 청구가 있는 때에는 보안관찰처분심의위원회의 의결을 거쳐 그 기간을 갱신할 수 있다(법 제16조 제2항).

검사는 보안관찰처분의 기간을 갱신할 때 관할 경찰서장으로 하여금 피보안관찰자의 직업·월수입·가정환경·사회활동 상황 기타 기간 갱신여부를 판단할 수 있는 사항을 기재한 피보안관찰자 동태조사서와 보안관찰부 등본을 제출하게 한다. 기간의 갱신청구는 검사가 보안관찰처분의 기간 만료 2개월 전까지 법무부장관에게 한다(법 시행규칙 제33조).

---

202) 대판 1997. 7. 25. 97누2696.

Ⅳ. 보안관찰처분의 집행면제

1. 요건

법무부장관은 보안관찰처분 대상자 중에서 ① 준법정신이 확립되어 있을 것, ② 일정한 주거와 생업이 있을 것, ③ 2인 이상의 신원보증인의 신원보증이 있을 것 등의 요건을 갖추어야 한다(법 제11조 제2항).

2. 신청

보안관찰처분 면제를 신청하려는 보안관찰처분 대상자는 관할경찰서장에게 ① 주거가 일정함을 인정할 수 있는 서류(주민등록표 등본으로 주거를 확인할 수 없는 경우로 한정함), ② 재직증명서 기타 생업이 일정함을 인정할 수 있는 서류, ③ 2인 이상의 신원보증인의 신원보증서 등을 첨부하여 보안관찰처분 면제결정신청서를 제출해야 한다(법 시행령 제14조 제1항).

관할경찰서장은 보안관찰처분 면제결정신청서를 접수한 때에는 신청인의 진술을 듣고 재범위험성 유무와 신청인이 제출한 서류의 사실여부 및 신청인의 전과관계 등을 조사하여야 하고, 검사도 보안관찰처분 면제결정신청서를 송부 받은 때에 필요하다고 판단할 경우에는 위의 조사를 실시할 수 있다(법 시행규칙 제36조 참조). 다만, 보안처분의 집행을 면제하기 위한 재범위험성 평가절차로 볼 수 있을지 의문이다.

3. 결정

법무부장관은 이러한 요건을 갖춘 보안관찰처분 대상자의 신청이 있을 때에 부득이한 사유가 있는 경우를 제외하고는 3개월 내에 보안관찰처분의 면제여부를 결정하여야 한다(법 시행령 제11조 제2항). 보안관찰처분의 면제결정을 받은 사람은 그때부터 보안관찰처분 대상자 또는 피보안관찰자로서의 의무를 면한다(법 제11조 제6항). 다만, 피처분자의 지위가 발생하지 않고 보안관찰처분 대상자로서의 의무에서도 벗어나지만, 법무부장관은 재범위험성이 있다고 판단할 경우에 검사의 청구로 보안관찰면제결정을 취소할 수도 있다.

V. 불복 절차

보안관찰법에 의한 법무부장관의 결정을 받은 자가 그 결정에 이의가 있을 때에는 행정소송법이 정하는 바에 따라 그 결정이 집행된 날로부터 60일 이내에 서울고등법원에 소를 제기할 수 있다. 다만, 면제 신청에 대해서 기각결정을 받은 자가 그 결정에 이의가 있을 때에는 그 결정이 있는 날로부터 60일 이내에 서울고등법원에 소를 제기할 수 있다(법 제23조).

보안관찰 관련 소송은 보안관찰법에 규정된 것을 제외하고 행정소송법을 준용한다(법 제24조).

VI. 보안관찰의 집행 절차[203]

1. 보안관찰처분 대상자의 신고의무

보안관찰처분 대상자는 본 건에 대해 형의 집행을 받고 있는 교도소, 소년교도소, 구치소, 유치장 또는 군교도소(이하 '교도소 등'이라 함) 등에서 출소 전에 거주예정지 등을 '교도소 등'의 장을 경유하여 거주예정지 관할 경찰서장에게 신고하고, 출소 후 7일 이내에 그 거주예정지 관할 경찰서장에게 출소사실을 신고하여야 한다(법 제6조 제1항).

또한 '교도소등'에서 출소한 후에는 출소 전에 신고한 사항에 변동이 있을 때에는 변동이 있는 날로부터 7일 이내에 그 '변동된 사항'을 관할 경찰서장에게 신고하여야 한다(법 제6조 제2항). 정당한 사유 없이 이러한 신고를 하지 아니하거나 허위의 신고를 한 자 또는 그 신고를 함에 있어서 거주예정지나 주거지를 명시하지 아니한 자는 2년 이하의 징역 또는 100만 원 이하의 벌금에 처한다(법 제27조 제2항).

헌법재판소는 보안관찰처분 대상자가 교도소 등에서 출소한 후 7일 이내에 출소사실을 신고하도록 정한 (구)보안관찰법 제6조 제1항 전문 중 출소 후 신고의무에

---

203) 대법원은 보안관찰 관련 통계자료가 「공공기관의 정보공개에 관한 법률」의 비공개대상 정보에 해당하고, 정보공개거부처분의 취소를 구하는 소송에서 공공기관이 청구한 정보를 증거 등으로 법원에 제출한 것이 「공공기관의 정보공개에 관한 법률」 제2조 제2호에서 규정하는 '공개'로 볼 수 있는지에 대해서 소극적으로 판단하였다. 대판 2004. 3. 26. 2002두6538.

관한 부분 및 이를 위반할 경우 처벌하도록 정한 보안관찰법 제27조 제2항 중 (구) 보안관찰법 제6조 제1항 전문 가운데 출소 후 신고의무에 관한 부분은 사생활의 비밀과 자유 및 개인정보 자기결정권을 침해하지 않는다고 보았다. 또한 출소 후 신고조항 및 이를 위반할 경우에 처벌하는 조항은 평등원칙에 위반되지 않는다고 보았다. 반면, 변동신고조항 및 이를 위반할 경우 처벌하도록 정한 보안관찰법 제27조 제2항 중 제6조 제2항 전문에 관한 부분이 과잉금지원칙을 위반하여 청구인의 사생활의 비밀과 자유 및 개인정보자기결정권을 침해하는 것으로 판시[204]하였다.

피보안관찰자는 보안관찰처분 결정을 고지 받은 날로부터 7일 이내에 등록기준지, 주거, 성명, 생년월일, 성별, 주민등록번호 등의 사항을 관할 경찰서장에게 신고하여야 하고(법 제18조), 처분결정 고지를 받은 날이 속한 달부터 매 3월이 되는 달의 말일까지 ① 3월간의 주요활동 사항, ② 통신·회합한 다른 보안관찰처분대상자의 인적사항과 그 일시, 장소, 내용, ③ 3월간에 행한 여행에 관한 사항, ④ 관할 경찰서장이 보안관찰과 관련하여 신고하도록 지시한 사항 등을 관할 경찰서장에게 신고하여야 한다(법 제17조 제2항).

2. 보안관찰의 집행방법

검사 및 사법경찰관리는 피보안관찰자의 재범방지 및 건전한 사회복귀를 위해 지도와 보호를 할 수 있다.

1) 지도

검사 및 사법경찰관리는 피보안관찰자의 재범을 방지하고 건전한 사회복귀를 촉진하기 위하여 ① 피보안관찰자와 긴밀한 접촉을 가지고 항상 그 행동 및 환경 등을 관찰하는 것, ② 피보안관찰자에 대하여 신고사항을 이행함에 적절한 지시를 하는 것, ③ 기타 피보안관찰자가 사회의 선량한 일원이 되는데 필요한 조치를 취하

보안관찰 관련 통계자료가 공개될 경우 국가안전보장·국방·통일·외교관계 등 국가의 중대한 이익을 해칠 우려가 있다고 보았고, 보안관찰 관련 정보가 공개될 경우 국민의 생명·신체 및 재산의 보호 기타 공공의 안전과 이익을 현저히 해할 우려가 있다고 본 것이다.

204) 헌재결 2021. 6. 24. 2017헌바479. 보안관찰법 제6조 제2항 전문 부분에 대해서 보안관찰처분 대상자는 교도소 등에서 출소한 후 보안관찰처분 대상자의 신고사항에 변동이 있을 때에는 변동이 있는 날로부터 7일 이내에 그 변동된 사항을 관할 경찰서장에게 신고하여야 한다. 변동신고조항 및 위반 시 처벌조항에 대하여 위헌의견이 4인, 헌법불합치 의견이 2인이어서 헌법불합치결정을 선고하면서 2023. 6. 30.을 시한으로 개정될 때까지 계속 적용한다고 판시하였다.

는 것 등의 지도를 할 수 있다(법 제19조).

보안관찰의 집행에 필요한 경우에는 ① 보안관찰 해당범죄를 범한 자와의 회합·통신 금지, ② 공공의 안녕질서에 직접적인 위협을 가할 것이 명백한 집회 또는 시위장소에 출입금지, ③ 특정장소에의 출석을 요구하는 것 등의 조치를 할 수 있다(법 제19조 제1항).

2) 보호

검사 및 사법경찰관리는 피보안관찰자가 자조의 노력을 함에 있어서 그의 개선을 위하여 필요하다고 인정되는 적절한 보호조치를 할 수 있다. 그 방법은 ① 주거 또는 취업을 알선하는 것, ② 직업훈련의 기회를 제공하는 것, ③ 환경을 개선하는 것, ④ 기타 본인의 건전한 사회복귀를 위하여 필요한 원조를 하는 것 등이다(법 제20조).

3. 보안관찰의 중지

보안관찰의 집행은 검사가 결정서등본을 첨부한 서면으로 지휘한다. 피보안관찰자가 도주하거나 1월 이상 그 소재가 불명한 때에는 보안관찰처분의 집행을 중지하는 결정을 할 수 있다. 다만, 그 사유가 소멸된 때에는 지체없이 그 결정을 취소해야 한다(법 제17조).

4. 보안관찰의 종료

보안관찰은 그 결정이 취소되거나 2년의 기간이 경과하면 종료한다. 다만, 보안관찰의 종료로 피처분자는 보안관찰처분 대상자의 지위로 전환되는 것에 불과하므로 법 제6조 제2항의 변동사항 신고의무는 유지된다.

법무부장관은 검사의 청구가 있는 때에 보안관찰처분심의위원회의 의결을 거쳐 보안관찰의 기간을 갱신할 수 있다(법 제5조).

검사는 어떠한 이유로 기간을 갱신하는지, 몇 회를 갱신할 수 있는지 여부에 대해서는 명문의 규정이 없다.

Ⅶ. 보안관찰의 보안처분으로서 요건 검토

1. 선행 위법행위(동법 제3조)

선행 위법행위로 보안관찰 해당범죄 또는 이와 경합된 범죄를 범해야 한다.

2. 재범위험성

보안관찰처분 대상자 중 보안관찰 해당범죄를 다시 범할 위험성 즉, 동종재범 위험성이 인정되어야 한다. 보안관찰이 보안처분이 되기 위해서는 동종재범의 개연성이 인정되어야 함은 물론이다. 재범위험성을 판단하는 시기는 법무부장관이 보안관찰을 결정할 때라고 볼 수 있다. 다만, 그 절차가 구체적이고 명료하게 진행되는가는 별 문제이다.

3. 행정처분으로서 보안관찰

보안관찰처분에 관한 결정은 보안관찰처분심의위원회의 의결을 거쳐 법무부장관이 행한다. 즉, 보안관찰은 사법처분이 아니라 행정처분으로 결정되므로 보안처분의 사법부 관할을 우회하고 있다.

4. 소결

보안관찰은 법무부장관이 행하는 행정처분이라는 점, 사상범이라 불리는 특정 범죄를 대상으로 하고 있는 점, 경찰기관에서 집행하는 점 등의 특징이 있다. 보안관찰을 보안처분으로 볼 수 있는가와 관련하여 보안처분을 사법처분으로 보고 사법부 관할로 해야 한다는 점을 강조하면 보안처분으로 볼 수 없다는 점, 보안관찰이 재사회화 목적보다는 사상범을 사회적으로 격리 및 배제하는데 목적이 있다는 점 등을 고려하면 보안처분이라고 단정하기 어렵다.

VIII. 보안관찰의 위헌성 검토

1. 대법원의 견해

보안관찰의 본질과 그 위헌여부에 대해서 대법원[205]은 다음과 같은 견해를 취한다.

(구)사회안전법 소정의 보안처분은 처분대상자를 교육·개선시켜 사회에 복귀토록 하려는 것을 본질로 하는 예방조치로서의 행정작용인 점에서 형벌과는 그 본질을 달리하고 있는 점, 위법한 보안처분의 결정에 대해서는 행정소송을 제기할 수 있는 점, 입법 목적이 자유민주적 기본질서를 부정하고 적화통일을 노리는 호전적인 북한정치집단과 휴전선을 경계로 대처하고 있는 우리나라의 특수한 안보여건 하에서 국가의 안전과 사회의 안녕을 유지하려는 데에 있는 점 등으로 미루어 죄형법정주의, 무죄추정의 원칙, 형벌불소급의 원칙, 일사부재리의 원칙, 신속한 공개재판을 받을 권리, 신체의 자유, 평등권, 인간의 존엄과 가치 및 행복추구권 등의 헌법규정에 위반되지 않는다고 보았다.

2. 위헌성 검토

그러나 다음과 같은 점에서 보안처분으로서 보안관찰은 문제점이 없지 않다.

보안관찰처분은 형법 및 군형법, 국가보안법 등 특정범죄를 저지른 자를 대상으로 하고 있다. 사상범 내지 정치범에 대한 개선가능성을 염두에 두고 검사 및 사법경찰관에 의해서 집행이 이루어지고 있다.

1) 행동의 자유

피보안관찰자는 3개월 간의 주요 활동 및 여행에 관한 사항, 통신·회합한 다른 보안관찰처분 대상자의 인적사항과 그 내용을 신고해야 한다. 주요 활동에 대해서 신고의 범위가 명확하게 한정되지 않았다는 점에서 행동의 자유에 저촉될 가능성이 있다.

---

205) 대판 1997. 6. 13. 96다56115.

2) 명확성원칙

대법원[206]은 사회안전법의 보안처분 면제요건으로 '반공정신이 확립되어 있을 것'을 규정하고 있다거나 보안처분 기간의 갱신 여부를 결정함에 있어서 처분 대상자의 신념이나 사상을 신문하고 전향의 의사를 확인하는 것은 재범위험성 유무를 판단하기 위한 자료의 수집절차에 불과하다고 보았다. 사회안전법의 '반공정신이 확립되어 있을 것'은 보안관찰법의 '준법정신이 확립되어 있을 것'으로 개정되었다.

생각건대, 보안관찰처분 집행면제의 요건 중 하나인 '준법정신이 확립되어 있을 것'이라는 추상적인 개념을 사용하여 재범위험성을 판단한다는 것은 결국 결정권자의 자의적인 판단이 개입될 가능성이 높기 때문에 보안처분법정주의의 명확성원칙에 반할 가능성이 있다.

3) 위험형법

사회안전법은 정치범·사상범에 대한 위험형법의 경향이 성범죄자에 대한 개별 보안처분 도입의 촉매제가 되었고, 침해범 중심의 형법을 위험형법으로 변모시켰으며, 형법을 정치적 목적을 달성하기 위한 도구로 활용하며 경찰법화를 촉진시켰다.

4) 보안처분으로서 재범위험성 평가절차

보안처분의 핵심적 요건이라고 할 수 있는 재범위험성 평가절차와 관련하여 검사가 보안관찰을 청구할 때 재범위험성평가를 실시하는지 즉, 검사가 첨부하는 것은 청구의 원인을 증명할 수 있는 자료와 의견서인데 이를 통해 신뢰성 있는 재범위험성 평가를 할 수 있는지 여부와 검사가 사법경찰관리와 특별사법경찰관리에게 보안관찰처분을 필요로 하는 자료를 조사하게 할 수 있는데 경찰단계에서 전문적으로 재범위험성을 평가하는 도구와 절차가 마련되어 있는지 의문이다. 보안처분에서 재범위험성 평가절차를 형해화시키고 있다.

5) 평등원칙

보안관찰 해당범죄 또는 이와 경합된 범죄로 금고 이상의 형의 선고를 받고 그 형기 합계가 3년 이상인 자로서 형의 전부 또는 일부의 집행을 받은 사실이 있으면 보안관찰처분 대상자가 된다. 보안관찰법상 한 번 대상자가 되면 이로부터 벗어날

---

206) 대판 1997. 6. 13. 96다56115.

방법이 없어 무기한 보안관찰처분 대상자의 지위에 머물게 된다. 이는 합리적 이유 없이 다른 범죄를 저질러 출소하는 자들과 차별하고 있어 평등원칙에 반한다.

6) 적법절차원칙

보안관찰처분은 검사가 청구하여 보안관찰처분심의위원회의 심의·의결을 거쳐 법무부장관이 결정하는 바, 이는 법관의 재판을 받을 권리를 침해하고 있다. 또한 동 위원회의 위원장이 법무부차관이고, 위원의 과반수는 변호사 자격이 있는 자로 구성된다고 하지만, 이는 형사제재의 사법부 관할을 우회하고 있다. 헌법상 적법절차원칙과 법관에 의한 재판을 받을 권리를 침해할 가능성이 있다.

7) 보안처분으로서 '개선'의 목적

대법원[207]은 헌법이 보장하는 양심의 자유는 정신적인 자유로 어떠한 사상·감정을 가지고 있다 하더라도 그것이 내심에 머무르는 한 절대적인 자유이므로 제한할 수 없다는 태도이다. 그러나 이러한 내심의 사상을 문제로 삼는 것이 아니라 보안처분 대상자가 지니고 있는 사상은 그의 경력·전과내용·출소 후의 제반 행상 등에 비추어 내심의 영역을 벗어나 현저한 반사회성의 징표를 나타내고 있다고 볼 때에는 양심의 자유를 보장한 헌법규정에 반하지 않는다고 보았다. 그러나 이는 헌법이 보장하고 있는 사상·양심의 지유와 이중처벌금지원칙에 반하고, 보안관찰이 개선 및 보안이라는 목적을 달성하기 위한 '개선'에 적절한 수단인지 의문이다. 양심과 사상의 자유와 관계되기 때문이다.

---

207) 대판 1997. 6. 13. 96다56115.

형사제재로서
보안처분의 이론과 실제

제4장

사회 내 보안처분으로서
보호관찰의 위상 정립 방안

제4장

사회 내 보안처분으로서
보호관찰의 위상 정립 방안

   우리나라에서 보안처분에 관한 '실질적인' 최초의 입법은 1980년에 제정된 사회보호법이다. 보안처분의 종류로 보호감호, 치료감호, 보호관찰의 3종류를 명시하고 있었다. 보호감호는 폐지되고, 현재는 치료감호는 치료감호법, 보호관찰은 보호관찰법이라는 개별 법률을 통해 각각 처우 내용을 규정하고 있다.

   2000년대 이후 성범죄에 관해서 개별 법률을 통해 각각의 보안처분을 규정하는 방식이 주를 이루면서 보호관찰이 더욱 전문적인 영역으로 발전하는 데 장애요인으로 작용하고 있다. 즉, 가석방·가종료·집행유예 그리고 보호처분형 보호관찰로 운용해 오던 방식에서 벗어나 전자장치부착명령, 성충동약물치료명령 등의 보안처분과 결합한 보호관찰과 형종료보호관찰이 도입됨으로써 기존의 보호관찰에도 혼란을 야기하였다.

   또한 보안처분형 보호관찰과 관련해서도 형종료보호관찰과 부착명령 및 약물치료명령과 결합한 보호관찰이 개별적 특징 없이 처벌적 성격이 짙은 준수사항의 강화, 준수사항 위반에 대한 형벌의 부과 등의 강경한 처벌 외에는 일반 보호관찰과 대동소이하게 운용되는 문제점이 있다.

형벌 집행의 변형으로서 또는 보안처분이라는 이름으로 사회 내에서 활용되었거나 활용되고 있는 처분을 살펴보면, ⅰ) 사회안전법의 보호관찰과 주거제한처분, 사회보호법의 보호관찰, 형법의 보호관찰, 사회봉사명령, 수강명령, ⅱ) 성범죄자에 대해 특화된 처분으로는 「성폭력범죄자에 대한 처벌 및 피해자보호 등에 관한 법률」의 보호관찰, 사회봉사명령, 수강명령, ⅲ) 2000년대 이후 성범죄자에 특화된 처분으로는 신상정보등록·공개·고지, 전자장치부착명령, 형종료보호관찰, 성충동약물치료명령, 취업제한명령 등이 있다.

성범죄자 처우를 위해 새롭게 도입된 제도들이 재범위험성의 개선과 사회를 방위한다는 목적을 조화시키는 보안처분으로서 성격을 갖춤이 없이 사회방위 목적에 경도된 채로 운영되고 있는 상황이다.

형벌적 성격이 짙은 처분 즉, 신상정보등록·공개·고지, 취업제한명령 등을 제외하고 전자장치부착명령, 성충동약물치료명령 등은 독자적으로 운영되기보다 보호관찰관의 지도·감독과 병합되어 집행이 이루어지고 있다. '전자발찌', '화학적거세'라는 매우 자극적인 용어를 사용하면서 성폭력범죄 등 특정 강력범죄로 인해 불안한 국민의 법감정에 호소하는 듯한 요란한 입법정치의 허울 좋은 결과물에 불과하다는 비판을 제기할 수 있다.

성범죄자에게 도입된 새로운 보안처분들이 결국 보호관찰관의 지도·감독 내지 처우의 한 수단일 뿐이라는 사실에 직면할 경우에는 사회 내 보안처분을 보다 체계화하고 그 집행을 내실화할 수 있는 실질적인 개선방안을 도출해 내는 것이 바람직하다.

Ⅰ. 현행 사회 내 보안처분의 집행방식 검토

1. 특별한 집행 방식이 존재하지 않는 처분

신상정보등록·공개·고지, 취업제한명령 등은 처분 그 자체로 효력이 발생하고 집행기관의 실질적인 지도·감독 즉, 재사회화 목적 달성을 위한 처우가 존재하지 않는다. 특히, 신상정보 공개·고지 대상자의 주소와 실제 생활근거지가 달라서 당해 처분의 실효성을 장담할 수 없는 경우가 있고, 취업제한명령도 여성가족부장관이나 중앙행정기관의 장이 직접 또는 관계기관의 조회를 통해 연 1회 이상 점검을 하고 있기는 하지만, 취업이나 사실상 노무를 제공하는 것을 철저히 단속하기에는 한계가 있다. 피처분자의 입장에서는 지속적인 관리·감독하에 있지 않으므로 위장전입, 명의도용 등의 회피수단을 강구하기가 용이하기 때문이다.

사회안전법의 독립된 보안처분의 한 종류로 규정되었던 '주거제한처분'[1]은 현행 보호관찰법의 준수사항 그리고 전자장치부착법의 형종료부착명령이나 형종료보호관찰의 준수사항으로 규정되어 있다.

보호관찰관 등의 지도·감독이 없는 처분은 그 법적 성격을 두고 형벌이라는 견해가 등장할 수 있다. 사회방위에 주된 목적이 있고 개선목적을 위한 특별한 수단이 존재하지 않기 때문이다. 즉, 재범위험성을 평가한다는 보안처분의 전제조건을 구비한 형식을 취하고 있다 하더라도 당해 보안처분의 집행과정에서 재범위험성을 따로 평가하고, 이에 따라 개별처우를 실시하지 않는다는 점, 보호관찰관 등 전문가의 지도·감독을 받지 않기 때문에 실질적인 개선을 위한 조치가 수반되지 않는다는 점, 집행과정에서 재범위험성이 개선되는 정도에 따라 당해 보안처분을 정지, 면제 또는 해제하는 등의 임시적인 조치가 마련되어 있지 않은 점 등을 그 근거로 들 수 있다.

2. 보호관찰이 필수적으로 병과되는 처분

보호관찰이 필수적으로 병과되는 처분으로는 전자장치부착명령과 성충동약물치료명령이 있다.

부착명령은 그 유형을 불문하고 모두 보호관찰이 병과된다. 부착명령의 집행에 사실상 보호관찰이 실시되어 오던 것을 2010년 4월 전자장치부착법 개정을 통해서 보호관찰을 필요적으로 실시하도록 명문화하였다.

전자장치부착명령 도입이후 전자장치의 부착만으로도 성폭력범죄자의 재범방지에 효과가 인정된다는 논문[2]도 발견된다. 즉, 범죄자가 전자장치의 부착으로

---

1) 사회안전법의 주거제한처분은 관할 경찰서장에게 신고하고, 그 지시에 따라 보호관찰을 받도록 하였다.

2) 조윤오, 성폭력범죄자에 대한 위치추적 전자감독제도의 효과성 연구, 법무부 연구과제, 2009. 이 연구는 전자장치부착명령이 도입된 후 처음으로 실시한 효과성 연구라는 점에서 의미를 부여할 수도

인한 심리적 압박으로 범죄로 나아가지 못한다는 점 때문에 범죄예방 효과가 인정된다는 것이다. 그러나 부착명령 대상자라고 하더라도 현재의 위치 또는 이동경로만 확인이 가능할 뿐 성범죄자의 재범방지를 위한 프로그램은 따로 마련해야 한다.

성범죄자를 포함한 보안처분 대상자가 합리적 선택이 불가능한 상태에 있을 수 있다는 점을 상기한다면 일반예방적 효과에만 의지한 처분으로는 그 실효성을 담보하기 어려울 것이다. 또한 보호관찰이 필요적으로 병과된 이후에는 당해 처분의 효과성이 보호관찰관의 지도·감독의 효과인지 또는 부착명령을 통한 위치추적의 효과인지 개별적으로 구분해서 파악하기는 곤란하다.

전자장치부착법은 형종료부착명령 외의 유형은 모두 전자장치의 부착을 보호관찰의 준수사항 이행여부 등을 확인하기 위해 부과한다는 점을 명시하고 있다. 전자장치부착명령은 전자장치를 신체에 부착하기는 하지만 이것이 주된 기능은 아니다. 휴대장치에 위치추적 기능이 있기 때문이다. 피부착자의 이동경로를 파악할 수 있다고 해서 성폭력범죄의 재범을 방지한다거나 성폭력범죄 현장을 목격하여 체포할 수 있는 것은 아니고 범죄 후 체포를 용이하게 할 뿐이다. 따라서 보호관찰을 부과하면서 전자장치의 부착을 특별준수사항으로 부과하거나 또는 부과된 준수사항의 이행여부를 확인할 필요가 있는 경우에 병과하는 것이 바람직하다.

이러한 점은 최근 전자장치의 부착이 다른 형사사법 영역으로 확대되면서 더욱 분명해지고 있다. 전자장치부착명령 유형 중 특정 범죄자에 대한 가석방으로 활용되던 것이 특정범죄자 외의 가석방자에게도 보호관찰 준수사항의 이행여부 확인 등을 위해서 전자장치의 부착이 가능하고, 보석조건3)의 이행확인을 위해서도 전자장치의 부착이 가능하게 되었다. 예컨대, 보석의 조건으로 형사소송법 제98조 제9호 "그 밖의 피고인의 출석을 보증하기 위하여 법원이 정하는 적당한 조건을 이행할

있겠으나, 가석방된 성폭력범죄자 196명을 대상으로 설문조사 방식으로 전자장치 기능의 정확성, 보호관찰 개시교육의 적절성, 보호관찰관과 대상자의 관계 적합성 정도를 측정하였을 뿐이다. 가석방부착명령 대상자는 재범위험성이 긍정적으로 평가된 자라는 점, 부착명령 운용방식에 관한 설문조사일 뿐 재범률과 같은 효과성을 직접적으로 평가하지 않았다는 점, 가석방부착명령은 전자장치부착명령을 대표하는 유형이 아니라는 점, 현재도 동일하지만 당시의 가석방부착명령은 보호관찰이 주된 처분이라는 점 등을 고려하면 전자장치부착명령의 효과성에 관한 연구로 보기에는 한계가 있다.
3) 형사소송법 제98조 보석의 조건 참조.

것"을 근거로 전자장치를 부착하는 것이 불가능하지는 않을 것이다.4)

　　전자장치부착법은 2020년 4월 개정을 통해 법원은 형사소송법 제98조 제9호에 따른 보석조건으로 피고인에게 전자장치 부착을 명할 수 있도록 규정하고 있다. 다만, 동법 제32조의3에서 보호관찰소장은 보석조건부 전자장치의 부착에 따라 피고인의 보석조건 이행여부를 확인하기 위해 적절한 조치를 해야 한다고 명시하고 있다. 이러한 규정으로 미루어 '전자장치의 부착'이 보석의 유일한 조건으로 부과될 수도 있겠으나, 보석과 전자장치의 부착이 어떤 관계가 있는지 면밀한 검토가 필요하다. 즉, 피고인에게 전자장치를 부착하여 어떤 효과를 달성할 것인지가 분명하지 않다. 보석을 허가할 때 '법원이 지정하는 장소로 주거를 제한하고 이를 변경할 필요가 있는 경우에 법원의 허가를 받도록 한다'거나 '피해자나 당해 사건의 재판에 필요한 사실을 알고 있다고 인정되는 자 등에게 접근하지 말 것'과 같은 조건을 부과하고 이의 준수여부를 확인하기 위해서는 전자장치가 유효한 수단이 될 수 있다.

　　물론 전자장치를 부착하여 심리적으로 위축된 생활을 하게 함으로써 도망이나 증거인멸 등을 방지할 수도 있겠으나, '위치가 추적된다는 사실'과 '도망이나 증거인멸의 방지'라는 도식의 적합도 내지 긴밀도는 그리 높지 않다. 전자장치의 훼손 등으로 위치추적 기능이 상실될 때에는 전자장치의 부착은 의미가 없어진다. 이는 부착명령의 경우에도 동일하다.

　　보호관찰이 병과되지 않은 위치추적의 기능만으로는 사회내처우와 어울리지 않는다. 약물치료명령도 보호관찰이 필수적으로 병과된다. 성충동약물치료법에서 말하는 성도착증 환자는 치료감호법 제2조 제1항 제3호에 해당하는 사람 및 정신건강의학과 전문의의 감정에 의하여 성적 이상 습벽으로 인하여 자신의 행위를 스스로 통제할 수 없다고 판명된 사람이다. 이러한 대상자에게 약물치료명령을 부과해서 스스로 치료를 받을 수 있다고 보는 사고가 오히려 상식 밖이다. 약물치료명령에 필요적으로 보호관찰이 병과된 이유이기도 하다. 역으로 약물치료명령만으로는 충분한 효과를 장담하기 어렵다는 점을 입법자가 인정하고 있는 것이나 다름없다. 즉,

---

4) '전자발찌 부착=성폭력범죄자'라는 도식이 여전히 성립하고 있는 상황에서는 쉽지 않은 가정이겠으나, 이러한 도식이 깨졌다는 점, 전자장치의 부착이 형사사법 각 단계별로 확대되고 있어 성범죄자에 대해서만 유효한 개별처우의 수단이 아니라는 점 등으로 미루어 불가능하지는 않다고 본다.

부착명령이나 약물치료명령은 독자적으로 재사회화 목적을 달성하기 위한 개별처우 수단으로 활용하기에는 한계가 있다.

3. 독립적으로 활용이 가능하지만 집행기관의 통제가 필요한 처분

독자적으로 활용이 가능하지만 집행기관의 전문적인 지도·감독이 요구되는 처분으로는 사회봉사명령과 수강명령이 있다. 「보호관찰 및 사회봉사명령 등에 관한 예규」는 사회봉사명령과 수강명령에 적합한 대상자의 유형[5]을 명시하고 있다.

동 명령을 재판시에 선고하는 것이 타당할 것이지만, 법관이 피고인에게 개별처분이 적절한지 여부를 판단하기에는 재판 일정이 촉박하고 판단의 자료가 빈약하다. 조사제도를 활용하는 방안이 있다. 사회봉사명령과 수강명령을 부과하기에 적합한가 여부를 판단하기 위해서는 적절한 사회환경에 대한 조사와 평가가 필요하기 때문이다. 조사서 작성을 위한 가정환경 및 심층면담을 기초로 한 자료의 중요성을 과소평가할 수 없다. 그러나 보호관찰 기간 동안 대상자를 지도·감독하는 보호관찰관의 전문적 처우를 통해 각각의 명령에 적합한 유형인지 판단하는 것이 더 적절해 보인다. 사회봉사·수강명령을 보호관찰의 준수사항으로 활용되는 것이 더 타당하다는 관점이다.

사회봉사명령 또는 수강명령이 단독으로 부과된 경우에는 그 기간이 짧기 때문에 따로 재범률을 산정하지 않고, 보호관찰과 병과된 경우에만 재범률을 산정한다고 한다.[6] 사회봉사명령이나 수강명령을 집행하면서 적극적으로 준수사항을 부과하기도 어렵다. 보호관찰법 제62조는 사회봉사·수강명령 대상자의 준수사항을 명시하고 있다. 즉, 보호관찰관의 집행에 관한 지시에 따를 것, 주거를 이전하거나 1개월 이상 국내·외 여행을 할 때에는 미리 보호관찰관에게 신고할 것을 규정하고 있다. 이는 보호관찰 대상자의 일반준수사항 중 '보호관찰관의 지도·감독에 따를 것'과 '주거를 이전하거나 1개월 이상 국내·외 여행을 할 때에는 미리 보호관찰관에게

---

5) 보호관찰 및 사회봉사명령 등에 관한 예규(재판예규 제1711호) 제5조는 사회봉사명령이나 수강명령에 적합한 대상자의 유형을 예시적으로 규정하고 있다.

6) 재범의 판단은 구속, 불구속을 기준으로 판단하지 않고, 검사가 사건을 종국 처분한 때를 기준으로 한다. 즉, 구공판, 소년부송치, 가정보호송치 등을 기준으로 하며 검사의 불기소처분(혐의 없음, 기소유예, 기소중지, 죄가 안됨, 공소권 없음) 및 구약식 사건은 제외하고 있다. 홍영오, 강력범죄의 재범률 및 재범예측에 대한 연구, 한국형사정책연구원, 2014, 43면.

신고할 것'과 동일하다.

　사회봉사명령의 집행과 관련하여 보호관찰관의 지도·감독과 주거이전에 따른 관할의 문제로 인한 사실상 집행의 곤란을 방지하기 위해서 이송 등의 조치가 필요하기 때문에 지켜야 할 사항으로 대상자의 개별적 특성을 고려하여 처우하기 위한 준수사항과는 거리가 멀다.

　보호관찰법 제62조 제3항은 법원은 판결을 선고할 때 위의 두 가지 준수사항 외 동법 시행령 제19조를 사회봉사·수강명령 대상자에 대해서 준용하고 있다. 이 규정에 의할 경우에는 보호관찰 특별준수사항의 내용이 사회봉사·수강명령 대상자에게도 그대로 적용될 수 있다는 결론에 이른다. 그러나 대법원은 이를 부정하였다.[7] 형의 집행을 유예하는 경우 명할 수 있는 사회봉사는 500시간 내에서 시간단위로 부과될 수 있는 일 또는 근로활동을 의미하는 것으로 해석하면서 사회봉사명령을 부과할 때 '피고인에게 일정한 금원을 출연할 것'을 명하는 것은 허용될 수 없다고 판시한 바 있다. 사회봉사명령을 부과할 때 보호관찰법에 명시된 두 개의 준수사항 외에는 법률에 특별한 규정이 없는 한 피고인에게 불리한 특별준수사항을 부과할 수 없다고 한다. 즉, 보호관찰 없이 사회봉사명령과 수강명령을 단독으로 또는 병과하여 선고할 경우에는 보호관찰 대상자에 대한 특별준수사항을 사회봉사·수강명령 대상자에게 적용하는 것은 적합하지 않다는 것이다. 사회봉사·수강명령은 특정시간 동안의 적극적인 작위의무를 부과하는 데 그 특징이 있다는 것을 주요 근거로 하고 있다.[8]

　생각건대, 대법원 판례에서 사회봉사명령 대상자에게 '일정한 금원을 출원하라'는 준수사항은 개별처우의 관점에서 문제가 많다. 준수사항은 보호관찰관의 지도·감독의 지침이고, 대상자에게는 생활의 지침이 된다는 점에서 '금원출원'의 준수사항을 부과하는 것은 부적절해 보인다.[9] '범죄행위로 인한 손해를 회복하기 위하여 노력할 것'이라는 준수사항과 '금원출원'의 준수사항을 동일하게 볼 수도 없다. 보호관찰법 제32조 제3항은 제1호부터 9호까지 준수사항을 정하고 있고, 제10호에서 그밖에 필요한 사항에 대해서는 대통령령으로 정하도록 규정하고 있다. 동법 시행령

---

7) 대판 2008. 4. 24. 2007도8116.

8) 대판 2009. 3. 30. 2008모1116.

9) 다만, 위와 같은 준수사항의 부과가 불가능하다는 견해는 아니다. 금원출원의 목적, 금액, 대상자의 상황을 고려하면 개별처우에 적합한지 판단할 수 있기 때문이다.

제19조 또한 제1호부터 제7호까지 특별준수사항을 정하고 있으나, 제8호[10])에서는 구체적인 사항을 규정하지 않고 자유를 부당하게 제한하지 아니하는 범위에서 적절한 준수사항을 설정할 수 있음을 포괄적으로 규정하고 있다.

보호관찰법 제62조 제2항은 사회봉사·수강명령 대상자의 일반준수사항을, 제3항은 특별준수사항을 규정하고 있고, 보호관찰 대상자에게 부과할 수 있는 사항을 규정하고 있는 보호관찰법 시행령 제19조를 준용하고 있다. 법원 또는 보호관찰심사위원회는 자유를 부당하게 침해하지 아니하는 범위에서 대상자의 범죄원인과 특성에 따라 다양한 특별준수사항을 부과할 수 있다고 본다. 보호관찰소장도 사회봉사명령 대상자가 음주 후 사회봉사에 임하는 경우, 음주운전으로 (준법)수강명령을 부과 받은 사람에게 초기 면담과정에서 음주운전이 습관화 되어 있음을 간파하고 법원에 예컨대, '0.05% 이상의 음주를 하지 말 것'이라는 특별준수사항을 적극적으로 추가 신청해야 한다.

대법원의 입장에서 중요한 점은 사회봉사·수강명령 대상자에게 부과된 시간이다. 부과된 시간의 집행이 이루어지면 동 처분은 종료하는 것이다. 그러나 정신적·심리적인 이유로 성범죄를 범한 대상자에 대해서 단순히 수강명령 40시간의 이행으로 효과성을 담보할 수 있다는 생각은 너무 단순하다. '성폭력 수강프로그램'을 이수하기 위해서 또는 대상자의 심리적 특성을 파악하기 위해 심리검사를 실시하는 등의 별도의 처우가 필요하다.

단순히 수강프로그램에 참가한다고 해서 성범죄의 원인이 치유될 수 있다고 보는 것은 무리가 있다. 따라서 사회봉사·수강명령 대상자에게 부과할 수 있는 특별준수사항이 부과의 주체인 법원 등과 협의하여 개발되지 않았다는 점, 부과된 특정 시간의 작위의무 외 새로운 준수사항을 설정하는 것 또한 새로운 불이익을 부과하는 것이기 때문에 법률주의가 적용되어야 한다는 점 등을 고려하면 사회봉사명령과 수강명령을 독자적으로 운영하는 것보다는 보호관찰의 준수사항으로 운영하는 것이 더 바람직하다고 본다.

성폭력범죄자에 대한 부착명령 부과시 이수명령이 준수사항으로 규정된 것은

---

10) 보호관찰법 시행령 제19조 제8호는 "그 밖에 보호관찰 대상자의 생활상태, 심신의 상태, 범죄 또는 비행의 동기, 거주지의 환경 등으로 보아 보호관찰 대상자가 준수할 수 있고 자유를 부당하게 제한하지 아니하는 범위에서 개선 자립에 도움이 된다고 인정되는 구체적인 사항" 이라고 규정하고 있다.

일단 적절하다고 본다.[11]

II. 현행 사회 내 보안처분의 독립 보안처분으로서의 지위 검토

전자장치부착명령은 형종료부착명령, 가석방·가종료형 그리고 집행유예형으로 그 유형이 나뉘어 규정되어 있다.

형종료부착명령 외에는 그 처분 유형에 필요적 또는 임의적으로 병과되는 보호관찰의 준수사항의 이행여부를 확인하기 위해 부착명령을 부과한다.

형종료부착명령의 보안처분으로서 법적 성격을 인정하면서도 동 명령이 보안처분의 일종이라고 하기 위해서는 독립적인 제재로서의 조건을 갖추어야 한다는 견해[12]가 있다. 즉, 피부착자가 자신의 위치가 추적되고 있다는 사실에서 재범을 억제하는 면이 있을 수 있으나, 전자장치의 부착은 대상자의 위치를 추적하기 위한 것으로 이것만으로는 재범예방이라는 실질적인 제재효과를 기대하기 어렵다는 점, 사실상의 재범억제 효과는 전자장치 부착에 따른 간접적인 효과일 뿐 그 자체가 전자장치 부착의 실질적인 기능이 된다고 보기 어렵다는 점 등을 근거로 독립적인 제재라고 보기 어렵다고 한다. 따라서 형종료부착명령도 가석방이나 집행유예형의 경우와 같이 독립적인 제재가 아니라 보호관찰을 집행하는 과정에 있어 보다 집중적으로 감독하기 위한 '감독수단' 내지 '감독도구'로 이해해야 한다는 것이다.

생각건대, 전자장치부착명령이 독자적인 제재로 기능하고 있음을 부인하기 어렵다. 이러한 처분이 자유형과 비교가 가능할 정도로 기본권을 침해 내지 제한하고 있기 때문이다. 다만, 이러한 처분이 보호관찰의 준수사항으로 기능하고 보호관찰관의 지속적인 지도·감독 과정에서 그 효과성이 배가 될 수 있다는 지적은 적절하다. 그러나 전자장치부착명령의 법적 성격을 형벌 또는 보안처분으로 보는 견해나 양자의 성격을 모두 가지고 있다는 견해에 의하면, 현행 부착명령 운용상황을 보면 기본권 침해 내지 제약의 정도를 고려했을 때 '처벌'적 성격이 있고, 부착명령을 보호관찰의 준수사항으로 규정한다고 하더라도 자유를 제한 내지 침해하는 정도를 고려한

---

11) 수강명령이든 이수명령이든 그 명칭을 불문하고 독자적으로 운영하는 것보다는 보호관찰관의 지속적인 지도·감독하에 두고 그 기간을 합리적으로 구분하여 부과한다면 효율적으로 운용될 수 있으리라 판단된다.

12) 김혜정, 전자장치부착명령의 법적 성격과 제 문제, 법조 제60권 제9호, 2011, 310−312면 참조.

다면 부담적 성격을 가지고 있음을 부인하기 어렵다.

따라서 전자장치부착명령을 보호관찰 준수사항 이행여부를 감독하는 수단으로 인정하기 위해서 굳이 독립적인 제재라는 점을 부인할 필요성은 느끼지 못한다.

전자장치부착명령과 그에 따른 준수사항을 부과 받은 사람이 스스로 그러한 사항을 준수하며 동 명령에 순응하기 어려울 가능성이 있다. 전자장치를 신체에 부착하는 것으로 끝나는 것이 아니라 거주지에 설치하는 장치와 피부착자가 항상 휴대하여야 하는 장치가 있어서13) 이러한 기계장치에 대한 교체나 유지·보수를 위해서도 지속적인 지도와 감독이 필요하다.

형종료부착명령과 그 외의 부착명령 유형의 집행방식이 다르다는 사고방식은 단순하다. 전자장치를 부착했다는 사실이 형 집행이 종료된 이후에 활용하는 경우에는 독자적으로 의미가 있고, 그 외 가석방형 등의 경우에는 보호관찰 준수사항의 이행감독 수단으로서 의미가 있다는 분리된 사고는 의미가 없다. 왜냐하면 전자장치를 부착한다는 사실상 동일한 형태의 명령 집행이 형사사법의 각 단계에 따라 그 내용이 달라진다는 것은 이해하기 어렵기 때문이다. 이는 전자장치 부착의 사실적인 의미가 달라지는 것이 아니라 여기에 부가되는 처우 내용의 차이에 따라 달라진다고 보아야 한다.

형종료부착명령과 가석방부착명령 등은 모두 동일하게 전자장치를 부착하는 것이다. 보호관찰 병과 없이 형종료부착명령이 집행되던 시기에도 사실상 보호관찰을 실시했다는 점14)과 이후 개정을 통해 보호관찰이 병과되었다는 사실을 고려한다면 유형에 상관없이 보호관찰의 준수사항으로서 의미가 있을 뿐이다. 다만, 부착명령이 보호관찰의 준수사항으로서 의미가 있다는 점이 독자적인 형사제재로서의 성격을 가지고 있는 점을 부정하는 것은 아니다.

전자장치의 부착이 독자적인 보안처분보다는 보호관찰이든 그 밖의 처분이든 주처분의 준수사항으로서 적절히 기능할 수 있음은 2020년 2월 개정된 전자장치부

---

13) 현재 부착장치와 휴대장치가 결합한 '통합형 전자장치'가 있기는 하지만, 전자장치의 기계적 결합이 있거나 전자장치를 충전하는 경우 등 누군가의 지속적인 교육 내지 원조가 필요한 장치라는 점은 변하지 않는다.

14) 현직 보호관찰관과 심층면담 한 내용이다. 이는 입법적으로도 확인된다. 2010년 4월 15일 개정 이전의 전자장치부착법 제12조 제1항은 "부착명령은 검사의 지휘를 받아 보호관찰관이 집행한다."라고 규정하고 있었다. 즉, 당시는 현재와 같은 부착명령과 보호관찰이 병과되는 형태가 아니었다.

착법에서도 확인된다. 동법 제22조 제3항을 신설하여 보호관찰심사위원회는 특정범죄 외의 범죄자가 가석방되어 보호관찰을 받는 경우에 준수사항의 이행여부를 확인하기 위해 전자장치를 부착할 수 있도록 한 것이다. 또한 전자장치부착법 제31조의2를 신설하여 법원은 형사소송법 제98조 제9호에 따른 보석조건으로 피고인에게 전자장치 부착을 명할 수 있도록 하였다.

전자장치의 부착을 전반적인 형사사법 영역으로 확대하기 위해서는 먼저 국민의 뇌리에 남아 있는 '전자발찌 부착＝성폭력범죄자'라는 도식을 제거해 줄 필요가 있다.

입법자는 전자장치부착법 제정 당시 성폭력범죄자의 재범방지에 효과적이고 탁월한 수단으로 도입한 전자장치부착명령의 대상자를 성폭력범죄자에 한정하였음에도 이후 법 개정을 통해서 특정범죄자로 그 대상이 확대된 점,[15] 2020년 2월 개정 전자장치부착법을 통해 특단의 이유를 설시하지 않고 부착명령이 비록 가석방 대상자에 한정되기는 했지만 특정범죄 외의 범죄자에게 확대된 점, 전자장치부착법 제1조의 입법 목적을 개정하면서 수사 및 재판단계에서 전자장치를 부착하여 어떻게 재사회화 목적을 달성하겠다는 것인가에 대한 분명한 입장을 표명하지 않았다는 점[16] 등에 대해서는 비판의 여지가 있다.

법원에서 보석을 허가할 경우에 주거를 제한할 필요가 있는 경우나 피해자 등 특정인의 주거·직장 등 그 주변에 접근하지 못하도록 할 필요가 있는 경우에는 전자장치 부착이 매우 유용한 수단이 될 수 있다. 그러나 이러한 전자장치를 부착하여 일정한 준수사항의 이행여부를 확인하는 것은 성폭력 등 특정범죄자에게만 특화된 처분으로 볼 수 없을 뿐만 아니라 전자장치 부착 관련 업무가 특정 기관의 독자적 업무로 획정되는 것도 아니다. 왜냐하면 사회 내 보안처분으로서 보호관찰이 병행되지 않는 이러한 업무는 '사회내처우'라는 독자적이고 전문적인 영역을 벗어나므로

---

15) 2009년 9월 개정으로 미성년자 유괴죄, 2020년 4월 개정으로 살인죄, 2012년 12월 개정으로 강도죄가 각각 추가되었다.

16) 전자장치부착법 제1조는 "이 법은 수사·재판·집행 등 형사사법 절차에서 전자장치를 효율적으로 활용하여 불구속 재판을 확대하고, 범죄인의 사회복귀를 촉진하며, 범죄로부터 국민을 보호함으로 목적으로 한다."라고 규정하고 있다. 집행단계에서는 재판이 끝났으므로 불구속 재판과 관련이 없다는 점, 수사와 재판단계에서는 '무죄추정의 원칙'상 아직 범죄인이 아니라는 점, 수사와 재판을 받고 있는 사람에게 전자장치 부착 외 어떤 사회복귀적인 조치를 취할 수 있는지 여부가 문제될 수 있다는 점 등을 고려하면 입법 목적 자체가 분명하지 않고 충분한 의견의 수렴 없이 '즉흥적'으로 개정되었다는 느낌을 지울 수 없다.

어느 기관에서도 운영의 묘를 살릴 수 있기 때문이다.[17]

Ⅲ. 현행 사회 내 보안처분의 보호관찰 준수사항화

전자장치부착명령은 위치를 확인하는 수단에 불과하다. 대상자의 위치를 확인하는 방법이 '전자발찌'를 차고 재택장치를 설치하고 휴대장치를 상시 휴대해야 그 위치를 확인할 수 있는 것은 아니다. 위치를 확인하는 방법 중의 하나가 개인이 소유한 휴대전화에 위치추적장치를 탑재하는 방식이 있다. 현재의 부착명령은 매우 강경한 보안처분이다. 그러나 운용방법 여하에 따라 매우 가벼운 처분으로 전환될 수도 있을 것이다.

전자장치부착명령의 준수사항 및 형종료보호관찰의 준수사항은 대동소이함을 살펴보았다. 또한 이들은 보호관찰법의 준수사항과 대동소이하다.

성충동약물치료법 제10조 제1항의 준수사항은 치료기간 동안 '주거를 이전하거나 1개월 이상 국내·외 여행을 할 때에는 미리 보호관찰관에게 신고할 것'이라는 준수사항을 제외하고 보호관찰법 제32조 제2항 각호의 준수사항을 이행해야 한다고 규정하고 있다. 이에 더해 ⅰ) 보호관찰관의 지시에 따라 성실히 약물치료에 응할 것, ⅱ) 보호관찰관의 지시에 따라 정기적으로 호르몬 수치 검사를 받을 것, ⅲ) 보호관찰관의 지시에 따라 인지행동 치료 등 심리치료프로그램을 성실히 이수할 것과 같은 준수사항을 모든 약물치료명령 대상자에게 부과하고 있다.

보호관찰법 및 보호관찰법 시행령의 준수사항 그리고 '그 밖에 보호관찰 대상자의 재범 방지를 위하여 필요하다고 인정되는 사항'이 준수사항으로 부과되어 있다. 그러나 성충동약물치료법의 준수사항 규정은 보호관찰법 준수사항의 틀에서 한 치도 벗어나 있지 않다. 오히려 새로 도입된 보안처분임에도 개별처우의 원칙에 부적합하고, 사회 내 보안처분의 대상자에게 공통적으로 적용되는 '준수사항의 묶음'에 불과할 뿐이다.

보호관찰 대상자에게 '특정 약물치료를 받으라'는 준수사항이 부과되었을 때,

---

17) 형사사법 단계별로 각각 담당하는 업무영역을 획정할 수 있다고 할 것인데, 전자장치를 부착하는 처분이 보호관찰과 결합하는 경우와 단독으로 전자장치만 부착하는 경우는 다를 것이다. 후자는 어느 기관에서도 고유 업무영역으로 할 수 있기 때문에 전자장치의 부착이 형사사법 전 영역으로 확대되는 것과 보호관찰이 형사사법 전 영역으로 확대되는 것을 동일한 수준에서 평가할 수 없다.

보호관찰관은 그 준수사항을 이행할 수 있도록 대상자를 독려하고 전문적 처우기법을 동원해서 병원으로 인도하여 치료를 받게 할 것이다. 바로 그것이 보호관찰관의 지도·감독이기 때문이다. 범죄의 경중이나 그 원인을 검토하지 않은 채 무차별적으로 준수사항을 부과하고 이를 위반한 경우 형벌로 대처하는 것은 보안처분으로서 바람직한 방향으로 가고 있는 것은 아니다. 재사회화 목적을 지향하고 있지 않기 때문이다.

준수사항이 너무 많다는 것은 대상자의 속성을 잘 파악하지 못하고 있다는 방증이다. 선도위탁 보호관찰처럼 모든 대상자에게 동일한 준수사항을 부과할 경우에는 개별처우에 적합하지 않다. 또한 모든 준수사항에 대한 지도·감독이 이루어진다고 보기도 힘들다. 예컨대, '마약·향정신성의약품 등 해로운 작용을 일으킬 우려가 있는 물질을 사용하지 말 것'의 준수사항이 필요적으로 부과된 경우, 이는 약물남용의 습성이 있는 대상자에게는 적합한 준수사항이나 이와 상관없는 대상자에게는 점검이 필요 없는 준수사항에 불과하기 때문이다.

따라서 보호관찰관은 대상자의 범죄원인을 고려한 재범 위험요인의 개선에 초점을 맞춘 개별화된 준수사항이 부과될 수 있도록 적극적으로 개입해야 한다. 사범별 범죄자의 특성과 범죄원인을 고려하여 보호관찰관이 어떠한 개입을 할 수 있는가에 대한 확실한 지침을 제공할 수 있는 설명서의 개발이 필요하다.

형벌 또는 보안처분의 내용과 목적을 가장 잘 이해하는 주체가 법관이라면, 보호관찰관은 대상자의 생활세계로 개입하여 지도·감독을 실시한다는 점에서 개선 및 치료의 대상으로서 재범위험요인을 가장 잘 파악할 수 있는 위치에 있다. 따라서 재범에 대한 보호요인을 강화하는 동시에 재범의 위험요인을 차단하는 준수사항을 적극적으로 추가·변경·삭제함으로써 지도·감독이 이루어져야 한다.

[제2절] 사회 내 보안처분으로서 보호관찰의 개선점

Ⅰ. 재범위험성 평가과정에 대한 객관적 기준의 설정

1. 재범위험성 평가의 시기

재범위험성과 관련해서 중요한 쟁점 중의 하나는 자유형과 보안처분이 병과되는 경우에 자유형의 집행이 종료된 후에는 별다른 절차 없이 바로 집행해야 하는가 하는 문제이다.

성범죄자의 경우에 징역형과 형종료부착명령 또는 형종료보호관찰이 선고되면 부착명령 등을 선고하는 시점과 집행하는 시점에 상당한 시간적 간격이 존재하게 된다. 이는 재범위험성 평가과정에서 신뢰성에 대한 의문을 제기할 수 있다. 보안처분은 선고시점뿐만 아니라 집행시점에도 재범위험성이 존재해야 하는데, 선고 당시에 자유형의 시설내처우 또는 치료감호의 수용치료를 통해 재범위험성에 변화가능성이 크다는 점을 감안한다면 형 집행의 종료 또는 치료감호의 종료 시점의 재범위험성까지 예측한다는 것은 불가능에 가깝다.

자유형과 형종료부착명령이 병과된 경우와 같이 보안처분의 선고시점과 집행시점의 재범위험성 평가에 차이가 존재할 수 있다는 점에 대한 해결책으로 다음과 같은 견해가 있다.

자유형을 먼저 집행할 경우에 형 집행의 종료가 임박한 시점에 재범위험성을 다시 평가하는 중간심사절차를 두어 보안처분의 집행여부를 결정해야 한다는 견해,[18] 모든 사회 내 보안처분의 부과여부는 피고사건의 판결시가 아닌 형벌의 집행이 종료되는 시점에서 법원이 판단해야 한다는 견해,[19] 법관이 재범위험성의 존부를 확신할 수 없는 경우에 보안처분의 선고를 유보하고 형 집행의 종료가 임박한 시점에서 보안처분을 집행할 것인지 여부에 대해서 판단하자는 입장[20]이 있다.

---

18) 김혜정, 보안처분의 체계적 입법화를 위한 소고, 형사법연구 제25권 제4호, 2013, 149면.

19) 정지훈, 재범의 위험성과 보안처분의 정당화 과제-성범죄자에게 부과되는 사회 내 보안처분을 중심으로-, 형사법연구 제28권 제3호, 2016, 26면 이하.

20) 2011년 형법총칙 개정안 제83조의5. 보호수용의 집행유예와 관련하여 형 집행 종료 후 보안처분의 개시 전에 재판시에 선고되었던 보안처분의 집행을 유예하거나 임시해제 여부를 판단하자는 입장이다.

대법원은 치료감호와 전자장치부착명령이 병과되고 치료감호가 먼저 집행된 경우에 치료감호를 통한 치료 경과에도 불구하고 부착명령의 요건으로서 재범위험성이 인정되는지를 별도로 판단하여 집행 시에도 여전히 재범위험성이 존재해야 한다는 입장[21]이다. 헌법재판소[22]는 선고 시에 보안처분의 재범위험성 요건이 충족되었더라도, 장래의 재범위험성을 선고시점에서 판단하는 데에 한계가 있음을 인정하고 있다.

생각건대, 재판 시에 재범위험성을 평가해서 보안처분을 선고하는 것이 타당하다. 그렇지만 보안처분을 선고할 때 집행시의 재범위험성을 예측한다는 것이 불확실하다는 점에 대해서는 이의를 제기하기 어렵다. 위의 견해 모두 형의 집행이 종료될 시점에서 재범위험성을 다시 판단하자는 점에 대해서는 기본적으로 동일하다.

그러나 예외는 있을 수 있겠지만, 형의 집행이 종료될 단계 또는 형 집행 중 재범위험성평가를 통해 보안처분의 집행여부를 다시 판단하자는 견해는 가석방 또는 가종료 심사와 중복될 가능성이 있다. 가석방을 판단할 수 있는 시점과 시설 내 보안처분의 임시해제 등을 판단할 수 있는 시점 즉, 각 처분의 집행기간이 경과한 비율을 고려했을 때 재범위험성이란 동일한 심사를 할 가능성이 크다는 것이다. 따라서 이중의 재범위험성 평가가 될 수 있다는 점에서 문제가 있다.

보안처분의 선고자체를 유보하는 방안은 피처분자의 상태를 자유형의 집행 기간 동안 불확실한 상태로 둔다는 점에서, 법원의 재범위험성 판단이 불확실하다는 사정을 피처분자에게 전적으로 불이익하게 전가하는 것은 'in dubio pro reo원칙'에 반할 가능성이 있다는 점에서 문제가 있다.

따라서 재범위험성 평가를 가석방 또는 가종료의 심사체계로 편입시키는 방안을 고려해 볼 수 있다. 즉, 시설 내 교정기관에서 재범위험성 평가를 위한 체계를 갖추고 가석방 적격심사[23]를 신청하는 것과 같은 절차로 법원(현재는 가석방심사위원회)

---

21) 대판 2012. 5. 10. 2012도2289, 2012감도5, 2012전도51.

22) 헌재결 2015. 12. 23. 2013헌가9.

23) 「형의 집행 및 수용자의 처우에 관한 법률」(이하 '형집행법'이라 함) 제121조 제1항. 소장은 형법 제72조 제1항의 기간이 지난 수형자에 대하여는 법무부령으로 정하는 바에 따라 위원회에 가석방 적격심사를 신청하여야 한다.
형집행법 제121조 제2항. 위원회는 수형자의 나이, 범죄동기, 죄명, 형기, 교정성적, 건강상태, 가석방 후의 생계능력, 생활환경, 재범의 위험성, 그 밖에 필요한 사정을 고려하여 가석방의 적격 여부를 결정한다.

의 판단을 통해 보안처분의 집행여부를 결정하도록 하는 것이 바람직하다. 가석방 심사위원회의 판단도 결국 재범위험성에 대한 판단이므로 가석방이라는 긍정적 예측[24]에도 불구하고 필요적으로 병과하는 보호관찰 외 부착명령과 같은 부정적 예측에 기반한 중한 보안처분을 부과한다는 것은 재범위험성의 방향성에서 모순이 있기 때문이다.

자유형의 집행 중에 교도소장은 무기는 20년, 유기는 1/3의 기간이 경과하면 가석방 적격심사 신청을 한다. 가석방심사위원회는 나이, 범죄동기, 죄명, 형기, 교정성적, 석방 후 생계능력, 재범위험성 등을 고려하여 가석방 적격심사를 한다.[25]

가석방을 실시할 정도로 재범위험성이 개선되지 않았기 때문에 자유형의 집행이 종료되고 부착명령을 집행하는 경우에는 특별한 문제가 발생하지 않지만, 가석방과 부착명령의 집행이 이어지는 경우에는 재범위험성 평가결과에서 배치되는 상황이 초래된다. 즉, 가석방이 '행상이 양호하여 개전의 정이 현저할 것'이라는 재범위험성에 대한 긍정적 예측을 통해 실시된다는 점을 고려하면, 부착명령은 성폭력범죄 등 재범위험성이 인정되는 경우에 부착하는 것이기 때문에 재범예측에 대한 상반된 평가를 기반으로 하게 된다.

가석방 요건 중 '행상이 양호하여 개전의 정이 현저할 것'이라는 현재의 판단과 자유형의 집행 기간만큼 오래전에 실시한 재범위험성평가 즉, 자유형과 보안처분 선고 시의 재범위험성 평가 중 어느 것을 더 우선시해야 할 것인가는 명확하다.

사회 내 보안처분을 보호관찰로 단일화할 경우에는 자유형과 치료감호의 집행 종료 후 실시할 수 있는 보안처분은 결국 보호관찰이다. 행형과정에서 재범위험성의 개선여부에 따라 특별준수사항이 조정되는 것이 타당하다. 즉, 재판시에 외출제한명령이 부과되었으나, 재범위험성이 개선되었다면 이를 변경해주는 것이 바람직하다는 것이다. 교정기관의 시설내처우를 실시한 후에도 재범위험성의 개선이 이루어지지 않았을 경우에는 재판시에 선고한 내용을 그대로 집행하면 족하다. 새로운 보안처분으로 중하게 변경하는 것은 부당한 반면, 재범위험성이 개선되어 대상자에게 부담이 큰 응보형 준수사항을 경한 준수사항 또는 대상자에게 부담이 크지 않은

---

24) 형집행법 시행규칙 제245조 제1항. 소장은 형법 제72조 제1항의 기간을 경과한 수형자로서 교정성적이 우수하고 뉘우치는 빛이 뚜렷하여 재범의 위험성이 없다고 인정하는 경우에는 분류처우위원회의 의결을 거쳐 가석방 적격심사신청 대상자를 선정한다.

25) 형집행법 제121조.

개선형 준수사항으로 변경해 주는 것은 적절하다고 본다.

2. 재범위험성 평가도구

현재의 재범위험성 평가도구가 행형을 통한 재사회화의 정도를 제대로 반영할 수 있을지 의문이다. 재판 시에 보안처분을 선고하고 형 집행종료 즈음에 재차 재범위험성평가를 통해 보안처분의 집행여부를 결정하자는 주장은 동적요인(dynamic factors)이 재범위험성 평가요인에 포함되어야 가능하고, 정적요인(static factors)이 평가요소의 대부분을 차지하고 있는 상황이라면 평가결과에 차이를 발견하기는 어려울 것이다.

성범죄자에게 전자장치부착명령, 형종료보호관찰을 선고하기 위해서는 성폭력범죄라는 재범위험성이 인정되어야 한다. 성폭력범죄를 다시 범할 위험성이 인정되어야 하는데, 이를 판단하기 위한 평가도구가 있는지 즉, 부착명령 또는 약물치료명령을 부과하기 위한 각각의 평가도구가 있는지 아니면 포괄적인 도구를 활용하여 재범위험성 평가를 하는지 여부이다. 현재 보호관찰기관에서 성범죄자의 재범위험성 평가에 활용하는 도구는 k-soras이다.

k-soras 문항[26]은 피검사자의 나이, 혼인관계, 최초 경찰 입건 나이, 본 범죄의 유형, 이전 성범죄 횟수, 폭력범죄 횟수, 총 시설 수용기간, 본 범행의 피해자의 나이, 본 범행의 피해자와의 관계, 본 범행의 피해자의 성별, 본 범행의 피해자의 수, 본 범행에서의 범죄자와 피해자의 나이차, 본 범행에서의 폭력사용, 감독기간 내 문제행동(수용기간 내 문제행동), 본 범행에 대한 책임수용 등이다.

본 범행에 대한 책임수용을 제외하고 동적 요인에 대한 평가항목을 발견할 수 없다. 현재 성범죄자에게는 치료감호, 전자장치부착명령, 성충동약물치료명령, 신상정보등록·공개·고지, 취업제한 등의 여러 처분을 하고 있고, 각각의 처분에 맞게 특화된 재범위험성 평가도구가 있을 것 같지만, 현실은 다르다. k-soras는 성폭력범죄자의 재범위험성 평가를 위한 도구로, koras-g는 19세 이상의 살인, 강도, 미성년자 유괴사범에 대해 적용되는데, 이러한 동일한 평가도구를 사용하여 각각의 범죄에 대한 재범위험성을 평가할 수 있는가에 대해서는 의문이 있다. 대부분

---

26) 이수정/고려진/박혜란, 한국 성범죄자 위험성 평가도구 개발 및 타당도 연구, 형사정책연구 제19권 제4호, 2008, 309-345면.

정적요인을 위험요인으로 고려한 결과 책임요소와 차이가 불분명해지기 때문이다. k-soras[27])의 경우 총 점수 중 대부분이 정적요인으로 구성되어 있다.

선행 위법행위를 통해서 재범위험성을 평가하기 위한 도구인지 아니면 일반적인 재범위험성을 평가하기 위한 도구인지를 떠나서 정적요인과 동적요인이 포함된 재범위험성에 대한 객관적 평가도구가 마련되어야 한다. 처우를 종료하기 위한 평가자료로 무엇보다 교정기관 담당자의 대상자에 대한 재범위험성 평가를 존중할 필요가 있다. 즉, 가석방 적격심사 결과나 보호관찰 상황을 기록한 내용은 매일 또는 수시로 대상자의 상황을 진단한 기록이자 전문적인 견해가 반영되어 있기 때문이다.

재판시에 활용할 수 있는 평가도구는 피처분자에 대한 객관적인 자료가 공식자료 및 조사관의 조사자료에 국한된다는 점에서 달리 접근할 필요성이 있다. 법학자, 심리학자, 사회학자 등 관련 학문분야 전문가와 실무계에서 보호관찰관, 교정교육 담당자 그리고 판사와 검사 등 보안처분 분야에 전문성을 발휘할 수 있는 다양한 직업군이 모여 재범위험성 평가도구를 만들고 이에 대한 신뢰도 및 타당도 평가를 통해 실무에 반영하는 방안도 고려해 볼 수 있다.

재범위험성은 최종적으로 법관의 주관적 판단을 배제할 수 없는 과정이라는 점에서 그러한 단점을 최소화하는 방안이 필요하다. 즉, 재범위험성 평가도구의 개발에 판사 및 검사의 참여를 유도하는 것이 무엇보다 우선되어야 한다. 재범위험성에 관한 평가방법이 직관적 예측에서 통계적 예측까지 정교하게 발달해 왔지만, 최종평가의 단계에서는 여전히 법관의 직관적 예측에서 벗어나지 못하고 있기 때문이다.

부착명령 판결 시 청구전조사에서의 재범위험성 정도를 판결문에서 인용하는 경우와 그렇지 않은 경우가 있다. 재범위험성이 높기 때문에 부착명령을 부과해야 한다는 근거로 청구전조사의 재범위험성 평가 결과를 활용하는 경우[28])는 있지만, 청구전조사에서 재범위험성이 높게 나타났음에도 그 결과를 배척할 경우에는 판결문에서 이를 확인하기 어렵다. 이는 법관이 재범위험성 평가도구의 제작에 참여해야 할 이유로 작용한다. 개인차가 존재하는 법관들이 범죄자의 어떠한 특성을 재범

---

27) 평가도구의 개발 및 신뢰도와 타당도 검사를 동일팀에서 실시했다는 사실은 검사결과의 신뢰도 문제에 오해를 야기할 가능성이 높다. 2008년 이후 전자장치부착명령이 성범죄자의 재범을 억제하는 수단으로서 효과성이 높다는 연구결과는 있지만, 제도 도입 이후 10여 년이 지난 지금은 이에 대한 연구가 없는 실정이다.

28) 대판 2020. 8. 20. 2020도6965, 2020전도74. 등 참조.

위험요인 또는 보호요인으로 보는지 이를 객관화할 필요성이 있다는 것이다.

재범위험성의 '재범'과 관련해서 현행 전자장치부착법은 선행 특정범죄와 동종의 재범위험성이 인정되어야 전자장치부착명령을 부과할 수 있다. 성폭력범죄자의 재범 위험요인을 분석한 결과, 강도죄나 살인죄의 위험성이 인정되는 경우에도 부착명령을 부과할 수 없다는 결론이 된다. 성폭력범죄자는 성폭력범죄만을 범하는 것이 아니기 때문에 문제가 있을 수 있다. 보안처분의 전제조건으로 재범위험성에서 언급했듯이 재범의 개념에 대한 재정립과 중대한 범죄를 저지른 자가 다시 중대한 범죄를 저지를 것으로 예상하는 경우에도 보안처분을 부과할 수 있어야 한다는 결론이 된다.

3. 재범위험성 평가과정에서 예측오류 및 진술거부권 문제

1) 예측오류의 문제

조사서 작성 및 재범위험성 평가과정에서는 피조사자의 진술 및 불확실한 예측에 의존할 수밖에 없기 때문에 오류의 가능성이 존재한다. 비록 관계 행정기관에 자료를 요청하여 피조사자의 진술의 진위여부를 확인[29]한다 하더라도 피조사자의 진술에 대한 의존도가 높기 때문이다. 재범위험성 평가결과에 따라 형벌 또는 보안처분을 부과하거나, 형벌과 보안처분을 중복해서 부과할 경우에는 아직 실현되지 않은 범죄의 위험성 때문에 선행 위법행위로부터 받아야 하는 처벌보다 더 중한 처벌을 받게 될 가능성이 있다. 예측결과를 가중처벌의 근거로만 활용한다면 국가형벌권의 한계로서 법치국가적 제한 문제가 발생할 수 있다.

재범위험성 평가결과를 더 낮은 처벌을 부과하기 위해서 사용할 수 있지만, 더 중한 처벌을 부과하기 위한 근거로 활용하는 것은 신중을 기해야 한다.[30] 위험성판단은 확률적인 의미의 예측이라 할 것이므로 오류의 가능성이 있기 때문이다.[31]

잘못된 긍정(false positive)과 잘못된 부정(false negative)의 경우로 전자는 재범을

---

29) 예컨대, 피조사자의 연령은 매우 중요한 사항임에도 가족관계증명부 등의 연령과 실제 연령에서 차이가 날 수 있다.

30) Gottfredson, S.D., Prediction: An Overview of Selected Methodological Issues, Crime and Justice, An Annual Review of Research 9, pp.21−52.

31) Wenck, Ernst A., James O. Robison, & Gerald W. Smith. Can Violence Be Predicted?, Crime and Delinquency 18, 1972, pp.393−402.

저지를 것으로 예측되었지만 실제로는 재범을 저지르지 않은 경우이고, 후자는 범죄를 저지르지 않을 것으로 예측하였으나, 실제로는 재범을 한 경우이다. 잘못된 긍정의 경우 형사사법 절차에서 불이익을 경험할 수 있고, 법관이 재범위험성 평가를 자신의 판결에 대한 합리화 수단으로 활용할 경우에는 인권침해의 문제가 발생할 가능성이 있으므로 재범위험성 평가절차에서 필요적으로 전문가의 의견 검토 및 객관적 평가기준의 설정이 필요하다.

2) 진술거부권과 관련된 문제

우리 헌법 제12조 제2항은 피고인과 피의자의 진술거부권을 인정하고 있고, 형사소송법 제244조의3은 검사 또는 사법경찰관의 수사과정에서 진술거부권을 고지하고 이에 대한 답변을 문서화하도록 규정하고 있다. 전자장치부착법이나 보호관찰법에는 진술거부권에 관한 조항이 없다. 청구전조사의 시점은 원칙적으로 검사가 수사를 진행하는 과정에 있다. 누가 진술거부권 행사의 주체가 될 수 있는가의 문제는 매우 중요하다. 즉, 피조사자는 피의자이기 때문에 진술거부권의 주체가 될 수 있음에도 이를 보장해 주지 아니하거나 이를 행사할 수 있다는 점을 알려주지 않고 신문 또는 조사를 한다면 위법수사[32] 내지 위법한 조사가 된다. 이러한 진술거부권을 고지하지 아니한 채로 청구전조사서가 작성되었다면 그 증거능력은 부정될 것이다.[33] 조사서 작성과정에서 진술거부권 고지확인서를 징구[34]한다 하더라도 진술거부권의 헌법적 취지에 비추어 볼 때 피조사자의 진술거부권을 법률에 명문화하는 것이 바람직하다.

수사기관에서 거짓말탐지기 사용여부가 쟁점이 되었던 것처럼 보호관찰기관이 전자장치부착명령 등의 집행 과정에서 거짓말탐지기를 활용하는 경우가 있을 수 있다. 처우과정에서 거짓말탐지기 사용에 대해서 대상자의 동의를 받았다 하더라도

---

32) 홍영기, 형사사법에서 nemo tenetur-원칙의 구체화, 고려법학 제67호, 고려대학교 법학연구원, 2012, 245면.

33) 수사기관의 경우, 진술거부권을 고지하지 않고 피고인의 자백을 받으면 형사소송법 제308조의2에 따라 그 증거능력이 부정된다고 보는 견해가 일반적이다. 김두식, 진술거부권을 고지하지 않고 얻은 자백의 증거능력 배제 근거, 법학연구 제43집, 전북대학교 법학연구소, 2014, 347면; 이세화, 진술거부권불고지와 증거의 증거능력-대법원 2009. 3. 12. 선고 2008도11437 판결-, 법학논총 제18권 제3호, 조선대학교 법학연구원, 2011, 100면.

34) 보호관찰관과 심층면담 한 내용에 의하면, 보호관찰기관의 청구전조사서 및 판결전조사서 등 각종 조사서 작성시 사전에 피조사자 또는 피조사자의 보호자 등 관계인에게 조사의 취지를 설명하고 진술을 거부할 수 있음을 고지한 후 확인서를 받고 있다고 한다.

보호관찰관의 지도·감독에 불응하거나 준수사항 이행여부에 대한 점검의 형태로 이루어지고, 이에 불응할 경우에는 불이익을 받을 것이라는 점을 예상할 수 있다. 따라서 거짓말탐지기의 사용에 신중을 기해야 하고, 개별 사안에 대한 사용의 동의가 아니라 '포괄적 동의'라면 더욱 더 신중해야 할 것이다.

조사서의 내용은 피조사자의 진술을 기재한 부분, 관계인의 진술을 기재한 부분, 성격검사 등 피조사자의 정신·심리상태를 분석한 부분, 조사관이 직접 가정, 학교, 또래관계 등을 조사한 부분, 보호관찰관의 의견 등으로 나눌 수 있다.

성격검사는 청구전조사에서 그 중요성을 간과할 수 없다. 다만, 이 과정에서 표출된 피조사자의 생각이나 감정이 진술에 해당할 것인지 문제될 수 있다.

헌법재판소는 "진술이란 언어적 표출, 즉 개인의 생각이나 지식, 경험사실을 정신작용의 일환인 언어를 통하여 표출하는 것을 의미한다"고[35] 하였고, "문자로 기재하도록 하는 것은 당사자가 자신의 경험을 말로 표출한 것의 등가물로 평가할 수 있으므로 진술에 포함된다"고 판시[36]하고 있다.

성격검사지의 질문에 대한 답변으로 OMR 카드의 빈칸을 채우는 것이 피조사자의 사상 또는 관념을 표시한 정신작용의 일환으로 볼 수 있기 때문에 성격검사도 진술이라 할 것이므로 이를 거부할 수 있다. 그러나 피조사자가 진술을 거부하거나 특정한 질문에 대답을 하지 않을 경우에는 그 진술태도가 문제될 수 있다. 즉, 재범위험성 평가에서 부정적으로 해석될 수 있다. 양형에서는 진술거부권의 행사를 간접증거로 삼거나 유죄의 추정을 하는 것이 허용되지 않는다는 점에 대해서는 이론이 없다. 다만, 이를 양형자료로 참작할 수 있는가에 대해서 대법원은 진술거부권의 행사를 가중적 양형의 조건으로 삼는 것은 허용되지 않는다는 기본 입장에 있으나, 그러한 태도가 방어권 행사의 범위를 넘어 적극적으로 진실을 숨기거나 법원을 오도(汚塗)하려는 시도에 기인하는 경우에는 가중적 양형의 조건으로 참작할 수 있다고 판시[37]하였다.

생각건대, 청구전조사에서 진술을 거부하는 경우를 구분하면, 조사 자체를 거부하는 경우, 조사에 임했으나 진술을 거부한 경우, 진술의 일부분을 거부한 경우

---

35) 헌재결 1997. 3. 27. 96헌가11.
36) 헌재결 2005. 12 22. 2004헌바25.
37) 대판 2001. 3. 9. 2001도192.

등으로 나눌 수 있다. 피조사자의 진술의 자유를 보장하기 위해서는 재범위험성 평가에서도 진술거부권의 행사를 부정적으로 고려하지 않아야 하겠으나, '진술태도'까지 재범 위험요인을 판단하는 자료로 활용할 경우에는 사실상 부정적으로 작용할 가능성을 배제하기 어렵다. 또한 피조사자의 방어권을 보장하기 위해서 소송과정에서 조사서의 내용에 대해서 적극적으로 다툴 수 있게 하고 반론의 기회를 보장해 주어야 한다.

4. 재범위험성 평가결과의 문제

법관은 보호관찰관의 청구전조사서 또는 판결전조사서의 내용과 정신과 전문의 등 전문가의 의견을 참고하여 최종적으로 재범위험성의 유무를 판단하고 그에 따라 보안처분을 부과한다. 청구전조사서의 작성은 피고인의 범죄경력, 성장과정 및 심리검사 등의 절차를 거치는 매우 전문적인 탐구가 필요한 작업이다.

법관의 판단과 청구전조사 등의 결과가 일치할 경우에는 예컨대, 부착명령 청구사건에서 법원은 '피고인에 대한 한국 성범죄자 위험성 평가척도(k-soras) 적용결과 성범죄의 재범위험성이 '높음' 수준에 해당하는 점'이라고 판단의 이유를 설시하는 경우가 있다. 그러나 조사관의 조사결과에서 피조사자의 성범죄에 대한 재범위험성이 높다는 의견을 개진하였음에도 법관은 특별한 이유의 설시 없이 조사결과를 반영하지 않을 수 있다. 청구전조사서 작성시에 통계적 예측법을 사용한다 하더라도 최종적으로는 법관이 판단한다는 점에서 여전히 한계가 존재한다는 것이다. 따라서 보호관찰관이 여러 전문가의 의견을 참작하여 분석한 청구전조사 결과를 배척할 경우에는 이에 대한 합리적인 이유의 설시가 필요하다. 즉, 청구전조사 등 사전 평가 과정의 전문가인 조사관 및 의료전문가가 재범위험성이 높다고 평가했지만 보안처분을 선고하지 않은 경우, 역으로 재범위험성이 낮다고 평가했지만, 보안처분을 선고한 경우에는 그에 대한 합리적 이유를 제시하는 것이 바람직하다.

II. 사회 내 보안처분의 선고 및 집행 절차의 개선

1. 재범위험성의 개선에 따른 집행면제의 확대 실시

가석방심사위원회의 재범위험성에 대한 긍정적 평가를 통한 가석방 그리고 치료감호심의위원회의 긍정적 재범위험성 평가를 통한 가종료 등을 실시하고, 이에 더해 부착명령이나 약물치료명령을 집행하는 것이 재범위험성에 대한 평가에서 긍정과 부정의 상반된 평가가 잠재해 있다는 점을 지적하였다.

이에 대해서 대법원도 약물치료명령은 장기간의 형집행과 연결될 경우 그 처분의 선고시점과 집행시점에 시간적 간격이 발생하여 재범위험성에 변화가능성이 있음에도 불구하고 그대로 집행한다면 과잉금지원칙에 위배된다는 판시[38])를 한 이후 성충동약물치료법에 집행면제제도를 마련하였다.

이로써 약물치료명령의 집행시점에서 그 처분의 필요성을 재차 판단함으로써 불필요한 치료를 방지할 수 있도록 하였다. 성충동약물치료법 제8조의2는 징역형과 함께 약물치료명령을 부과 받은 사람 등은 법원에 약물치료명령이 집행될 필요가 없을 정도로 개선되어 성폭력범죄의 재범위험성이 없음을 이유로 동 처분의 집행면제를 신청할 수 있다.

치료감호심의위원회는 치료감호와 징역형 그리고 약물치료명령을 부과 받은 사람(피치료감호자 중 형기가 남아 있지 않거나 9개월 미만의 기간이 남아 있는 사람에 한정함)에 대해서 치료감호의 종료·가종료 또는 치료위탁 결정을 하는 경우에 약물치료명령의 집행이 필요하지 아니하다고 인정되면 동 처분의 집행을 면제하는 결정을 하게 된다.[39])

약물치료명령에 이러한 집행면제제도를 도입한 것과 다르게 더 장기간의 집행가능성이 있는 부착명령은 이러한 제도를 도입하지 않고 있다. 법관에게 징역형의 집행 기간 후의 재범위험성까지 예측하라고 하기에는 불가능하다는 점에서 집행면제제도의 도입이 필요하다. 더구나 형종료부착명령의 세부적 유형에 포함되어 있는 가석방 또는 가종료와 결합된 부착명령은 (가석방·가종료를 실시하기 위한)긍정적 재범위험성 평가에도 불구하고 동 처분을 집행하는 것은 불필요한 절차에 불과하기 때문

---

38) 대판 2014. 2. 27. 2013도12301, 2013전도252, 2013치도2.
39) 성충동약물치료법 제8조의3.

이다. 반면, 재범위험성이 없다고 판단했음에도 부착명령의 집행을 고집하는 것은 그만큼 재범위험성 평가결과에 대해서 확신을 갖고 있지 않다는 점이 반영된 결과일 수도 있다.

2. 형사제재 중복부과의 문제

1) 양형요인과 재범위험성 평가요인

보안처분과 형벌의 중복부과는 그 근거가 다르다는 이원주의 체제상 이해하기 어렵지 않다. 다만, 양자가 구분되는 결정적 요인인 재범위험성과 관련한 제반 절차는 보다 객관적이고 구조적으로 이루어질 필요가 있다. 현재는 양형요인과 재범위험성 평가요인이 거의 유사하다. 동일한 요소를 이중적으로 평가하는 것이다. 성범죄자 재범위험성 평가도구인 k-soras가 고려하는 요인은 선행 위법행위의 책임적 요소가 큰 비중을 차지하고 있다는 점은 문제로 지적될 수 있다.[40] 형벌이 아니라는 점에서 선행 위법행위를 포함하여 장래의 재범위험성에 초점을 맞춘 동적인 위험요인을 체계적으로 범주화해야 한다.

2) 중복부과의 개선점

보안처분의 중복부과 문제에 대한 개선점은 먼저 소년법의 보호처분과 관련한 내용을 검토해 볼 필요가 있다.

2020년 5월 현재 보호관찰소에서 실시하고 있는 소년 보호처분의 현황[41]을 살

---

40) 선행 위법행위와 관련된 위험요인으로 본 범죄의 유형(직접적 성범죄인가 비 직접적 성범죄인가 여부), 본 범행의 피해자의 나이, 본 범행의 피해자와의 관계, 본 범행의 피해자의 성별, 본 범행의 피해자의 수, 본 범행의 피해자와의 나이 차, 본 범행의 현저한 폭력의 사용, 본 범행에 대한 책임의 수용 여부 등이 있다는 것은 이미 살펴보았다. 재범위험성 점수는 최고 29점으로 13점 이상이면 상(上)으로 평가하는데, 선행 위법행위와 관련된 점수만 최고 12점에 달한다. 이수정/고려진/박혜란, 성폭력범죄자에 대한 재범위험성 평가도구 개발 연구, 법무부 연구용역 보고서, 2008, 169면.

41) 2020년 5월 현재 보호관찰소에서 실시하고 있는 보호처분 현황

보호처분	건수	비중(%)
수강명령	781	6.11
사회봉사명령	562	4.40
수강명령＋사회봉사명령	233	1.82
단기보호관찰	2,285	17.88
단기보호관찰＋수강명령	1,281	10.02
단기보호관찰＋사회봉사명령	998	7.81

펴보면, 수강명령 또는 사회봉사명령을 단독으로 부과하는 비율은 두 처분을 합해도 10.51%로 높지 않다. 재범위험성이 심화되지 않은 소년에게 수강명령이나 사회봉사명령을 부과하는 경향이 있다. 그 취지도 간과해서는 안 되겠지만, 보호관찰관을 비롯한 전문가의 지속적인 지도·감독이 필요하다는 점을 고려한다면, 보호관찰을 주처분으로 하고 나머지는 보호관찰 특별준수사항으로 처우하고, 재범위험성의 정도에 따라 보호관찰 기간에 차이를 두는 것이 바람직하다.

보안처분의 경합은 예컨대, 전자장치부착명령이 여러 개 부과된 경우, 부착명령 집행 중 또다시 성범죄 외의 강도죄의 재범을 저질러 징역형과 부착명령을 선고받은 경우에 현재는 징역형의 집행을 종료한 다음 부착명령을 집행하게 된다. 성범죄를 저질러 자유형과 부착명령을 선고 받았다면, 자유형의 집행을 종료한 다음에 이전의 부착명령을 집행한 후 새롭게 부과받은 부착명령을 집행하도록 되어 있으므로[42] 무기한의 부착명령 집행이 가능하다. 이에 대해서는 소년법 규정을 참고할만하다.

보호처분과 유죄판결이 경합할 경우에는 소년법 제39조는 보호처분을 취소할 수 있음을 규정하고 있다. 즉, 보호처분이 계속 중일 때에 사건 본인에 대하여 유죄판결이 확정된 경우에 보호처분을 한 소년부 판사는 그 처분을 존속할 필요성이 없다고 인정하면 결정으로써 보호처분을 취소할 수 있다.

보호처분과 보호처분이 경합할 경우에는 소년법 제40조는 어느 하나의 보호처분을 취소한다고 규정하고 있다. 즉, 보호처분이 계속 중일 때에 사건 본인에 대하여 새로운 보호처분이 있는 경우에는 그 처분을 한 소년부 판사는 이전의 보호처분을 한 소년부에 조회하여 어느 하나의 보호처분을 취소해야 한다.

단기보호관찰+시설감호위탁	52	0.41
장기보호관찰	1,127	8.82
장기보호관찰+수강명령	543	4.25
장기보호관찰+사회봉사명령	1,411	11.04
장기보호관찰+수강·사회봉사명령	839	6.56
장기보호관찰+1개월이내소년원송치	1,100	8.61
장기보호관찰+시설감호위탁	1,091	8.54
총계	12,780	100

법무부 범죄예방정책국 2020년 5월 통계자료 참고.

42) 전자장치부착법 제13조 제5항. 부착명령이 여러 개인 경우에는 확정된 순서에 따라 집행한다.

하물며 이미 폐지되었지만, 사회보호법에도 보호감호가 여러 개 부과되었을 경우에 후에 받은 보호감호만을 집행하도록 하는 규정이 있었다.[43]

마찬가지로 부착명령 집행 중에 또다시 성범죄를 범한 사람에게 자유형과 성충동약물치료명령을 선고하는 경우, 재판시에 피처분자의 재범위험성을 개선하기 위해 부착명령이 더 적합한지 약물치료명령이 더 적합한지에 대한 고려가 필요하다는 것이다. 보안처분을 여러 개 중복해서 부과하는 것이 사회방위에 도움이 될 수도 있겠지만, 오랜 기간 동안 집행을 받음으로 인한 피로도 내지 형사제재에 대한 타성 및 자포자기 등의 역효과도 고려해서 개선가능성에 대한 동기부여가 적절히 이루어져야 한다.

3. 보안처분 집행과정에서 권리구제의 문제

전자장치부착명령과 관련하여 보호관찰소장 또는 부착명령 대상자와 그 법정대리인은 해당 보호관찰소를 관할하는 보호관찰심사위원회에 부착명령의 임시해제를 신청할 수 있다. 부착명령의 집행이 개시된 날로부터 3개월이 경과한 시점에 신청할 수 있고, 신청이 기각된 경우에는 기각된 날로부터 3개월이 경과한 후에 다시 신청할 수 있다.[44] 성충동약물치료명령과 관련해서도 보호관찰소장 또는 치료명령 대상자 및 그 법정대리인은 해당 보호관찰소를 관할하는 보호관찰심사위원회에 부착명령의 임시해제를 신청할 수 있는데, 이 신청은 약물치료명령의 집행이 개시된 날로부터 6개월 이 지난 후에 하여야 하고 신청이 기각된 경우에는 기각된 날로부터 6개월이 지난 후에 다시 신청할 수 있다.[45] 최소한 3개월 또는 6개월이 경과해야 재범위험성에 변화가 있다고 판단하는 규정으로 보인다. 3개월 후에 재범위험성이 변화할 수 있다는 가능성을 고려한다면, 재범 관련 위험요인과 보호요인을 망라한 동적요인에 대한 평가가 있어야 할 것이다. 가석방과 같이 가석방 적격심사에 소요되는 기간경과에 대한 최소한의 규정을 두고 3개월 또는 일정 기간 경과 후에 주기적으로 재범위험성 평가를 하도록 하는 방안을 고려해 볼 수 있겠다. 그러나 이에 대한 재범위험성 평가도구가 제대로 구비되어 있는지 의문이다.

---

43) 1997년 1월 1일 시행(법률 제5179호) (구)사회보호법 제23조 제2항 참조.
44) 전자장치부착법 제17조.
45) 성충동약물치료법 제17조.

재범위험성 평가과정이 객관적 기준이 완비된 상태의 평가가 아니라는 점을 고려한다면, 피처분자의 권리 구제절차를 마련하는 것이 필요하다. 우리나라 행정심판법은 다른 법률에 특별한 규정이 있는 경우를 제외하고 행정심판을 제기할 수 있음을 규정46)하고 있다.

보호관찰심사위원회의 임시해제 기각결정47)에 대해서는 법무부장관에게 행정심판을 청구할 수 있다. 그러나 행정심판의 실효성이 크다고 볼 수 없고, 설사 피처분자가 행정소송을 통한 권리구제절차를 선택한다 하더라도 차이가 크다고 볼 수 없다. 또한 준수사항의 추가·변경·삭제나 기간연장, 약물치료명령의 면제 신청은 법원에서 결정한다는 점에서 특별한 구제절차를 마련하고 있지 않다.48) 재범위험성을 평가하는 과정이 필수적이라는 점을 고려한다면, 이러한 절차를 법관이 단독으로 진행하기보다는 보호관찰 조사관이 작성한 조사서 및 관련 자료를 검토하여 최종적으로 재범위험성의 정도를 판단하는 절차를 필요적으로 운용해야 한다.

보호관찰관, 정신건강의학과 전문의, 교정처우 담당자 등이 협의체 구성 또는 독립기관을 통해서 재범위험성에 대한 최종의견을 법관에게 전달하는 방법을 검토해 볼 수 있겠다. '위험성평가협의체'의 결과가 '위험성이 높음'으로 나타난 경우에는 법관도 이에 따르나 예외를 인정할 경우에는 반드시 이유를 설시하도록 하는 방안, '위험성이 중간'일 경우에는 법관의 재량을 존중하고, '위험성이 낮음'일 경우에는 그럼에도 보안처분을 부과해야 할 필요성이 있다고 판단한 경우에는 그에 대한 이유를 설시하도록 하는 방안을 고려해 볼 수 있겠다.

---

46) 행정심판법 제3조 제1항 참조.

47) 현행처럼 객관적 통계에 바탕으로 둔 예측법보다 법관 내지 결정권자의 직관에 바탕으로 둔 재범위험성 평가라면 '기각결정'을 번복하는 결정 또한 만만치 않은 후유증이 예상된다. 직관적인 예측법은 판단자의 주관에 따라 결과가 달라질 가능성이 높기 때문이다. 학계와 실무계의 의견을 공유한 평가도구의 개발이 필요한 이유이다.

48) 다만, 집행면제 여부에 대한 결정에 대해서 항고할 수 있음을 규정하고 있다. 성충동약물치료법 제8조의2 제8항 참조.

III. 상습·누범자에 대한 대책으로서 형종료보호관찰의 개선점

1. 대상자 선정의 문제

현행 형종료보호관찰은 재범률과 재범위험성이 높다는 점 등을 근거로 특정 범죄자를 대상으로 하고 있다. 사회 내 보안처분을 보호관찰로 일원화 할 경우에는 굳이 특정 범죄자로 그 대상을 한정할 필요가 없고, 재범고위험군인 상습범이나 누범을 그 대상으로 하는 방안이다. 설사 보호관찰로 일원화하지 않는다 하더라도 형종료보호관찰 대상자를 굳이 성폭력범죄자 등 특정범죄자로 한정할 이유는 없다. 다만, 상습·누범자에 초점이 맞춰진 제도라는 점에서 가석방이나 가종료를 실시할 수 없는 재범위험성이 매우 높은 자를 대상으로 해야 한다.

2. 보안처분 간의 중복 집행 문제

전자장치부착법과 성충동약물치료법의 가석방을 실시할 때 부착명령(+보호관찰), 약물치료명령(+보호관찰)을 부과하고 있다. 이러한 처분이 형법에 규정된 가석방과 병합된 보호관찰과 다른 처우인지 의문이다. 전자는 부정적 예측을, 후자는 긍정적 예측을 각각 그 기반으로 하고 있기 때문이다. 이는 특정 범죄자에 대한 가종료의 경우에도 동일하다.

가석방 및 가종료는 각각의 심사에서 재범위험성 평가를 하게 된다. 가석방자나 가종료자는 재판 시에 선고한 '형 종료 후의 보안처분'을 집행하지 않는 것이 재범위험성 평가의 방향이 맞는다는 점, 가석방·가종료 결정을 받지 못한 경우에는 형 종료 즈음에도 여전히 재범위험성이 개선되지 않았기 때문에 중복해서 집행하는 것은 가능하다고 본다.

전자장치부착법 제13조 제5항은 부착명령이 여러 개인 경우에는 확정된 순서에 따라 집행한다고 규정하고 있다. 보안처분은 재범위험성에 기반한 처분으로 최근의 재범위험성 평가가 대상자에 대한 가장 신뢰할 수 있는 것이기 때문에 이전의 보안처분은 사실상 근거를 상실하였다고 볼 수 있다. 또한 보호관찰 대상자가 준수사항이나 의무사항을 위반할 경우에는 보호관찰의 기간이나 부착명령의 기간이 늘어난다. 사실상 무기한 갱신이 가능할 수도 있는 것이다.[49] 이처럼 보호관찰 기간이 장기간으로 늘어나면 보호관찰의 집행도 무의미하게 연장될 가능성이 높다. 대체주의의 실현방법으로 일정 기간 시설 내에 수용하여 일정 비율로 사회 내 보안처분을 대체하고 난 후 예컨대, 충격구금(Shock Probation) 프로그램을 실시한 후 다시 사회로 복귀하게 하는 방안을 고려해 볼 수 있겠다.

3. 임시해제의 요건 검토

1) 임시해제의 최소기간

자유형 및 시설 내 보안처분과 결합한 최고 수위의 형사제재로서 형종료보호관찰은(부착명령과 약물치료명령은 준수사항이라는 전제에서) 상습범과 누범이라는 재범 고위험군 범죄자를 대상으로 하므로 임시해제에 대해서는 신중해야 할 필요성이 있다.

전자장치부착법 제17조는 부착명령의 집행이 시작된 후 3개월이 경과하면 임시해제를 신청할 수 있음을 규정하고 있다. 이는 장식적 규정이다. 임시해제를 신청할 수 있는 피부착자 등에게 이유 없는 기대감을 심어줄 수 있고, 신청이 기각되었을 때의 좌절감은 부착명령의 집행에 도움이 되지 않는다고 판단하기 때문이다.[50]

2) 임시해제와 준수사항

부착명령의 임시해제는 보호관찰법의 임시해제와 차이가 있다. 보호관찰법의 임시해제는 보호관찰관의 지도·감독을 실시하지 않지만 대상자의 준수사항을 이행할 의무[51]는 지속된다. 반면, 형종료부착명령 대상자는 부착명령이 임시해제된 경우에는 보호관찰 및 이에 부과된 준수사항 또한 임시해제된 것으로 본다.[52] 오히려

---

49) (구)사회안전법 제8조는 "보안처분의 기간은 2년으로 한다. 법무부장관은 검사의 청구가 있는 때에는 보안처분심의위원회의 의결을 거쳐 그 기간을 갱신할 수 있다"라고 규정하고 있다. 현행 보안관찰법의 보안관찰처분도 그 기간을 2년으로 하고 있으나, 보안관찰처분심의위원회의 의결을 거쳐 그 기간을 갱신할 수 있다. 보안관찰법 제5조 참조.

50) 집행 개시 3개월 만에 임시해제되는 대상자가 있다면 부착명령 대상자의 선정에 문제가 있다는 방증이기도 하다. 재범위험성을 개선하기 위한 최소한의 집행기간이 필요하다.

51) 이러한 준수사항이 일반준수사항인지 특별준수사항인지를 명확히 규정해야 한다. 물론 임시해제를 실시할 정도의 대상자에게 따로 특별준수사항을 부과해야 할 정도라면 임시해제가 결정되기는 쉽지 않을 것이다. 따라서 모든 대상자가 준수해야 하는 일반준수사항으로 보는 것이 타당하다.

52) 전자장치부착법 제18조 제6항의 단서는 보호관찰심사위원회에서 보호관찰 또는 준수사항의 부과가 필요하다고 결정한 경우에는 그러하지 아니하다고 규정하고 있다. 따라서 보호관찰 또는 준수사항의 집행이 계속 이루어질 수도 있는 것이다.

더 고위험군인 부착명령 대상자가 임시해제될 경우에 보호관찰관과 업무적 유대관계가 더 철저히 차단되는 결과를 초래하고 있다. 따라서 부착명령과 보호관찰관의 지도·감독으로부터는 해방되나 대상자 스스로 준수사항을 지켜야 할 의무는 계속되는 것으로 개정할 필요가 있다.

3) 임시해제의 취소와 기간 산입

부착명령이 임시해제된 대상자가 특정범죄를 저지르거나 주거이전 상황 보고 의무에 불응하는 등 재범위험성이 있다고 판단되는 경우에는 임시해제가 취소될 수 있는데, 임시해제 기간이 부착명령의 기간에 산입되지 아니한다. 이 또한 보호관찰법의 임시해제와 다른 점이다. 국가기관이 재범위험성 판단을 잘못하여 임시해제를 실시했을 가능성을 배제하고 보호관찰 및 이에 대한 준수사항까지 해제했음에도 불구하고 임시해제가 취소될 경우 그 불이익을 피처분자에게 전적으로 부담시키는 것은 무리가 있다고 판단된다.

4) 입법적 보완

(1) 보호관찰법 제52조 제3항

보호관찰심사위원회는 임시해제 결정을 받은 사람에 대하여 다시 보호관찰을 실시하는 것이 적절하다고 인정되면 임시해제를 취소할 수 있다고 규정하고 있다. 보호관찰이 임시해제 되더라도 그 준수사항의 이행의무는 계속된다는 점을 고려한다면, 동 규정이 준수사항을 위반한 경우라는 점을 쉽게 예상할 수 있다. 반면, 전자장치부착법의 임시해제는 그 취소사유로 특정범죄와 주거이전상황 보고의무의 불이행을 규정[53]하고 있다.

부착명령과 형종료보호관찰은 임시해제되면 준수사항도 임시해제되는 것이 원칙이므로 사실상 주거이전상황 보고의무의 불이행[54]만으로 임시해제의 취소를 결정하기 때문에 이에 대한 사유를 보다 구체화하는 것이 바람직하다. 또는 부착명령은 임시해제되지만 준수사항의 이행의무는 계속되는 것으로 법률을 개정할 필요가 있다.

---

53) 전자장치부착법 제19조 제1항 참조.
54) 부착명령 대상자는 비록 재범을 했다하더라도(보호관찰 기관에서 공식적으로 인지하지 못한다면) 동 명령의 집행은 종료될 가능성이 있다.

(2) 준용규정

형종료부착명령의 임시해제 규정인 전자장치부착법 제17조부터 제19조를 보호
관찰이 주처분적 지위를 가지고 있는 동법 제3장(가석방 및 가종료 등과 전자장치 부착), 동
법 제4장(형의 집행유예와 부착명령)에 준용함으로써 사실상 부착명령이 주처분적 지위
를 차지하면서 동법 제33조 "보호관찰이 임시해제된 경우에는 전자장치 부착이 임
시해제된 것으로 본다."는 규정은 사문화되었다. 입법의 체계를 무시한 규정으로 법
률의 개정이 필요한 부분으로 사료된다.

4. 준수사항 위반에 대한 벌칙 문제

전자장치부착법은 피부착자가 전자장치를 임의로 신체에서 분리하거나 훼손
또는 손상하는 경우, 전파를 방해하거나 수신장치를 변조하는 등의 방법으로 효용
을 해하는 경우에는 벌칙을 규정하고 있다.[55] 또한 준수사항을 위반한 경우에도 벌
칙을 부과하고 있다.[56]

전자장치부착법은 제21조의4에서 형종료보호관찰은 형종료부착명령의 준수사
항을 준용하도록 규정하고 있고, 부착명령에 보호관찰이 병과되고 있기 때문에 보
호관찰법에 따른 준수사항을 부과할 수 있음을 당연히 전제하고 있다.[57] 그러나 보
호관찰법의 준수사항과 전자장치부착법의 준수사항은 대동소이함에도 불구하고, 준
수사항 위반시 부과하는 벌칙이 다르게 규정되어 있다. 즉, '피해자 등 특정인에 접
근금지' 준수사항 위반은 전자장치부착법에 의할 경우 '3년 이하의 징역 또는 3천
만 원 이하의 벌금'에 처해지는데, 보호관찰법에 의할 경우에는 '1년 이하의 징역
또는 1천만 원 이하의 벌금'에 처해지는 것이다.

동일한 준수사항에 대한 위반이 개별 법률에 따라 벌칙이 다르게 규정되었다
면, 그 프로그램의 내용이 달라야 하는데 그러한 단서가 보이지 않는다.

사회 내 보안처분을 보호관찰로 일원화하고 부착명령, 약물치료명령 등은 보호
관찰 준수사항으로 하는 것이 적절하지만, 현행처럼 운용할 경우에도 '보호관찰 관

---

55) 전자장치부착법 제38조 제1항. 피부착자가 전자장치 부착기간 중 전자장치를 신체에서 임의로 분
리·손상, 전파 방해 또는 수신자료의 변조, 그 밖의 방법으로 그 효용을 해한 때에는 7년 이하의
징역 또는 2천만원 이하의 벌금에 처한다.
56) 전자장치부착법 제39조 참조.
57) 전자장치부착법 제21조의7 참조.

련 사항은 보호관찰법에 따른다'고 규정하는 방안, 부착명령과 보호관찰의 준수사항을 특화된 처분으로 인정할 수 있게 보다 유형화하고 구체화하는 방안을 고려해 볼 수 있다. 특히, 특별준수사항을 응보형 준수사항과 개선형 준수사항으로 구분하고 전자의 위반에 대해서는 기간의 연장과 같은 벌칙을 부과하고, (사회 내 보안처분을 보호관찰로 일원화 했을 때) 지나치게 장기간의 보호관찰을 받게 될 경우에는 자포자기의 상황을 맞이할 수 있다는 점을 고려하여 보호관찰 기간이 일정 수준에 이르면 대체비율에 따라 시설 내 보안처분 또는 자유형 집행 프로그램으로 전환하는 방안을 고려해 볼 수도 있을 것이다.

5. 의무사항과 준수사항의 관계

형종료보호관찰 대상자는 특정 범죄사건에 대한 형의 집행이 종료되는 등의 사유가 발생한 날로부터 10일 이내에 보호관찰소에 신고할 것과 주거를 이전하거나 7일 이상의 국내여행을 할 때에는 미리 보호관찰관의 허가를 받아야 한다.58) 이러한 의무사항을 위반하면 형종료보호관찰의 준수사항 및 보호관찰법의 준수사항을 위반한 경우와 동일하게 '보호관찰의 기간연장 또는 준수사항의 추가·변경'이라는 제재를 받게 된다.

형종료보호관찰 대상자는 의무사항으로 7일 이상 국내여행 또는 출국할 때 허가를 받지만, 보호관찰법의 준수사항은 1개월 이상 국내·외 여행을 할 때에는 신고사항으로 규정하여 차이가 있다.59) 전자장치부착법은 보호관찰법의 준수사항을 의무사항으로 규정하여 운용하고 있는 것이다. 의무사항으로 규정하고 있는 '신고의무'의 경우에는 사유발생일로부터 10일 이내에 신고하도록 한 규정은 동일하다. 그러나 신고의무 위반에 대해서 부착기간을 연장하거나 준수사항을 추가·변경하는 등의 제재를 가하는 것은 오히려 운용상의 혼란을 초래할 수 있다. 보안처분이 합리적 의사결정을 할 수 없는 사람뿐만 아니라 상습범 및 누범에 확대 적용되는 양상을 보이고 있는 점을 감안한다면, 형종료보호관찰 대상자는 비록 교육을 시켰다 하더라도 신고의무에 대한 정확한 개념이 없는 사람일 수도 있는 것이다. 실무상으로도 단 하루 늦게 신고를 했다고 보호관찰 기간을 연장하는 제재조치를 할 수

---

58) 전자장치부착법 제21조의6 참조.
59) 전자장치부착법 제14조, 보호관찰법 제32조 제2항 제4호 참조.

있을지 의문이다.[60]

두 법률은 모두 '보호관찰관의 지도·감독에 따르라'는 준수사항이 있다. 신고 의무 기간을 준수하지 못했을 때 바로 제재조치를 하는 것보다는 '보호관찰소에 출석하여 신고하라'라는 보호관찰관의 지시를 거부하는 상황인 경우에 대상자의 준수사항으로 규정되어 있는 '보호관찰관의 지도·감독에 불응하였다'라는 점을 근거로 준수사항 위반으로 처리하는 것이 더 적절하다고 판단된다.

형종료보호관찰임에도 이러한 의무사항이나 준수사항 위반의 경우에 '1년의 범위에서 보호관찰 및 부착기간의 연장'이라는 제재[61]를 가하는 것은 문제가 있다. '부착기간의 연장'이 단순한 입법적 오기에 불과할 뿐이라면 다행이겠지만,[62] 현재는 형종료보호관찰의 집행 중에도 동 규정을 통해 특별준수사항으로 전자장치 부착이 가능할 수 있다는 점을 배제할 수 없다. 부착명령의 집행은 보안처분의 특별예방 목적보다는 사회방위 목적에 경도되어 있기 때문에 이러한 규정이 입법되었다고 판단된다. '부착기간의 연장'은 삭제하는 것이 바람직하다.

6. 준수사항의 추가·변경절차

보호관찰법은 준수사항의 전부 또는 일부를 추가·변경 그리고 삭제하는 경우에 보호관찰소장의 신청 또는 검사의 청구에 의해 법원에서 결정하는 반면, 보호관찰심사위원회가 결정할 경우에는 보호관찰소장이 신청하는 절차만 규정하고 있다.[63] 전자장치부착법은 형종료부착명령의 경우, 보호관찰소장의 신청과 검사의 청구로 법원이 결정한다고 규정[64]하고 있을 뿐 그 외의 유형에 대해서는 특별한 규정이 없다.[65] 보호관찰법에 의한 준수사항의 추가·변경이 보호관찰소장의 신청과 검

---

60) 형종료부착명령에서도 동일한 내용을 발견할 수 있다.

61) 전자장치부착법 제21조의7 참조.

62) 보호관찰이 주처분이고, 부착명령은 준수사항이라는 점을 상기한다면 무난한 규정일 것이다.

63) 보호관찰법 제32조 제4항 참조.

64) 전자장치부착법 제14조의2. 형종료보호관찰의 준수사항 추가·변경 관련 규정은 전자장치부착법 제21조의7 참조.

65) 가석방부착명령과 집행유예부착명령은 따로 준수사항 추가·변경 및 이에 대한 준용규정이 없다. 가종료부착명령의 준수사항 추가·변경은 치료감호법 제33조 제3항에서 치료감호심의위원회의 직권 또는 보호관찰소장의 신청으로 결정한다고 규정하고 있다. 전자장치부착법 제35조는 "이 법을 적용함에 있어서 이 법에 규정이 있는 경우를 제외하고는 그 성질에 반하지 아니하는 범위 안에서 형사소송법 및 보호관찰법의 규정을 준용한다."라고 규정하여 가석방형은 보호관찰심사위원회에서 그리고 집행유예형은 법원에서 결정할 것으로 보인다. 다만, 전자장치부착법은 보호관찰법과 다르게 검

사의 청구로 법원이 결정하는 경우는 없었다.[66] 다만, 사회 내 보안처분을 보호관찰로 일원화할 경우에는 '형집행 전 보호관찰'[67]과 '형종료보호관찰'의 경우에 준수사항을 추가·변경 또는 삭제[68]하는 절차에 검사가 관여하는 방안, 준수사항을 응보형과 개선형으로 구분할 경우 응보형 준수사항에만 검사가 관여하는 방안이 있을 수 있겠다.

제3절 형사법체계 내에서 보안처분의 정형화 방안

Ⅰ. 보안처분과 형벌 간의 불이익변경금지원칙의 적용

1. 문제의 소재

신상정보 공개·고지제도(등록은 별론으로 치더라도), 취업제한(금지)은 정상적인 사회생활에 대한 열망이 있는 사람에게는 사회적 열패자로 전락시키는 처분이다. 즉, 정상적인 사회생활로 일정한 사회적 지위를 쌓은 사람에게는 성범죄로 인한 신상정보의 공개는 결국 '사회적 사형'에 해당하는 매우 중대한 처분이 된다. 이런 개별적인 사정을 모두 포섭하기는 어렵겠지만, 그럼에도 어떠한 불이익을 주는지에 대한 객관적 기준의 마련은 매우 중요하다 할 것이다. 그 기준은 형사소송절차의 불이익변경금지원칙에서 구체화 될 필요성이 있다.

사의 청구를 필요적 절차로 규정함으로써 준수사항의 부과가 보다 강성적으로 운용되는 계기를 제공하고 있다. 실무계에서도 범죄의 원인과 대상자의 특성을 고려한 준수사항보다는 동법에 규정된 강성적 준수사항 위주로 부과되는 경향을 보였다.

66) 보호관찰관과 실시한 심층면담 자료를 토대로 작성하였다.

67) 저자가 생각하는 보호관찰의 새로운 유형이다.

68) 삭제하는 경우에도 검사의 청구 및 법원에서 결정하도록 하는 절차를 취하는 것은 불필요하다. 예컨대, 3개월의 외출제한명령 기간을 설정했는데 이 기간이 경과했다고 하여 검사의 청구 및 법원의 결정을 요한다는 것은 불필요하다는 것이다. 그 만큼 보호관찰 실무계에서 보다 적극적으로 특별준수사항을 운용해야 할 필요성이 있다

2. 불이익변경금지원칙의 개관

불이익변경금지원칙은 피고인이 상소한 사건이나 피고인을 위하여 상소한 사건에 있어서 상소심이 원심판결의 형보다 중한 형을 선고하지 못한다는 것을 말한다.[69] 이 원칙은 일체의 불이익변경을 금지하는 것이 아니라 원심판결의 형보다 중한 형으로 변경하는 것을 금지하는 것이므로 중형변경금지의 원칙이라고도 한다.[70] 형사소송법 제368조는 불이익변경금지원칙을 규정하고 있다.

전자장치부착법 제5조 제4항은 "부착명령의 청구는 공소가 제기된 특정 범죄사건의 항소심 변론 종결시까지 하여야 한다"고 규정하고 있다. 이는 항소심에서 전자장치부착명령을 부과하기 위한 재범위험성이 인정된다면 동 처분을 할 수도 있겠으나, 이는 불이익변경금지원칙의 적용범위와 관련된다.

소년법의 보호처분과 같은 보호처분절차가 아닌 경우에는 형벌과 보안처분을 동일한 절차에서 판단하여 선고하고 있기 때문에 현행 형사소송 구조에서는 피고인의 재범위험성에 대한 판단이 양형과정과 분리될 수 없다. 또한 제1심 판결에 대해 항소를 제기하는 경우에는 항소심에서 재범위험성에 대한 평가를 다시 해야 하는지가 문제된다. 즉, 보안처분에서 재범위험성 평가를 재판시에 해야 한다는 점을 강조한다면 검사가 제1심에서 파악하지 못한 피고인의 재범위험성이 높다고 판단하여 항소심에서 새로운 처분이나 더 무거운 보안처분을 청구하고, 이에 대해 법관이 새로운 보안처분을 부과 또는 더 중한 처분으로 변경하는 것이 가능하다면 불이익변경금지원칙에 반하는 것이 아닌가 하는 의문이다.[71]

대법원[72]은 성폭력범죄를 범한 피고인에게 '징역 장기 7년, 단기 5년 및 5년 동안의 전자장치부착명령'을 선고한 제1심 판결을 파기한 후 '징역 장기 5년, 단기 3년 및 20년의 전자장치부착명령'을 선고한 항소심 판결이 불이익변경금지원칙에 위배되지 않는다고 하였다. 그 근거로 부착명령이 보안처분의 일종이라는 점, 피고인만 항소한 사건의 경우에는 부착명령을 청구할 수 없다는 등의 규정을 두고 있지 않다는 점, 항소심에 이르러 비로소 부착명령의 필요성이 밝혀진 경우를 예상할 수

---

69) 배종대/홍영기, 형사소송법, 홍문사, 2019, 439면.

70) 정승환, 형사소송법, 박영사, 2018, 758면.

71) 박정일, 형사제재에서 불이익변경금지원칙의 재조명, 법학논총 제1호, 2020, 213면.

72) 대판 2010. 11. 11. 2010도 7955, 2010전도46.

있다는 점 등을 근거로 피고인만 항소한 경우에도 검사가 항소심에서 부착명령을 청구하여 동 명령이 선고된다고 하더라도 불이익변경이 아니라는 입장이다.

생각건대, 검사는 피고인만 항소한 경우라도 항소심에서 피고인의 재범위험성 평가결과에 따라 각종 보안처분을 청구할 수 있다는 입장은 형사제재의 부담적 성격을 도외시하고 단지 성범죄 등 특정범죄에 대한 사회방위 목적만을 지향하고 있다고 볼 수 있다. 상소심에서 '개전의 정이 현저할 것' 또는 '정상에 참작할 만한 사유가 있을 것'의 요건 그리고 보안처분의 '재범위험성'에 대한 판단이 달라진다면 중한 보안처분으로의 변경은 너무나 쉬울 것이다. 이는 피고인의 의사에 따른 상소권의 행사를 검사가 항소심에서 피고인의 예상과 다르게 새로운 보안처분이나 더 중한 보안처분을 청구하고, 법원에서 그러한 처분이 선고된다면 불이익 변경을 우려한 상소권 행사의 억제는 헌법이 보장하고 있는 적법절차의 관점에서 문제가 있다고 판단된다.

3. 형벌과 보안처분의 대체현상을 통해 본 불이익 판단의 가능성

현행 보안처분 관련 법률을 살펴보면, 치료감호와 자유형 간 대체주의를 적용하는 것 외에는 이중으로 집행하고 있다. 형벌과 보안처분의 관계에서 일원주의, 이원주의 외에 대체주의를 주장하는 근거를 치료감호와 자유형 간의 비교적 계산이 용이한 1:1 대체방식에 두고 있을 가능성이 있다. 그러나 형벌과 보안처분은 일원주의의 현실적 타당성에도 불구하고 부과 근거가 다르다는 점을 이유로 이원주의가 논리적·형식적으로 타당하고, 형벌과 보안처분의 법적 성격과 관련한 논의에서 집행방식도 반드시 이중집행이 결과하는 것은 아니다. 입법정책으로 대체주의를 선택한다면 또한 대체관계를 명백히 할 필요성이 있다면 그 불이익 판단이 가능해야 한다. 그렇게 함으로써 대체관계가 성립하기 때문이고 그 대체관계도 반드시 1:1의 관계일 필요는 없다고 본다.

불이익변경 여부를 판단하는 기준은 원칙적으로 법정형의 경중을 정하고 있는 형법 제41조와 제50조가 그 기준이 되어야 한다. 그러나 동 규정은 추상적인 법정형 상호간의 경중을 규정하고 있음에 지나지 않아 구체적으로 선고되는 형이 피고인에게 불이익하게 변경되었는지 여부에 대한 판단기준으로는 부족하다.

개별적·형식적 고찰방법은 각 판결의 주문별·형종별로 구분하여 형법 제41조

형의 종류 및 형법 제50조 형의 경중에 관한 형식적 기준을 근거로 개별적으로 비교·판단한다. 전체적·실질적 고찰방법은 선고되는 형이 각각 두 개 이상의 형을 포함할 때에는 비교해야 할 형을 각각 종합적으로 비교하여 실질적으로 피고인에 대해서 과해지는 실질적인 불이익을 기준으로 형의 경중을 판단하는 방법이다.

어떤 기준을 통해서 '불이익' 변경 여부를 판단할 것인가에 대해서 원심판결과 상소심판결의 주문을 전체적·종합적으로 고찰하여 어떤 형이 실질적으로 피고인에게 불리한가를 판단하는 견해는 형법 제50조를 원칙적 기준으로 하고, 전체적으로 피고인의 자유구속과 법익박탈의 정도를 실질적으로 고려하여 불이익변경 여부를 판단하자는 것으로 통설과 판례의 태도이다.[73]

이러한 전체적·실질적 고찰방법에 의한 불이익변경금지원칙의 적용과정이 지나치게 형식논리에 입각하고 있다는 점과 법관의 자의적 판단가능성을 언급하면서 새로운 접근가능성을 제시한 견해[74]가 있다. 즉, 여러 개의 독립된 판결주문으로 구성된 원심판결을 각각 개별적으로 변경하는 경우에는 분리해서 고찰해야 하지만, 상소심이 주형과 부가형 및 부가처분을 각각 다르게 변경하려는 경우에는 형법 제50조를 기준으로 주형의 증감분과 부가형 및 부가처분의 증감분을 교량하고 피고인의 입장을 충분히 고려하자는 것이다. '실질적'이라는 관점의 모호성과 이로 인한 법관의 주관적 판단을 제어할 수 있는 판단기준의 설정 필요성을 언급하였다는 점에서 타당하다고 생각된다.

다만, 보안처분에서는 보안처분 간 형식적·실질적인 경중에 대한 규정이 없다. 이는 보안처분을 형법전에 편입시킨다든지, 보안처분에 관한 일반법을 제정하는 방식이 아니라 개별 특별법을 통해 새로운 보안처분을 도입한 영향이 크다. 무엇보다도 강성적 보안처분 즉, 전자장치부착명령, 성충동약물치료명령, 형종료보호관찰 등의 불이익 정도는 자유를 제한하는 강도가 매우 높기 때문에 형벌 및 보안처분 상호간의 관계에서도 그 불이익여부에 대한 객관적 기준을 정하는 것이 필요하다.[75]

---

73) 배종대/홍영기, 형사소송법, 443면.
74) 한영수, 주형을 감경하면서 새로운 형이나 부가처분을 추가하는 경우 불이익변경 여부의 판단 기준, 법조 제519호, 1999, 283－290면.
75) 박정일, 형사제재에서 불이익변경금지원칙의 재조명, 9면.

4. 보안처분과 형벌 간의 실질적 불이익 판단 기준의 설정가능성

이에 언급한 것처럼 대법원[76]은 성범죄를 범한 피고인에게 징역 장기 7년, 단기 5년 및 5년의 부착명령을 선고한 제1심판결을 파기한 후 징역 장기 5년, 단기 3년 및 20년 동안의 부착명령을 선고한 항소심 판결이 불이익변경금지의 원칙에 어긋나지 않는다고 판단하였다. 이 사례에서는 징역형의 장기 및 단기가 각 2년 줄어들었지만, 부착명령의 기간이 15년 늘어난 부분에 대해서 피고인에게 실질적으로 불이익을 주는 점을 고려하지 않았다는 비판이 가해질 수 있을 것이다.

그 후 대법원은 "원심이 피고인에게 징역 15년 및 5년 동안의 위치추적 전자장치 부착명령을 선고한 제1심판결을 파기한 후 피고인에 대하여 징역 9년, 5년 동안의 (신상)공개명령 및 6년 동안의 전자장치부착명령을 선고한 조치가 불이익변경금지의 원칙에 어긋나는 것이라고 할 수 없다."고 판시[77]하였다. 징역형이 6년 줄어들었으나, 신상공개명령 5년과 부착명령 1년이 늘어난 것에 대해서 불이익이 아니라고 하여 징역형과 전자장치부착명령 및 신상공개명령이 피고인에게 거의 동일한 정도의 불이익을 주는 처분 내지 징역형의 기간을 통해 강성적 보안처분 총량의 상한을 정하는 듯한 판결을 하였다. 이런 의미에서 대법원 2011. 4. 14. 선고 2010도16939 판결은 새로 도입된 사회 내 보안처분과 자유형과의 경중에 대해서도 합리적으로 계량화하여 불이익변경 여부를 판단할 수 있는 단초를 제공한 것으로 매우 의미 있는 것으로 평가할만하다.[78]

형벌과 보안처분의 대체가능성에 대해서는 '벌금대체 사회봉사제도'를 매개하여 대체비율을 산정하는 방안[79]이 있다. 즉, 실질적 불이익 판단의 기준으로 벌금대체 사회봉사제도의 1일의 사회봉사로 대체되는 벌금액을 산정하여 사회봉사명령과 벌금형의 대체비율 관계를 검토하고 있다. 이를 매개로 보호관찰과 사회봉사명령 그리고 수강명령의 비율적 관계를 고려하고 있다. 또한 벌금액을 미납한 경우, 노역장에 유치되는 제도를 활용하여 벌금형과 자유형의 대체비율의 설정가능성을 제시하고 있는데, 형벌과 보안처분이 대체주의 방식에 입각한 집행이 이루어질 때에는

---

76) 대판 2010. 11. 11 2010도7955.
77) 대판 2011. 4. 14. 2010도16939.
78) 박정일, 형사제재에서 불이익변경금지원칙의 재조명, 226－227면.
79) 박정일, 형사제재에서 불이익변경금지원칙의 재조명, 223면.

대체비율을 설정할 필요성을 언급하였다는 점에서 긍정적으로 평가된다.

　　다만, 본고는 사회 내 보안처분은 보호관찰로 일원화하고, 전자장치부착명령과 성충동약물치료명령, 사회봉사·수강명령 등은 보호관찰의 지도·감독과정에서 준수사항의 하나로 부과해야한다는 입장에 있음을 밝혔다. 현행 사회 내 보안처분의 처우과정에서 나타나는 강성적 측면이 비례성원칙에 반할 가능성이 높다고 판단하여 이들을 보호관찰의 준수사항으로 활용하는 것이 바람직한 것으로 보기 때문이다.

　　현행처럼 개별 보안처분으로 운용한다고 하더라도 형벌과 비율적 대체관계를 설정할 필요성은 여전히 남아 있다. 사회 내 보안처분을 보호관찰로 일원화한다면 형벌과 보안처분의 대체비율을 설정하기에도 용이한 부분이 있다. 비록 법적 성격을 보안처분으로 본다 하더라도 전자장치부착명령, 성충동약물치료명령 등 처벌적 성격이 강한 처분을 보호관찰의 준수사항으로 활용하는 점에 대한 의문이 있을 수 있다. 그러나 이는 운용방식의 문제일 뿐이다.

II. 조사제도와 공소장일본주의의 관계

1. 문제의 소재

　　전자장치부착법과 성충동약물치료법의 청구전조사는 검사가 부착명령을 청구하기 위한 사전적 절차로서 임의적으로 보호관찰소장에게 조사를 요구하도록 규정하고 있다. 즉, 검사는 보호관찰소장에게 범죄의 동기, 피해자와의 관계, 심리상태, 재범위험성 등 피의자에 관하여 필요한 사항의 조사를 요청할 수 있다.[80] 이 과정에서 각종 서류가 전달될 수 있는데, 전자장치부착법 시행령 제4조는 조사를 요청할 때 법무부령으로 정하는 참고자료를 보낼 수 있도록 하고 있고, 전자장치부착법 시행규칙 제3조 제2항은 이때의 참고자료를 명시하고 있다. 즉, 피의자 신문조서, 피해자 진술조서, 범죄경력자료,[81] 수사경력자료 등이다.

---

80) 전자장치부착법 제6조.

81) 범죄경력의 기재와 관련하여 누범전과는 범죄사실에 준하는 것이므로 허용된다는 견해, 이종전과의 기재도 허용되지 않지만 삭제하면 족하기 때문에 결국은 공소장일본주의 위반이 아니라는 견해, 피고인의 전과는 양형자료에 해당하므로 공소장일본주의에 반하지 않는다는 견해가 있다. 대법원은 공소사실과 무관한 전과라도 피고인을 특정할 수 있는 경우에는 그 기재가 허용된다고 한다. 대판 2008. 11. 27. 2008도9052. 그러나 법관이 피고인의 범죄경력을 알고 난 이후에 선입견을 갖지 않는다는 것을 가정하기가 매우 어려울 것이므로 굳이 범죄경력을 기재해야 할 이유가 없다.

각 개별 법률에 청구전조사서를 언제까지 제출해야하는지에 대해서는 명문의 규정이 없다. 다만, "특정 범죄사건의 공소제기와 동시에 부착명령의 청구가 있는 때"라고 규정[82]하여 부착명령의 청구와 동시에 특정 범죄사건에 대한 공소가 제기될 수 있다. 또한 전자장치부착법 제8조는 부착명령청구서의 기재사항을 규정하고 있고, 검사는 보호관찰소장에게 청구전조사를 요청할 때에는 피의자 신문조서, 피해자 진술조서, 범죄경력자료, 수사경력자료 등의 참고자료를 보낼 수 있다.[83] 이 경우에는 공소장일본주의와 관련하여 문제될 소지가 있다.

2. 공소장일본주의의 의의

공소제기 시에 법원에 제출하는 것은 공소장 하나이고, 법원에 예단을 생기게 할 수 있는 공소사실에 대한 증거는 물론이고 그 외 서류나 물건을 첨부하거나 그 내용을 인용해서는 안 된다는 원칙을 공소장일본주의라 한다.[84] 현행 법령 중에서 공판중심주의를 직접 규정한 조항은 없고 형사소송규칙 제118조 제2항의 공소장일본주의에 관한 규정이 이를 표현하는 조항으로 이해되고 있다.[85] 법관의 예단형성을 차단함으로써 공정한 재판을 실현하고, 공개 재판절차를 통해 수집된 증거를 기반으로 재판이 이루어져야 하며, 위법하게 수집된 증거는 배제되어야 한다는 점 등을 근거로 한다.

성폭력범죄로 전자장치부착명령을 청구[86]하기 위해서는 선행 성폭력범죄 외에 성폭력범죄의 범죄경력과 성폭력범죄의 상습성 그리고 미성년자 또는 장애인에 대한 성폭력범죄 등의 요건에 해당하고, 성폭력범죄의 재범위험성이 인정되어야 한다. 이러한 점을 고려한다면 법관은 전자장치부착명령이 청구되었다는 사실만으로도 피고인이 '흉악범죄자'라는 예단을 형성하게 될 가능성이 높다.

---

82) 전자장치부착법 시행규칙 제5조(부착명령 청구서의 기재사항 및 방식) 참조.
83) 전자장치부착법 시행규칙 제3조(조사의 요청) 참조.
84) 형사소송규칙 제118조 제2항. 홍영기, 공소장일본주의: 이론과 정책: 대법원 판례(2009도7436 전원합의체) 평석, 형사법연구 제22권 제3호, 2010, 206면.
85) 정승환, 법치국가 형법의 현재와 미래: 공판중심주의의 이념과 공판절차의 현실, 고려법학 제57권, 고려대학교 법학연구원, 2010, 104면.
86) 전자장치부착법 제5조 제1항은 선행 성폭력범죄의 요건에 대해서 규정하고 있다. 검사는 다음 어느 하나에 해당하고, 성폭력범죄를 다시 범할 위험성이 있다고 인정되는 사람에 대하여 전자장치부착명령을 법원에 청구할 수 있다.

3. 공소장일본주의의 내용

성폭력범죄에 대한 공소제기와 부착명령을 동시에 청구할 경우에 부착명령의 청구원인사실에는 피고사건의 공소장에 기재된 공소사실뿐만 아니라 재범위험성에 관한 자료도 포함된다.[87]

공소장일본주의는 법원에 예단을 생기게 할 수 있는 서류 기타 물건의 첨부금지, 인용금지, 형사소송법 제254조 제3항의 기재사항[88] 이외의 사항을 기재하는 것 즉, 여사기재의 금지를 그 내용으로 한다. 여사기재로 전과사실, 전과 이외의 악성격·경력·소행, 범죄동기, 여죄사실의 기재 등이 논의된다. 이는 부착명령을 청구했다는 사실과 부착명령의 청구원인사실에 재범위험성에 관한 사실이 포함된다는 점에서 공소장일본주의 위반여부가 문제될 수 있다.

전자장치부착법 제5조 제1항으로 인해 부착명령이 청구된 피고인은 성폭력범죄 관련 상습성 또는 누범 등이 인정되는 '매우 위험한' 피고인이 되는 것이다. 왜냐하면 이러한 요건에 해당하는 사람만이 부착명령의 피청구자가 되기 때문이다.

여기에 부착명령 청구서의 기재사항[89] 외에 부착명령을 청구하기 위해서 참고자료로 활용한 청구전조사서의 내용이 공소장과 더불어 법원에 제출된다면 판사는 '변화가능성이 매우 낮은 피고인'이라는 예단을 갖기에 충분할 것이다. 이는 형사소송규칙이 규정하고 있는 공소장일본주의에 반할 가능성이 있다. 또한 범죄경력자료와 수사경력자료가 그대로 법관에게 노출되어 누범 내지 상습범 인정을 위한 자료로 활용이 가능하다. 부착명령의 청구원인사실에 재범위험성에 관한 사실이 포함돼 있으므로 조사서에 피고인의 악성격, 악경력 등의 사실이 기재된다는 문제가 있다.

---

87) 대판 2016. 6. 23. 2016도3508, 2016전도40.

88) 형사소송법 제254조 제3항. 공소장에는 다음 사항을 기재하여야 한다. 1. 피고인의 성명 기타 피고인을 특정할 수 있는 사항 2. 죄명 3. 공소사실 4. 적용법조

89) 전자장치부착법 제8조 제1항. 부착명령 청구서에는 다음 각 호의 사항을 기재하여야 한다. 1. 피부착명령청구자의 성명과 그 밖에 특정할 수 있는 사항(주민등록번호, 직업, 주거, 등록기준지) 2. 청구의 원인이 되는 사실 3. 적용 법조 4. 그 밖에 대통령령으로 정하는 사항(피부착명령청구자의 죄명)

4. 청구전조사제도와 공소장일본주의의 관계

청구전조사서의 작성은 보호관찰관이 직업적 관점에서 성범죄자 등의 재범위험성을 평가하는 과정이다. 검사가 부착명령을 청구하기 위해서는 정신건강의학과 전문의 등의 정신감정 등 전문가의 진단결과도 참고하므로 보호관찰관의 청구전조사서가 유일한 자료가 되지는 않겠지만, 재범위험성을 평가하는 데 중요한 자료로 활용됨은 부인할 수 없을 것이다. 검사가 보호관찰관에게 보내주는 자료에는 피의자 신문조서,[90] 피해자 진술조서 등이 포함되어 있기 때문에 보호관찰관은 이와 같은 자료를 토대로 피조사자에 대한 선입견을 가질 수 있다.

'전문증거는 증거능력이 없다(hear say is no evidence)'라는 전문법칙을 고려해 볼 때, 청구전조사서의 신뢰도에 영향을 줄 수 있다. 증거능력이 부정될 수 있는 자료를 기초로 피조사자에 대해서 예단을 형성하고 조사서를 작성한 경우가 발생할 수 있기 때문이다.

대법원은 공소장일본주의의 위배 여부는 공소사실로 기재된 범죄의 유형과 내용 등에 비추어 볼 때 공소장에 첨부 또는 인용된 서류 기타 물건의 내용 그리고 법령이 요구하는 사항 외에 공소장에 기재된 사실이 법관 또는 배심원에게 예단을 생기게 하여 법관 또는 배심원이 범죄사실의 실체를 파악하는 데 장애가 될 수 있는지 여부를 기준으로 당해 사건에서 구체적으로 판단해야 한다고 판시[91]하였다.

---

90) 대판 2004. 12. 16. 2002도537(전원합의체). 형사소송법 제312조 제1항 본문은 "검사가 피의자나 피의자가 아닌 자의 진술을 기재한 조서와 검사 또는 사법경찰관이 검증의 결과를 기재한 조서는 공판준비 또는 공판기일에서 원진술자의 진술에 의하여 그 성립의 진정함이 인정된 때에 증거로 할 수 있다."고 규정하고 있다. 여기서 성립의 진정이라 함은 간인·서명·날인 등 조서의 형식적 진정 성립과 그 조서의 내용이 원진술자가 진술한대로 기재된 것이라는 실질적 진정 성립을 모두 의미하는 것이다. 위 법문의 문언상 성립의 진정은 '원진술자의 진술에 의하여' 인정되는 방법 외에 다른 방법을 규정하고 있지 아니하므로, 실질적 진정 성립도 원진술자의 진술에 의해서만 인정될 수 있는 것이라고 보아야 한다. 이는 검사가 작성한 피고인이 된 피의자신문조서의 경우에도 다르지 않다고 할 것인 바, 검사가 피의자나 피의자 아닌 자의 진술을 기재한 조서는 공판준비 또는 공판기일에서 원진술자의 진술에 의하여 형식적 진정 성립뿐만 아니라 실질적 진정 성립까지 인정된 때에 한하여 비로소 그 성립의 진정함이 인정되어 증거로 사용할 수 있다고 보아야 한다.

91) 대판 2009. 10. 22. 2009도7436(전원합의체). 대법관 김영란, 대법관 박시환, 대법관 김지형, 대법관 전수안의 반대의견. 공소장일본주의가 추구하는 재판의 공정이라는 가치가 실체적 진실발견보다 더 우선하는 의미를 가지는 것이므로 재판의 공정과 관련된 공소장일본주의의 기능 발휘를 위해서는 실체적 진실발견의 요청은 일부 양보할 수밖에 없다고 보아야 한다. 또한 재판의 공정은 재판을 시작하는 첫 단계에서부터 마지막까지 시종일관 보장되어야 하는 중요한 원칙이므로, 재판의 공정성과 직결되는 공소장일본주의는 공판절차가 어느 단계에 가 있든 항상 문제가 될 수 있으며, 공소장

생각건대, 대법원의 논리는 보안처분의 부과기준인 재범위험성이 고스란히 행위책임으로 전가될 수 있고, 더 강력한 보안처분의 부과로 이어지기 쉽다. 최근 도입된 사회 내 보안처분을 중복해서 부과하는 현상은 이러한 선입견에 바탕을 두고 재범위험성을 판단했다는 가능성을 배제하기 어렵다. 종국적으로 재범위험성 평가는 법관이 하는데 이러한 선입견은 보안처분을 보다 장기간 그리고 더욱 강경하게 선고하는 결정적 계기로 작용할 가능성이 크다. 공소장일본주의는 소송절차의 동적·발전적 성격에 비추어 소송경제의 이념을 추구해야 할 것이 아니라 재판의 공정성 보장을 위한 필수적인 원칙이라는 점이 고려되어야 한다.

이에 대한 대안으로 소송절차를 이분화하는 것이 바람직하다. 즉, 공판절차를 유·무죄 판단절차와 양형심리절차로 분리하고, 피고인이 유죄를 자백한 때 또는 유죄가 확정된 때에 부착명령 또는 형종료보호관찰의 청구절차가 진행되어야 한다.[92]

차선책으로는 공판절차와 병행하여 청구전조사서를 제출하는 것은 법원이 피고인의 유죄 및 강경하게 처벌해야 한다는 예단을 형성하게 할 우려가 있으므로 조사서 제출 시기를 제1회 공판기일 후로 명시할 필요가 있다. 공소장일본주의의 위반은 공소제기의 방식에 관한 중대한 위반이 있는 경우에 해당하므로 '공소제기의 절차가 법률의 규정에 위반하여 무효인 때'에 해당[93]하여 공소기각 판결을 해야 한다.

일본주의가 추구하는 재판의 공정 이념은 우선적 가치를 가진 근본이념으로서 재판의 신속·경제를 위해서 재판의 공정을 희생시킬 수는 없다.

92) 재판절차에서도 법관은 사실상 증거조사를 하기에 앞서 전과조사를 하는 경우가 많은데 이는 법관의 선입견을 배제하고자 하는 무죄추정원칙이나 공소장일본주의의 취지에 반한다. 정승환, 형사소송법, 2018, 30면.

93) 형사소송법 제327조 제2호.

참고문헌

Ⅰ. 국내문헌

1. 단행본

박상기/손동권/이순래, 형사정책(제11판), 한국형사정책연구원, 2012.

배종대, 형사정책(제8판), 홍문사, 2011.

_____, 형법총론(제13판), 홍문사, 2017.

_____/윤재왕(옮김), 범죄와 형벌, 나남, 2011.

_____/이상돈/정승환/이주원, 형사소송법, 홍문사, 2016.

_____/홍영기, 형사소송법, 홍문사, 2019.

손동권/김재윤, 형법총론, 율곡출판사, 2011.

신동운, 형법총론(제8판), 법문사, 2015.

오영근, 형법총론(제3판) 박영사, 2014.

이수정/고려진/박혜란, 성폭력범죄자에 대한 재범위험성 평가도구 개발 연구, 법무부 연구
        용역 보고서, 2008.

이재상, 사회보호법론, 경문사, 1981.

_____/장영민/강동범, 형법총론(제9판), 박영사, 2017.

이형국/김혜경, 형법총론, 법문사, 2019.

임 웅, 형법총론(제6전정판), 법문사, 2014.

정동기/이형섭/손외철/이형재, 보호관찰제도론, 박영사, 2016.

정성근/박광민, 형법총론(제2판), 성균관대출판부, 2020.

정승환, 형사소송법, 박영사, 2018.

정영석/신양균, 형사정책, 법문사, 1997.

한영수/강호성/이형섭, 전자감독제도론, 박영사, 2013.

2. 논문

강우예/박학모, 형사법개정보안처분연구(IV) 보안처분제도의 정비 방안, 한국형사정책연구원, 2009.

강은영/황만성, 상습적 성폭력범죄자 거세법에 관한 연구, 한국형사정책연구원, 2010.

김범식/송광섭, 위치추적 전자감시제도의 정당성과 그 개선방안, 형사법의 신동향 통권 제55호, 대검찰청, 2017.

김성돈, 보호관찰의 실효성 확보방안, 형사정책 제18권 제1호, 2006.

_____, 보안처분의 합목적성과 정당성, 성균관법학 제27권, 성균관대학교 법학연구소, 2015.

_____/최석윤, 양형의 형벌이론적 기초, 한국형사정책연구원, 1996.

김지선, 범죄인의 재범률 재정립 방안 연구, 경제인문사회연구회, 2014.

김혜정, 형법 및 보안처분상의 예측(prognose)−독일형법을 중심으로, 형사정책연구 제11권 제4호, 2000.

_____, 법적성질의 재고찰을 통한 보호관찰의 형사정책적 위상 정립, 형사정책 제13권 제2호, 2001.

_____, "성폭력범죄자에 대한 전자발찌 적용가능성에 관한 검토: '특정성폭력범죄자에 대한 위치추적 전자장치부착에 관한 법률안'을 중심으로", 형사정책연구 제16권 제3호, 2005.

_____, 전자장치부착명령의 법적 성격과 제 문제, 법조 제60권 제9호, 2011.

_____, 보안처분의 체계적 입법화를 위한 소고, 형사법연구 제25권 제4호, 2013.

_____, 형 집행 종료 후의 전자장치 부착 명령과 소급효금지 원칙과의 관계, 인권과 정의 제435호, 2013.

_____, 보호수용법 개정시안에 대한 소고, 법조 제697호, 2014.

문수진/민정원/반건호, 미성년자 대상 성범죄자의 화학적 거세에 대한 임상적 고찰, 대한정신약물학회지 제22호, 2011.

문정민, 성범죄자 전자감시제도에 관한 고찰, 법학연구 제29집, 한국법학회, 2008.

박상열, 전자감시제도의 입법과 적용방안, 교정연구 제35호, 2007.

박상민, 보호수용법안에 대한 비판적 분석과 입법론적 대안, 비교형사법연구 제18권 제2호, 2016.

박양식, 보안처분에 관한 연구 −기본원리와 우리법제를 중심으로−, 한양대학교 박사학위논문, 1985.

박정일, 사회 내 보안처분으로서 보호관찰의 실효성 제고방안, 고려법학 제96호, 고려대학교 법학연구원, 2020.

_____, 형사제재에서 불이익변경금지원칙의 재조명, 법학논총 제44권 제1호, 단국대학교 법학연구소, 2020.

박찬걸, 성충동 약물치료제도의 시행과 향후 과제, 형사정책연구 제24권 제1호, 한국형사정책연구원, 2013.

_____, 소년보호처분의 전력을 전자장치부착명령의 요건으로 할 수 있는지 여부에 대한 검토, 소년보호연구 제28호, 2015.

_____, 의료소년원의 운영현황과 발전방안, 한국형사정책학회 동계학술대회 발표자료, 2017.

박학모, 다양한 보안처분의 발전과 보안처분제도의 미래, 2014 한국보호관찰학회 춘계학술대회자료집, 2014.

박혜진, 소위 전자장치부착법에 대한 비판적 고찰, 형사정책 제20권 제2호, 2008.

_____, 형 집행 종료 후 보호관찰제도에 대한 비판적 검토, 형사정책 제26권 제3호, 2014.

박형민/박준희/황만성, 전자감독에서의 준수사항 효과성 연구 -야간외출제한명령을 중심으로-, 2018.

배종대, 보안처분과 비례성원칙, 심재우 선생의 형법사상에 대한 재조명-, 세창출판사, 1998.

손동권, 현행 보안처분제도의 정당성에 관한 연구, 일감법학 제7권, 건국대학교 법학연구소, 2002.

신동운, 보호관찰의 법적성질과 소급효문제, 고시연구 1998년 6월호, 1998.

신동일, 성폭력범죄자의 성충동약물치료에 관한 법률의 평가, 형사정책 제23권 제1호, 2011.

심재우, 보안처분에 관한 고찰, 고려대학교 법학논집 제22집, 1984.

_____, 형벌과 보안처분-보안처분법의 개선을 위하여-, 고시연구, 1988.

안성훈/박정일, 벌금대체 사회봉사제도의 시행성과와 발전방안, 한국형사정책연구원, 2011.

유 진, '위험한 범죄자'와 현대 위험관리체제의 성격: 재범위험성평가의 발전과 역설적 효과, 법과 사회 제58호, 2018.

윤상민, 형사제재와 소급효금지의 원칙, 법학연구 제38권, 한국법학회, 2010.

윤영철, 우리나라의 전자감시제도에 관한 비판적 소고 -'특정 성폭력범죄자에 대한 위치 추적 전자장치 부착에 관한 법률을 중심으로'-, 형사정책연구 제19권 제3호, 2008.

윤정숙, 성범죄자를 위한 치료프로그램 개발 및 제도화방안(Ⅲ), 형사정책연구원, 2014.

윤옥경/박선정/최순종, 보호관찰통계연보 정책활용도 및 효용성 제고를 위한 보호관찰통계 개선방안 연구, 법무부 용역보고서.

윤재왕, 권력분립과 언어, 강원법학 제44권, 강원대학교 비교법학연구소 2015.

은행표, 보안처분에 관한 연구, 전주대학교 박사학위논문, 1997.

이기철, 헌법재판소는 비례의 원칙에 목적의 정당성을 포함시켜도 좋은가?, 공법연구 제35권 제1호, 2006.

이부하, 비례성원칙과 과소보호금지원칙, 헌법학연구 제13권 제2호, 2007.

이수정/황의갑/박선영, 재범방지를 위한 범죄자처우의 과학화에 관한 연구(Ⅰ): 위험성평가도구 개발에 관한 연구, 한국형사정책연구원, 2010.

이수정/고려진/박혜란, 한국 성범죄자 위험성 평가도구 개발 및 타당도 연구, 형사정책연구 제19권 제4호, 2008.

이승현, 소년보호처분의 유형별 진단 및 개선방안, 형사정책 제53호, 2017.

이용식, 비례성원칙을 통해 본 형법과 헌법의 관계, 형사법연구 제25호, 2006.

이인곤, 범죄자의 사회내처우제도 개선방안에 관한 연구, 성균관대학교 박사학위논문, 2013.

이재상, 보안처분의 연구, 서울대학교 박사학위논문, 1978.

_____, 독일의 보호관찰제도, 소년보호관찰제도 연구, 보호자료 제5집, 1986.

이재홍, 과잉금지원칙의 논증구조 -침해의 최소성을 중심으로-, 저스티스 통권 제163호, 2017.

이준일, 기본권제한에 관한 결정에서 헌법재판소의 논증도구, 헌법학연구 제4권 제3호, 한국헌법학회, 1998.

이천현/김혜정, 양형 관련 규정의 정비방안, 형사정책연구원, 2006.

이형섭, 효과적 보호관찰 지도감독 모델에 관한 연구: 인지행동적 개입을 중심으로, 법조 통권 15호, 2003.

이호중, 보안처분 이데올로기 비판 -교정주의, 사회방위론, 형벌한계론에 대한 비판-, 법학연구 제7권 제1호, 충북대학교 법학연구소, 1995.

장연화, 위치추적 전자장치 부착제도의 법적 성격과 소급효금지원칙의 적용에 관한 연구, 보호관찰 제10권 제2호, 한국보호관찰학회, 2010.

정성근, 보안처분제도의 사적 고찰, 법학논총 제6권, 한양대학교 법학연구소, 1965.

정승환, 형법상 유추금지에 관한 고찰, 안암법학 제12호, 2001.

_____, 행형법관(Strafvollzugsrichter)의 도입에 관한 고찰, 형사정책연구 제48호, 2001.

_____, 형벌집행에 대한 법관의 통제와 형집행법원의 필요성, 형사법연구 제22호, 2004.

_____, 법치국가 형법의 현재와 미래 : 공판중심주의의 이념과 공판절차의 현실, 고려법학 제57권, 고려대학교 법학연구원, 2010,

_____, 현행 형법에서 법정형의 정비방안, 형사법연구 제23권 제4호, 2011.

_____/신은영, 가석방의 사법처분화 방안 연구, 형사정책 제23권 제2호, 2011.

정지훈, 성충동약물치료법의 위헌성: '동의'에 의한 약물치료는 합헌인가, 형사정책연구 제27권 제1호, 형사정책연구원, 2016.

_____, 성충동약물치료법의 위헌성, 형사정책연구 제27권 제1호, 2016.

정진연, 보호관찰 준수사항의 위헌성 검토, 보호관찰 제13권 제1호, 2013.

정철호/권영복, 특정범죄자에 대한 위치추적 전자감시제도의 정당성에 관한 고찰, 한국민간경비학회보 제12권 제4호, 2013.

정현미, "성폭력범죄대책과 전자감시: '특정범죄자에 대한 위치추적 전자장치 부착에 관한 법률'의 검토를 중심으로", 형사정책 제21권 제1호, 2009.

정희철, 비례성원칙과 보호처분: 해석론과 적용가능성을 중심으로, 형사정책연구 제18권 제4호, 2007

조규범, 전자감시에 대한 헌법적 소고, 성균관법학 제19권 제3호, 성균관대학교 법학연구소, 2007.

조윤오, GPS 위치추적 전자감시의 범죄억제 효과에 대한 연구, 한국공안행정학회보 제37호, 2009.

차용석, 보호관찰제도의 효과적 시행방안, 청소년범죄연구 7집, 법무부, 1989.

최갑선, 비례의 원칙에 따른 법률의 위헌심사, 공법연구 제25집 제4호, 1997.

최정학, 전자감시제도(Electronic Monitoring)의 도입에 관한 연구: '특정 성폭력범죄자에 대한 위치추적 전자장치 부착에 관한 법률'의 비판적 분석, 형사정책 제19권 제2호, 2007.

한영수, 주형을 감경하면서 새로운 형이나 부가처분을 추가하는 경우 불이익변경 여부의 판단 기준, 법조 제519호, 1999.

허경미, 성범죄자에 대한 약물치료 명령에 관한 연구, 교정연구 제40호, 2010.

홍영기, 소급효금지원칙의 확립근거와 구체적 적용, 안암법학 제22권, 고려대학교 법학연
　　　구원, 2006.

_____, 형사사법에서 nemo tenetur–원칙의 구체화, 고려법학 제67호, 고려대학교 법학
　　　연구원, 2012.

황성기, 상습적 범죄예방 수단으로서의 거세(去勢)에 관한 헌법적 고찰, 공법학연구 제9권
　　　제3호, 2008.

황일호, 성충동 약물치료의 재범억지 효과성에 관한 연구, 교정연구 제56호, 2012.

황치연, 과잉금지원칙의 내용, 공법연구 제24권 제3호, 1996.

3. 각 기관의 자료

대검찰청 범죄분석, 2021.

법무부 EMP 연구반, 사회내처우로서 전자감시 보호관찰에 관한 연구, 법무부 보호 통권
　　　제9호, 1999.

법무부, 소년보호 60년사, 2004.

법무부, 한국 전자감독 10년사, 2018.

법무부, 한국 보호관찰 30년사, 2019.

법무부, 법무연감, 2021~2022.

법무부, 범죄예방정책 통계분석, 2021~2022.

법무연수원, 범죄백서, 2021.

법원행정처, 법원실무제요, 2014.

법원행정처, 사법연감, 2021~2022.

여의도연구소, 성범죄자 전자위치확인제도 도입방안, 2005.

한국형사정책연구원, 형사법령제정자료집 형법Ⅰ, 1990.

Ⅱ. 외국문헌(단행본 및 논문)

Alison G. Carpenter, "Belgium, Germany, England,, Denmark and the United States: The Implementation of Registration and Castration Laws as Protection Against Habitual Sex Offenders", 16 Dickinson Journal of International Law 435, 1998.

Ardley, J., The Theory, Development and Application of Electronic Monitoring in

Britain, Internet Journal of Criminology, 2005.

Avital, S., California Injects New Life into Old Idea: Talking a Shot at Recidivism, Chemical Castration and the Constitution, 46 Emory L.J. 1997.

Bales, W., Mann K., Blomberg T., Gaes G., Barrick K., Dhungana K., & McManus B., A Quantitative and Qualitative Assessment of Electronic Monitoring, National Institute of Justice & U.S. Department of Justice, 2010.

D. S. Eitzen and D. A. Timmer, Criminology: Crime and Criminal Justice, N.Y. 1985.

Fünfsinn, H., Eletronische Fußfessel und Prävention ein Widerspruch?, Internetdokumentaion des Deutschen Präventionstages, Hannover, 2010.

Gottfredson, S. D., Prediction: An Overview of Selected Methodological Issues, Crime and Justice, An Annual Review of Research 9, 1987.

Kyo Chul Koo/ Shim, Geum Sook/ Park, Hyoun Hee/ Lee, Jae Woo, "Treatment outcomes of chemical castration on Korean sex offenders", Journal of Forensic and Legal Medicine 20(6), 2013.

Harry E. Allen, Probation and Parole in America, (New York: A Division of Macmillan, Inc, 1985.

Hassemer, W., Theorie und Soziologie des Verbrechens, Ansätze zu einer praxisor — ientierten Rechtsgutslehre, Frankfurt a.M. 1973.

John M Fabian, Kansas V. Hedricks, Crane and Beyond: "mental abnormality", And "sexual Dangerousness": Volitional vs. Emotional Abnormality And The Debate between community safety and civil liberites, 29 Wm. Mitchell L. Rev, 2003.

Nellis, M., Out of this world: The advent of the satellite tracking of offenders in England and Wales, Howard Journal, 44, 2005.

Ralph Reisner et al., Law and Mental Health System Civil and Criminal Aspects, 1999.

Robert Martison, "What Works? The Martison Report", in Johnston, Savitz and Wolfgang, eds., the Sociology of Punishment and Correction.

Schmidt A. K., "The use of Electronic Monitoring by Criminal Justice Agencies", National Institute of Justice, 2000.

Scott. C., Holmberg, T. "Castration of Sex Offenders: Prisoners' Rights v. Public Safety" The Journal of the American Academy of Psychiatry and the Law 31, 2003.

Taxman, F. S., "Supervision—Exploring the Dimensions of Effectiveness", Federal Probation, 2002.

Turner/Hess/Myers/Shah/Werth/Whitby, "Implementation and Early Outcomes for The San Diego High Risk Sex Offender GPS Pilot Program". Center for Evidence—Based Corrections, University of California, Irvine, 2007.

Wenck, Ernst A., James O. Robison, & Gerald W. Smith. Can Violence Be Predicted?, Crime and Delinquency 18, 1972.

저자 약력

박정일(朴貞一)

학력
전남대학교 사법학 학사
연세대학교 사회학 석사
고려대학교 법학 박사(형법 전공)

경력
공군교육사령부 인사행정 교관실장(공군중위)
제49회 행정고등고시 합격
連巖형법정책연구회 대표

보안처분의 이론과 실제

초판발행	2023년 1월 25일
지은이	박정일
펴낸이	안종만 · 안상준
편 집	양수정
기획/마케팅	최동인
표지디자인	Ben Story
제 작	고철민 · 조영환
펴낸곳	(주)**박영사**
	서울특별시 금천구 가산디지털2로 53, 210호(가산동, 한라시그마밸리)
	등록 1959. 3. 11. 제300-1959-1호(倫)
전 화	02)733-6771
f a x	02)736-4818
e-mail	pys@pybook.co.kr
homepage	www.pybook.co.kr
ISBN	979-11-303-4310-5 93360

정 가   25,000원